Neil Asher Silberman
DIE MESSIAS-MACHER

Über den Autor:
Neil Asher Silberman studierte Archäologie bei Yigael Yadin, war Guggenheim Fellow und arbeitete für das Israelische Amt für Altertümer. Er lebt heute in Connecticut und veröffentlicht regelmäßig Beiträge in der Zeitschrift *Archaeology*.

Neil Asher Silberman

DIE
MESSIASMACHER

Der Aufstand von Qumran
und die Schriftrollen
vom Toten Meer

Aus dem Amerikanischen
von Karin Miedler und
Karin Schuler

BASTEI-LÜBBE-TASCHENBUCH
Band 64160

© 1994 by Neil Asher Silberman
Originaltitel: THE HIDDEN SCROLLS. CHRISTIANITY, JUDAISM,
AND THE WAR FOR THE DEAD SEA SCROLLS
Originalverlag: The Putnam Publishing Group Inc.,
200 Madison Av., New York, NY 10016, USA
© für die deutschsprachige Ausgabe 1995 by Gustav Lübbe Verlag GmbH,
Bergisch Gladbach
Lizenzausgabe im Bastei-Verlag Gustav H. Lübbe GmbH & Co.,
Bergisch Gladbach
Printed in Germany, Dezember 1998
Einbandgestaltung: KOMBO KommunikationsDesign GmbH Köln, unter
Verwendung eines Fotos des Israel Museum, Jerusalem (The Shrine of the Book,
D. Samuel and Jeane H. Gottesman Center for Biblical Manuscripts/Jesajarolle,
1,26-2,21, um 125 v.u.Z.)
Druck und Bindung: Clausen & Bosse, Leck
ISBN 3-404-64160-4

INHALT

VORWORT

Dieses Buch legt eine neue Version der Geschichte der Qumran-Rollen vor. Es vertritt den Standpunkt, daß die vielen hundert hebräischen und aramäischen Texte aus der Antike, die in den Höhlen am Nordwestufer des Toten Meeres gefunden wurden, nicht nur als rein religiöse Schriften verstanden werden dürfen, sondern auch als ausdrucksstarke Botschaft des Zorns gegen eine Großmacht sowie als unmittelbare Kampfansage an Ungerechtigkeiten und Ungleichbehandlungen zu sehen sind, die sich Mächte aller Zeiten zuschulden kommen lassen.

Die durch die Schriftrollen dokumentierte Protestbewegung war auch politisch und wirtschaftlich motiviert, nicht nur spirituell: Während des ersten Jahrhunderts unserer Zeitrechnung schlossen sich in der kleinen Provinz Judäa immer größere Teile der Bevölkerung zum gewaltsamen Widerstand gegen die kaiserliche Herrschaft der einzigen Weltmacht, des Römischen Reiches, zusammen.

Für die Christen war dies die Zeit der Missionsreisen der ersten Apostel; für die Juden war es die letzte Phase jüdischer Autonomie in der Antike. Danach wurde das zentrale Tempelopfer durch den lokalen Gottesdienst in der Synagoge abgelöst. Meiner Meinung nach enthalten die Qumran-Rollen im wesentlichen die Botschaft einer weitverbreiteten politisch-religiösen Bewegung im Judäa des ersten Jahrhunderts: den revolutionären Messias-Glauben der Auserwählten Israels mit seinem Aufruf zum Heiligen Krieg gegen fremde Eroberer und Kollaborateure. Die Schriftrollen sind keineswegs das Werk isolierter, jenseitsorientierter Mönche eines Wüstenklosters (wie viele Wissenschaftler behaupten), sondern sie bringen die Sehnsucht einer vergessenen Mehrheit von Judäern zum Ausdruck, die einen riskanten, ja selbstmörderischen bewaffneten Aufstand wagten, der acht volle Jahre dauerte, vom Jahr 66 unserer Zeitrechnung an über die Zerstörung des Tempels von Jerusalem im

Jahre 70 bis hin zur Eroberung von Masada im Jahre 74. Viele dieser alten Texte enthalten die zeitlosen Träume eines unterworfenen Volkes, das seine brutale Ausbeutung, Entfremdung und Enteignung nicht länger dulden wollte.

Wir haben in unserer eigenen Zeit erlebt, daß wahnhafte, apokalyptische Visionen von Anhängern obskurer Kulte und von religiösen Sektierern einen erschreckenden Einfluß auf Ereignisse im Hier und Jetzt haben können, nicht nur auf das Jenseits. Ihren jeweils eigenen gewaltsamen Visionen vom letzten Kampf zwischen Gut und Böse ist der unerschütterliche Glauben an den Sieg des Lichts über die Finsternis sowie der brennende Haß gegen alle, die sie als Sünder oder Verräter identifizieren, gemeinsam. Die zornige Botschaft der Schriftrollen hat manchmal eine geradezu unheimliche Ähnlichkeit mit den einförmig wiederholten Anklagen heutiger islamischer Fundamentalisten, die die »Bequemlichkeitssucher« unter ihren verwestlichten Glaubensbrüdern verurteilen. Die Botschaft von Qumran erinnert zugleich an die Schimpfkanonaden heutiger Straßenprediger, in denen sie die Unzucht, Götzenanbetung und moralische Verderbtheit dieser Zeit des Untergangs lauthals verdammen.

In den letzten fünfundvierzig Jahren haben sich die angesehensten Qumran-Wissenschaftler fast ausschließlich auf die Sprache der Schriftrollen und ihre literarischen Gattungen konzentriert, ohne die radikale Botschaft darin zu erkennen, ohne sie erkennen zu wollen. Die apokalyptischen Texte der Qumran-Rollen sind Teil einer schon lange verlorengegangenen, aber unverfälschten Ausdrucksmöglichkeit der biblischen Religion. Sie formuliert die Messias-Erwartungen großer Teile der judäischen Bevölkerung, die sich zum erfolglosen Aufstand gegen Rom erhoben. Jahrhundertelang ist die Botschaft der Schriftrollen sowohl von den Rabbinern wie auch von den frühen Kirchenvätern uminterpretiert oder als Ketzerei gebrandmarkt worden, denn diese hatten sich mit Rom arrangiert, indem sie sich anpaßten und Kompromisse eingingen. Die Anhänger der revolutionären messianischen Bewegung wurden getötet, versklavt oder vertrieben. Doch dieses Buch soll zeigen, daß der umfangreiche Schatz alter Texte aus den Höhlen in der Judäischen Wüste uns einen Blick auf die vergessene, radikale Botschaft gestattet, die immer noch den Kern des Juden- wie des Christentums bildet.

Der vorliegende Bericht über die Entdeckung und Interpretation der Qumran-Rollen und den Kampf um die Kontrolle über sie hätte ohne die wertvolle Unterstützung zahlreicher Menschen nicht geschrieben werden können. Wie in den folgenden Kapiteln deutlich werden wird, stützt sich dieses Buch auf umfangreiche Gespräche, die ich mit Personen geführt habe, denen für die Geschichte um die Qumran-Rollen eine zentrale Bedeutung zukommt. Alle beantworteten geduldig und freundlich meine unzähligen Fragen, teilten mir ihre persönlichen Erinnerungen mit und legten ihre jeweils unterschiedlichen Ansichten zur geschichtlichen Bedeutung der Qumran-Rollen dar.

Unter diesen Wissenschaftlern gilt mein besonderer Dank Professor Lawrence Schiffman von der New York University für seine Großzügigkeit, sein Engagement und die freundliche Einladung zu Symposien über die Qumran-Rollen in Philadelphia und New York; Professor John Strugnell von der Harvard University, der mir sein unvergleichliches Wissen über die beteiligten Persönlichkeiten und die historischen Wendepunkte bei der Herausgabe der Schriftrollen zur Verfügung stellte und mir gestattete, vorläufige Entwürfe zu seinen Memoiren einzusehen; sowie Hershel Shanks, dem Begründer und Herausgeber der *Biblical Archaeology Review*, der mir seine eigene Ansicht über die neuesten Entwicklungen in Sachen Schriftrollen mitteilte und meine Aufmerksamkeit auf bisher unbeachtete Aspekte ihrer früheren Geschichte lenkte.

Dr. Émile Puech von der École Biblique et Archéologique in Jerusalem fand freundlicherweise trotz seines vollen Terminkalenders die Zeit, mit mir ins Rockefeller Museum zu gehen und einige besonders wichtige Manuskripte aus der Höhle 4 zu sichten und zu diskutieren. Erzbischof Athanasius Yeshue Samuel von der syrisch-orthodoxen Kirche von Amerika und Kanada, immer noch ein aktiver und charismatischer Leiter seiner Gemeinde, hat mir seine Überlegungen zu dem Fund, der sein Leben veränderte, anvertraut. Mein Dank gilt auch Direktor Amir Drori vom Israelischen Amt für Altertümer; Professor Emanuel Tov, dem leitenden Herausgeber des Qumran-Projekts zur Veröffentlichung der Schriftrollen; und Magen Broshi, dem Direktor vom Shrine of the Book. Schließlich und ganz besonders möchte ich noch Herrn Professor Robert Eisenman von der California State University in Long Beach danken. Er sprach mit mir ausführlich über seine historischen Thesen zur Qumran-Gemeinde und ließ mir Kopien von Dokumenten und Briefen zukommen, die den Kampf um den freien Zugang zu den unveröffentlichten Qumran-Texten illustrieren.

Eine vollständige Liste aller während meiner Nachforschungen interviewten Wissenschaftler findet sich am Ende des Buches. Ihnen allen gilt ebenfalls mein herzlicher Dank. Natürlich trage ich die Verantwortung für alle Ansichten und historischen Interpretationen, die ich in diesem Buch darlege, auch wenn ich, wie die Leser bemerken werden, extensiven Gebrauch von meinen Tonbandaufzeichnungen gemacht habe. Zumeist habe ich die Äußerungen des Sprechers im Wortlaut wiedergegeben, nur in einigen wenigen Fällen habe ich kleine grammatikalische oder stilistische Veränderungen vorgenommen.

Die bibliographischen Anmerkungen am Ende des Buches haben einen doppelten Zweck: Sie sollen dem interessierten Leser weiterführende Literatur anbieten und einen allgemeinen Überblick über die Quellen geben, die ich konsultiert habe und die mich zu bestimmten, auch widersprüchlichen Schlußfolgerungen gebracht haben. Um die Bibliographie für den allgemein interessierten Leser nicht ausufern zu lassen, habe ich nur wenige theoretische Werke und nur wenige problematischer Herkunft angegeben. Die umfassendsten Bibliographien zur Qumran-Forschung sind in Fitzmyer, *The Dead Sea Scrolls. Major Publications and Tools for Study*, und Tov, »The Unpublished Qumran Texts« zu finden. Angesichts der steigenden Publikationsflut in der Qumran-Forschung sind alle Bibliographien allerdings bereits bei ihrer Veröffentlichung veraltet.

Wo ich direkt aus den Schriftrollen zitiere, habe ich meist die englischen Übersetzungen von Geza Vermes aus seinem Buch *The Dead Sea Scrolls in English* herangezogen. Die Quellen anderer Zitate finden sich in den bibliographischen Anmerkungen. Der Leser möge beachten, daß die Worte in eckigen Klammern plausible Rekonstruktionen von Wörtern oder Sätzen in beschädigten Teilen der Schriftrollen durch den Übersetzer sind. Worte in runden Klammern hingegen sind nicht Bestandteil des Originaltexts, sondern dienen der Verdeutlichung und Kommentierung.

Als Zeitangabe habe ich die neutrale Bezeichnung »vor unserer Zeitrechnung« (v. u. Z.) bzw. »unserer Zeitrechnung« (u. Z.) gewählt, da die mit der Bezeichnung »vor Christus« bzw. »nach Christus« verbundene religiöse Assoziation hier fehl am Platze wäre.

Wie bei meinem letzten Buch möchte ich auch diesmal Janet Amitai für ihre hervorragende Unterstützung bei den Recherchen und bei der schriftlichen Abfassung dieses Buches meine dankbare Anerkennung aussprechen. Mein Dank geht auch an Susan Berman, die mir bei den ersten Interviews und bei den Nachforschungen in den Archiven behilflich war. Die Mitarbeiter der Sterling Memorial Library der Yale University und der Yale Divinity School Library haben mir wie immer professionell geholfen. Während meiner Forschungsreisen nach Jerusalem waren mir die Mitarbeiter des Israelischen Amts für Altertümer ausgesprochen behilflich, besonders Ayala Sussmann, die für die Veröffentlichungen des Amtes verantwortlich ist, sowie die Hauptkuratorin Ruta Peled und Dr. Ronny Reich von der Archivabteilung.

Steven Weinstock, mein Freund und Medienguru, hat mir wertvolle Daten geliefert und mich ermutigt. Und wie immer war Steve Horn mein verläßlicher historischer, philosophischer und medizinischer Berater. Außerdem hat meine unvergleichliche Literaturagentin Carol Mann wieder einmal meine Hochachtung, Anerkennung und meinen herzlichen Dank verdient. Ich danke ebenfalls dem Lektor Timothy Meyer von der Putnam Publishing Group für die angenehme Zusammenarbeit und gratuliere ihm zu seiner exzellenten Arbeit.

Dieses Buch wäre ohne die ständige Ermutigung und redaktionelle Beratung von Jane Isay, der Herausgeberin von Grosset Books, nie geschrieben worden. Für ihren Beitrag zu diesem Projekt kann ich ihr gar nicht genug danken.

Zuletzt möchte ich meinen Dank und meine Zuneigung allen Freunden und Verwandten aussprechen, die mich wie immer voll Verständnis durch eine weitere Zeit des Bücherschreibens begleitet haben. Dankbar bin ich auch Ellen und Maya, die einen Ehemann bzw. Vater hatten, der unzählige Monate lang nur von Schriftrollen und Wissenschaftlern sprach. Ich hoffe, daß dieses Buch ihre Geduld und ihr Vertrauen in mich rechtfertigt.

N.A.S.
Branford, Connecticut

DER WEG IN DIE WÜSTE

Wenn ich die Augen schließe, sehe ich folgendes Bild: Vor zweitausend Jahren setzte eine Handvoll Menschen in der verwüsteten, entvölkerten Provinz Judäa ein Zeichen, das von erstaunlicher Glaubensstärke und Zuversicht zeugt und über die Jahrhunderte zu uns spricht. Es war eine Zeit voller Schrecken und Leiden. Die Zehnte Legion der Römer stand im Land, und unter ihren Standarten mit dem verhaßten Symbol des wilden Ebers belagerte und unterwarf sie systematisch die letzten Hochburgen judäischen Widerstands. Wer sich den Soldaten in den Weg stellte, wurde ohne Zögern hingerichtet, und die meisten Überlebenden wurden zu einem Leben in Sklaverei verdammt. In ausgewählten Städten und Dörfern wurden willfährige jüdische Priester, Überläufer sowie Kollaborateure angesiedelt; heute nennen wir solche Orte Umerziehungslager. Gleichzeitig wurden Zehntausende Judäer, die sich ergeben hatten oder bei früherer Gelegenheit gefangengenommen worden waren, in den Hafenstädten am Mittelmeer zusammengetrieben und auf den Sklavenmärkten von Kreta, Sardinien, Ostia und Ephesus als Prostituierte, Minenarbeiter oder als menschlicher Fraß für die wilden Tiere in den Arenen verkauft.

Der Tempel von Jerusalem, einst das Herz der Nation und des verstreuten Volkes Israel, lag in Schutt und Asche. Die Stadt selbst, das Kronjuwel im Reich des Herodes, war ein einziger stinkender, niedergebrannter Steinbruch, ein Friedhof, durch den nur noch streunende Hunde und Leichenfledderer zogen. Aber am Ufer des Toten Meeres, weit entfernt von den Städten und Lagern der Besatzungsmacht, bewiesen einige überlebende Juden in der Stille der Wüste, daß sie auch weiterhin daran glaubten, daß Gott eines Tages Rache an den Römern, den jüdischen Kollaborateuren, ja, an allen bösen Menschen der Welt nehmen werde. Diese Juden trugen einige wertvolle Rollen mit heiligen Schriften, Hymnen und Prophezeiungen des erwarteten Jüngsten Gerichts zusammen, wickelten sie vorsichtig in Leintücher (eines davon war mit dem symmetrischen Plan des idealen israelitischen Tempels bestickt) und verwahrten sie in großen Tonkrügen.

Der Pfad hinauf zu der Felswand war steil und voller Geröll, und die großen Tongefäße mit den Schriftrollen waren schwer. Doch es ging darum, eine Glaubensmission auszuführen. Hoch über der zerstörten Siedlung Sechacha gab es im harten braunen Kalkstein eine natürliche Spalte – eine von unzähligen natürlich entstandenen Höhlen in der Felswand, die den Siedlern jahrzehntelang als Wohnstätten, Verstecke oder *Genizot*, geheiligte Stätten zur Aufbewahrung beschädigter oder abgenutzter religiöser Schriften, gedient hatten. Die Höhle war tief und eng; Fragmente biblischer Bücher und mystischer Schriften, Gebetsriemen und Tonscherben waren über den Lehmboden verteilt. Doch bei dieser Aktion handelte es sich nicht um eine gewöhnliche Unternehmung, sondern um ein Zeugnis unerschütterlicher Glaubenskraft. Voller Vertrauen, daß eines Tages Menschen zu diesem Ort kommen, die Schriften in den Krügen finden und außerdem noch in der Lage sein würden, ihre flammende Botschaft zu entziffern, ließen die uns unbekannten Überlebenden des Krieges zwischen den Juden und den Römern ihre wertvollen Dokumente im Inneren der engen Höhle zurück.

Die Dokumente waren aus Hunderten von Texten sorgfältig ausgewählt worden, die die Mitglieder dieser Gemeinschaft geschrieben, gelesen und ausgelegt hatten. Zu ihnen gehörte das Buch Jesaja mit seiner Vision von der Sünde, dem Leiden und von der Erlösung des Volkes Israel durch Gott. Außerdem eine Abschrift der Gesetze, mit deren Hilfe sich die Gemeinschaft in einer zunehmend schwierigen Zeit ihre Reinheit hatte erhalten können, indem sie sich freiwillig von den Menschen der Falschheit abgesondert hatte und vertrauensvoll den Weg des Lichts gegangen war. Weiter Bußpsalmen vom Führer der Gemeinschaft, dem Lehrer der Gerechtigkeit. Er dankt Gott für seine Errettung und für die Gewißheit, daß die Gottlosen am Ende vernichtet werden. Dann war da noch eine Schriftrolle mit detaillierten Anweisungen für den letzten, entscheidenden Heiligen Krieg am Ende der Zeiten – die »Kriegsregel für das Auslösen des Angriffs der Söhne des Lichts gegen die Gemein-

schaft der Söhne der Finsternis, die Armee des Belial«. Zu den Dokumenten, die für die Zukunft aufbewahrt werden sollten, gehörte auch
ein Kommentar zum Buch Habakuk, in dem die schrecklichen Ereignisse
jener Tage römischen Frevels und Völkermords als Erfüllung der Prophezeiungen des Propheten gedeutet werden – und als sicheres Anzeichen dafür, daß die Rache Gottes kommen werde, wenn auch qualvoll
spät. »Am Tage des Gerichts«, so die letzten Zeilen des Textes, »wird
Gott alle götzendienerischen und gottlosen Menschen auf Erden vernichten.«

In anderen Felshöhlen der Umgebung fand man weitere Überreste
hebräischer und aramäischer Schriften, die ebenfalls zum Vermächtnis
der Gemeinschaft gehörten: Schriftrollen und Fragmente zahlreicher Gesetzeswerke, Orakelsprüche, Gedichte und Visionen, die von anderen
Mitgliedern der Gemeinde über viele Jahrzehnte hinweg versteckt und
vergraben worden waren. All diese Manuskripte können zusammenge-
nommen als Dokument des Glaubens einer kleinen Gemeinschaft ent-
wurzelter und vertriebener jüdischer Priester und ihrer Anhänger gedeutet werden, die sich an der striktesten Auslegung der biblischen Gesetze
orientierten. Sie hielten auch an der Hoffnung auf Erlösung des Volkes
Israel vom römischen Joch fest, vom Joch der götzendienerischen Eindringlinge von jenseits des Meeres, die sie »Kittim« nannten und die »die
Erde mit ihren Pferden und wilden Tieren zertrampeln«.

Fast ein Jahrhundert zuvor (ungefähr zu der Zeit, in der nach Auskunft der Evangelisten Jesus von Nazareth geboren wurde) hatten die
geistigen Begründer dieser Gemeinschaft ein Lager in der Wüste errichtet, und zwar an jenem Ufer des Toten Meeres, das gegenüber von
Moab lag. Sie nannten diesen Ort »Sechacha« – das »Bedeckte« oder
»Versteckte«. Dieser Ort wird im Buch Josua als ewiges Erbe des Stammes Juda erwähnt. Bei ihrer Ankunft am Toten Meer existierten nur
noch Ruinen, aber vor der Römerherrschaft, während der glorreichen
Zeit judäischer Unabhängigkeit unter den Makkabäern, war Sechacha
ein Vorposten des makkabäischen Königreichs gewesen. Offensichtlich
hatten die Bewohner dieser Festung, rechtgläubige makkabäische Soldaten, auf die Durchreisenden Eindruck gemacht, denn die Ansammlung
von Gebäuden auf dem weißen Plateau oberhalb des Ufers war auch
als »Festung der Frommen« bekannt. An diesem Ort voller religiöser
und patriotischer Erinnerungen hatte sich die Gruppe im freiwilligen

Exil niedergelassen. Die Mitglieder nannten sich abwechselnd die Gemeinschaft, die Söhne des Zadok, die Auserwählten, die Armen, der Weg oder die Söhne des Lichts. Sie gelobten sich und ihrem Gott, den Worten Jesajas getreu, »einen Weg durch die Wüste zu bahnen«, sich von den »Wohnstätten gottloser Menschen« fernzuhalten und eine zentrale Rolle bei den schrecklichen Ereignissen zu spielen, die bald die Welt erschüttern sollten. Einige Jahre nachdem ihre Gemeinschaft zerstört und ihre Manuskripte versteckt worden waren, bezeichnete der jüdische Überläufer und Geschichtsschreiber Flavius Josephus diese priesterliche Gruppe und ihre Anhänger im ganzen Land fälschlicherweise (vielleicht absichtlich) als die frommen, pazifistischen Essener. Aber sie waren ganz sicher keine sanften Mönche und Mystiker. Sie wurden vielmehr zum wütenden Sprachrohr ihres Volkes, zur zornerfüllten Stimme, die zum Widerstand gegen die Neuerungen und gegen den Einfluß des Großen Satans aus dem Westen aufrief.

Der Große Satan war natürlich der römische Kaiser, dessen Stellvertreter, Verwalter, Vollstrecker und Handlanger in Judäa und im ganzen Mittelmeerraum die Frechheit besaßen, ihren Herrn zum Sohn Gottes und Retter der ganzen Menschheit zu erklären. Selbstverständlich war dieser Sohn Gottes nur der Wegbereiter eines Systems der Ausbeutung und Eroberung, durch das die Stadt Rom zu einem unersättlichen Zentrum des Reichtums und der Macht wurde, das letztlich alle Gelder des Reiches in sich aufsaugte. Sogar in dem relativ armen Land Judäa waren die Auswirkungen der neuen Weltordnung nicht zu übersehen, denn die kleinen Grundbesitzer wurden durch Steuern und Naturkatastrophen zunehmend in die Überschuldung getrieben und dadurch gezwungen, als Pächter, Wanderarbeiter oder Tagelöhner in den rasch wachsenden Städten ihr Auskommen zu suchen. Dort kamen sie erstmals (wenn auch aus respektvoller Entfernung) mit jenen Judäern in Kontakt, die im Namen des Profits, der politischen Mäßigung und im Interesse der sogenannten Modernität vor den Römern katzbuckelten: Großgrundbesitzer, Hohepriester, erfolgreiche Kaufleute und königliche Funktionäre.

König Herodes der Große, der vom Jahre 37 bis zum Jahre 4 v. u. Z. regierte, hatte die Gesetze des Alten Bundes verspottet, indem er in griechischen Städten prächtige Tempel für Augustus errichten ließ und den Reichtum seines Landes für die götzendienerischen Olympischen Spiele verschwendete. Und sein großartiger Wiederaufbau des Tempels von Jerusalem für den Gott Israels war letztlich wenig mehr als eine Farce. Die herodischen Prinzen und Prinzessinnen tauschten untereinander ihre Ehepartner und intrigierten, um eine möglichst mächtige Stellung im Herrscherhaus zu erlangen, während die von Herodes ernannten Hohenpriester im Tempel von Jerusalem abhängige Ja-Sager aus wohlhabenden jüdischen Familien in Mesopotamien und Ägypten waren, die sich mehr dem König als Gott verbunden fühlten. Also hatten die drei Verstrickungen Belials, des Fürsten der Finsternis, die hohe und mächtige Stadt Jerusalem umfangen: Reichtum, Ehebruch und Schändung des Tempels. Sie war zu einer Stadt der Eitelkeit geworden. Die Herrschaft des letzten makkabäischen Königs mag selbstsüchtig und gelegentlich nicht fromm genug gewesen sein, aber Herodes und sein verabscheuungswürdiger Sohn Archelaus aus dem Stamm der Edomiter, die zum Bekenntnis zum Judentum gezwungen worden waren, hatten alle Rechtschaffenheit im Lande zerstört.

In dieser Zeit der Finsternis suchten die Söhne des Zadok Zuflucht in den Ruinen von Sechacha. Sie reparierten die Zisternen, den Wachturm, die Versammlungsräume und Werkstätten, die Jahrzehnte zuvor unter dem Schutz der makkabäischen Könige errichtet worden waren. Nach dem Tod des Herodes wurde Judäa vom Römischen Reich annektiert, aber diese kleine Gruppe führte, soweit wir wissen, ihr Gemeindeleben beinahe ungestört, fernab von den Schauplätzen städtischer Unruhe und außerhalb der Kontrolle des Reiches. Sie kultivierten Land am Toten Meer, das anscheinend zu ausgedörrt und nicht ertragreich genug war, um der Mühe der Steuereintreiber wert zu sein; sie züchteten Vieh, hielten Zusammenkünfte ab, stellten ihre eigenen charakteristischen Werkzeuge und Tongefäße her und verfaßten ihre Schriften des Zorns. Als die Zeiten für ihre jüdischen Mitbrüder schlechter wurden, erwarteten sie um so inbrünstiger das Erscheinen der Messiasse oder Gesalbten Gottes, die die siegreiche Zeit der Erlösung einleiten und mit ihren scharfen Schwertern Gerechtigkeit und Rache auf die Erde bringen würden.

Zwar unterschied sich die Gruppe in Sechacha durch ihre Frömmigkeit und den Zusammenhalt in der Gemeinschaft von den anderen Juden, doch war sie Teil einer größeren Bewegung des nationalen Widerstands. Flavius Josephus schrieb im fernen, luxuriösen Rom über die Ereignisse in Judäa. Und obwohl er stets bemüht war, die revolutionären Tendenzen seines Volkes zu verharmlosen, verraten seine Berichte über die zunehmende Unruhe in Judäa im ersten Jahrhundert u. Z. ungewollt die Wahrheit. Immer wieder berichtet er über charismatische Propheten und Messias-Figuren, Massenhysterien und die übliche grausame Hinrichtung des angeblichen Retters. Simon, Athronges, Judas der Galiläer, Johannes der Täufer, Jesus von Nazareth, Theudas und der rätselhafte »Ägypter« waren nur einige der von Flavius Josephus erwähnten Anführer und Prediger, die enthauptet oder ans Kreuz geschlagen wurden.

Unter der Herrschaft römischer Beamter wie Pontius Pilatus, Cuspius Fadus, Antonius Felix und Gessius Florus waren die Söhne des Zadok nicht als Einsiedler, sondern als geistliche Führer bekannt, die den alten Glauben an eine messianische Erfüllung auf das Streben nach nationaler Unabhängigkeit übertrugen. Vielleicht verfolgten sie auch eine subtile Strategie des politischen Boykotts, indem sie die traditionellen Reinheitsgesetze so streng wie möglich anwendeten. Durch die göttliche Eingebung, auf die sich ihr Lehrer der Gerechtigkeit berief, hatten die Mitglieder der Gemeinschaft einen Einblick in Gottes geheimen Zeitplan für die Erlösung erhalten, dessen Stand man an den erschreckenden, erschütternden Vorzeichen und Ereignissen der Gegenwart ablesen konnte. Auch nach der Verfolgung und Ermordung des Lehrers durch das Jerusalemer Establishment ging die Gemeinschaft in Sechacha weiter ihren Weg in der Wüste und sah auch in den schmerzlichsten Erfahrungen nur die unmißverständliche Erfüllung der alten Prophezeiungen.

Die Geschichte hat gezeigt, daß ein solches Bekenntnis des Zorns gegen die Macht irgendwann einmal in offene Rebellion umschlägt. In diesem Sinne wurden die Weissagungen und Warnungen der Söhne des Zadok beim Ausbruch des großen Aufstands gegen das Römische Reich im Jahre 66 u. Z. Wirklichkeit. Der Tempel wurde von kollaborierenden Priestern befreit, und die täglichen Opfergaben für das Wohlergehen des Kaisers wurden eingestellt. Der langersehnte Heilige Krieg brach endlich los. Die Kittim zogen ihre Streitkräfte aus dem Norden und dem Süden zusammen, um gegen das Volk Gottes Krieg zu führen. Und das Volk Gottes erhob sich, um sein Schicksal zu erfüllen. Aber kein Retter erschien, um die Söhne des Lichts in die Schlacht zu führen. Nach einer Reihe überraschender militärischer Siege zu Beginn des Aufstands verkam die jüdische Unabhängigkeitsbewegung zu einem blutigen Macht-kampf zwischen pseudo-frommen Kriegsherren. In ihrem Machthunger verrieten sie den inbrünstigen Glauben der Juden an Erlösung durch absolute Unterwerfung unter Gottes Gesetz statt unter eine irdische Macht. Bald eroberten die Söhne der Finsternis das Land und verwüsteten viele Städte. Sie machten Jerusalem dem Erdboden gleich, ebenso die Luxusvillen, in denen die judäische Aristokratie auf ihr Wohl ange-stoßen hatte. Der Tempel wurde ebenfalls zerstört, und die heiligen Gefäße, die durch die Machtgier der konkurrierenden Rebellenparteien entweiht worden waren, wurden zusammen mit der goldenen Menora nach Rom gebracht. Doch auch diese Katastrophen und Verwüstungen wurden von einigen Überlebenden als klares Zeichen für Gottes Macht gedeutet, die Bösen zu bestrafen. Der Tag des Jüngsten Gerichts konnte nicht mehr weit sein.

Hätten die Mitglieder der Gemeinschaft in Sechacha uns nicht die Schriftrollen überliefert, dann hätten wir keinerlei Begriff davon, was es hieß, die Übergriffe der Römer und ihrer Kultur mit den Waffen der Tradition bis zum letzten zu bekämpfen. Die Stimme dieser Gemein-schaft ist eine Stimme aus dem Wüstenlager, aus dem Ghetto und von den Barrikaden, die heute noch diejenigen unter uns anklagt, die frühere oder heutige Staatssysteme nur nach den Kriterien der Ordnung, Logik und Wirtschaftlichkeit beurteilen. Die Leidenschaft der Texte und der in ihnen zum Ausdruck kommende Rückzug auf eine neuformulierte fundamentalistische Tradition verraten den Zorn von Menschen, die sich weigerten, zum Rohstoff für die Träume anderer zu werden.

Doch als die Schriftrollen vor einiger Zeit wiederentdeckt und Stück für Stück entrollt wurden, wie es sich die Mitglieder der Gemeinschaft erträumt hatten, wollte es die Ironie des Schicksals, daß sie in die Hände von halbherzigen Schriftgelehrten gerieten, die zwar alte Texte entzif-fern, Verben grammatikalisch bestimmen und literarische Gattungen un-terscheiden konnten, aber in keiner Weise bereit waren, die Botschaft der Schriftrollen ernst zu nehmen. Ihr Hauptinteresse war auf wissen-schaftliche Anerkennung gerichtet, nicht auf den Widerstand gegen eine ungerechte Macht. Diese Männer (und nur sehr wenige Frauen) machten in ihren Elfenbeintürmen und Universitäten Karriere und hielten Vor-lesungen, und nur langsam – sehr langsam – begannen sie, den Inhalt der Schriftrollen zu publizieren. Die Botschaft der Vergangenheit war

zwar wiederentdeckt worden, doch bei der Übersetzung war etwas
Kraftvolles verlorengegangen: Die Qumran-Rollen wurden zum harmlosen Objekt öffentlicher Faszination. Ihr revolutionärer Inhalt, die leidenschaftliche Empörung gegen Ungerechtigkeit, wurde bewußt oder
unbewußt nicht zur Kenntnis genommen.

Für mich waren die Schriftrollen vom Toten Meer viele Jahre lang eine
unschuldige Erinnerung an faszinierende Vorstellungen aus meiner Kindheit. Ein Überbleibsel meines frühen Interesses an den Rollen ist die
kleine Kopie eines Tongefäßes aus Qumran, die mir mein Großvater in
den späten fünfziger Jahren aus Israel mitgebracht hatte. Sie steht heute
auf dem Nachttisch meiner Tochter Maya zwischen den Schneekugeln
zum Schütteln und den Silberglöckchen aus Colonial Williamsburg sowie von den Niagara-Fällen. Immer noch ruft der Anblick dieses Tongefäßes jene Geschichte in mir wach, die man mir als Kind erzählt hatte:
die Geschichte von Beduinenjungen, die einen alten Schatz in der Wüste
fanden. Wahrscheinlich hörte kein Kind in den fünfziger oder sechziger
Jahren eine authentischere Version dieser Ereignisse als ich.
     Ende der sechziger Jahre beschäftigte ich mich als Student der Re-
ligionsgeschichte am College mit den Rollen vom Toten Meer. Ich sah
in den esoterischen Lehren und apokalyptischen Dichtungen der Qumran-Gemeinschaft einen interessanten revolutionären Kontrast zu den
kanonischen Büchern des Alten Testaments. Im Zeitalter der Sit-ins und
Kommunen faszinierte mich der Glaube dieser Gruppe von Einsiedlern,
die den offiziellen Tempelkult in Jerusalem ablehnten und all ihre Hoffnung auf das nahe bevorstehende Ende der Welt setzten. Aber wenn
ich heute zurückblicke, war die Arbeit an den Qumran-Rollen in jenen
Tagen, ungeachtet aller nonkonformistischen Assoziationen, eine ziemlich phantasielose intellektuelle Beschäftigung. Obwohl die Rebellion
der sechziger Jahre in so vielen wissenschaftlichen Disziplinen zu Wi-
derständen und Umwälzungen führte, blieb die konventionelle, unpolitische Interpretation der Schriftrollen, die sich in den späten fünfziger
Jahren herausgebildet hatte, weitgehend unangetastet. Außer der kleinen Gruppe von Mitgliedern des internationalen Herausgeberteams
kannte niemand die Dokumente von Qumran vollständig, und die wenigen Texte, die damals bekannt waren, wurden als Zeugnisse einer rein
religiösen Lehre verstanden, die fast ebenso kanonisch war wie die

Bibel. Und auch meine Magisterarbeit über die seltsam-faszinierende Interpretation des Buches Nahum, das in Qumran gefunden worden war, lag auf dieser Linie.

Als pflichtbewußter Seminarteilnehmer sprach ich auch kurz mit zwei führenden Wissenschaftlern auf dem Gebiet der Qumran-Forschung: mit Professor Frank Moore Cross vom Semitischen Museum der Harvard University und mit Professor John Strugnell von der Harvard Divinity School. Diese Männer umgab eine fast mystische Aura (oder vielleicht auch nur eine rätselhafte Berühmtheit). Sie gehörten zu den wenigen Experten, die in den frühen fünfziger Jahren nach Jordanien eingeladen worden waren und mit eigenen Händen die alten Texte aus Tausenden kleiner Pergamentfetzen aus den Höhlen von Qumran zusammengesetzt hatten. Auf Kongressen machten sie gelegentlich vielversprechende Andeutungen über künftige Enthüllungen aus der großen Zahl noch unveröffentlichter Dokumente. Sie bildeten eine einflußreiche Clique, eine Art akademischen Adel. Und nur wenige kamen auch nur auf die Idee, ihre Autorität in Zweifel zu ziehen.

Allein schon ihre Interpretation der Schriftrollen bekräftigte auf subtile Art den Wert der Konformität im Gegensatz zur Rebellion. Aus dem riesigen Puzzle der Fragmente setzten Cross, Strugnell und die anderen Mitglieder des Herausgeberteams die Geschichte einer selbstgerechten Gruppe altehrwürdiger jüdischer Gläubiger zusammen, die nicht zur Zeit Jesu, sondern um das Jahr 165 v. u. Z. lebten, als der Makkabäer-Aufstand Judäa von der Herrschaft des Seleukiden-Reiches und des hellenistischen Adels befreien sollte. Als sie aber mitansehen mußten, wie die makkabäischen Führer sich selbst zu Königen krönten und mit hellenistischem Prunk regierten, verließen die Rebellen – so die gängige Auffassung – um 125 v. u. Z. Jerusalem und gründeten ein Kloster in der Wüste, wo sie so leben konnten, wie es ihrer Meinung nach dem wahren biblischen Glauben entsprach.

Darauf folgte die zweihundertjährige Geschichte einer isolierten mönchischen Gemeinschaft, die von den Wissenschaftlern fast einhellig als Ansiedlung, vielleicht sogar als die Hauptsiedlung der alten Essener angesehen wurde. Die Lehren und Glaubensgrundsätze dieser Gruppe, festgehalten in den Schriftrollen, ähneln bei oberflächlicher Betrachtung denen des frühen Christentums: die herausragende Bedeutung des Messianismus, des Dualismus, der Taufe und des gemeinschaftlichen

Lebens. Die Wissenschaftler bewerteten die Entwicklung der Qumran-Sekte allerdings als einen Versuch, der in einer Sackgasse endete.

Pater Josef Milik, Mitarbeiter der vom Dominikanerorden geleiteten École Biblique et Archéologique in Jerusalem, war der einflußreichste Herausgeber der Qumran-Rollen. Er ließ keinen Zweifel an seiner religiösen Loyalität, als er in seinem 1958 erschienenen Buch *Ten Years of Discovery in the Wilderness of Judea* die elementare Bedeutung der Schriftrollen zusammenfassend darstellte. Während meines Grundstudiums hatte ich dieses Buch lesen müssen. Dort hieß es: »Obwohl der Essenismus bereits mehr als ein Element enthielt, das später auf die eine oder andere Art den Boden für das Christentum bereiten sollte, ist es doch offensichtlich, daß letztere Religion etwas völlig Neues darstellt, was nur durch die Person Jesu selbst angemessen erklärt werden kann.«

Die zentrale Bedeutung der Schriftrollen wurde also in der Veranschaulichung einer religiösen Entwicklung gesehen. Für die meisten Wissenschaftler waren die Essener auf dem Weg zum Christentum etwas weiter fortgeschritten als die Mehrheit der Juden. Wobei das Essenertum *kein* Christentum war, sondern nur eine kurzfristige Verirrung, ein religiöser Zweig, der keine Früchte trug. Denn, so die gängige Erklärung weiter: Während die Qumran-Sekte auf den Jüngsten Tag und den durch göttliche Hilfe herbeigeführten Triumph über die Mächte der Finsternis wartete, verfaßte sie ihre Schriftrollen, vollzog sie ihre rituellen Waschungen und hielt sich von den turbulenten politischen Entwicklungen der damaligen Zeit fern. Da die an der Auswertung der Schriftrollen beteiligten Wissenschaftler wenig Interesse an den Zusammenhängen zwischen religiösem Bekenntnis und politischer Aktion – in der Vergangenheit wie in der Gegenwart – hatten, konnten sie sich nicht vorstellen, daß die Schreiber von Qumran ihre über die engbeschriebenen Schriftrollen gebeugten Köpfe hoben, um über die ständig zunehmende Unterdrückung ihrer Familien und Freunde, die sie zurückgelassen hatten, nachzudenken oder gar darauf zu reagieren. Und so erklärten die Wissenschaftler, die Sekte von Qumran habe ihre Lebensweise in der Abgeschiedenheit der Wüste bis zum Ende beibehalten, während der Rest des judäischen Volkes sich zur Revolte gegen die korrupten römischen Beamten erhob. Als Vespasians Legionen im Frühjahr des Jahres 68 u. Z. durch das untere Jordan-Tal marschierten, zerstörten sie das Zentrum von Qumran. Nach gängiger Vorstellung wurden die Mitglieder

der Gemeinschaft hilflos niedergemetzelt, da sie sich auch in dieser
Situation wie weltfremde, materiell abgesicherte Intellektuelle verhiel-
ten, die es nicht nötig haben, sich um die Gegenwart zu kümmern,
während sie über die apokalyptische Zukunft nachdenken.

Diese Geschichte wurde zum Evangelium aller angesehenen Bibelwissenschaftler und Religionshistoriker. Die lebendig beschriebenen
Visionen der Schriftrollen vom Ende der Welt betrachtete man als verrückten Unsinn. Das leidenschaftliche Drängen auf radikale Umkehr angesichts des Jüngsten Gerichts, wie sie heute etwa die Zeugen Jehovas
fordern, hat zu allen Zeiten die nüchternen, respektablen Bürger bedroht
und beunruhigt. Ironischerweise förderte die akademische Beschäftigung mit den Qumran-Rollen die beruhigende Erkenntnis, daß diese apokalyptischen Erwartungen eine vorübergehende Manie waren, die erst
durch ihre spätere Verallgemeinerung und Transformierung in das geistige Reich Gottes durch das etablierte Christentum Bedeutung erhielten.
Der rein wissenschaftliche Umgang mit den Qumran-Rollen stand damit
im krassen Gegensatz zu dem Zorn, der aus der Dichtung und den Prophezeiungen der alten Texte spricht. Die Auseinandersetzung war gesit-
tet, emotionslos, analytisch und im typischen Ton von Akademikern gehalten, die sich freiwillig aus der wirklichen Welt hinter die Mauern
amerikanischer Eliteuniversitäten zurückgezogen hatten.

Selbst als ich in den frühen siebziger Jahren für das Israelische Amt
für Altertümer arbeitete und sich mein Interesse von antiken Texten auf
archäologische Funde verlagerte, hinterfragte ich die traditionellen Interpretationen nicht. Es war damals aufregend, in Jerusalem zu arbeiten,
denn in der gesamten Altstadt wurden Ausgrabungen durchgeführt,
nachdem der östliche Teil Jerusalems 1967 von Israel erobert worden
war. Unser Wissen über das Jerusalem zur Zeit Jesu und über den großen
Aufstand gegen Rom vergrößerte sich ständig. Beinahe täglich wurden
lebendige Erinnerungsstücke wie die riesigen, umgestürzten Steine des
von Herodes gebauten Tempels oder die verkohlten Ruinen von Villen
wohlhabender Bürger in der Oberstadt gefunden. Die Zentrale des
Israelischen Amtes für Altertümer war seit kurzem in das imposante
Rockefeller Museum mit Blick auf die Mauern der Altstadt gezogen. Damit kam ich der Archäologie und den Geheimnissen der Schriftrollen
näher. In dem weißen, turmartigen Steingebäude, das Hershel Shanks
später »das Gefängnis der Qumran-Rollen« nennen sollte, gab es ein La-

byrinth von Lagerräumen und Werkstätten, die die größten Schätze aus fünfzig Jahren archäologischer Forschung im Heiligen Land bargen.

Direkt von der Eingangshalle im Untergeschoß, deren Wände mit Holzregalen für die ausgegrabenen Ossuarien und Sarkophage von Generationen ehemaliger Einwohner Jerusalems überzogen waren, gelangte man in den geheimnisvollen, abgeschlossenen Raum, in dem Tausende von unveröffentlichten Schriftrollenfragmenten, zwischen Glasplatten gepreßt, in den Schubladen von Stahlaktenschränken lagerten. Ich erinnere mich noch, welch eisige Kälte dort unten herrschte. Und ich erinnere mich an das unheimliche gelbe Licht, das dort installiert war, um die alten Manuskripte vor dem Ausbleichen zu schützen. Aber meine Erinnerungen beschränken sich auf flüchtige Blicke durch die halbgeöffnete Tür, denn auch damals noch hatte nur ein kleiner Kreis von Wissenschaftlern unter jordanischer Aufsicht freien Zugang zu diesem Allerheiligsten in der Welt der Qumran-Rollen.

Für mich waren die archäologischen Funde von Khirbet Qumran, der alten Siedlung nahe der Höhlen, in denen die Schriftrollen gefunden worden waren, viel aussagekräftiger als die dunklen, zerknitterten Stükke beschriebenen Leders, mit denen sich die anderen Wissenschaftler immer noch beschäftigten. Die Funde von Qumran – oder der essenischen Siedlung, wie die französischen Ausgrabungsleiter, Dominikaner, den Ort zu nennen pflegten – waren in einem speziellen Raum auf Regalen gelagert. Hier standen die Töpfe, Pfannen, Schüsseln und Tintenfässer jener Menschen, die die Schriftrollen beschrieben hatten. Hier standen auch die bauchigen Vorratskrüge, die im Altertum zerbrochen, aber jetzt wieder zusammengeklebt und aufgereiht worden waren. Es gab Dutzende gleicher Schüsseln, jede von ihnen vorsichtig in vergilbtes jordanisches Zeitungspapier eingewickelt. Sie waren in der »Speisekammer« gefunden worden, neben dem Raum, den die Ausgräber als »Refektorium« des Klosters identifiziert hatten. Aber diese Funde blieben unbeachtet. Der Leiter der Ausgrabungen, Pater Roland de Vaux, hatte sich nicht mehr ernsthaft damit auseinandergesetzt, nachdem er seine ersten, umfassenden Theorien über die Geschichte der Qumran-Gemeinschaft aufgestellt hatte. Es gab ständig neue Versprechen, endlich ausführlich über die Funde zu berichten, aber ich habe nie andere Wissenschaftler in dem Lagerraum gesehen, und die Tongefäße setzten immer mehr Staub an. Damals wurden die Gebrauchsgegenstände aus Qumran weniger als wissenschaftliche Beweisstücke denn als Gegenstände der Verehrung im Kult um die berühmten und immer noch faszinierenden Schriftrollen vom Toten Meer betrachtet.

In den späten achtziger Jahren wurde das friedliche Schweigen um die Qumran-Rollen jäh beendet. Eine lautstark in die Öffentlichkeit getragene Kampagne zur »Befreiung« der Schriftrollen aus den Händen eines kleinen Zirkels von Wissenschaftlern schuf eine Atmosphäre der Spannung und des Mißtrauens und provozierte einen international diskutierten Rechtsstreit. Boulevardblätter und Tageszeitungen mit Massenauflagen, die sonst vor allem über Sex, Gewalt und Prominentenklatsch berichten, spekulierten nun über die Möglichkeit, daß die unveröffentlichten hebräischen und aramäischen Dokumente brisante religiöse Geheimnisse bargen. Warum sonst waren sie so lange unveröffentlicht geblieben? Es ging, wie man hörte, um Geheimnisse des frühen Christentums, die der Vatikan – oder auch die israelische Regierung – für immer unterdrücken wollte. Die *New York Times*, das *Time Magazine* und *Newsweek* berichteten auf einmal mit derselben wichtigtuerischen Gelehrsamkeit, mit der sie sonst Staatsangelegenheiten behandeln, über wissenschaftliche Ethik, alten jüdischen Messianismus und die Geschichte Judäas im ersten Jahrhundert u. Z.

Die plötzliche öffentliche Aufmerksamkeit provozierte bei den betroffenen Wissenschaftlern einige bemerkenswerte Reaktionen, die auch aus Fernsehserien hätten stammen können. Der leitende Herausgeber der Qumran-Rollen, Professor John Strugnell, schlug sich monatelang mit der wachsenden Schar der zum größten Teil jüdischen »Befreier« herum. Schließlich gab er 1990 ein befremdendes Interview, in dem er den Judaismus als »schreckliche Religion« und sich selbst stolz als Antijudaisten bezeichnete. In dem nun unvermeidlich folgenden öffentlichen Aufschrei wurde Strugnell in Leitartikeln und wissenschaftlichen Vorträgen auseinandergenommen. Kurz darauf wurde er wegen einer manischen Depression in eine Klinik eingeliefert und seines Amtes enthoben. Die Mauern wissenschaftlicher Privilegien begannen zu bröckeln. Bald wurden zahlreiche Fragmente der Schriftrollen allen Wissenschaftlern zugänglich gemacht, nachdem sie fünfundvierzig Jahre lang nur von einem offiziellen Herausgeberteam eingesehen werden konnten. Die Huntington Library in San Marino, Kalifornien, die Mikrofilme von den Fragmenten besitzt, hob von sich aus alle Benutzungsbeschränkungen auf. Professor Robert Eisenman von der California State University in Long Beach, einer der heftigsten Kritiker der bisherigen Zustände, erhielt als erster die Möglichkeit, mit den wertvollen Mikrofilmen zu arbeiten. Hershel Shanks, der streitbare Herausgeber der *Biblical Archaeology Review*, die den Feldzug für einen freien Zugang zu den Schriftrollen angeführt hatte, wurde in der Presse und im Fernsehen als Vorkämpfer für die intellektuelle Freiheit gefeiert. Unter den Gelehrten aber, die ihr Leben dem Studium der Schriftrollen gewidmet hatten, wurde der Ausgang des Streits als schwere Niederlage betrachtet. Shanks und Eisenman galten als Agenten des Chaos, die die traditionelle wissenschaftliche Hackordnung bedrohten. Sie hatten es gewagt, die Ehrerbietung, die den wenigen offiziellen Herausgebern der Schriftrollen und ihren Privilegien stets entgegengebracht worden war, in Frage zu stellen.

Ich schätzte die Situation falsch ein und beachtete den Rummel um die Qumran-Rollen überhaupt nicht. Immer, wenn eine archäologische Sensation – wie etwa die Suche nach Noahs Arche, die Wiederentdeckung von Atlantis oder der Fluch des Tutanchamun – zwischen Berichten über Ufos und Prominenten-Diätkuren in der Regenbogenpresse erscheint oder in Talk-Shows behandelt wird, interessiere ich mich nicht dafür. Also nahm ich auch in diesem Fall an, daß das magische Wort »Qumran-Rollen« zum Fernsehrequisit geworden war, zum leeren Symbol für das »Alte« und »Geheimnisvolle«. Jeder wußte so ungefähr, was die Qumran-Rollen sind, hatte aber keine Ahnung, was sie bedeuteten. Die meisten Leute glaubten – und glauben immer noch –, daß sie etwas mit Jesus zu tun haben und daß *alle* Schriftrollen lange zurückgehalten worden waren. Soweit ich wußte, stimmte das nicht. Daher wandte ich mich stets ab, wenn ein Bericht über die »Geheimhaltung« der Schriftrollen erschien oder wenn das Thema in einer Unterhaltung auftauchte.

Zum Teil beruhte meine Haltung auf persönlicher Voreingenommenheit. Ich kannte Hershel Shanks seit mehr als zehn Jahren als begeisterten und unermüdlichen Werber für seine weitverbreitete Hochglanzzeitschrift *Biblical Archaeology Review*, und ich hielt die ganze Sache mit den Schriftrollen für eine erfolgreiche Öffentlichkeitskampagne von ihm. Und Robert Eisenman hatte ich Mitte der achtziger Jahre kurz getroffen, als ich in Jerusalem lebte. Die Art und Weise, wie er sich als verachteter

Außenseiter darstellte, war mir zunächst gegen den Strich gegangen. Eisenmans Kreuzzug für die Freigabe der Schriftrollen wurde später sowohl in *Vanity Fair* als auch in dem spannenden Sachbuch *Verschlußsache Jesus. Die Qumranrollen und die Wahrheit über das frühe Christentum* beschrieben. Als ich in diesem Buch, das sich für Eisenmans unorthodoxe Vorstellungen über die Ursprünge der Qumran-Rollen einsetzt, von der überaus zweifelhaften Theorie einer gemeinsamen Verschwörung der Israelis und des Vatikans zur Geheimhaltung der Schriftrollen las, war ich mir sicher, daß auch Eisenmans historische Vorstellungen falsch sein mußten. Damals war mein Denken noch von der alten, konventionellen Version der Geschichte beeinflußt, und ich erkannte nicht, daß Eisenmans Kritik an den Qumran-Gelehrten einen viel weitreichenderen Angriff darstellte, der sich gegen die historische und geistige Autorität des jüdischen wie des christlichen religiösen Establishments richtete.

Während die Presse im Jahre 1992 weiterhin Profit aus der Geschichte um die Schriftrollen vom Toten Meer schlug, saßen Eisenman und sein Kollege Michael Wise von der University of Chicago an der Übersetzung und Interpretation von fünfzig Texten, die lange Zeit unter Verschluß gehalten worden waren. Sie gaben ihrem Buch den höchst unwissenschaftlichen Titel *Jesus und die Urchristen. Die Qumran-Rollen entschlüsselt*. Neben der Abschrift und Übersetzung enthält dieses Buch auch manchen Seitenhieb auf die Selbstsucht der Wissenschaftler, die diese Texte so lange zurückgehalten hatten. Und es ist ein deftiger Kommentar beigefügt, der die Qumran-Rollen mit Zorn, Revolution und jüdischem Nationalismus in Verbindung bringt – und mit den vermuteten geheimen militanten Wurzeln des frühen Christentums.

Die meisten ernstzunehmenden Wissenschaftler wiesen diese radikale Neu-Interpretation verächtlich zurück. Sie hatten inzwischen genug von Eisenmans Arroganz, seinem übersteigerten Aktivismus und seiner Anmaßung. Deshalb war klar, daß die Konferenz der New York Academy of Science über die Qumran-Rollen im Jahre 1992 zur entscheidenden Kraftprobe werden würde. Die achtzehn angesehensten Qumran-Wissenschaftler aus Israel, England und Amerika würden versuchen, Eisenman zum Schweigen zu bringen oder ihn wenigstens bloßzustellen. In einer offiziellen, von den Wissenschaftlern unterzeichneten Erklärung, die an Zeitungen sowie akademische Einrichtungen auf der ganzen Welt gefaxt wurde, brandmarkten sie das Buch von Eisenman und Wise als hinterhältige Falschdarstellung, weil es vorgebe, Dokumente zu präsentieren, die »mehr als fünfunddreißig Jahre lang zurückgehalten« worden seien. Die Unterzeichner behaupteten darüber hinaus, daß eine beträchtliche Anzahl der Textrekonstruktionen in dem Buch Abwandlungen früherer Veröffentlichungen oder direkte Plagiate seien. Beigefügt war eine Liste mit vernichtenden Anklagen wegen falscher Behauptungen, Unredlichkeiten und Täuschungen. Die Erklärung endet schließlich im bedenklichen Ton kirchlicher Orthodoxie und mit der Beschuldigung, der Band sei »voller Irrtümer und Ungenauigkeiten in der textlichen Rekonstruktion der hebräischen und aramäischen Dokumente sowie in ihrer Übersetzung und Interpretation«.

Ab und zu wird die einschläfernde Langeweile wissenschaftlicher Konferenzen von höchst dramatischen Augenblicken durchbrochen. Zunächst verlas der Leiter der Eröffnungssitzung, Professor Eric Meyers von der Duke University, einen Brief aus Jerusalem, in dem beschrieben wurde, wie das Israelische Amt für Altertümer üblicherweise mit dem Fotomaterial von unveröffentlichten Fragmenten der Qumran-Rollen umging, und in dem erklärt wurde, daß das Buch von Eisenman und Wise diese Regeln eindeutig verletze. Dann verlas Professor Lawrence Schiffman von der New York University eine lange, leidenschaftliche Anklageschrift. Der hochgewachsene, schwarzbärtige Wissenschaftler war zum Sprecher der Ankläger gewählt worden. Seine Schrift enthielt auch eine Liste mit ausgewählten Beispielen offensichtlicher Plagiate, die bibliographisch detailliert ausgewiesen waren. Er führte sogar ein besonders verräterisches Beispiel an, bei dem Eisenman und Wise die falsche Schreibweise eines anderen Wissenschaftlers übernommen hätten. Das Urteil schien bereits gefällt. Schiffman verdammte in seinem Schlußplädoyer Eisenman und Wise mit scharfen Worten und stellte fest, ihr Verhalten sei eine Beleidigung für jeden ernsthaften Wissenschaftler.

Es folgten nun Stellungnahmen, in denen andere Wissenschaftler versuchten, den Anschuldigungen entgegenzutreten. Professor James Robinson vom Ancient Biblical Manuscript Center setzte sich für die Beendigung der wissenschaftlichen Geheimniskrämerei ein. Professor Norman Golb von der University of Chicago, einer der Organisatoren der Konferenz, nannte die Plagiatsvorwürfe ein durchsichtiges Manöver intellektueller Zensur. Als nächster stand Michael Wise auf und widerlegte gekonnt höflich eine Anschuldigung nach der anderen, die gegen ihn und Eisenman vorgebracht worden war. Doch all diese Männer waren im Vergleich zu Robert Eisenman nur wenig überzeugende Vorkämpfer einer akademischen Revolte. Der untersetzte, streitbare Mann war nicht auf das Podium zu den Hauptteilnehmern der Diskussion gebeten worden. Deshalb trat er an das Mikrofon, das im Mittelgang für Kommentare aus der Zuhörerschaft aufgestellt worden war. Jeder wußte, daß *er* das eigentliche Ziel der Anschuldigungen war, und er stellte sich der Herausforderung, wobei sein leichtes Stottern immer wieder durch seine Wut brach.

Er griff zum Mikrofon, blickte in die Gesichter der angesehenen Wissenschaftler, die vor ihm versammelt waren, und bemerkte ärgerlich und sarkastisch: »Das Seltsamste hier ist, daß man mich immer wieder einen typischen Außenseiter nennt. Alle hier wissen sehr wohl, daß ich Ihre Arbeiten nicht lese. Offen gesagt, ich lese sie nicht, um mein Gehirn nicht zu verwirren. Ich werde nicht zu Ihren Konferenzen eingeladen und bekomme Ihre Unterlagen nicht. Und wenn ich meine Arbeiten einreiche, veröffentlichen Sie sie nicht.« Bissig fuhr er fort: »Also Moral hin oder her, wenn ich höre, daß ich die Arbeiten anderer Leute verwendet haben soll, dann verblüfft mich das. Jeder der hier Anwesenden, jeder auf der ganzen Welt weiß, daß meine Theorien keiner Theorie von irgend jemand anderem ähneln. Ich übernehme nichts von anderen. Welch absurde Anschuldigung! Wenn Sie also einen Vorwurf gegen mich erfinden wollen, dann könnten Sie sich keinen falscheren ausdenken.«

Dann sprach Eisenman voller Stolz statt Scham über sein neuestes Buch. »Ich kann Ihnen gar nicht sagen, wie begeistert ich bin, daß wir die ersten sind, die eine Interpretation vorlegen konnten. Das gefiel mir wirklich an diesem Band: Wir konnten den ersten Kommentar herausbringen. Denn wenn Sie meine Publikationen kennen, wissen Sie, daß ich immer gesagt habe, daß eine offizielle Erstausgabe immer auch eine offizielle Interpretation beinhaltet, die von einer gefügigen und unkritischen Öffentlichkeit als verbindlich anerkannt wird. Und ich habe auch gesagt, daß ich nur deshalb an der Herausgabe der Faksimiles mitgewirkt habe, um von den offiziellen Interpretationen der Texte wegzukommen – damit es viele Stimmen im Chor gibt.« Damit bezog er sich auf eine frühere, nichtautorisierte Sammlung von Fotografien der

Schriftrollen, die er zusammen mit Shanks und Robinson herausgegeben hatte. »Wir dachten also, die Chance zu haben, als erste die fünfzig besten Dokumente aus dem Korpus der unveröffentlichten Manuskripte herauszubringen. Offen gestanden fand ich, das meiste Material sei unveröffentlicht. Michaels bibliographische Anmerkungen haben mich verwundert. Meiner Meinung nach war er hier sehr großzügig; er hat mehr aufgeführt, als sich eigentlich rechtfertigen läßt.«

Mit offensichtlichem Vergnügen zeigte Eisenman seine Verachtung für Fußnoten und Belege, die viele mittelmäßige Gelehrte für Wissenschaft halten. In seinen Augen war die Bedeutung der Qumran-Rollen welterschütternd und revolutionär, keine Angelegenheit, bei der man die wichtigsten Forschungsergebnisse anderer ehrerbietig wiederholt und vielleicht einen i-Punkt oder einen t-Strich verändert. Eisenmans Thesen waren blasphemisch und revolutionär und gipfelten in der Aussage, sowohl das Christentum als auch der Judaismus seien in ihrer heutigen Form betrügerische Verfälschungen eines früheren messianischen Glaubens. Er war überzeugt davon, daß das Christentum und der rabbinische Judaismus nur deshalb überleben und Anhänger finden konnten, weil aus ihnen alle Lehren der früheren jüdisch-messianischen Bewegung systematisch getilgt worden waren, die den Status quo in Frage stellten oder bedrohten. Kurz gesagt, Eisenman forderte die Welt auf, im nachhinein anzuerkennen, daß die gängige Vorstellung vom frühen Judaismus und Christentum eine gezielte Verdrehung der Tatsachen war. Priester und Rabbiner hatten seiner Meinung nach diese Manipulation gefördert, weil sie ihr eigenes Überleben durch schmeichlerische Anpassung oder sogar Zusammenarbeit mit den bestehenden Mächten sichern wollten. Die Qumran-Rollen, die nach zweitausend Jahren wunderbarerweise entdeckt worden waren, lieferten modernen Wissenschaftlern ein direktes Zeugnis von den Ereignissen aus der Zeit des Neuen Testaments, das unberührt von den Scheiterhaufen der Inquisition oder von dem Stift des kirchlichen Zensors war. Aber die Wissenschaftler konnten nicht sehen, was Eisenman sah. »Was ihnen da ins Gesicht starrte«, sagte er später einmal mir gegenüber, »war die eigentliche, authentische messianische Literatur Palästinas.«

Seine Stimme wurde härter, sein Tonfall ärgerlicher. »Ich habe nie irgend jemandes Arbeiten gelesen. Mir sind die Arbeiten dieser Leute *egal*. Ich lese sie nicht, um Anregungen zu bekommen. Ich gehe an die Quellen. Mich interessieren die Hauptquellen. Professor Schiffmans Angriff ist eine absolute Verleumdung. Und das weiß er auch ganz genau.«

Aber Eisenman wollte zum Kern der Sache kommen, weg von einer Diskussion über bibliographische Angaben hin zu einem Gespräch über Religionsgeschichte. Denn die fünfzig Dokumente enthielten nach seiner Überzeugung den unbestreitbaren Beweis dafür, daß die Bewohner von Qumran die frühesten »Christen« waren. Die Qumran-Rollen repräsentierten in seinen Augen die historische Realität eines gewalttätigen nationalistischen Messianismus im ersten Jahrhundert u. Z., der in der Folge in den Schriften der Kirchenväter und durch die Weisen des rabbinischen Judaismus systematisch unterdrückt wurde.

Einer der Texte, die Eisenman und Wise veröffentlicht hatten, war ein Fragment hebräischer Dichtung mit der offiziellen Nummer 4Q285. Der bruchstückhafte Text ist nur wenig größer als eine große Briefmarke. Er bezieht sich auf einen messianischen Erlöser, der wie Jesus von David abstammt. Eisenman und Wise hatten den zerstörten Text rekonstruiert und deuteten ihn so, daß sich diese messianische Figur durch ihr Leiden auszeichne. Sie sei »durchbohrt« und schließlich von ihren Feinden umgebracht worden. Als die *New York Times* über diese Entdeckung berichtete, war das eine Sensation, denn man glaubte, das fehlende Verbindungsglied zwischen Judaismus und Christentum gefunden zu haben. Einige der prominentesten Vertreter der konventionellen Wissenschaft, die eisern darauf beharrten, es gebe große Unterschiede zwischen der Qumran-Sekte und dem Christentum, organisierten ein spezielles Seminar in Oxford und stellten fest, daß Eisenman und Wise sich geirrt hatten. Der Text müsse folgendermaßen übersetzt werden: Der Erlöser vom Stamme David *wird* seine Feinde *töten*. Nicht aber: *er wird von ihnen getötet werden*. Eisenman sah natürlich, daß sich nur wenige Forscher seiner Deutung anschlossen und ebenfalls eine christusähnliche Figur in der Darstellung der Schriftrollen erkannten. Aber es befriedigte ihn, daß er eine ernsthafte Debatte über diesen lange Zeit geheimen Text provoziert hatte. »Die Öffentlichkeit weiß, daß *wir* den Text über den durchbohrten Messias gefunden haben«, hielt er seinen Angreifern entgegen. »Ob wir ihn richtig interpretiert haben oder nicht, darum geht es nicht.«

Eisenman warf einem Zwischenrufer schweigend einen Blick zu und fuhr dann fort, als sei nichts geschehen: »Wir haben also den Text über den durchbohrten Messias gefunden. Jeder weiß, daß wir den Text über den Erlöser von Himmel und Erde gefunden haben. Ich habe als erster den Kahath-Text veröffentlicht ... Wir haben auch die zusätzlichen Passagen des Genesis-Florilegiums gefunden und einen wunderbaren Text rekonstruiert, der besser ist als die Rekonstruktion aus Oxford ... Wir haben ständig solche Texte entdeckt, zum Beispiel einen sehr schönen Text mit dem Titel ›Die Kinder von Jesha‹, die Kinder des Heils. Wir haben den wundervollen Text zur Masturbation gefunden. Wir haben keine Hilfe gebraucht, um die beiden Kopien der letzten Spalte des Damaskus-Dokuments zu finden, und wir haben dazu eine eigene Übersetzung vorgelegt. Jetzt frage ich Sie: Wenn wir all das geschafft haben, denken Sie, daß wir uns bei anderen Dingen auf die Arbeit dieser Leute stützen mußten? Wir brauchten uns nicht auf andere zu verlassen, wir konnten es allein. Und soweit ich weiß, haben wir es auch allein getan.«

Im darauffolgenden Jahr äußerte Eisenman mir gegenüber immer wieder die Vermutung, das wissenschaftliche Establishment habe es auf ihn abgesehen, um seine Glaubwürdigkeit und die Macht seiner Ideen zu zerstören. In seiner Schlußbemerkung auf der Konferenz von 1992 sagte er: »Als letzten Punkt möchten wir klären, ob es hier um Textrekonstruktionen, Abschriften und Wissenschaft geht oder darum, daß ein altes Establishment versucht, die Kontrolle über die ganze Sache zurückzuerlangen, und wieder wie früher offizielle Textausgaben haben möchte.« Er verglich die bösartigen Angriffe gegen ihn mit anderen Fällen, in denen die Autorenschaft bei der Erforschung alter Schriften strittig war, und stellte fest, daß sich die Feindseligkeit in erster Linie gegen »die neuen Übersetzungen und die neuen Interpretationen richtet, gegen den neuen Dreh, den wir der Sache gegeben haben – Professor Wise mit seiner eigenen Hypothese und ich mit meiner jüdisch-christlichen.

Wir waren mit unserer Ausgabe zuerst da, und das ärgert viele. Sie meinen, wenn sie uns in Mißkredit bringen, zieht das auch unsere Interpretationen in Zweifel. Aber das funktioniert nicht. Das Spiel ist aus, Herr Schiffman. Auch wenn Sie sich jetzt dem offiziellen Team angeschlossen haben, können Sie sich sicher noch erinnern, daß ich Sie in dem Artikel in *Vanity Fair* als Kettenhund bezeichnet habe. Und Sie sagten mir, Sie wüßten nicht, was das Wort zu bedeuten habe. Wie auch immer, das Spiel ist aus. Es gibt keine ›offiziellen Ausgaben‹ und keine ›Herausgeberteams‹ mehr. Es gibt jetzt nur noch freien Wettbewerb und eine völlige Freiheit des Denkens.« Eisenman schloß seine leidenschaftliche Verteidigungsrede gegen die massiven Vorwürfe, die gegen ihn erhoben worden waren, mit den Worten: »Und so hätte es von Anfang an sein sollen.«

An diesem ersten Konferenztag ging ich im Foyer, das vor dem Sitzungssaal lag, direkt auf Robert Eisenman zu. Er stand abseits, während sich die anderen Wissenschaftler in Grüppchen miteinander unterhielten. Aber obwohl mich seine Rede beeindruckt hatte und ich mich mit ihm über seine Thesen unterhalten wollte, fühlte ich mich ehrlich gesagt nicht wohl, als ich mit ihm in dem kleinen Vorraum stand. Ich hatte Angst, die angeseheneren Wissenschaftler könnten denken, ich sei zum Feind übergelaufen. Aus früheren Gesprächen kannte ich das Ausmaß ihrer Feindseligkeit gegenüber Eisenman nur zu gut. Erwähnte man seinen Namen, ohne sich sofort von ihm zu distanzieren, wurde man normalerweise gleich als höchst suspekt oder emotional gestört eingestuft. Man hatte Eisenman öffentlich als zweitrangigen Wissenschaftler bezeichnet und damit auch zum Ausdruck gebracht, daß man die California State University in Long Beach, an der er lehrte, verachtete. Dieses Urteil war sicher nicht das Ergebnis einer ernsthaften Auseinandersetzung mit seinen Ansichten. Die Eloquenz, mit der er die Plagiatsvorwürfe abgewehrt hatte, ohne sich im geringsten um die Anerkennung der anderen Wissenschaftler zu scheren, machte mir deutlich, daß es sich bei ihm um eine Persönlichkeit handelte, mit der ich mich näher beschäftigen mußte. Deshalb suchte ich das Gespräch mit ihm. Wir verabredeten ein Treffen, und er gab mir mit der Bitte, unsere Begegnung geheimzuhalten, die Karte seines Hotels an der West Side.

Ich hatte erwartet, daß Eisenman nur ungern über seine juristischen und beruflichen Probleme sprechen würde, doch er teilte mir bereitwillig die Einzelheiten seiner bisherigen Laufbahn mit. Die beiden großen Bände mit Fotografien der Schriftrollen hatte er gut sichtbar auf den Couchtisch seiner Suite gelegt. Statt Reue zu zeigen, war er stolz auf den Anteil, den er am Aufbrechen des Schriftrollen-Monopols gehabt hatte, und er war sofort bereit, mir ausführlich von seinem Leben zu erzählen. Bisher hatte ich ihn nur entfernt gekannt, aber jetzt bekam ich einen Eindruck von seiner Persönlichkeit. Er war der jüngere Bruder des international anerkannten Architekten Peter Eisenman, der offenbar schon immer mehr Aufmerksamkeit erhalten hatte als Robert. Akademisch war Robert Eisenman schwer einzuordnen. Seine Doktorarbeit an der Columbia University hatte er nicht über biblische Literatur oder Geschichte, sondern über islamisches Recht geschrieben. Zuvor hatte er an der New York University Hebräisch und Orientalistik mit dem Schwerpunkt Naher Osten studiert. Nach seiner Promotion hatte er noch eine Zeitlang in Israel weiterstudiert und sich zu einem wissenschaftlichen Hans-Dampf-in-allen-Gassen entwickelt. Sein Bericht über seine wissenschaftlichen Leistungen und sein wachsendes Interesse an den Qumran-Rollen entsprang aber nicht nur dem Bedürfnis eines jüngeren Bruders nach Aufmerksamkeit, und es war auch nicht die Eigenwerbung eines zweitrangigen Wissenschaftlers.

Wir gingen hinaus in den stürmischen Dezemberabend und aßen in der Columbus Avenue in einem merkwürdig leeren indischen Restaurant. Eisenman schilderte mir eindringlich, wie er zu seiner Theorie über die Schriftrollen gekommen war. Seine historischen Ansichten verlangten einen völligen Wechsel der Perspektive. Als ich nach New York gekommen war, hatte ich vor den Wissenschaftlern, die Eisenman so gnadenlos angriff, noch den größten Respekt gehabt, und ich war der festen Überzeugung gewesen, daß er nur ein lästiger Unruhestifter sei. Aber während unseres Gesprächs erkannte ich Eisenmans Fähigkeit, zweifelhafte Annahmen, unkorrekte und unvollständige Argumentationen, zu stark vereinfachende Lesarten alter Quellen und pseudo-wissenschaftliche Datierungsmethoden für Handschriften, die seiner Meinung nach die gesamte Qumran-Forschung kennzeichneten, exakt zu benennen. Der Ächtung durch seine Kollegen war er mit Überzeugung begegnet und hatte sich nicht demütigen lassen. Er hatte gezeigt, daß er nicht das geringste Interesse daran hatte, die Arbeit anderer zu stehlen, und während andere schwafelten und Ausflüchte suchten, blieb er ehrlich.

Den Rest der Woche hörte ich mir mit zunehmender Langeweile und Ungeduld an, was die etablierten Wissenschaftler zu sagen hatten. Es wurden die immer gleichen Argumente vorgebracht, um den Ursprung der Sekte mit dem Aufstand gegen die Hasmonäer in Verbindung zu bringen und festzustellen, daß sich die Messias-Vorstellung von Qumran stark von der des Christentums unterschied. Außer Eisenmans Vortrag, der belächelt wurde, und dem Referat von Wise, in dem er sich teilweise wieder zurücknahm, beschäftigten sich nur wenige Beiträge mit der Bedeutung der Schriftrollen für das Verständnis der judäischen Gesellschaft im ersten Jahrhundert, als sie ihrem eigenen apokalyptischen Krieg entgegenstürzte. Und am Ende der Konferenz fand ich schließlich Eisenmans leidenschaftlich vorgetragene Überzeugung plausibel, daß die landläufigen Vorstellungen unserer Gesellschaft von den Ursprüngen des Christentums und des rabbinischen Judaismus nur sich selbst bestätigende Märchen und viele der berühmtesten Qumran-Gelehrten nur Lakaien des Establishments sind.

In den folgenden Kapiteln werde ich versuchen, die Interpretationsgeschichte der Qumran-Rollen zu rekonstruieren. Ich werde mich auf die entscheidenden Augenblicke konzentrieren, in denen subtile Vorurteile und traditionelle religiöse Empfindlichkeiten bei Juden wie Christen die Ergebnisse der Forschung beeinflußt haben. Diese Geschichte ist weitaus spannender als jede vatikanische Verschwörung, die die Regenbogenpresse je erfunden hat. Und sie ist auch viel erhellender als das Wiederkäuen bekannter Thesen unter der Rubrik »Religiöses Leben« in *Time* und *Newsweek* oder im Wissenschaftsteil der *New York Times*. Die Qumran-Forschung hatte und hat weder einen theologischen noch einen wissenschaftlichen, sondern vielmehr einen religiösen Charakter. Man mußte sich nur einmal die Teilnehmer der Konferenz in New York genauer anschauen: Es waren keine Soziologen, Philosophen oder Sozialwissenschaftler dabei. Die Berechtigung, Eisenman und seine Theorien herunterzumachen, bezogen die anwesenden Forscher einzig aus ihren Kenntnissen der hebräischen Grammatik und ihrer Fähigkeit, aramäische Verben richtig einzuordnen. Natürlich konnten sie Eisenman und Wise Fehler bei der Entzifferung der Schriften vorwerfen, und vielleicht hatten sich die beiden sogar der textlichen Rekonstruktionen anderer bedient, doch was war mit der inhaltlichen Aussage dieser Schriften? Was wußten diese achtbaren und höflichen Akademiker von der Wut der apokalyptischen Außenseiter, die sich aus einer Gesellschaft zurückgezogen hatten, von der sie betrogen worden waren, und die den Rest ihrer Tage in stiller Erwartung des göttlichen Zorns verbrachten, der am Ende aller Zeiten ihre Feinde treffen würde?

Der Weg in die Wüste hat die Zeiten als mögliche, wenn auch verzwei-
felte Form politischer Aktion überdauert. Immer wieder war er die zentrale Hoffnung für vertriebene, enteignete, heimatlose Menschen, die
nichts zu verlieren hatten. Zu allen Zeiten haben Bauern ihren Herrn
und das Pachtland verlassen, um in unbewohnten Gegenden ein neues
Jerusalem zu errichten. Fromme Menschen und Flüchtlinge haben alles
hinter sich gelassen; Kreuzritter, Pioniere und Sektenanhänger sind aus
einem Leben voller Unruhe und Verzweiflung aufgebrochen, um neue
Welten zu erobern und sich ihre eigene Stadt auf dem Hügel zu erbauen.
Kaum je haben sich die Erwartungen dieser Menschen erfüllt, denn der
Weg in die Wüste führt zu einer schicksalhaften Entscheidung: Unterwerfung oder Tod.

An diesen einsamen Orten entwickeln sich manchmal mächtige geistige Einsichten, die das Verhältnis zwischen den gewalttätigen, zornerfüllten Alpträumen und den utopischen Vorstellungen der Einsiedler
aus dem Gleichgewicht bringen. Sie haben sich aus einer von Macht,
Gier und Ehrgeiz beherrschten Gesellschaft zurückgezogen und glauben, daß Rechtschaffenheit und menschliche Mühen durch Erlösung belohnt werden. Doch die grimmige Befriedigung, mit der die Utopisten
zusehen, wie die zurückgelassene Welt zerfällt, paßt nicht zu ihrer unschuldigen Frömmigkeit, die sich in den Gewächshäusern, Werkstätten
und Wohnvierteln der Gemeinde ausdrückt. Denn auch diese repräsentieren die weltliche Ordnung, die nach Aussage der Apokalyptiker völlig
zerstört werden muß. Dieses Paradoxon von Aufbau und Zerstörung
bildet die Kernaussage der Schriftrollen. Immer, wenn neue Reiche ent-
stehen, wenn die Lebensordnung und Kultur der Menschen sich ändert
und die Menschen wie Schachfiguren hin und her geschoben werden,
bringt das überwältigende Gefühl der Unterdrückung Gruppen hervor,
die sich in die Wüste zurückziehen.

Die Qumran-Rollen überliefern die Stimmen einiger dieser Rebellen,
die sich nicht der römischen Macht und damit einem System unterwerfen wollten, das Menschen und Völker als Objekte behandelte, als natürliche Ressourcen oder verfügbare Arbeitstiere, die die Schatztruhen
des Reiches füllen sollten. Wie zu allen Zeiten wurde viel Geld für öffentliche Denkmäler ausgegeben, die von der Notwendigkeit der bestehenden Ordnung künden sollten, und es sind genau diese Denkmäler,
die bei den Israel-Touristen noch heute sehr beliebt sind. Bei Caesarea

zum Beispiel, dem früheren Sitz der Statthalter von Palästina, soll das
antike Amphitheater durch großangelegte Restaurierungsarbeiten mit
den Tempeln und Lagerhäusern am Hafen des Herodes verbunden werden. In Bet She'an (dem ehemaligen Skythopolis) im nördlichen Jordan-
Tal werden zur Freude des örtlichen Arbeitsamtes die Säulen und Statuen des Forums auf Veranlassung des Ministeriums für Fremdenverkehr
wieder aufgestellt. Und unterhalb der modernen Gärten und Villen des
Jüdischen Viertels in der Altstadt von Jerusalem sind die Residenzen
der letzten Hohenpriester von Jerusalem liebevoll restauriert worden,
um den Besuchern einen Eindruck von ihrer einstigen Pracht und Eleganz zu vermitteln.

Aber wo sind die Denkmäler, die von der Leidenschaft und dem Zorn
der nationalen Erhebungen gegen die Römer zeugen? Wo in Israel kann
man ein Monument betrachten, das den Groll der Leute verständlich
macht, deren Lebensart durch die Umwälzungen in Wirtschaft und Kultur ebenso zerstört wurde wie durch die Entstehung großer Besitzun-
gen, auf denen Pachtbauern für den Profit derer arbeiteten, die sich der
römischen und griechischen Lebensart erfreuten? Durch die Ausgrabungen von Masada und der Festung von Gamla haben Archäologen die
grausamen Beweise von Tod und Zerstörung, die der Rebellion ein Ende
setzten, gefunden und sie detailliert erklären können. Aber selbst hier
blieb der tiefere Grund für den heiligen Zorn der Menschen und ihren
Willen, die Römer bis auf den Tod zu bekämpfen, bis heute verborgen.
Wie passen die Teile dieses archäologischen Puzzles zusammen? Welche
Verbindung kann zwischen Gamla und der romanisierten Stadt Seppho-
ris in Galiläa mit ihrem Theater und ihren herrschaftlichen Wohnhäusern
gezogen werden? Oder zwischen Masada mit seiner einfachen Synagoge
und Caesarea mit seinem riesigen Tempel für den als Gott verehrten
Kaiser Augustus? Hier geht es nicht nur um einen religiösen Konflikt,
hier prallen zwei Welten aufeinander. Der römische Triumph über die
jüdischen Rebellen im Jahre 70 und dann noch einmal im Jahre 135 u. Z.
steht für den fortschreitenden Ausbau eines Ausbeutungssystems, das
es nicht dulden konnte, wenn einzelne Gruppen seine Logik oder gar
seine Notwendigkeit in Frage stellten.

Sowohl das Christentum als auch der Judaismus entstanden in diesem Moment des Triumphes der römischen Ordnung, und wir alle sind
Erben der mit ihrer Entstehung einhergegangenen kulturellen Unter-

werfung und spirituellen Anpassung. Vielleicht können wir nicht verstehen, was damals in der römischen Provinz Judäa vor sich ging, weil
wir heute in einer Welt immer schnellerer und weitergreifender indu-
strieller Entwicklung leben, die eine Lebensform, die wir als primitiv
oder rückständig betrachten, nicht tolerieren kann, ohne sie gleichzeitig
zu einem Kuriosum zu erklären oder auszulöschen. Sowohl der rabbinische Judaismus als auch das Christentum haben die gewalttätige Leidenschaft der früheren messianischen Bewegungen in Judäa abgestreift.
Sie gaben den Glauben auf, daß man sich innerlich wie äußerlich von
den Mächten der Finsternis abgrenzen und den Tag des Jüngsten Gerichts abwarten müsse.

Die Visionen der Qumran-Rollen können zu gräßlichen Gewaltsze-
narien ausarten, in denen das Blut in Strömen fließt, wie wir es von
modernen Apokalyptikern wie Jim Jones und David Koresh, vom islamischen Dschihad und von den Kahane-Anhängern der West Bank her kennen. Oder die Visionen bilden den Ausgangspunkt für mystische Ge-
sichte und Reisen ins Jenseits, in die entfremdete Wildnis der eigenen
Psyche. Die apokalyptische Botschaft der Qumran-Rollen ist die Stimme
einer Gruppe von Menschen, die sich in einer verkehrten Welt entfrem-
det und entrechtet fühlten. Aus ihnen spricht die Wut auf Eindringlinge
und die Verachtung gegenüber Kollaborateuren, die nur an ihrem persönlichen Gewinn interessiert sind. Diese Gemeinschaft zog sich hinter
einen Schutzwall aus nationalen Gesetzen und Traditionen zurück, die
ihrer Hoffnung Ausdruck verliehen, daß diese verkehrte Welt eines Tages
wieder in Ordnung gebracht werden würde und die Bösen dann für ihr
Tun würden büßen müssen und die Armen als Auserwählte Gottes erkannt werden würden. Der Weg in die Wüste war eine Kriegserklärung
an die bestehende Ordnung, eine direkte Herausforderung an die Herrschenden.

Viel steht auf dem Spiel im Kampf um die Qumran-Rollen: Unsere
tiefverwurzelten, liebsten religiösen Überzeugungen könnten zweifel-
haft werden; das Recht akademischer Spezialisten, unser Denken zu
bestimmen, wird in Frage gestellt; und eine beunruhigende, radikale
Neueinschätzung der Geschichte von Judaismus und Christentum steht
an. In den letzten fünfundvierzig Jahren wurde heftig über die Schriftrollen vom Toten Meer gestritten, und jeder der Beteiligten hielt seine
Vorstellung von ihrer historischen oder religiösen Bedeutung für die

einzig richtige. Durch diese Auseinandersetzung ist ein erbitterter Kampf um die alleinige geistige Herrschaft und den physischen Besitz der Schriftrollen entfacht worden, die zu reinen Requisiten im Streit der politischen und religiösen Weltanschauungen wurden. Die Botschaft der Schriftrollen ist seit ihrer Niederschrift vor mehr als zweitausend Jahren ständig verdreht, neu gefaßt und uminterpretiert worden. So gesehen wurden die Qumran-Rollen immer wieder aufs neue gestohlen.

DER FUND IN QUMRAN

Für Fremde hat die heiße, unfruchtbare Küste des Toten Meeres etwas Rätselhaftes und Beunruhigendes. Sogar im Winter kann die Mittagshitze hier erdrückend sein, und wenn sich der Wind legt, steigt von den bitteren Wassern des Toten Meeres ein unangenehmer, schwefeliger Geruch auf. Wenn man erst einmal die Hauptstraße verlassen hat, ist die Stille unheimlich. Der Himmel ist wolkenlos, und unbarmherzig brütet die Sonne über den zerfurchten braunen Kalksteinfelsen. Unten am schmutzig-schwarzen Ufer mit seinem ölig-grauen Wasser gibt es kaum eine Spur von Vegetation, abgesehen von den zähen alten Dornbüschen zwischen den Felsen und dem Schilfgestrüpp, das um die wenigen Süßwasserquellen herum wächst.

An diesem unwirklichen Schauplatz spielten sich einige der entscheidendsten Szenen im Drama um die Qumran-Rollen ab. Aus einer kleinen Höhle in der Felswand stammten die ersten sieben alten Schriftrollen aus Leder, die sich durch die außerordentliche Trockenheit dieser Region dort erhalten hatten. Auf einer weißen Kalkklippe am Fuße der Felswand fanden die dominikanischen Archäologen an einem als Khirbet Qumran bekannten Ort Ruinen, bei denen es sich ihrer Meinung nach um die Versammlungsräume und die Werkstätten der Essenersiedlung handelte. Im Laufe der Jahre wurden noch viele andere Höhlen in der näheren Umgebung von Qumran entdeckt. Sie enthielten fragmentarische Überreste von religiöser Literatur, Gesetzeswerken, Psalmen und sogar prophetischen Auslegungen einer Gruppe radikaler, zornerfüllter Juden, die die baldige Ankunft des Messias erwarteten. Diese Schriften stammten genau aus jener Zeit und aus der Region, in der Johannes der Täufer die nahe bevorstehende Erlösung verkündete. Und auch die Stadt, in der Jesus von Nazareth seinen Jüngern predigte und in der er schließlich gekreuzigt wurde, ließ sich von den Fundorten aus problemlos zu Fuß erreichen.

Obwohl man heute von Jerusalem aus mit dem Mietwagen oder im vollklimatisierten Touristenbus nach Qumran fahren kann, ist die biblische Geschichte dieser Gegend mit ihrem salzverkrusteten Tafelland, den tief eingeschnittenen Wasserrinnen, hohen Kalkfelsen und dunklen Höhlen für Besucher, Pilger und Entdecker immer noch greifbar. Nicht weit von hier sind dem Buch Genesis zufolge die Bewohner von Sodom und Gomorrha durch Feuer und Schwefel verbrannt worden. Nur wenige Kilometer nördlich fielen, wie es im Buch Josua steht, die Mauern von Jericho durch die Trompetenstöße der Israeliten. Und es war diese zerklüftete Gegend, in die sich David und seine Gruppe von Abtrünnigen vor dem Zorn König Sauls retteten.

Die Schriftrollen haben etwas von der legendenhaften Aura des Ortes angenommen. Im Laufe der Zeit wurden die Umstände und sogar der Zeitpunkt ihrer Entdeckung zum Gegenstand phantasievoller Geschichten. Deshalb ist es so wichtig, daß jede Untersuchung zu den Qumran-Rollen am Anfang beginnt – beim Augenblick ihrer Entdeckung. Die märchenhaften Erzählungen von einem unschuldigen Beduinenjungen, einem Flickschuster aus Bethlehem und einem syrischen Erzbischof mögen leicht zu widerlegen sein. Meist können sie als falsch, ungenau oder bewußt irreführend entlarvt werden. Weitaus schwieriger ist es herauszufinden, was wirklich geschah. Unter den verschiedenen Schichten von Verfälschungen und kulturellen Mißverständnissen entdeckt man, daß die Geschichte der Qumran-Rollen, wie sie der Öffentlichkeit vermittelt wird, zwar einen kleinen historisch wahren Kern enthält, zugleich aber, ähnlich wie die biblischen Geschichten, mit viel Ideologie befrachtet ist.

Die Geschichte der Qumran-Rollen ist von subtilen politischen und religiösen Botschaften durchtränkt, und die traditionelle Version ihrer Entdeckung ist wenig mehr als ein Märchen aus *Tausendundeiner Nacht*. Ich will aus den Nacherzählungen keine spezielle herausgreifen, denn *alle* der vielgelesenen Autoren der fünfziger Jahre – Burrows, Allegro, Milik, Cross, Wilson und Yadin – verraten in ihren Darstellungen eine leichte Herablassung gegenüber der Intelligenz und den Motiven des Beduinen. Die Standardversion lautet folgendermaßen: Ein Beduinenjunge (manchmal zwei) war mit seiner Schaf- und Ziegenherde nördlich der Quelle Ain Feshkhah unterwegs, als er bemerkte, daß sich eines der Tiere von den anderen entfernt hatte. Da er keine Lust hatte hinterherzulaufen, warf er einen Stein in die kleine Öffnung einer Höhle. »Statt des erwarteten Klanges von Stein auf Stein hörte er ein splitterndes Geräusch«, schreibt Frank Moore Cross mit einer lebendigen Anschaulichkeit, die er bei seinen Berichten über die Forschungen westlicher Wissenschaftler merkwürdigerweise vermissen läßt. »Der Junge bekam Angst und lief weg. Später, als seine Neugier auf den verlockenden Schatz größer wurde als seine Furcht vor *Dschinns* oder Hyänen, kam er mit seinem Freund Muhammed Ahmed zurück und kroch in die Höhle. Er fand zerfallende Lederrollen in einigen Krügen mit seltsam langen Hälsen, die in den Boden der Höhle eingegraben waren.« Nach der Beschreibung, wie die naiven Hirtenjungen die alten Schriftrollen aus ihrem Versteck holen, fahren diese und andere Geschichten mit einer Verwechslungskomödie fort, in deren Verlauf die Rollen schließlich über eine Reihe von Mittelsmännern und zwielichtigen Antiquitätenhändlern in die Hände kompetenter Archäologen gelangen.

Die meisten Hauptakteure der Eröffnungsszene im Drama um die Qumran-Rollen sind nicht mehr am Leben. Um etwas Neues dazu herauszufinden, muß man sich daher auf die verblaßten und oft verworrenen Erinnerungen alter Priester, Beamter und Gelehrter verlassen, die fünfundvierzig Jahre lang Zeit hatten, ihre Nebenrolle deutlich aufzuwerten. Auch die Entdecker selbst sind inzwischen tot, und der Stamm der Taamireh (Ta-AM-ra ausgesprochen) hat seine Lebensweise vollständig geändert. Die meisten Angehörigen dieses Stammes führen heute kein Beduinenleben mehr, sondern haben sich in niedrigen Steinhäusern am südöstlichen Stadtrand von Bethlehem niedergelassen. Ihre Nachbarn spotten, daß jedes größere Haus der Taamireh-Siedlung vom Verkauf einer Schriftrolle finanziert worden sei. Aber die Tage, in denen die Beduinen Jagd auf Schriftrollen machten, sind lange vorbei, und ein Fremder wird einen Taamireh kaum vom Rest der Bevölkerung unterscheiden können. Viele Taamireh-Frauen tragen zwar noch immer die Kleidung der Beduinen und verkaufen ihre Frischprodukte auf dem Wochenmarkt, aber die Männer arbeiten heute meist auf Baustellen, in Fabriken oder Geschäften. Nur wenige Mitglieder des Stammes wandern noch mit ihren Schaf- und Ziegenherden zum Toten Meer. Sie ziehen mit ihren Tieren an der Autobahn entlang und werden von den Auspuffgasen der vorbeifahrenden Touristenbusse eingenebelt, die nach Masada oder zu den Heilquellen bei En-Gedi unterwegs sind. Diese

wenigen Hirten repräsentieren die letzten Überreste einer jahrhunderte-
alten Lebensweise.

Obwohl viele Chronisten (darunter auch Burrows, Milik und Wilson)
die Entdeckung der ersten Gruppe von Schriftrollen in Qumran in das
Frühjahr oder den Sommer 1947 legen, wurden sie offensichtlich einige
Monate früher gefunden. Der jährliche Zug der Taamireh in das Gebiet
am Toten Meer war kein zufälliges Unternehmen, sondern entsprach
den Bedürfnissen ihrer Herden. In der trockenen Sommerzeit schlugen
sie ihre Lager in den Bergen um die Stadt Bethlehem herum auf. Dort
konnten sie Schaffleisch, Wolle und Milch an die Städter verkaufen und
ihre Herden auf den frisch abgeernteten Stoppelfeldern grasen lassen.
Wenn im Winter die kalten Regenschauer kamen, trieben einige Stammesangehörige die Herden nach Osten in die Wärme des Jordan-Tals
und an das Ufer des Toten Meeres. Also ist es wahrscheinlich, daß die
Schriftrollen im Winter gefunden wurden, genauer gesagt im November
oder Dezember 1946.

Die Entdeckung beruhte auch nicht auf dem wunderbaren Glück
eines einzelnen, einsamen Hirtenjungen, sondern auf der Zusammenarbeit von drei Cousins vom Stamme der Taamireh: Khalil Musa und
Juma'a Muhammed Khalil waren erwachsene Männer, Muhammed Ahmed
el-Hamed mit dem klangvollen Spitznamen *edh-Dhib*, »der Wolf«, noch
ein Teenager. Aus mehreren Interviews des amerikanischen Wissenschaftlers John Trever aus den frühen sechziger Jahren geht hervor, daß
die drei damals mit ihren Herden zum Ufer des Toten Meeres hinunter-
gestiegen waren. Als sie mit ihren Schafen und Ziegen am Fuße der
steilen Kalkfelsen entlanggingen, bemerkte Juma'a Muhammed eine
kleine Öffnung in der Felswand, warf einen Stein hinein und hörte das
Geräusch zerbrechender Tongefäße.

Es war nicht die Tat eines gelangweilten Schafhirten, sondern die
eines erfahrenen Antiquitätensuchers. Wie viele andere Angehörige seines Stammes wußte Juma'a schon lange vor dem Winter 1946, wonach
er suchen mußte, wenn es um Altertümer ging. Schon bei einem flüchtigen Blick auf die frühen Grabungsberichte von Archäologen in dieser
Gegend fällt immer wieder der Name der Taamireh auf. Sie haben sich
im Laufe der Jahre bei der Suche nach antiken Gegenständen in den
Schluchten und Höhlen am Toten Meer als weitaus geschickter, gründ-
licher und wagemutiger erwiesen als die westlichen Archäologen.

Allerdings lebten (und leben) letztere in dem Wahn, ihre Motive seien idealistischer und weniger selbstsüchtig als die der Beduinen.

In den späten vierziger Jahren waren die Taamireh regelrechte Unternehmer in Sachen Archäologie. Schon in den frühen dreißiger Jahren boten die Taamireh den jüdischen Arbeitern in der Kalifabrik am Nordufer des Toten Meeres alte Münzen und Tongefäße zum Kauf an. Für ein paar Piaster mehr wollten sie den jüdischen Arbeitern Höhlen mit »Büchern aus der Zeit eurer Könige« zeigen, aber soweit ich weiß, wurde dieses Angebot nie angenommen. Antike Funde waren für die Taamireh zu einer willkommenen Einnahmequelle in dieser so unfruchtbaren Gegend geworden. Einige Stammesangehörige arbeiteten auch als Hilfsarbeiter für den französischen Konsul und bekannten Frühgeschichtler René Neuville bei seinen Ausgrabungen in den Höhlen im Wadi Khareitun südöstlich von Bethlehem. Da Neuville immer bereit war, den Taamireh auch andere Funde abzukaufen, begannen sie im eigenen Interesse, relativ systematisch zu suchen. Dabei verwendeten sie Grabungsmethoden, die dem damaligen Standard einiger Archäologen mit Universitätsausbildung kaum nachstanden. Bei wenigstens einer ihrer Unternehmungen trugen sie die Erdschichten in einer Höhle Lage für Lage ab, und ein Ausgräber hielt in einem Notizbuch fest, welche Erdschichten die meisten Artefakte enthielten.

Als Juma'a also in der Höhle nördlich von Ain Feshkhah das Klirren zerbrechender Tongefäße hörte, hatte er wohl eine relativ genaue Vorstellung von dem, was er gefunden hatte. Bis er aber seine beiden Cousins gerufen hatte, um sich von ihnen zum hochgelegenen, engen Höhleneingang heben zu lassen, war es dunkel geworden. Am nächsten Tag mußten die drei Männer weiterziehen, um ihre Herden an der Quelle in Ain Feshkhah, ungefähr drei Kilometer südlich, zu tränken. Erst drei Tage später kehrte einer von ihnen, der Teenager Muhammed edh-Dhib, zur Höhle zurück. Aber er fand dort nicht die üblichen kleinen Tongefäße, sondern eine Reihe großer Tonkrüge mit Deckel. Er öffnete mindestens zwei von ihnen und nahm drei brüchige Lederrollen heraus, die teilweise in Leinentücher geschlagen waren. Wissenschaftler identifizierten sie später als den Habakuk-Kommentar, die Gemeinderegel und die große Jesajarolle.

Wie sie später berichteten, waren Juma'a und Khalil Musa böse auf edh-Dhib, weil er ohne sie zur Höhle zurückgegangen war, denn sie beanspruchten die Schriftrollen für sich. Und sie erinnerten sich auch, daß sie die Manuskripte in einem Sack versteckten und für einige Wochen an einer Zeltstange im Taamireh-Lager hängen ließen. Aber Juma'a und Khalil betrachteten diese Schriftrollen eindeutig als etwas Wertvolles. Wenn sie wirklich die Tölpel gewesen wären, als die man sie immer hinstellt, dann hätten sie die staubigen alten Rollen einfach weggeworfen. Sie brachten sie jedoch bei ihrer nächsten Reise nach Bethlehem zu Ibrahim Ijha, einem Tischler und Zimmermann, der gelegentlich mit Antiquitäten handelte. Wir können heute leicht sagen, der Wert der Schriftrollen sei für jeden gebildeten Menschen offensichtlich gewesen. Ijha war jedoch mit Recht skeptisch. Später lehnten sogar einige sogenannte Experten die Rollen als abgenutzte moderne Thora-Schriftrollen oder wertlose Fälschungen ab.

Schließlich handelte es sich hier nicht um die üblichen, gut verkäuflichen Öllampen, Krüge, Münzen oder Schmuckstücke, die unter den Pilgern und Touristen an der Geburtskirche immer Abnehmer fanden. Außerdem waren die Schriftrollen auf Hebräisch abgefaßt, und die Spannungen zwischen Juden und Arabern in Palästina wuchsen ständig. Als Ijha die Schriftrollen Feidi al-Alami, einem der erfahrensten Antiquitätenhändler in Bethlehem, zur Schätzung brachte, wurde er streng verwarnt: Er habe sie wahrscheinlich aus einer Synagoge gestohlen und solle sie besser loswerden, bevor er in ernsthafte Schwierigkeiten mit den Behörden gerate. Auch dies hätte das Ende der Schriftrollen bedeuten können. Aber ungefähr einen Monat später kam Juma'a zurück in Ijhas Laden und nahm die unerwünschten Rollen wieder mit. Entrüstet setzte er sich über die Warnungen des ängstlichen Ladenbesitzers hinweg und machte sich auf den Weg zum Marktplatz von Bethlehem.

Auch heute noch wimmelt der Markt von Käufern aus der Gegend. Das Angebot ist sehr vielseitig: alte Möbel, gebrauchte Haushaltsgeräte, Kleider, piepsende Küken und frisches Gemüse. Und an diesem speziellen Tag im April 1947 gab es auf diesem Markt auch drei echte Qumran-Rollen zu kaufen. Die nächste Statistenrolle im laufenden Theaterstück übernahm ein Mann namens George Isaiah oder arabisch Shaya, der für die Erforschung der Rollen mindestens so wichtig war wie Harvard-Professoren und israelische Generäle. Shaya war ein Mitglied der syrisch-orthodoxen Gemeinde in Jerusalem. Er lebte davon, daß er den Taamireh und anderen Beduinenstämmen im Gebiet von Bethlehem

Schuhe, Umhänge und andere Textilien verkaufte. Shaya traf Juma'a, mit dem er bereits früher Geschäfte gemacht hatte, auf dem Marktplatz und erfuhr von dem Fund. Auch Shaya war davon überzeugt, daß die Schriftrollen wertvoll waren. Er überredete Juma'a, mit ihm zum Geschäft eines anderen Mitglieds der syrisch-orthodoxen Gemeinde zu kommen, zu einem Flickschuster namens Khalil Iskander Shahin, der überall als »Kando« bekannt war.

Eine weiteres Ammenmärchen besagt, daß der Beduine die Schriftrollen zu Kando brachte, weil er dummerweise annahm, die Lederrollen könnten als Material für Einlagen und Sandalenriemen brauchbar sein. Wer die Schriftrollen gesehen oder die frühen Beschreibungen über ihren brüchigen Zustand gelesen hat, weiß, daß diese Behauptung lächerlich ist. Kando war sich zwar nicht ganz sicher über den Wert der Rollen, aber er ging ein kalkuliertes Geschäftsrisiko ein. Diese Entscheidung machte ihn reicher, als er es je erwartet hätte. Er bot an, gegen eine Kommission von dreiunddreißig Prozent als Vermittler zu agieren, und gab Juma'a und Khalil Musa als Zeichen seines Vertrauens einen Vorschuß von fünf palästinensischen Pfund – das waren etwa zwanzig Dollar. Kando hatte eine Idee, wer an den Rollen interessiert sein könnte: der intelligente, ehrgeizige und charismatische Erzbischof der syrisch-orthodoxen Gemeinde in Jerusalem, Mar Athanasius Yeshue Samuel. Der Vierzigjährige hatte eine Schwäche für alte Manuskripte.

Man muß betonen, daß solche Dokumente nicht zum erstenmal in den Höhlen am Toten Meer gefunden wurden. Wie erwähnt, hatten Taamireh-Beduinen Gerüchten zufolge bereits in den dreißiger Jahren »alte Bücher« entdeckt. Aber die Berichte von alten Schriftfunden gehen noch viele Jahrhunderte weiter zurück. Der Kirchenvater und Bibelgelehrte Origenes besuchte Palästina im frühen dritten Jahrhundert. Er berichtet von der Entdeckung eines alten Manuskripts »in einem Krug zusammen mit anderen hebräischen und griechischen Büchern in der Nähe von Jericho«. Etwa sechshundert Jahre später, um das Jahr 800, berichtet Timotheus, der nestorianische Patriarch von Seleukeia-Ktesiphon, noch detaillierter von einem weiteren Manuskriptfund, dessen nähere Umstände der Entdeckung der Qumran-Rollen verdächtig ähnlich sind.

»Von vertrauenswürdigen Juden haben wir gehört, daß vor ein paar Jahren einige Bücher in einer Felsen-Wohnstatt nahe Jericho gefunden wurden«, schreibt Timotheus an seinen Freund und Kollegen Sergius, den Erzbischof von Elam in Mesopotamien. »Man erzählt, daß der Hund eines Arabers bei der Jagd in einer Höhle verschwand und nicht mehr herauskam. Sein Besitzer folgte ihm und fand eine Felsenkammer mit vielen Büchern. Der Jäger ging nach Jerusalem und erzählte seine Geschichte den Juden. Sie kamen in großer Zahl und fanden Bücher des Alten Testaments und andere hebräische Schriften. Da ein belesener Gelehrter unter ihnen war, fragte ich ihn nach vielen Abschnitten, die in unserem Neuen Testament als Zitate des Alten Testaments geschrieben stehen, dort aber nirgends zu finden sind, weder in den Abschriften der Juden noch in denen der Christen. Er sagte: ›Es gibt sie. Man kann sie in den Büchern finden, die dort entdeckt worden sind.‹«

Das ist ein erstaunlicher Hinweis: daß man bereits im Altertum eine schriftliche hebräische Überlieferung kannte, die sich von den kanonischen Schriften des Alten Testaments erheblich unterschied. Im nächsten Jahrhundert, um das Jahr 950, gab es weitere Berichte von neu aufgefundenen Handschriften. Der Historiker Yakub al-Qirqasani von der jüdischen Sekte der Karäer beschrieb kurz die Lehren einer jüdischen Gruppe, die er *Maghariyah*, »Höhlenmenschen«, nannte, weil sie ihre Lehren in alten Büchern festgehalten und diese in einer Höhle versteckt hatten. (Der Abschnitt über die »Höhlenmenschen« steht bei ihm zwischen dem über die Sadduzäer und dem über die frühen Christen.) Aber anscheinend hörten die Entdeckungen irgendwann im Mittelalter auf. Bis zum neunzehnten Jahrhundert war dann selbst das Wissen, daß die Höhlen dieser heißen und unwirtlichen Gegend alte Handschriften bargen, wenn überhaupt, nur noch bei den Beduinen lebendig.

Wenn man die Entdeckung der Qumran-Rollen in mancher Hinsicht als Komödie bezeichnen kann, dann war die Shapira-Affäre eine Tragödie. Im Jahre 1882 erschien ein Jerusalemer Antiquitätenhändler namens Moses Wilhelm Shapira in London und behauptete, er besitze alte Handschriftenfragmente des Deuteronomiums, die Beduinen in einer Höhle am Ostufer des Toten Meeres gefunden hätten. Das British Museum sagte zunächst zu, diese »älteste Bibel der Welt« für die erstaunlich hohe Summe von einer Million Pfund Sterling zu erwerben, doch dann wurden Shapiras Deuteronomium-Fragmente als geschickte Fälschung bezeichnet und völlig unglaubwürdig gemacht. Angesichts dieser öffentlichen Demütigung nahm sich Moses Shapira das Leben.

Wenn man heute in der Altstadt Jerusalems durch die Christian Street geht, vorbei an den ausgehängten Beduinenkleidern, arabischen Tüchern und T-Shirts, an den Pyramiden aus emaillierten Aschenbechern und Fabrikkeramik, dann ist es nicht leicht, das winzige Geschäft zu finden, von dem aus Shapira früher ausgesuchte Antiquitäten an Museen und finanzkräftige Touristen verkaufte und dessen Fensterläden heute verschlossen sind. Shapiras Bericht über die Entdeckung der alten Manuskripte klingt seltsam wahr, wenn man an die Geschichte der Qumran-Rollen denkt, die erst vierundsechzig Jahre später gefunden wurden. In Shapiras inzwischen veröffentlichten Aufzeichnungen ist zu lesen, wie er erfuhr, daß ein Beduine zufällig geschwärzte, in Tücher gewikkelte Pergamentstreifen gefunden hatte, als er in einer Höhle nahe der Mündung des Wadi Mujib am Ostufer des Toten Meeres Schutz suchte. Shapira war von dieser Geschichte fasziniert; also traf er sich mehrfach und unter großer Geheimhaltung mit dem Beduinen, dem er nach und nach fünfzehn der Manuskriptfragmente abkaufte. Sie enthielten eine bisher unbekannte Version der letzten Rede Mosis auf dem Berg Nebo sowie eine Variante der Zehn Gebote. Diese Texte unterschieden sich erheblich von der kanonischen Version im Deuteronomium, denn sie waren gekürzt, anders angeordnet und mit Zitaten aus anderen biblischen Büchern verflochten.

Zugegeben: Vieles an diesen Manuskriptfragmenten ist immer noch rätselhaft. So weiß man nicht, wo sie geblieben sind. Einige Berichte besagen, daß sie von einem Sammler erworben und bei einem Brand in dessen Haus vernichtet wurden. Die Fotografien aus der Zeit zeigen nur schwarzes Leder ohne erkennbare Buchstaben. Und eine Abschrift, die im British Museum erstellt wurde, enthält altertümliche hebräische Buchstaben, die den Eindruck erwecken, als seien sie sehr ungeschickt von einer Steingravur kopiert worden. Jedenfalls wirken sie nicht wie das Werk eines erfahrenen Schreibers. Das mag aber auch an den Zeichnern des British Museum gelegen haben, denn damals, um 1880, war die Sammlung des Museums voll von Steininschriften, während man alte hebräische Handschriften nicht kannte. Tatsache war allerdings auch, daß Shapira bereits zuvor in den Verkauf von Fälschungen verwickelt gewesen war. Aber in der Shapira-Affäre ging es nicht nur um Handschriftenkunde oder um Zweifel an den ehrenhaften Motiven eines jüdischen Antiquitätenhändlers. Die Vorstellung, daß der Text der Bibel nicht endgültig war und vielleicht nicht direkt und zweifelsfrei auf Gottes Offenbarung beruhte, war eine Beleidigung für die tiefsten religiösen Überzeugungen vieler Wissenschaftler.

Obwohl Shapiras Handschriften sicher nicht so alt waren, wie er behauptete – er schätzte sie auf die Zeit um 850 v. u. Z. –, hat der Fund der Qumran-Rollen doch eine andere Möglichkeit eröffnet, die Funde zeitlich einzuordnen. Zur Zeit der makkabäischen Könige und auch später, während der Aufstände gegen Rom, wurden die alten hebräischen Buchstaben in Israel wieder benutzt, um jüdischen Patriotismus zu demonstrieren. Gleichzeitig waren viele religiöse Schriften im Umlauf, und das freie Umschreiben der Bibel galt als Zeichen göttlicher Offenbarung, nicht als Häresie. Aber all diese Erkenntnisse lagen zu Shapiras Zeiten noch in ferner Zukunft, und ehe der Handel mit dem British Museum zustande kam, wurde Shapira von einem rechthaberischen französischen Wissenschaftler namens Charles Clermont-Ganneau abgekanzelt. In der Presse war er bald nur noch »der schlaue Jude«. Die Schande war für Shapira untragbar, und nachdem ihn eine erfolglose Kampagne zum Beweis der Echtheit der Schriftrollen finanziell ruiniert hatte, nahm er sich das Leben. Eine derartige Reaktion erscheint untypisch für einen Betrüger, der nur auf Geld und Ruhm aus ist.

Wenn der arme Shapira im zwanzigsten Jahrhundert gelebt hätte, wäre die Sache vielleicht anders ausgegangen. Aber wer kann das schon mit Sicherheit sagen? Auch als Erzbischof Samuel seine Schriftrollen den Wissenschaftlern und Experten zur Prüfung vorlegte, warnten ihn einige. Seine Dokumente seien wahrscheinlich Fälschungen, und die ganze Sache könne sich als eine weitere Shapira-Affäre erweisen. Als *diese* Manuskripte gefunden wurden, herrschte jedoch ein völlig anderes intellektuelles und politisches Klima. Die Tatsache, daß sich der Bibeltext allmählich entwickelt hat, war inzwischen auch von den Bibelwissenschaftlern akzeptiert worden. Die Wissenschaftler beschäftigten sich ebenso eingehend mit den Details der Buchstabenformen wie mit den Inhalten der Manuskripte. Und vor allem hatten greifbare Erinnerungen an die jüdische Vergangenheit wegen der politischen Situation in Palästina einen hohen emotionalen Stellenwert. Die Frage ist daher nicht, ob Shapiras frühere Entdeckungen echt waren oder nicht. Es geht eher darum, ob die Qumran-Rollen, die Erzbischof Samuel von den Beduinen erwarb, jemals an die Weltöffentlichkeit gelangt wären, wenn der anmaßende Skeptizismus der Wissenschaftler des neunzehnten Jahrhunderts überlebt hätte.

Die Zeit, der Krieg und die Stadtentwicklung haben das Aussehen des Markusklosters in der Altstadt von Jerusalem stark verändert. Aber man kann immer noch den Weg gehen, den Kando und George Shaya nahmen, um Erzbischof Samuel die Schriftrollen zu zeigen. Wenn man den Windungen und Stufen der engen Straße vom Armenischen Viertel in Richtung auf das Jüdische Viertel folgt, kommt man schließlich an eine scharfe Linkskurve. Dort liegt, unauffällig in einer Ecke versteckt, ein mittelalterliches Steintor, das von dem auffälligen modernen Mosaik der Markuskirche überragt wird. Die elektrische Türklingel neben der schweren Metalltür ruft einen Diakon herbei, der die Tür langsam und mißtrauisch öffnet. Es kommen nur noch wenige Touristen, um die Kirche, die Bibliothek oder gar den unterirdischen Raum zu sehen, der nach syrischer Überlieferung der Schauplatz des letzten Abendmahls war. Die Gemeinschaft von Sankt Markus ist die letzte Bastion einer schwindenden Gemeinde, die auf allen Seiten von Fremden umgeben ist.

Vom Hof aus führt eine steile Treppe zu den Wohnräumen der Priester und zur Residenz des Erzbischofs, während das Allerheiligste mit den Ikonen, dem kunstvoll gearbeiteten Altarbild und den altsyrischen Inschriften direkt vor uns liegt. Nur noch wenige Menschen nehmen am Gottesdienst teil; seit 1948 sind die meisten Mitglieder der syrisch-orthodoxen Gemeinde von Jerusalem nach Kanada oder in die Vereinigten Staaten gezogen und haben dort eine neue Heimat gefunden. Doch auch wenn ihr Lebenslicht flackert wie die Kerzen auf dem Altar, bildet die Markusgemeinde ein lebendiges Bindeglied zu den frühesten Tagen des Christentums. Denn es ist nicht nur so, daß ihre Kirche auf einem der Orte steht, die als Schauplatz des letzten Abendmahls überliefert sind (und möglicherweise war hier auch der Treffpunkt der Rates der Apostel unter dem Vorsitz von Jakobus dem Gerechten, dem Bruder von Jesus), vielmehr führt die syrisch-orthodoxe Gemeinde ihre eigenen Ursprünge auf die erste Christengemeinde zurück, die von Paulus in Antiochia gegründet wurde.

Im fünften Jahrhundert begannen komplizierte theologische Dispute über die menschliche und göttliche Natur der Person Christi, die ein Jahrhundert später zur Abspaltung der syrisch-orthodoxen Kirche unter Jakob Baradäus von der byzantinischen Kirche führten. Das Ganze ist für den außenstehenden Laien schwer nachzuvollziehen, daher mag es hier genügen zu sagen, daß sich die syrisch-orthodoxe Kirche stets als die einzige wirkliche Bewahrerin des christlichen Lichts betrachtet hat. Ihre Liturgie halten sie in Altsyrisch ab – eine Form des Aramäischen, die der Sprache Jesu und seiner Jünger vermutlich sehr ähnelt. Die syrisch-orthodoxe Priesterschaft ist stolz auf ihre Belesenheit, wenn es um die Feinheiten der alten Lehre geht, die in den alten syrischen Handschriften geoffenbart werden, von denen alle Klöster umfangreiche Sammlungen besitzen. Wir sind zwar gewohnt, seriöse Wissenschaft mit offiziell anerkannten Universitäten und Dissertationen gleichzusetzen, aber es gibt keinen Grund, warum ein jüngerer Professor einer religionswissenschaftlichen Fakultät kundiger mit alten Texten umgehen können sollte als ein intelligenter junger syrisch-orthodoxer Priester.

Athanasius Yeshue Samuel ist ein solcher priesterlicher Gelehrter, der 1920 als Kind mit seiner Mutter aus Nordsyrien nach Jerusalem gekommen war. Kurz nach seinem Eintritt in die syrisch-orthodoxe Kirche wurde ihm die Leitung der Bibliothek des Markusklosters übertragen. Sein Geschick beim Lesen und Identifizieren alter Handschriften und beim Umgang mit ihnen war so groß, daß ihn sein Erzbischof 1939 mit dem englischen Wissenschaftler Boyd Alexander in die Bibliothek des Katharinenklosters am Sinai schickte, damit er dort nach alten syrischen Manuskripten suchte. All dies läßt die in einigen populären Berichten über die Qumran-Rollen zu findenden Beschreibungen von Samuel als verschlagenen und berechnenden Menschen, der nur an dem Geld interessiert war, das die Schriftrollen einbringen würden, als wenig plausibel erscheinen. Wahrscheinlicher ist, daß Samuel, der im Dezember 1946 im relativ jungen Alter von vierzig Jahren zum Erzbischof ernannt worden war und viele neue Verantwortlichkeiten erhalten hatte, zutiefst fasziniert war, als ihm Kando und George Shaya, beide Mitglieder seiner Gemeinde, kurz nach der Karwoche 1947 die beschrifteten Lederrollen brachten. Samuel bemerkte sofort, daß das Pergament viel brüchiger war als das der ältesten Manuskripte in der Bibliothek. Seine intuitive Schätzung war erstaunlich genau. Er entschloß sich sofort, die Dokumente zu kaufen, aber der Handel wurde erst im Sommer perfekt, weil

Kando lange und umständlich für seine Beduinen-Klienten verhandelte. Die schließlich vereinbarte Summe war keineswegs hoch: Samuel erstand die Rollen für vierundzwanzig palästinensische Pfund; das waren damals ungefähr einhundert Dollar. Kando behielt ein Drittel der Summe und gab den Rest an Juma'a und Khalil Musa weiter.

Heute ist Erzbischof Samuel nicht mehr Diener seiner dahinschwindenden Herde im Markuskloster. Er ist jetzt über achtzig Jahre alt und bewohnt in Lodi in New Jersey ein komfortables Bauernhaus in einer ruhigen Gegend. Seit 1949 ist er Primas der syrisch-orthodoxen Kirche in Kanada und den Vereinigten Staaten. Sein berühmter Bart ist weiß geworden, und seine Bewegungen sind langsam und überlegt, aber er trägt immer noch die Robe des Erzbischofs mit dem schweren goldenen Kreuz, wie man es von den frühen Fotos her kennt. Und immer noch ist er sehr gesprächig, wenn es um die Qumran-Rollen geht. Das erste Mal habe ich ihn 1991 am Tag nach Weihnachten besucht. Er begrüßte mich mit einem breiten Lächeln und festem Händedruck. Seine Haushälterin kochte bereits türkischen Mokka, und er bat mich ins Wohnzimmer, wo er auf einem kleinen Tischchen schon einige Erinnerungsstücke an die Schriftrollen ausgebreitet hatte: ein Faksimile der großen Jesajarolle sowie die wenigen echten Fragmente der Schriftrollen, die er noch besaß.

Ich hatte eine lange Liste von Fragen über Kando, die Beduinen und die Entdeckung der Schriftrollen mitgebracht, aber zuerst stellte der Erzbischof mir eine Frage: »Haben Sie ›Nova‹ gesehen?« Er meinte die letzte Folge einer Wissenschaftsserie des Fernsehsenders PBS (Public Broadcasting System), die sich mit dem Konflikt um die Schriftrollen vom Toten Meer beschäftigt hatte. Einleitend war anhand einer Montage aus alten Fotos der frühe Weg der Schriftrollen nachgezeichnet worden. Dann folgten ausführliche Interviews mit den derzeitigen Gegnern im Streit um die Qumran-Rollen, darunter auch Hershel Shanks, Larry Schiffman und Norman Golb. »Ich habe es auch gesehen«, sagte der Erzbischof mit einem schwachen Lächeln und versuchte seinen Ärger zu verbergen. »Ich habe es aufgenommen. Sie haben mir geschrieben. Sie sagten, sie hätten nicht gewußt, wie sie mit mir in Verbindung treten könnten, als sie den Film machten. Jetzt hätten sie mich zwar ausfindig gemacht, aber nun sei es zu spät, der Film sei bereits fertig. Also schaute ich mir die Sendung an. Ich sah mich, wie jung ich damals war! Wie lange ist

das jetzt her?« Er rechnete kurz im stillen nach. »Ja, es sind jetzt vierundvierzig Jahre.«

Es liegt eine gewisse Ironie in dieser jüngsten Brüskierung des Erzbischofs: Die Wissenschaftler, die heute so eilfertig Interviews über die
Bedeutung der Qumran-Rollen geben, ähneln in geradezu unheimlicher
Weise jenen, die im Sommer 1947 nur Verachtung für den Erzbischof
Samuel und seine verrückten Ideen übrig hatten. Wieder einmal – wie
es schon bei den stereotyp wiederholten Geschichten über die unwis-
senden Beduinen der Fall war – ist der Narr der Geschichte der eigentliche Held. Denn die meisten Wissenschaftler – sogar jene, die angeblich
auf das Studium alter Schriften spezialisiert waren – haben ungeachtet
all ihrer Erklärungen, zweideutigen Ausflüchte und Vereinfachungen
schlicht versagt.

Auf seiner Suche nach einem sachkundigen Urteil hatte sich Samuel
zunächst an Stephan Hanna Stephan gewandt, ein Mitglied der Markusgemeinde und bibliothekarischer Assistent am Archäologischen Museum von Palästina, den Bekannte als kleinen Mann mit mißmutiger
Miene und negativer Grundeinstellung in Erinnerung haben. Er sah sich
die Lederrollen flüchtig an und erklärte sie zu modernen Fälschungen.
J. P. M. van der Ploeg, ein holländischer Priester, der gerade für ein Jahr
in Jerusalem studierte und oft in der Bibliothek des Markusklosters arbeitete, identifizierte die größte von Samuels Schriftrollen als eine Abschrift des Buches Jesaja; eine weitere schien ihm eine Sammlung prophetischer Zitate zu sein, aber er wollte sich nicht für deren Echtheit
verbürgen. Im August desselben Jahres kamen dann zwei Experten von
der Bibliothek der Hebräischen Universität vorbei und klassifizierten
die Schriftrollen fälschlicherweise als mittelalterlich. Sie seien ungewöhnlich und vielleicht eine Untersuchung wert, aber keinesfalls welt-
bewegend. Zuletzt brachte Samuel die Rollen im Herbst 1947 zu seinem
kirchlichen Vorgesetzten, dem Patriarchen Ignatius Aphram in der nord-
syrischen Stadt Homs. Und obwohl auch der Patriarch Samuel riet, die
ganze Sache zu vergessen, blieb der junge Bischof hartnäckig; er war
vom Wert der Schriftrollen überzeugt. Im Oktober identifizierte Dr. Tu-
viah Wechsler die große Schriftrolle ebenfalls als Abschrift des Jesaja-
Textes, aber er hielt den Glauben des Erzbischofs an das ehrwürdige
Alter der Rollen für absurd.

Mit seinen Worten traf Wechsler genau den Punkt, auch wenn sie anders gemeint waren. Er zeigte auf den Tisch, auf dem die Rollen des Erzbischofs ausgebreitet waren: »Wenn diese Schriftrollen zweitausend Jahre alt wären, wie Sie sagen, dann wäre ihr Wert unschätzbar. Stellen Sie sich diesen Tisch hier als Kiste vor, angefüllt mit Geldscheinen, und das würde noch nicht einmal ausreichen!« Offensichtlich überstieg die Wahrheit die Vorstellungskraft der führenden Wissenschaftler. Nur der syrisch-orthodoxe Erzbischof Samuel besaß ausreichend Phantasie. Später kamen noch mehr Zweifler hinzu, die behaupteten, die Rollen seien nicht annähernd so bedeutend, wie man sagte. Aber Erzbischof Samuel blieb zuversichtlich. »Ich wußte, daß sie sehr alt waren«, sagte er zu mir in seinem Wohnzimmer in Lodi und beugte sich in seinem Sessel vor: »Ich wußte, daß es keine Lüge war.«

Heute sind die Qumran-Rollen im Israel Museum in ihrem Shrine of the Book ebenso zum politischen Symbol geworden wie das Kolosseum in Rom oder die Freiheitsglocke in Philadelphia. Ihre dramatische Entdeckung und die Gründung des jüdischen Staates werden immer bedeutungsvoll nebeneinandergestellt. Trotz der häretischen, autoritätsfeindlichen Botschaft der Qumran-Texte ist das Gebäude, das sie beherbergt, eine Institution des Establishments geworden, ein Grundstein im Machtgefüge West-Jerusalems. Wenn man auf dem Platz vor dem Shrine of the Book steht, nimmt man unwillkürlich auch den modernistischen Bau der Knesseth und dahinter die Bürogebäude der verschiedenen Ministerien wahr. Dieses Nebeneinander von Vergangenheit und Gegenwart, von weltlicher Macht, antiken Schriften und spiritueller Botschaft ist keinesfalls zufällig. In den letzten fünfundvierzig Jahren haben die Qumran-Rollen in Israel eine gewisse Heiligkeit erlangt. Der Ort, an dem sie in Jerusalem untergebracht sind, wurde zum Reliquienschrein, der das Wunder der nationalen Wiedergeburt beschwört.

Die Geschichte, wie es dazu kam, liefert den Stoff für eine Komödie. Im Herbst 1947 waren zwei rivalisierende Gruppen alter Manuskripte in Jerusalem im Umlauf. Juma'as Lieferung aus der Höhle nahe Qumran war nur der Anfang. Sobald nämlich Erzbischof Samuel Interesse am Kauf der Rollen gezeigt hatte, suchte Kando nach weiterer Ware. Im Frühjahr oder Sommer 1947 schickte er George Shaya zusammen mit Juma'a und Khalil Musa noch einmal auf die Suche nach der Höhle. Es ist komisch, sich auszumalen, wie die beiden Beduinen und der syrische

Textilhändler im Taxi zum Toten Meer fuhren, auch wenn die Beteiligten die Reise sicher nicht komisch fanden. Man kann sich den verärgerten, unzufriedenen Taxifahrer vorstellen, der am Straßenrand wartete, schwitzte und in der glühenden Hitze fluchte, während seine drei Passagiere den Weg zu der Höhle hinaufgingen. Aber die Fahrt lohnte sich.

In der dunklen, stickigen Höhle schaufelten George Shaya und Khalil Musa zwischen zerbrochenen Tonkrügen und zahlreichen Pergamentfetzen den Staub vom Boden weg und entdeckten vier weitere Handschriften. Im Gegensatz zum ersten Fund (der damals noch in Kandos Händen war) waren drei der vier Dokumente in relativ schlechtem Zustand. Zwei waren zerknittert und eher zusammengelegt als gerollt, eines war an einer Seite feucht und pappig – offensichtlich im fortgeschrittenen Stadium des Verfalls. Inzwischen jedoch hatten Gerüchte die Runde gemacht, und das Interesse an den Schriftrollen war beachtlich. Nach dem Ausflug zum Toten Meer behielt Shaya die an einem Ende zusammengeklebte Schriftrolle als seinen Anteil an der neuerlichen Expedition. Später wurde sie als Genesis-Apokryph identifiziert und zusammen mit den drei zuerst gefundenen Handschriften an Erzbischof Samuel verkauft. Juma'a und Khalil Musa hingegen hatten einen neuen Abnehmer gefunden; sie verkauften die anderen drei Rollen an den Händler Feidi al-Alami, der inzwischen vom Wert der alten Schriftrollen überzeugt war.

Kaum je sind nationale Kostbarkeiten zu einem so niedrigen Preis verkauft worden. Al-Alami zahlte sieben Pfund (nicht ganz dreißig Dollar) für die drei Dokumente, die später als Kriegsrolle, Danksagungsrolle und weitere Jesajarolle identifiziert wurden. Dazu erwarb er die beiden hohen, schmalen Krüge, in denen die Schriften verborgen gewesen waren, zum Preis von etwa fünfundsiebzig Cents pro Stück. In der Hoffnung, einen Bombenpreis für diese Erwerbungen erzielen zu können, wandte sich al-Alami an einen Geschäftsfreund in Jerusalem, einen Armenier namens Nasri Ohan, der im Christenviertel gegenüber der lutherischen Kirche ein Antiquitätengeschäft betrieb. Durch ihn nahm er Verbindung zu den offiziellen Vertretern Israels auf, denn Ohan machte schon seit langem mit Professor Eleazar Sukenik von der Hebräischen Universität Geschäfte, und immer, wenn es um hebräische Handschriften ging, sprach Ohan mit Sukenik. Anders als die Wissenschaftler, an die sich Erzbischof Samuel gewandt hatte, erkannte Sukenik an den Pergamentstücken, die Ohan ihm zeigte, sofort, daß die Schriftrollen einen unvorstellbaren Wert besaßen. Schnell machte er das Geschäft mit Feidi al-Alami perfekt.

Sukenik war kein normaler Wissenschaftler. Er hatte nur zwei Jahre an der Universität zugebracht und war zum größten Teil Autodidakt. Sein Talent bestand vor allem darin, zur richtigen Zeit am richtigen Ort zu sein. Als engagierter Zionist hatte er vor Jahren beschlossen, als Förderer »jüdischer« Archäologie berühmt zu werden. Seine Erfolge auf diesem Gebiet waren beachtlich: Er hatte bereits eine größere Zahl alter Synagogen und Gräber freigelegt. Er erkannte den Wert der Rollen, weil er schon Dutzende von steinernen, mit Inschriften versehenen Ossuarien ausgegraben und untersucht hatte, in denen die Gebeine jüdischer Einwohner der ersten Jahrhunderte vor und seit unserer Zeitrechnung aufbewahrt worden waren. Daher kannte er die charakteristische Form der hebräischen Buchstaben aus dieser Periode. Die Buchstaben auf den Schriftrollen ähnelten diesen Zeichen auffallend. Während Erzbischof Samuel intuitiv die richtige zeitliche Einordnung vornahm, konnte sich Sukenik auf nachweisbare archäologische Fakten stützen.

Die Geschichte, wie Sukenik zusammen mit Ohan in einem arabischen Bus nach Bethlehem zu al-Alami fuhr, hört sich gewöhnlich höchst gefährlich an, denn der Reisetermin war der 29. November 1947, also der Tag, an dem die Vollversammlung der Vereinten Nationen der Teilung Palästinas zustimmte. Jedenfalls muß man vor dem Hintergrund der blutigen Auseinandersetzungen, die in den folgenden Monaten zwischen Juden und Arabern tobten, Sukeniks Entschluß, in die arabische Stadt Bethlehem zu fahren, als bewunderungswürdiges Zeichen dafür werten, daß er vom Wert der Schriftrollen überzeugt war, zumal er gegen den Rat seiner Frau und seines Sohnes Yigael Yadin, der damals Operationschef der Haganah war, aufbrach. An jenem Abend brachte Sukenik zwei Schriftrollen, die Kriegsrolle und die Danksagungsrolle, sowie die beiden Krüge aus der Höhle mit nach Hause. Etwa einen Monat später konnte er die schlecht erhaltene Jesajarolle erwerben. Diese wichtigen Funde zeigte er Judah Magnes, dem Präsidenten der Hebräischen Universität. Und damit gewann Sukenik einen wichtigen Verbündeten, denn Magnes war so beeindruckt von den alten hebräischen Handschriften, daß er zweihundert Pfund aus den Mitteln der Universität für den Kauf der Manuskripte beschaffte. Das war immer

noch eine bescheidene Summe, aber es war ein Zeichen dafür, daß der
Preis für Schriftrollen eindeutig im Steigen begriffen war.

Sukenik wußte zu dieser Zeit nichts von den Handschriften des Erzbischofs Samuel. Ende Januar 1948 verlor Samuel den Mut, denn er hatte
bisher noch niemanden gefunden, der an die Echtheit der Schriftrollen
glaubte. Anton Kiraz, einer seiner engsten Berater, schlug nun einen
möglichen Käufer für die Schriften vor: Sukenik. Professor Sukenik hatte
im Jahre 1945 ein antikes Grab auf dem Grundstück von Kiraz ausgraben
lassen. Vielleicht hatte er ja Interesse daran, die Entdeckung des Erzbischofs zu prüfen. Man arrangierte ein Treffen in der Hebräischen Universität. Sukenik erkannte sofort, daß die vier Schriftrollen in noch bes-
serem Zustand waren als seine. Kiraz erlaubte Sukenik, sie für einige
Tage mitzunehmen, damit er sie genauer untersuchen und sich eventuell
mit Kollegen beraten konnte.

Wäre das Leben in Jerusalem normal verlaufen, hätte Sukenik mit
Leichtigkeit eine unerhört hohe Summe aufbringen können, um diese
Schriftrollen für die Hebräische Universität zu erwerben. Aber zu dieser
Zeit bangten die arabischen wie die jüdischen Einwohner der Stadt um
ihr nacktes Leben. Zudem wurden die Landverbindungen zwischen dem
jüdischen Jerusalem und der Außenwelt allmählich abgeschnitten. Da
war es schwierig, Geld für den Ankauf von Antiquitäten aufzutreiben.
Aber es gab noch einen anderen Grund für die Rückgabe der Schriftrollen und das Ende der Kontakte zwischen Sukenik und Samuel. Bruder
Butros Sowmy, ein enger Freund und Berater Samuels aus dem Markuskloster, warnte den Erzbischof, er solle angesichts der immer feind-
seligeren Atmosphäre in Jerusalem weitere gefährliche Kontakte mit dem
jüdischen Professor vermeiden und die Schriftrollen zur Beurteilung in
die neutralen American Schools of Oriental Research bringen.

Mark Twain hat einmal gesagt, daß die Amerikaner immer die ver-
trauensseligsten Pilger im Heiligen Land gewesen seien, denn sie seien
mit der arroganten Unschuld ordentlicher und anständiger protestan-
tischer Missionare gekommen. Der weitere Verlauf der Geschichte der
Schriftrollen widerspricht dieser Feststellung nicht. Im Studienjahr
1947/48 waren wegen des Krieges nur zwei Studenten an der American
School in Jerusalem: John Trever und William Brownlee. Beide waren
ernste, harmlose Leute aus dem Mittelwesten, die für ihre biblischen

Studien vielleicht nicht gerade mit intellektueller Brillanz ausgestattet waren, dafür aber eine reichliche Portion Glauben aus der Sonntagsschule mitbrachten. Der Professor des Instituts in jenem Jahr, Dr. Millar Burrows von der Yale Divinity School, befand sich gerade auf einer Reise nach Bagdad, als Bruder Sowmy und Erzbischof Samuel in der American School auftauchten. Nur John Trever war da, um sie zu begrüßen. »Zwei Dinge sprachen für Trever«, erinnert sich Professor Frank Moore Cross aus Harvard. »Eines war seine Naivität. Er war nicht an Fälschungen gewöhnt, denn er lebte noch nicht sehr lange in diesem Teil der Welt. Vor allem aber war er ein beeindruckend guter Fotograf. Diese Kombination war eine glückliche Fügung des Schicksals.«

Glücklich deshalb, weil Trever und Brownlee – der von einem Gang zur Post zurückkam – zu der Überzeugung gelangten, daß die Schriftrollen des Erzbischofs wirklich ziemlich alt waren, nachdem sie einige Bücher über die Entwicklung hebräischer Handschriften in der Bibliothek durchgeblättert hatten. Mit Erlaubnis des Erzbischofs machte sich Trever gleich daran, die Dokumente im Keller der American School zu fotografieren. Das Haltbarkeitsdatum des Films war abgelaufen, die Bedingungen waren schwierig, aber Trever gelang es, ausgesprochen deutliche Aufnahmen von der großen Jesajarolle, der Gemeinderegel und dem Habakuk-Kommentar zu machen, die Trever und Brownlee immerhin identifizieren und nach der Rückkehr von Professor Burrows kurz studieren konnten. Und Trever besaß die Geistesgegenwart, einige Abzüge seiner Fotografien an Professor William Foxwell Albright von der Johns Hopkins University zu schicken. Der unbestrittene Nestor der biblischen Archäologie in den Vereinigten Staaten antwortete den amerikanischen Wissenschaftlern sofort begeistert: »Meine herzlichsten Glückwünsche zum größten Handschriftenfund der Neuzeit!«

Da die Gewalt in Jerusalem zunahm, je näher das Ende des britischen Mandats am 15. Mai rückte, trafen Burrows, Trever und Brownlee Vorbereitungen für ihre Heimkehr in die Vereinigten Staaten. Vorher gelang es ihnen jedoch, Erzbischof Samuel zur Unterschrift unter eine Abmachung zu bewegen, die den American Schools of Oriental Research das ausschließliche Veröffentlichungsrecht an den Fotografien der Schriftrollen garantierte. Anscheinend machte Burrows auch einige inoffizielle Zusagen, daß er dem Erzbischof helfen wolle, einen passenden Käufer oder eine Einrichtung zu finden, die die Schriftrollen verwahren und

die Arbeit seiner Kirche unterstützen würde. Mit der verführerischen
Vorstellung von Reichtum und Anerkennung aus Amerika vor Augen,
ging Samuel auf die so freundlich wirkende akademische Umarmung
von Burrows, Trever und Brownlee ein. Eine Pressemitteilung wurde
entworfen und an die Zentrale der American Schools of Oriental Research in New Haven geschickt. Am 11. April 1948 wurde die Weltöffentlichkeit von der Existenz der Qumran-Rollen, zu denen die ältesten
biblischen Texte gehörten, die bis dahin gefunden worden waren, in
Kenntnis gesetzt.

Als Professor Eleazar Sukenik im westlichen Teil der umkämpften
Stadt Jerusalem diese Mitteilung las, kochte er vor Wut. Er hatte den
Verdacht, daß seine Verhandlungen mit Anton Kiraz wegen der Inter-
vention der Amerikaner abgebrochen worden waren. Aber alle zornigen
Briefe in die Vereinigten Staaten und alle verzweifelten Versuche, die
Unterstützung von Premierminister Ben Gurion zu erhalten, um die
Schriftrollen des Erzbischofs zum rechtmäßigen Eigentum des neuge-
gründeten Staates Israel zu erklären, blieben erfolglos. In dieser Zeit
der kriegerischen Auseinandersetzungen hatten andere Dinge Priorität.
Auch hatte Erzbischof Samuel inzwischen mit den Schriftrollen Jerusalem verlassen. Die Einzelheiten seiner Vereinbarungen mit den Amerikanern waren wahrscheinlich nie schriftlich festgehalten worden, aber
er sah seine Zukunft ganz eindeutig in den Vereinigten Staaten. Nachdem ihn der Patriarch Ignatius Aphram zum apostolischen Gesandten
für Nordamerika ernannt hatte, reiste er im Januar 1949 nach New York.
Er hatte zwei klare Ziele: Er wollte die Aktivitäten der syrisch-orthodoxen Kirche in der Neuen Welt ausweiten, und er wollte seine Schriftrollen möglichst teuer verkaufen.

Trever und Burrows eilten nach New York, um ihn zu treffen. Im Verlauf der nächsten zwei Jahre begleiteten sie Samuel zu einigen äußerst
öffentlichkeitswirksamen Ausstellungen der Schriftrollen in der Library
of Congress, in der Walters Art Gallery in Baltimore, an der University
of Chicago und an der Duke University. 1950 erschien die erste der an-
gekündigten Veröffentlichungen der American Schools of Oriental Research. Der Band enthielt Trevers Fotografien der Jesajarolle. Im nächsten
Jahr folgte eine vollständige Veröffentlichung der Gemeinderegel und
des Habakuk-Kommentars. Sukenik seinerseits brachte eine Reihe von
Berichten heraus, in denen er sowohl die drei Schriftrollen, die er von

Feidi al-Alami gekauft hatte, auswertete als auch Bezug auf die Rollen des Erzbischofs nahm, die er in den wenigen Tagen, die er sie in seinen Händen hatte, auszugsweise abgeschrieben hatte. Eigentlich stellte solch eine nicht autorisierte Veröffentlichung eines Manuskripts, das ein anderer bearbeitete, einen groben Verstoß gegen die wissenschaftlichen Anstandsregeln dar; vierzig Jahre später sollte ein ähnlicher Vorfall im Mittelpunkt der Auseinandersetzung um die Schriftrollen stehen. Sukenik war jedoch fest davon überzeugt, daß er mit Anton Kiraz eine Vereinbarung auf Treu und Glauben getroffen hatte und daß niemand anderes als er der rechtmäßige Besitzer aller Schriftrollen war.

Sukenik vertrat diese Ansicht im Frühjahr 1949 bei einem Treffen mit John Trever in New York. John Trever, der sich inzwischen mit seiner Frau in Südkalifornien zur Ruhe gesetzt hat, konnte sich noch lebhaft an dieses Treffen erinnern, als ich im Sommer 1993 mit ihm sprach. Anfangs verlief die Begegnung recht freundlich, aber die Spannung stieg, als Sukenik hören mußte, wie stolz John Trever darauf war, die Schriftrollen »entdeckt« zu haben. 1949 arbeitete Trever gerade für den International Council of Religious Education. Er reiste durch das Land und machte Werbung für dessen neu überarbeitete, für alle amerikanischen Protestanten verbindliche Bibelübersetzung. Man kann sich leicht vorstellen, daß Sukenik schnell die Bereitschaft verlor, Trevers freundlichem Geplauder über christliche Jugendgruppen und Sonntagsschulen zuzuhören. Dieser junge Amerikaner, der nur rudimentäre Kenntnisse der jüdischen Geschichte besaß, hinderte Sukenik daran, das zu bekommen, was er für ein wertvolles nationales Erbe hielt. Bis heute erinnert sich Trever noch mit arglosem Unverständnis an den unangenehmen Höhepunkt des Treffens: »Nachdem Sukenik einige Zeit sehr höflich gewesen war, explodierte er einfach. Ich konnte sehen, wie sich der Druck in ihm anstaute. Plötzlich sagte er: ›Sie hatten kein Recht, sich hier einzumischen!‹«

Eleazar Sukenik starb 1953 und erlebte den Sieg im Kampf um die Schriftrollen, die später alle im israelischen Jerusalem vereint wurden, nicht mehr. Etwa zur gleichen Zeit, als Sukenik starb, stellte Erzbischof Samuel fest, daß Professor Burrows ihm leere Versprechungen gemacht hatte. Und er erkannte die absolute Unfähigkeit John Trevers, irgend etwas für ihn zu tun, auch wenn er die besten Absichten hatte. Nachdem die Schriftrollen erst einmal veröffentlicht worden waren und die Amerikaner die wissenschaftlichen Lorbeeren für sich geerntet hatten, war es erheblich schwerer geworden, einen Käufer für die Schriften zu finden. Sukenik hatte natürlich jedem potentiellen Käufer mit einem Prozeß gedroht. Und inzwischen hatte auch die Regierung von Jordanien (unter deren Verwaltung nun das Gebiet um Qumran stand) Besitzansprüche an den Schriftrollen angemeldet. Erzbischof Samuel war verzweifelt; er hatte seine Zukunft auf die Schriftrollen gesetzt. Im Frühjahr 1954 war er bereit, fast alles zu versuchen. Auf Anraten seines engsten amerikanischen Vertrauten Charles Manoog, eines erfolgreichen Großhändlers für Installationsbedarf, setzte er am 1. Juni 1954 ein recht unauffälliges Inserat in das *Wall Street Journal*:

DIE VIER SCHRIFTROLLEN VOM TOTEN MEER
Zu verkaufen: Biblische Handschriften, die mindestens aus der Zeit um 200 v. Chr. stammen: Hervorragend geeignet als Schenkung einer Privatperson oder einer Gruppe an eine Bildungseinrichtung oder ein religiöses Institut. Chiffre F 206, The Wall Street Journal.

Daß die Schriftrollen wie Mietwohnungen oder Gebrauchtwaren in der Zeitung angeboten wurden, ist immer wieder Anlaß für Spott und Gelächter. Tatsächlich aber führte die Anzeige im *Wall Street Journal* schließlich zum Verkauf der Schriften.

Es war eine weitere Fügung des Schicksals, daß General Yigael Yadin, einst israelischer Generalstabschef und Sohn von Professor Sukenik, sich genau zu dieser Zeit auf einer Vortragsreise in New York befand. Er hatte gerade seine Dissertation über die Kriegsrolle fertiggestellt. Nachdem ihn ein Bekannter auf die Anzeige im *Wall Street Journal* aufmerksam gemacht hatte, nahm er mit Hilfe des israelischen Generalkonsuls in New York, Avraham Harman, anonyme Kaufverhandlungen durch Mittelsmänner auf. Man einigte sich auch bald auf einen Preis: zweihundertfünfzigtausend Dollar für alle vier Schriftrollen. Erzbischof Samuel und Charles Manoog fuhren mit den antiken Schriften nach Manhattan. Nachdem Dr. Harry Orlinsky die Schriftrollen untersucht und ihre Echtheit bescheinigt hatte, wurde der Vertrag unterzeichnet und das Geld übergeben, das zu einem Großteil von dem New Yorker Industriellen und Mäzen D. Samuel Gottesman stammte. Die Verschiffung der Schriftrollen nach Israel sollte zunächst geheimgehalten werden, aber Yadin konnte seine Aufregung nicht zügeln. Am Nachmittag des 4. Juli 1954 rief er Professor Albright von der Johns Hopkins University an. Albright schickte ihm sofort einen Brief mit Glückwünschen: »Ihr Vater wäre über diese Entwicklung sehr glücklich gewesen, da alle seine Bemühungen ja erfolglos geblieben sind! Diese unschätzbar wertvollen Dokumente gehören an die Hebräische Universität zu den anderen Schriftrollen aus Qumran.«

John Trever war anderer Meinung, als er einige Monate später von Millar Burrows über die neuesten Entwicklungen informiert wurde. Damals unterrichtete Trever Bibelkunde am Morris Harvey College in Charleston in West Virginia. Daß die Schriftrollen heimlich an die Israelis verkauft worden waren, war für ihn schwer zu verkraften. Trever war selbst dann noch unermüdlich durch das Land gereist, um angemessene Käufer für die Schriftrollen des Erzbischofs zu finden, als die American Schools of Oriental Research die Veröffentlichung der Dokumente abgeschlossen und ihre offiziellen Kontakte zu Samuel abgebrochen hatten. Trever hatte auch versucht, Mittel für eine Stiftung zu beschaffen, damit die Schriftrollen in einem renovierten Ausstellungsraum im Markuskloster ausgestellt werden konnten. Er war gerade dabei, die International Jaycees, eine internationale Bürgervereinigung, auf ihrem Jahrestreffen 1954 davon zu überzeugen, dieses interkonfessionelle Projekt zu unterstützen, als ihn Burrows' Brief erreichte, daß sich die Schriftrollen auf dem Weg nach Israel befanden.

»Ich habe jede Möglichkeit zu nutzen versucht, um eine finanzielle Unterstützung für die Veröffentlichung dieses Materials zu bekommen«, berichtete er mir. »Es gab all diese unterschiedlichen Gruppen, die darum kämpften, die Rollen zu erwerben, und« – er zögerte für den Bruchteil einer Sekunde und offenbarte schließlich seine wahren Gedanken. »Ich suchte also nach einer Möglichkeit, die Schriften von dem Einflußbereich der Juden fernzuhalten. Ich habe das nicht aus antisemitischen Gründen getan«, versicherte er mir, »sondern wegen der Art, wie sie mich behandelt hatten. Ich fand, sie hatten wirklich kein Recht, mit diesen Dingen umzugehen.« Ein noch größeres Ärgernis muß es für Trever gewesen sein, daß die Bekanntgabe des Erwerbs der Schriftrollen am 13. Februar 1955 in Israel mit einem Staatsakt begangen wurde, bei dem Premierminister Moshe Sharett im Namen des ganzen Volkes Yadin

dafür dankte, daß er diese wertvollen Dokumente wieder an ihren richtigen Ort, nach Jerusalem, zurückgebracht hatte.

Kurz darauf bildete die israelische Regierung eine Kommission, um
ein besonderes Ausstellungsgebäude entwerfen und bauen zu lassen. Es
sollte an die Nationalbibliothek auf dem neuen Givat-Ram-Gelände der
Hebräischen Universität anschließen. Später wurde der Standort auf das
Gelände des neuen Israel Museum gegenüber der Knesseth verlegt. Der
auffallende Entwurf für den Shrine of the Book stammt von den Architekten Frederick Kiesler und Armand Bartos und wurde zu einem der
typischen Wahrzeichen West-Jerusalems. Der unterirdische Ausstellungsraum in der Mitte des Gebäudes wird von einer in ihrer Größe absurd
wirkenden Nachbildung des Deckels von jenem Tonkrug gekrönt, den
Feidi al-Alami nur wenige Jahre zuvor den Beduinen Juma'a Muhammed
und Khalil Musa für etwa fünfundsiebzig Cents abgekauft hatte. Inzwischen überwachten Yadin und Nahman Avigad, der Assistent seines verstorbenen Vaters, das Entrollen und Entziffern der rätselhaften vierten
Schriftrolle, die sich als lebhafte Nacherzählung einiger Geschichten aus
der Genesis entpuppte. Aber der hauptsächliche Wert der Qumran-Rollen
lag für den Staat Israel in einer Stärkung der nationalen Ideologie.

Yadin brachte dies 1957 in seinem bekannten Buch *The Message of
the Scrolls* prägnant zum Ausdruck. »Ich kann mich des Eindrucks nicht
erwehren, daß etwas Symbolisches darin liegt, daß die Schriftrollen
gleichzeitig mit der Gründung des Staates Israel entdeckt und erworben
wurden«, schrieb er. »Es ist, als hätten diese Handschriften seit dem
Ende von Israels Unabhängigkeit zweitausend Jahre lang in Höhlen ge-
wartet, bis das Volk Israel in seine Heimat zurückkehrte und seine Freiheit wiedererlangte ... und wie der christliche Leser von dem Wissen
bewegt sein muß, daß er es hier mit dem Manuskript einer Sekte zu
tun hat, die das Urchristentum gekannt und beeinflußt haben könnte,
so kann sich ein Israeli und ein Jude nichts Bewegenderes vorstellen,
als jene Handschriften zu studieren, die das Volk der Schrift im Land
der Schrift vor mehr als zweitausend Jahren geschrieben hat.«

Nachdem er nach New Jersey zurückgekehrt war, tat Erzbischof
Samuel sein möglichstes, um sich ein neues Leben aufzubauen. Mit den
zweihundertfünfzigtausend Dollar aus dem Verkauf der Schriftrollen
konnte er reisen, predigen und zum Wachstum der syrisch-orthodoxen
Gemeinde unter der steigenden Zahl von Einwanderern in Amerika bei-

tragen. 1966 veröffentlichte er eine Autobiographie, deren melodramatische Szenen und atemlose Dialoge auf die Mithilfe eines amerikanischen Ghostwriters hinweisen: *The Treasure of Qumran. My Story of the Dead Sea Scrolls.* Danach verschwand der Erzbischof langsam aus dem Licht der Öffentlichkeit.

Bedauert er heute, was damals geschehen ist? »Ich wünschte, ich hätte damals schon gewußt, was ich jetzt weiß«, antwortete mir Samuel auf meine Frage und lachte in sich hinein, »dann wäre alles anders gekommen. Ich hätte die Rollen niemals hergegeben. Aber als ich damals hier war, brauchte ich Geld für meine Kirche, um Diözesen zu schaffen und Kirchenleute in die Vereinigten Staaten zu bringen. Ich habe meiner Kirche in mancher Hinsicht geholfen, und darüber bin ich froh.« Und er verwies auch noch auf einen tieferen Sinn, den er hinter der ganzen Angelegenheit sah und den er sich nicht scheute zu nennen: »Sehen Sie, ich bin glücklich, weil mich Gott für eine ganz besondere Aufgabe auserwählt hat«, sagte er mit breitem, überzeugtem Lächeln, das weder naiv noch rührselig war. »Er hat *mich* erwählt, um der Welt diese Schriftrollen zu bringen.«

Aber welche historische und religiöse Bedeutung haben die sieben Schriftrollen denn nun genau, die von Erzbischof Samuel und Professor Sukenik von den Taamireh-Beduinen gekauft, 1950 und 1951 von den American Schools of Oriental Research publiziert und dank der Anstrengungen General Yadins 1954 zurück nach Israel gebracht wurden? Bisher habe ich den Streit um ihren Besitz beschrieben, als ob sie einen objektiven Wert besäßen, den man schätzen und wie bei altem Goldschmuck, Münzen oder Statuen ihrem Marktwert entsprechend beziffern kann. Doch selbst wenn die Qumran-Rollen nicht zum Mittelpunkt erbitterter internationaler Rivalitäten geworden wären, hätte sich kaum eine Kunstgalerie oder ein Auktionshaus in Manhattan, London oder Zürich um diese übelriechenden, modernden Lederrollen gerissen. Denn hierbei handelt es sich um Antiquitäten, zu deren Wertschätzung es weit mehr braucht als die Kennerschaft selbst des urteilsfähigsten Sammlers oder Museumsdirektors für alte Kunst. Die hebräische Schrift einiger Rollen ist zwar klar und kunstvoll, aber sie stehen weit hinter den meisterlichen Handschriften der viel besser erhaltenen und illustrierten hebräischen Manuskripte aus dem Mittelalter zurück.

Die Bedeutung der Schriftrollen liegt natürlich in ihrem Aufschluß für Bibelstudien, was allerdings für Religionshistoriker und Gläubige von größerer Bedeutung ist als für Antiquitätensammler. Vor der Entdeckung der Schriftrollen war die älteste biblische Handschrift, die Wissenschaftler kannten, fast ein Jahrtausend jünger als die Qumran-Rollen. Der sogenannte Aleppo-Kodex wurde um 950 in Tiberias geschrieben und über Jahrhunderte in der Hauptsynagoge der syrischen Stadt Aleppo aufbewahrt. Nachdem er 1947 durch ein Feuer bei antisemitischen Krawallen schwer beschädigt worden war, wurde er heimlich von Mittelsmännern gekauft und 1956 nach Israel gebracht. Diese Handschrift enthält aber trotz ihres hohen Alters eine Version der Heiligen Schrift, die identisch mit dem Text der modernen hebräischen Bibeln ist, nämlich dem masoretischen oder »traditionellen« Text. Die große Jesajarolle aus der Höhle am Toten Meer dagegen ist anders. Trotz all der selbstgerechten, dogmatischen Reden fundamentalistischer Prediger über das unveränderliche Wort Gottes in der Bibel zeigt diese Schrift recht schlüssig, daß der biblische Text vor der Zerstörung Jerusalems im Jahre 70 u. Z. noch ziemlich formbar war. Es handelt sich dabei nicht um Unterschiede, die dem Laien sofort ins Auge fallen würden – es gibt keine unterdrückten Geschichten oder blasphemischen Wendungen. Aber die grammatischen und syntaktischen Abweichungen in der Jesajarolle waren bedeutsam genug, um dreizehn ihrer Varianten in die neu überarbeitete amerikanische Fassung der Bibel aufzunehmen, die noch immer von den meisten englischsprachigen Protestanten benutzt wird.

Noch erstaunlicher als die kleineren Textveränderungen sind die künstlerischen Freiheiten, die sich der Autor der unter Wissenschaftlern als Genesis-Apokryph bekannten Schriftrolle bei den traditionellen biblischen Geschichten herausnahm. Die Schriftrolle ist klein, halb verrottet und die häßlichste der Originalhandschriften (einige, die sie sahen, haben sie mit einer feucht gewordenen Zigarre verglichen). In den sieben Jahren, in denen Erzbischof Samuel sie besaß, wurde sie nie entrollt, und der vollständige Text wurde erst bei ihrer Öffnung im Jahre 1955 in Jerusalem entziffert. Heute ist das Leder beträchtlich nachgedunkelt, und mit bloßem Auge kann man nicht mehr als ein paar Buchstaben erkennen. Aber entrollt enthielt sie zweiundzwanzig Kolumnen Text in Aramäisch (der Umgangssprache in Judäa und dem größten Teil des Nahen Ostens nach dem Niedergang des Hebräischen im Alltag), und sie erzählte mehrere Geschichten aus der Genesis mit überraschend sinnenfrohen Details nach.

Das Genesis-Apokryph schildert zumindest in einem Fall die Vorgänge viel lebendiger und poetischer als die Bibel. In Genesis 12,10–20 werden die Gefahren von Abrahams und Sarahs Reise nach Ägypten in anschaulichen Details geschildert. In der biblischen Version zieht Sarahs Schönheit fast sofort die Aufmerksamkeit einiger ägyptischer Höflinge auf sich, die sie vor dem Pharao »priesen«, was zur Folge hatte, daß sie gegen ihren Willen dem Harem des Pharao einverleibt wurde. Darauf kamen »große Plagen« über die Familie des Pharao, und Sarah und Abraham wurden umgehend wieder in den Negev gebracht. Es ist oft gesagt worden, daß erotische Literatur eindrucksvoller ist, wenn ein großer Teil der eigenen Vorstellungskraft überlassen wird, aber der Autor des Genesis-Apokryph war scheinbar anderer Meinung. Vielleicht einer Volkstradition folgend, identifizierte er den ägyptischen Höfling, der in der biblischen Geschichte anonym bleibt, als einen Mann namens Hyrkanos und machte ihn zum Sprecher in einem lebendigen Dialog, in dem er überraschend detailliert beschreibt, wie verführerisch ihm die illegale Einwanderin Sarah erschienen ist.

»Und schön ist ihr Gesicht! Wie ... fein sind die Haare auf ihrem Kopf! Wie lieblich sind ihre Augen! Wie begehrenswert ihre Nase und das Strahlen ihres Antlitzes ... Wie schön sind ihre Brüste und ihre Blässe! Wie gefällig sind ihre Arme und wie [begehrenswert] die ganze Erscheinung ihrer Hände! Wie schön sind ihre Handflächen und wie lang und schlank ihre Finger! Wie schön sind ihre Füße und wie vollkommen ihre Schenkel! Keine Jungfrau oder Braut, die in die Hochzeitskammer geführt wird, ist schöner als sie; sie ist schöner als alle anderen Frauen. Wahrhaftig, ihre Schönheit ist größer. Aber zu all dieser Anmut besitzt sie noch überreichliche Weisheit, so daß alles, was sie tut, vollkommen ist.«

Der Verfasser dieses Textes scheute sich offensichtlich nicht, die Bibel zu verbessern und eine Geschichte anschaulicher zu gestalten, wenn sich dies ergab. Die Wissenschaftler waren beeindruckt von der Freiheit, mit der die Qumran-Rollen an vielen Stellen die Heilige Schrift erläutern und ausarbeiten, so, als ob sich die Autoren immer noch als direkt von Gott inspiriert gesehen hätten.

Diese Inspiration äußert sich manchmal auch in Gewalttätigkeit und

Wut, wie es in der Schrift über den Krieg der Söhne des Lichts gegen
die Söhne der Finsternis deutlich wird, einer wunderschön geschriebenen Rolle von fast vier Metern Länge. Sie beschreibt in blutrünstigen
Details den Schlachtplan, die Waffen, die Taktik und die Gebete, die im
großen Feldzug der Söhne des Lichts zum Einsatz kommen müssen,
wenn sie den Triumph über die Kräfte des Bösen erringen wollen. Der
Krieg selbst werde fünfzig Jahre dauern, berichtet die Schrift, sechs
Jahre werde die Vorbereitung in Anspruch nehmen, und neunundzwan-
zig Jahre lang müßten Feldzüge gegen verschiedene Nationen durchgeführt werden. In jedem siebten Jahr solle man ruhen. Auf ihrem Marsch
zur Erfüllung des göttlichen Plans für das Universum werden die Söhne
des Lichts zuerst von zwei Gestalten angeführt, die der Hohepriester
und der Prinz der Gemeinschaft genannt werden. Im entscheidenden
Augenblick sollen diese dann die Führerschaft an keinen geringeren als
den Erzengel Michael abgeben.

Auch eine andere Schriftrolle aus der ersten Gruppe prophezeit die
unmittelbar bevorstehende Auslöschung der Gottlosen. Sukenik gab ihr
den irreführend heiteren Namen »The Thanksgiving Hymns«, Danksagungsrolle. Der Text hat jedoch nichts mit frommen Pilgern zu tun, die
ihre Hände in stillem, demütigem Gebet falten, sondern er enthält eine
Reihe zornerfüllter Verfluchungen der Gottlosen und die Versicherung,
daß sie am Tag des Jüngsten Gerichts vernichtet werden. Shaya und
Khalil Musa hatten diese Schriftrolle bei ihrem zweiten Besuch in der
Höhle gefunden. Sie war zerknittert und bereits im Zerfall begriffen,
und einige Fragmente lagen neben ihr auf dem Boden der Höhle. Offensichtlich war sie bereits abgenutzt und beschädigt, als sie versteckt
wurde. Dies hatte Sukenik auf den Gedanken gebracht, daß es sich bei
der Höhle um eine *Geniza*, einen Aufbewahrungsort für alte, nicht mehr
benutzbare heilige Texte gehandelt haben könnte. Ob das stimmt, ist
nicht sicher, fest steht jedoch, daß die Rolle ursprünglich groß und eindrucksvoll war, einen halben Meter breit und über sieben Meter lang.

Sie enthält psalmähnliche Gedichte in biblischem Hebräisch, die von
der Macht Gottes handeln, von der Vollkommenheit seiner Schöpfung,
die bis zur Vorherbestimmung aller Ereignisse in der menschlichen Geschichte reicht. Der Autor spricht als Erzähler und dankt Gott dafür,
daß er ihm einen Blick auf die Einzelheiten des göttlich vorherbestimm-
ten Plans erlaubt hat. Denn durch diese Enthüllung hat er die Kraft,

trotz der überhandnehmenden Frevelhaftigkeit seiner Zeit auszuharren, gerecht zu sein und treue Anhänger um sich zu sammeln. Gott hat den Autor in seinen Kämpfen gegen die »Gemeinschaft des Belial« gestählt, die ihn ins Exil gezwungen hat. Gott hat ihn auch vor den Verrätern in der eigenen Gemeinschaft beschützt. Der persönliche Ton dieses Dokuments sowie die autobiographischen Einzelheiten, die es offensichtlich über den Autor mitteilt, erinnerten Sukenik an eine Figur, die aus einem anderen alten Werk, jedoch in völlig anderem Zusammenhang, bekannt ist.

Im Jahre 1896 wurde der jüdische Gelehrte Solomon Schechter von der Cambridge University nach Kairo geschickt, um dort die *Geniza* der Ibn-Ezra-Synagoge nach wertvollen Handschriften zu durchstöbern. Einige Jahre zuvor war ein hebräisches Manuskript des apokryphen Weisheitsbuches von Ben Sira (Buch des Jesus Sirach, das vorher nur in seiner griechischen Übersetzung als »Ecclesiastes« bekannt war) bei Antiquitätenhändlern aufgetaucht, das offensichtlich aus der gleichen Quelle stammte. Der Fund des hebräischen Originals war eine wissenschaftliche Sensation. Mit einem Empfehlungsschreiben des Oberrabbiners von England an den Großrabbiner von Kairo ausgestattet, erhielt Schechter die Erlaubnis, einige Wochen im stickigen, staubigen und dunklen Obergeschoß der Synagoge, das mit zerfallenden Papieren und Pergamenten angefüllt war und in dem es von Insekten wimmelte, nach verwertbaren Dokumenten zu suchen und diese mitzunehmen.

Schechters Ausbeute waren dreißig Säcke voller alter Manuskripte. (Er hatte bewußt alles Gedruckte vernachlässigt.) Insgesamt waren es ungefähr einhundertvierzigtausend Seiten, Fragmente und handschriftliche Notizen. Die Sammlung wurde nach Cambridge gebracht und dort näher untersucht. Sie erbrachte wichtige Hinweise über das Leben der jüdischen Gemeinde im mittelalterlichen Ägypten sowie wertvolle Informationen über den Handel und die politische Entwicklung. Auch enthielt sie eine Reihe bislang unbekannter geistlicher Texte. Das Material stammte hauptsächlich aus dem Mittelalter, aber Schechter fiel ein Text besonders auf, weil er auf eine viel frühere historische Epoche hinzuweisen schien. Es waren zwei Fragmente davon vorhanden: Eines bestand aus acht doppelseitigen Blättern und wurde von der Handschrift her in das zehnte Jahrhundert u. Z. datiert; das andere bestand aus

einer zusätzlichen Doppelseite, die ein oder zwei Jahrhunderte später
entstanden war.

Das Werk enthielt offensichtlich die Lehren einer untergegangenen
jüdischen Sekte, die in Jerusalem bestand, bevor der Tempel zerstört
wurde, und wenigstens für kurze Zeit unter der Leitung einer heiligen,
priesterlichen Gestalt stand, die nur der »Lehrer der Gerechtigkeit« genannt wurde. Das genaue Gründungsdatum dieser Sekte blieb unklar.
Auch wenn der Text die Gründung auf dreihundertneunzig Jahre nach
der Eroberung Jerusalems durch die Babylonier datierte (also auf das
Jahr 196 v. u. Z.), ist doch bekannt, daß solche Zeitangaben höchst un-
zuverlässig sind. Wann auch immer die Ereignisse stattgefunden haben
mögen, sicher war, daß religiöse Differenzen zwischen der Sekte und
dem Rest der Nation dazu führten, daß die Sekte unter der Führerschaft
der Lehrers der Gerechtigkeit ins »Land von Damaskus« ins Exil ging.
Dort schlossen sie einen Neuen Bund. Der Lehrer wurde von seinen
Anhängern als messianische Figur gesehen, die direkte Offenbarungen
von Gott empfing. Aber offensichtlich wurde er schließlich von seinen
Feinden getötet, und man erwartete, daß er am Ende aller Zeiten wie-
derauferstand.

Es gab viele Kontroversen um die Identität der Sekte, die dieses
»Damaskus-Dokument«, wie die Schrift später genannt wurde, verfaßt
hat. Ihre Mitglieder nannten sich Söhne des Zadok, und man vermutete
hinter diesem Namen unterschiedlichste Gruppen, Sadduzäer ebenso
wie jüdische Christen oder Samariter bis hin zu antirömischen Aufständischen. Die charakteristischen Praktiken dieser Sekte schienen jedoch
zu keiner der bekannten alten jüdischen Gruppen zu passen. Ihr besonderer Haß galt zum einen den »Erbauern der Mauer« wegen ihrer Ungerechtigkeit, Hinterhältigkeit und Gewalttätigkeit, zum anderen den
»Königen von Griechenland«, wobei manche Forscher diese Bezeichnung
für eine Umschreibung hielten, die auch die römischen Kaiser mit einschloß. Am heftigsten aber protestierte die Sekte vor allem gegen die
Entweihung des Tempels in Jerusalem, die wahrscheinlich auch der
Grund für ihren Auszug ins Exil war. Nach Schechters Ansicht konnte
man zumindest *eine* alte jüdische Sekte ausschließen. »Welche Schwierigkeiten der gegenwärtige unzulängliche Zustand unserer Handschrift
dem Studenten auch bereiten mag und welche Zweifel über die Bedeutung des einen oder anderen Abschnitts auch bestehen mögen, eines

ist sicher«, schrieb er 1910 in einem Kommentar zu seiner Textrekonstruktion und Übersetzung. »Wir haben es mit einer Sekte zu tun, die
der Masse der Juden, wie sie von den Pharisäern vertreten wurde, eindeutig feindselig gegenüberstand.«

Sukenik hatte bereits im Februar 1948 bei seinen privaten Zusam-
menkünften mit Judah Magnes die Ansicht geäußert, daß die Autoren
der Qumran-Rollen in enger Beziehung zu der rätselhaften Sekte des
Damaskus-Dokuments stehen könnten und daß beide mit den Essenern
gleichgesetzt werden müßten. Die alten Autoren Flavius Josephus, Philo
von Alexandria und Plinius der Ältere hatten interessante (und teilweise
voneinander abweichende) Beschreibungen dieser religiösen Bewegung
innerhalb des Judaismus geliefert, die in mancher Hinsicht die strikteste
jüdische Sekte war. Einigen Essenern war die Heirat erlaubt, andere
lebten streng zölibatär. Sie schlossen sich zu engen Gemeinschaften mit
besonderen religiösen Riten zusammen, die nur denen bekannt waren,
die eine Initiationsphase durchgemacht hatten. Christlichen Wissenschaftlern war die Ähnlichkeit einiger Praktiken der Essener mit denen
der frühen Christen schon lange aufgefallen, vor allem der gemeinschaft-
liche Besitz allen Eigentums, die gemeinsamen Mahlzeiten und die Bedeutung der Taufe. Aber jetzt wurde die Beziehung zwischen den
Schriftrollen und den Essenern noch deutlicher, nachdem man eine weitere Schriftrolle entziffert und analysiert hatte: die Gemeinderegel.

Es war eine der vier Rollen, die Erzbischof Samuel mit nach Amerika
gebracht hatte. Der Text schrieb die Regeln für die Aufnahme in die
Gemeinschaft vor, legte detailliert die Strafen für Verstöße in der Gemeinde fest und beschrieb die heiligen Mahlzeiten, an denen alle Mitglieder teilnehmen mußten. Die Parallelen zu den antiken Beschreibungen der Essener waren frappierend; ebenso, daß Plinius der Ältere die
Gemeinschaft der Essener nahe des Ufers des Toten Meeres angesiedelt
hatte. Dies war das letzte Stück in dem Puzzle einer Deutung, die zur
dominanten Hypothese werden sollte. Es ist erstaunlich, daß in den
letzten vierzig Jahren die meisten Experten zu übereinstimmenden Ergebnissen gekommen sind, was die Identität der Autoren, die sie mit
den Essenern gleichsetzten, als auch was den Zeitpunkt der Sekten-
gründung und das Erscheinen des Lehrers der Gerechtigkeit betrifft,
den sie in das zweite Jahrhundert v. u. Z. legten.

Nach der nahezu einhelligen Meinung aller Wissenschaftler gibt die Schriftrolle, die als Habakuk-Kommentar bekannt ist, die wichtigsten Hinweise zur Rekonstruktion der Geschichte der Sekte vom Toten Meer und auch zur Einschätzung der religiösen Bedeutung der Schriftrollen. Der Laie erkennt nicht viel, wenn er die Rolle heute im feuchtigkeits-regulierten und lichtgeschützten Shrine of the Book besichtigt. Die Er-öffnungskolumne ist in der Mitte gespalten, und der untere Rand ist gewellt durch Feuchtigkeit und Zerfall. Auch als die Rolle noch vollstän-dig und in gutem Zustand war, wirkte sie wahrscheinlich nicht besonders eindrucksvoll – sie war höchstens achtzehn Zentimeter breit und nur ungefähr einen Meter fünfzig lang. Die Paläographie datiert die Hand-schrift auf das ausgehende erste Jahrhundert u. Z., auf die Zeit kurz vor dem Aufstand gegen Rom und der Unterbringung der Schriftrollen in der Höhle. Und das schafft ein ernsthaftes Problem, denn seit das Da-maskus-Dokument interpretiert wurde, haben die meisten Wissen-schaftler den Ursprung der Sekte und das Leben des Lehrers der Ge-rechtigkeit in das zweite Jahrhundert v. u. Z., genauer gesagt, in die Zeit der Makkabäeraufstände, gelegt.

Wir brauchen zunächst etwas Hintergrundwissen über das Buch Ha-bakuk, das offensichtlich für die Qumran-Sekte sehr wichtig war. Es handelt sich dabei um einen Dialog zwischen dem Propheten und Gott, der offensichtlich in Judäa während der angespannten und unsicheren Zeit kurz vor der babylonischen Eroberung, also ungefähr im Jahre 600 v. u. Z., stattfindet. Der Prophet schreit auf zu Gott und protestiert gegen die Gewalt und die Gottlosigkeit, die im Land herrschen. »Denn der Gottlose übervorteilt den Gerechten; darum ergehen verkehrte Urteile.« Gott antwortet: »Denn ich will etwas tun zu euren Zeiten, was ihr nicht glauben werdet, wenn man davon sagen wird.« Zu Werkzeugen seines göttlichen Zorns erhebt er die Chaldäer, »ein grimmiges und schnelles Volk, das hinziehen wird, so weit die Erde ist, um Wohnstätten einzu-nehmen, die ihm nicht gehören«. Gott zeichnet ein erschreckendes Bild von der grausamen irdischen Macht des chaldäischen Volkes: »Ihre Rosse sind schneller als die Panther und bissiger als die Wölfe am Abend. Ihre Reiter fliegen in großen Scharen von ferne daher, wie die Adler eilen sie zum Fraß. Sie kommen allesamt, um Schaden zu tun; wo sie hin-wollen, stürmen sie vorwärts und raffen Gefangene zusammen wie Sand. Sie spotten der Könige, und der Fürsten lachen sie. Alle Festungen werden ihnen ein Scherz sein; denn sie schütten Erde auf und erobern sie. Alsdann brausen sie dahin wie ein Sturm und jagen weiter; mit alledem machen sie ihre Kraft zu ihrem Gott.«

Dann stellt der Prophet die naheliegende Frage: Wird Gott den Werkzeugen seines Zorns erlauben, auch die wenigen Gerechten zu vernichten, die in dieser gottlosen Zeit überleben? »Warum siehst du dann aber den Räubern zu und schweigst, wenn der Gottlose den verschlingt, der gerechter ist als er?« Der Prophet stellt sich gleichsam auf einen Wachturm, um die Antwort Gottes »auszuspähen«. Gott erwidert schließlich, daß das Jüngste Gericht kommen werde, auch wenn es jetzt noch hinausgeschoben wird. Der Gottlose werde am Ende für seine Sündhaftigkeit sterben, und der Gerechte werde leben. Und dann, nach dieser göttlichen Ermutigung, überhäuft der Prophet die Chaldäer mit bitterer Verachtung. Er tut dies in Form einer Siegesode, die die Völker singen werden, die von den Chaldäern unterdrückt worden sind. Sie klingt fast wie eine revolutionäre Hymne aus einer Volksrevolution des zwanzigsten Jahrhunderts. Darin verdammt der Prophet die Plünderung der Völker mit einer Reihe prophetischer Drohungen, die den Chaldäern die Vernichtung vorhersagen für ihre Beutezüge, ihre Gier, ihren protzigen Prunk, ihre Grausamkeit gegenüber den Untertanen und ihre Götzenanbetung.

Dieser Allzweck-Orakelspruch läßt den ewigen Zorn der unterdrückten Völker auf den tyrannischen Eroberer spüren, und so ist er auch jahrhundertelang von Kanzeln und Podien herunter verwendet worden. Sein Entstehungsdatum ist unsicher. Obwohl es um die Chaldäer, also die Babylonier, geht, die Jerusalem im Jahre 586 v. u. Z. zerstörten und den größten Teil seiner Bevölkerung vertrieben, hat eine Reihe moderner Kommentatoren die bildliche Ebene der Weissagung betont und die Ansicht vertreten, daß der Begriff »Chaldäer« hier als verdeckter Ausdruck für die hellenistischen Eroberer gebraucht worden und das Werk nach den Eroberungen Alexanders des Großen im vierten Jahrhundert v. u. Z. entstanden sei. Auf jeden Fall maß die Qumran-Sekte dieser Weissagung eine gewaltige Bedeutung für ihre eigene Zeit bei. Im Habakuk-Kommentar – wie auch in einer Reihe anderer, später entdeckter Bibelauslegungen aus Qumran – zitiert der Autor jeweils ein oder zwei Verse aus der Bibel und läßt ihnen eine außergewöhnliche Interpretation folgen. Diese Form wird *Pescher* genannt, ein seltener hebräisch-aramäischer Ausdruck, der im Buch Daniel für die mystische Bedeutung von Träumen gebraucht wird.

In den Schriftrollen steht der Begriff *Pescher* für eine exegetische Technik, die die »verborgene« Bedeutung einer ausgewählten Passage der Heiligen Schrift erklärt und ihre prophetische Erfüllung in zeitgenössischen Personen und Ereignissen erkennt. Dieses Verfahren unterscheidet sich kaum von dem vieler moderner Evangelisten und Fernsehprediger, die in Ereignissen wie der Errichtung des Staates Israel, dem Zerfall der Sowjetunion oder dem Ausbruch der AIDS-Epidemie sichere Anzeichen für das nahe Ende der Welt sehen. Problematisch an den *Pescharim* unter den Qumran-Rollen ist, daß sie äußerst poetisch und metaphernreich und dadurch sehr vieldeutig sind. Offensichtlich war dies die Absicht der Autoren, denn in ihrem Zorn gegen das etablierte Jerusalemer Priestertum und in ihrer Hoffnung auf dessen sofortige Vernichtung waren sie der Gefahr aller Ketzer ausgesetzt, von den bestehenden Mächten revolutionärer Umtriebe bezichtigt zu werden. Mit sehr wenigen Ausnahmen beziehen sich sowohl diese als auch die anderen Qumran-Rollen auf zeitgenössische Personen und Ereignisse, die sie beim zwar poetisch verschleierten, aber oft harten, spöttischen und verächtlichen Namen nennen. Neben dem Lehrer der Gerechtigkeit, den Söhnen des Lichts, den Söhnen des Zadok und der Gemeinde des Neuen Bundes – den offensichtlichen Helden in der Geschichte – gibt es den Frevelpriester, den Lügenmann, den Verächter, die Sucher der glatten Dinge und die Erbauer der Mauer – offensichtlich sind das die Bösen.

In den jüngsten Interpretationen der Texte der Qumran-Sekte werden der Frevelpriester und der Lügenmann mit den Bösen in Judäa gleichgesetzt, die Gott vernichten will. Ein Volk, das Kittim genannt und mit den Chaldäern in Verbindung gebracht wird, kommt »von weit, von den Inseln im Meer, um alle Völker zu verschlingen wie ein Adler, der nicht gesättigt werden kann«. Und in den miteinander verwobenen Zeilen von Bibeltext und Interpretation erkennt man die Hauptereignisse eines langen Kampfes zwischen dem Lehrer der Gerechtigkeit und dem bösen Priester.

Am Anfang war der Frevelpriester anscheinend noch nicht so böse, »aber als er über Israel herrschte, wurde sein Herz hochmütig«. Eine Zeitlang plünderte er das Volk aus, dann starb er eines qualvollen Todes, und sein böse erworbener Reichtum wurde in die Hände der Kittim gegeben. Vor seinem Tod aber gab es eine dramatische Konfrontation zwischen dem Frevelpriester und dem Lehrer der Gerechtigkeit. Der Frevelpriester verfolgte »den Lehrer der Gerechtigkeit bis in das Haus seines Exils, damit er ihn mit seinem giftigen Zorn verwirre«. Der Ausgang der Geschichte ist in diesem Dokument nicht beschrieben, aber aus anderen Hinweisen auf den Tod des Lehrers der Gerechtigkeit kann man erahnen, daß sie schlimm endete. Der Kommentar schließt mit einer optimistischen Wendung, wenn man die Sehnsucht nach dem Jüngsten Gericht als optimistisch bezeichnen kann: »Am Tage des Gerichts wird Gott alle götzendienerischen und frevlerischen Menschen von der Erde vertilgen.«

Fast unmittelbar nach der Veröffentlichung dieses Dokuments machten sich die Wissenschaftler daran, die Hauptdarsteller des Dramas mit bekannten historischen Gestalten in Verbindung zu bringen. Schließlich ergab sich so etwas wie ein Konsens. Obwohl die Niederschrift auf das erste Jahrhundert u. Z. datiert wurde, behauptete eine Mehrheit der Experten, der Text enthalte verschleierte Anspielungen auf Ereignisse aus dem zweiten Jahrhundert v. u. Z. Zwar stimmten die meisten Wissenschaftler aufgrund der Hinweise, daß die »Kittim« wie Adler waren und ihren Standarten opferten, darin überein, daß mit Kittim die Römer gemeint waren, aber die Konfrontation des Frevelpriesters und des Lehrers der Gerechtigkeit wurde in eine Zeit gelegt, in der die Römer nicht in Judäa herrschten. Das Exil der Sekte unter der Leitung des Lehrers der Gerechtigkeit wurde mit der mutmaßlichen Abspaltung der Chassidim in Verbindung gebracht, und die meisten Wissenschaftler sahen in dem Frevelpriester einen der makkabäischen Priesterkönige. So schauten sie ins zweite Jahrhundert v. u. Z. zurück und richteten den anklagenden Zeigefinger wechselweise auf Jonathan, Simon oder Johannes Hyrkanos I.

Das Seltsame an dieser Übereinkunft in der Auslegung der Schriftrollen ist, daß sie die Ereignisse des ersten Jahrhunderts u. Z. mit seinen frevlerischen Priestern, den selbsternannten Messiassen, den in Judäa wütenden römischen Legionen und der Zerstörung Jerusalems völlig außer acht läßt. Fast alle Forscher sind sich einig, daß die Sekte in der Wüste blieb, bis Vespasians zerstörerische Expedition im Frühjahr des Jahres 68 u. Z. in das Jordan-Tal kam. Zu der Zeit wurden nach Ansicht der meisten Gelehrten auch die Schriftrollen in den Höhlen deponiert. Ist es aber vorstellbar, daß eine Sekte, die mit so großem literarischem Aufwand die religiösen Intrigen und Auseinandersetzungen in Jerusalem beschrieb, die stolz für sich in Anspruch nahm, Zugang zur göttlichen Offenbarung und dem Wissen über den baldigen apokalyptischen Kampf zwischen den Söhnen des Lichts und den Söhnen der Finsternis zu besitzen – ist es vorstellbar, daß sich eine solche Sekte auf die Darstellung der Leiden aus der Zeit ihrer Ur-Ur-Ur-Großeltern beschränkte? Würde sie sich völlig ausschweigen über die apokalyptische Bedeutung der Ankunft einer schrecklichen neuen Chaldäer-Armee, die in Komplizenschaft mit einer korrupten, kriecherischen Priesterschaft die Menschen des Landes überfiel, ausplünderte und schließlich abschlachtete?

Aber dies wird den Hunderttausenden von Touristen und Pilgern erzählt, die jedes Jahr zum Shrine of the Book kommen. Ihnen wird die harmlose Geschichte einer alten jüdischen Sekte erzählt, die in mönchischer Isolation in der Wüste lebte und sich so weit wie möglich von den Kämpfen fernhielt, die schließlich in den Aufstand gegen Rom mündeten. Sie lebten still vor sich hin, bis die Römer zum Toten Meer kamen und sie kurzerhand auslöschten. Das Wichtigste für die meisten jüdischen Besucher ist dabei die Tatsache, daß die heiligen Texte dieser unschuldigen Gruppe, die von den Römern vernichtet wurde, von ihren zurückgekehrten Nachkommen, den Gründern des Staates Israel, eingefordert und stolz ausgestellt wurden. Für die Christen sind diese Dokumente Zeugen der Umgebung, in der das Christentum entstand. Sie wurden zu einer Zeit geschrieben, in der auch Jesus auf der Erde wirkte, und sie spiegeln bekannte Motive wider: das Jüngste Gericht, die Bedeutsamkeit des Glaubens und die Notwendigkeit der Taufe als Reinigung von den Sünden. Leider sind die kraftvollen religiösen Texte nunmehr nur noch Reliquien: greifbare Zeichen, die verehrt, nicht gelesen werden sollen. Kleine Kopien der Tonkrüge werden den Gläubigen zum Kauf angeboten, damit sie sich an die Heiligkeit der Rollen vom Toten Meer erinnern.

Die Architektur des Shrine of the Book trägt zu dieser geistlosen Verehrung bei. Die Kuppelform des zentralen Ausstellungsraums ähnelt einem klassischen byzantinischen *Martyrium*, in dem Heiligenreliquien in einem runden Raum am Ende eines langen Weges aufbewahrt wurden. Besucher, die heute erwartungsvoll den dunklen Tunnel zum Shrine of the Book betreten, gehen zuerst an einer Reihe von Dokumenten aus den Höhlen von Bar Kochba vorbei, die kaum erklärt werden, und treten dann durch ein Portal, das von den beiden hohen Tonkrügen flankiert wird, die die Beduinen aus der Höhle geborgen haben. Von dort aus kommen die Besucher in den höhlenartigen Kuppelbau, in dem die verschiedenen Dokumente entlang des äußeren Randes angeordnet sind. In der Mitte des Raumes erhebt sich ein lächerlich hoher Thoragriff, an dem die große Jesajarolle hängen und den Mittelteil bilden sollte. Und dies ist die schlimmste Verdrehung der Tatsachen in dieser vorgeblich heiligen Halle. Denn bei der Gestaltung des Ausstellungsraumes und seines Mittelpunkts zeigte sich, daß die Architekten keine Ahnung von alten Handschriften hatten. Die Jesajarolle sollte mit der Schrift nach außen auf dem Mittelstück der Thora entrollt werden. Aber das brüchige, auf der Innenseite beschriftete Dokument hätte sich sofort in die ursprüngliche Form zurückgebogen und wieder nach innen eingerollt. Also ist das Herzstück im Shrine of the Book weiterhin eine Täuschung: Eine verblichene Fotokopie nimmt nun jenen Platz ein, an dem sich das heiligste Dokument des Staates Israel befinden sollte.

Die religiöse Botschaft der Schriftrollen ist unklar und beruht in ihrer heutigen Fassung auf vereinfachenden Lesarten und gutgläubigen Annahmen. Dennoch werden die Schriften und der Shrine of the Book als höchstes nationales Gut in Ehren gehalten. Die ersten Funde der sogenannten Qumran-Rollen waren jedoch nur ein kleiner Teil des Ganzen. Die Aufmerksamkeit der Öffentlichkeit und das Geld, das für die ersten sieben Rollen bezahlt worden war, brachten die Taamireh dazu, ihre Suche in den Höhlen am Toten Meer wiederaufzunehmen. Ihre Bemühungen führten zu weiteren Funden. Aber inzwischen wurde der Krieg um die Schriftrollen von veränderten politischen Verhältnissen überschattet: Das Gebiet um die Höhlen und Ruinen am Toten Meer war von Israel abgeschnitten und wurde vom haschemitischen Königreich Jordanien kontrolliert, das sich im Kriegszustand mit Israel befand.

Im Januar 1949 begannen das Jordanische Amt für Altertümer und die französische École Biblique et Archéologique der Dominikaner ihre Zusammenarbeit in der Erforschung und Auswertung einer wachsenden Menge von Manuskriptfragmenten und archäologischen Funden aus jenem Gebiet, das nun unter jordanischer Kontrolle stand. Dabei handelte es sich um eine weitaus größere Anzahl von Texten, die von einer min-

destens ebenso großen historischen Bedeutung waren wie die ursprünglichen sieben Schriftrollen. Wäre das politische Klima zwischen Israel
und Jordanien besser gewesen, hätten die Untersuchungen der beiden
Gruppen von Schriftrollen vom Toten Meer möglicherweise gemeinsam
durchgeführt werden können. Vielleicht hätte man dann auch begonnen,
differenziertere historische Überlegungen anzustellen. Aber darüber läßt
sich nur spekulieren. Aus Motiven, die in der modernen Nahostpolitik,
der internationalen Finanzpolitik und dem persönlichen Ehrgeiz einzelner lagen, hielten die Wissenschaftler in Jordanien Details ihrer neuen
Entdeckungen streng unter Verschluß. Nun kontrollierten auf *beiden* Seiten der Stacheldrahtgrenze durch Jerusalem Eingeweihte, Mitglieder des
Establishments und Regierungsbeauftragte die Studien der Schriftrollen.
Und obwohl bald noch sehr viel mehr Material in anderen Höhlen in der
Gegend um Qumran entdeckt wurde, verhinderten der natürliche Kon-
servatismus der Qumran-Forscher und die zähe Langlebigkeit der herr-
schenden Essener-Hypothese noch viele Jahre lang, daß die revolutionäre
Botschaft der Schriftrollen zum Vorschein kam.

DER INNERE KREIS

Professor John Strugnell lebt heute zurückgezogen und gedemütigt in den Vereinigten Staaten. Seine Position als leitender Herausgeber des Qumran-Projekts hat er vor allem wegen seiner Naivität, seiner immer wieder auftretenden manischen Depressionen und seiner Unfähigkeit verloren, sich die gefühllose Grausamkeit der Mächtigen vorzustellen. Er ist jetzt Mitte Sechzig, geht am Stock und bewältigt nur langsam und unter Schmerzen die drei Treppen zu seiner kleinen Wohnung in Cambridge. Sein einsames Exil liegt der Harvard Divinity School genau gegenüber. Er hält zwar nicht mehr seine berühmten Seminare über die Qumran-Rollen und lebt jetzt mit dem peinlichen Status, den er selbst als »unbefristet beurlaubt« bezeichnet, aber er gehört immer noch zu den erfahrensten Qumran-Wissenschaftlern der Welt. Strugnells Lebensgeschichte mit ihren Höhen und Tiefen, mit ihrer Überheblichkeit und ihrem letztendlichen Scheitern ist ein Teil der Qumran-Saga. Sie reicht von seiner Ankunft als junger Wissenschaftler im jordanischen Teil Jerusalems im Sommer 1954 bis zu seiner schmachvollen Entlassung als leitender Herausgeber des Qumran-Projekts im Dezember 1990. Seine Persönlichkeit ist immer noch von seiner Mitgliedschaft in der auserwählten Vereinigung von Wissenschaftlern geprägt, die fast vierzig Jahre lang eifersüchtig über ihren ausschließlichen Zugang zu dem Großteil der Schriftrollen wachten. Es waren nie mehr als ein Dutzend Männer aus Europa und Nordamerika. Kritiker nannten sie den »inneren Kreis« oder die »geschlossene Gesellschaft«; sie selbst nannten sich, vielleicht ein bißchen zu großartig, aber sicher voller Stolz, das internationale Team.

Seit im Herbst 1991 die Aufnahmen von den Qumran-Rollen allen Wissenschaftlern zugänglich gemacht wurden, haben die ursprünglichen Mitglieder des Teams kein Monopol mehr auf die Untersuchung

zahlreicher unveröffentlichter Schriftfragmente. Sie genießen nicht
mehr das Privileg, exklusive Veröffentlichungsrechte für wichtige Dokumente an ihre Lieblingsstudenten zu verteilen. Und sie haben nicht mehr
das Recht, aus persönlichen oder wissenschaftlichen Gründen ungelieb-
ten Kollegen den Zugang zu unveröffentlichten Dokumenten zu verwei-
gern. Fast vierzig Jahre lang haben verbitterte Außenstehende und Kritiker den Grund für das arrogante Verhalten der Eingeweihten entweder
in verborgenen theologischen Motiven, also in der Zensur von potentiell
explosiven »religiösen Geheimnissen«, oder in einer reinen Selbstsucht
gesucht. Aber die Geschichte des internationalen Teams muß auch im
politischen Kontext gesehen werden; die kolonialistische Einstellung,
mit der hier zu Werke gegangen wurde, war vielleicht verständlich, solange Großbritannien und Frankreich noch realistische Ansprüche auf
Gebiete in Übersee hatten, aber sie wirkt überheblich und kleinlich,
seit diese Reiche zu zerfallen begannen.

Die Tage des Ruhms waren für das Team im haschemitischen Königreich Jordanien die fünfziger und frühen sechziger Jahre. Damals ging
der kleine Kreis von Wissenschaftlern, die man als Experten aus Europa
und Amerika geholt hatte, ganz selbstverständlich davon aus, daß er
ein exklusives Privileg besaß und seine Überlegenheit und Kompetenz
von allen akzeptiert wurden. Aber die politische Lage im Nahen Osten
wandelte sich, und das internationale Team wollte dies nicht wahrhaben.
Noch heute blickt John Strugnell sehnsüchtig auf die Zeit zurück, als
die Jordanier in Jerusalem herrschten. »Damals«, meint Strugnell, »war
alles ruhig, und wir dachten, Gott sei im Himmel und der König auf
seinem Thron.« Damals bestimmten Höflichkeit, Ansehen, Ehre und sogar Eleganz das Leben eines fern der Heimat lebenden Qumran-For-
schers.

Dieses Gelehrtenreich zerfiel schließlich ebenso wie die europäischen Reiche. Und die kolonialen Freuden, die Strugnell einst im jordanischen Jerusalem genoß, sind 1990 für ihn in der schäbigen Umgebung
von Cambridge in Massachusetts unerreichbar, wo Obdachlosigkeit und
Kriminalität das Bild der heruntergekommenen Stadt beherrschen. Jetzt
bleibt Strugnell zur Rechtfertigung seiner selbst nur der einsame Blick
zurück auf bessere Zeiten. Während er, ohne zu zögern, den Egoismus
anderer Wissenschaftler und die politischen Hintergedanken israelischer
Beamter verurteilt, geht er mit einem Achselzucken über all die sicher

ebenso ausgeprägten Laster in der Umgebung des haschemitischen Hofes hinweg. Bevor ich Strugnell kennenlernte, glaubte ich wie viele andere, daß diese Einstellung einer Feindseligkeit gegenüber Israel entspringe. Das wäre vielleicht auch verständlich gewesen, nachdem er so lange in Jordanien gelebt hatte. Aber schließlich empfand ich die Gründe seiner Einstellung als aufrichtig und unverkrampft. Als er durch einen Nebel von Zigarettenrauch mit einer Mischung aus historischer Gelehrsamkeit und geistreicher Selbstironie über sein Leben in Jordanien sprach, klang es vernünftig, natürlich und arglos.

Schon Monate vor unserem ersten Kontakt hatte ich die Begegnung mit Strugnell gefürchtet. Seit seinem inzwischen berüchtigten Interview in der israelischen Tageszeitung *Haaretz* vom November 1990 war Strugnell von der Presse als monumentale Horrorfigur für alle dargestellt worden, die sich auch nur am Rande mit den Qumran-Rollen beschäftigen wollten. In seinem Interview hatte er sich stolz als Antijudaisten bezeichnet und theologisch zu begründen versucht, warum alle Juden zum Christentum überwechseln sollten. Und er hatte den Zionismus heftig kritisiert, weil er »auf einer Lüge« aufbaue. Auch die Geschichten über seinen Alkoholismus und die manischen Depressionen, die ihn in den chaotischen letzten Tagen des Jahres 1990 zu einem Klinikaufenthalt zwangen, verunsicherten mich. Aus der Ferne wirkte Strugnell sehr gefährlich mit seiner Oxford-Überheblichkeit und seiner öffentlich verkündeten Meinung, alle seine Gegner und Rivalen seien Idioten oder zumindest inkompetent und besäßen einfach nicht den Anstand, den wahren Qumran-Wissenschaftlern die äußerst wichtige und mühevolle Aufgabe des Entzifferns der Rollen vom Toten Meer zu überlassen.

Wie würde er auf mich reagieren, einen Juden, der aufdringliche Fragen stellt und selbst keine richtige wissenschaftliche Ausbildung vorweisen kann? Monatelang trug ich seine Telefonnummer mit mir herum, bis ich endlich seine Nummer wählte und den schleppenden, schnarrenden Oxford-Akzent hörte. Strugnell zeigte sich überaus freundlich und hilfsbereit. Er sagte, er wolle sich gern mit mir treffen und über die Geschichte des Qumran-Projekts sprechen, denn er beschäftige sich gerade selbst mit dem Thema. Er sei dabei, seine Memoiren zu schreiben. Also fuhr ich 1992 an einem brütend heißen Julitag nach Cambridge. Strugnells Haar war etwas grauer und etwas zerzauster als auf den Pressefotos.

Offensichtlich ging es ihm in seiner Wohnung im dritten Stock, die keinen Aufzug hatte, nicht sonderlich gut. Die Klimaanlage lief auf Hochtouren. Die Jalousien am Fenster hielten die Hitze ab, die von der Straße und den Autos auf dem Parkplatz der Harvard Divinity School aufstieg. Es war nicht die Hitze des Sommers am Toten Meer, sondern die stickige, dumpfe Welt eines Mannes, dem die meisten Kollegen den Rücken gekehrt hatten. Selbst diejenigen, die fast vierzig Jahre mit ihm zusammengearbeitet hatten, hatten Angst davor, daß in diesem Zeitalter politischen Wohlverhaltens Strugnells unglückliche Äußerungen über die Juden und Israel ihre eigene Position gefährdeten.

An einer Wand in Strugnells Wohnzimmer bogen sich hohe Bücherregale unter der Last einer weitläufigen Bibliothek mit biblischen Texten, wissenschaftlichen Zeitschriften, literarischen und historischen Werken. Auf einem Tisch am Fenster standen ein kleiner tragbarer Fernseher, ein Aschenbecher randvoll mit Zigarettenkippen, eine halbvolle Flasche Mineralwasser und ein riesiges quadratisches Mikrofiche-Lesegerät, mit dem er sich die Mikrofilme mit den Texten der Schriftrollen ansehen konnte. Neben dem Fenster hing ein Zeitungsbild von Menachem Begin und Anwar el-Sadat an der Wand, die sich die Hände schütteln. Strugnell winkte mich zu dem mit Papierstößen beladenen Sofa, das genau unter der ins Fenster eingebauten, dröhnenden Klimaanlage stand, setzte sich steif und mit schmerzverzerrtem Gesicht an den Tisch und zündete sich die nächste Zigarette an. Wir sprachen über die Politik im Nahen Osten, die Geschichte der Archäologie in Palästina und Israel, die viktorianische Reiseliteratur und natürlich über seinen Part bei der Veröffentlichung der Qumran-Rollen. Ich war angenehm überrascht von der Offenheit, mit der Strugnell über sich selbst und die nie öffentlich diskutierte Politik der Qumran-Forschung sprach. Zuerst aber unterhielten wir uns über zwei andere Hauptakteure und deren Anteil an der Geschichte der Qumran-Rollen: über den in England geborenen Direktor des Jordanischen Amtes für Altertümer, Gerald Lankester Harding, und über den Direktor der École Biblique et Archéologique in Jerusalem, den Dominikanerpater Roland de Vaux.

Sie waren ein höchst ungleiches Paar, der hagere, verschlossene Kolonialbeamte Harding mit seiner romantischen Vorliebe für das Leben der Beduinen und der charismatische, lebhafte Priester Roland de Vaux, der aus einer führenden konservativen Pariser Familie stammte. Aber in den frühen Tagen der Entdeckung und Erforschung der Qumran-Rollen traten sie als leistungsfähiges Team in Erscheinung, das durch besondere historische Umstände zusammengebracht worden war, um die Altertümer in dem seit kurzem annektierten Gebiet des haschemitischen Königreichs zu verwalten, Plünderungen durch Beduinen zu verhindern sowie die Konservierung und schließlich die Veröffentlichung der Qumran-Manuskripte zu überwachen. Während in den fünfziger Jahren Wissenschaftler auf der ganzen Welt mit ihrem Studium der ersten sieben Schriftrollen begannen (bis 1955 waren sie alle in Form von Fotografien oder Abschriften veröffentlicht worden), erwarben Harding und de Vaux weitere Fragmente vieler anderer Schriftrollen für das Archäologische Museum von Palästina. Sie kauften sie auf Antiquitätenmärkten, und sie fanden sie bei Ausgrabungen und bei systematischen Streifzügen durch die Gegend um Qumran. Anfang 1949, kurz nach dem Ende des ersten arabisch-israelischen Krieges, hatten sie die erste Höhle wieder ausfindig gemacht und gemeinsam eine Ausgrabung durchgeführt, bei der sie eine Menge zerbrochener Tongefäße, andere Artefakte sowie Hunderte von Schriftfragmenten zutage förderten, von denen einige sogar zu den sieben ursprünglichen Rollen gehörten. Ende 1951 begannen sie mit Ausgrabungen in Khirbet Qumran, und im Frühling des folgenden Jahres leiteten sie die Durchsuchung der zahlreichen Höhlen und Felsspalten in der näheren Umgebung.

Der größte Manuskriptfund am Toten Meer wurde jedoch erst im September 1952 gemacht, und auch er war wieder vor allem dem Unternehmungsgeist der Taamireh-Beduinen und weniger den gut geplanten Aktionen der Archäologen zu verdanken. Die Entdeckungsgeschichte von Höhle 4 (inzwischen waren nach der ersten Höhle 1 die Höhlen 2 und 3 gefunden und ihre Schichten ausgegraben worden) ist kaum weniger sagenumwoben als die Geschichte des ersten Fundes. Aber hier wird den Taamireh wenigstens etwas Sachkenntnis und Findigkeit zuerkannt. Die gängigste Version berichtet, daß einige Stammesmitglieder um ein Lagerfeuer saßen, während einer der älteren von ihnen erzählte, wie er viele Jahre zuvor in der Steilwand des Kalkplateaus von Khirbet Qumran eine versteckte Höhle mit Altertümern entdeckt hatte. Dieses Gebiet war von den Archäologen bisher noch nicht untersucht worden. Also machten die Taamireh die Höhle ausfindig, ließen sich hineinleiten

und begannen zu graben. Sie mögen erfahrene Antiquitätensucher gewesen sein, aber dieser Fund überstieg alles, was sie bisher gesehen
hatten. Sie entfernten eine staubige, ätzende Schicht aus Lehm und
Fledermausexkrementen, die mit einigen Scherben vermischt war, und
stießen auf eine harte Schicht, in der sie Tausende von Manuskriptfragmenten fanden.

Einige Taamireh machten sich sogleich daran, die fest miteinander
verklebten Pergamentfetzen am Boden der glockenförmigen Höhle aus-
zugraben, während andere draußen Wache standen. Ihr Fund übertraf
alle Erwartungen. Und als sie diesmal die ersten Schachteln mit beschrifteten Fragmenten nach Jerusalem brachten, trafen sie nicht auf
die Skepsis und Geringschätzung, die Muhammed Ahmed und Khalil
Musa begegnete, als sie Käufer für die erste Gruppe von Schriftrollen
suchten. Anfang September kamen sie zur École Biblique und boten
de Vaux eine große Sammlung von Fragmenten an. Er zahlte dafür
sofort sechshundert Dinar, die er anscheinend den Betriebsmitteln der
École entnommen hatte. Ihm war klar, daß eine weitere große Entdek-
kung im Qumran-Gebiet gemacht worden war, und er verständigte Harding, der sofort eine berittene Polizeipatrouille zur Ausgrabungsstätte
sandte, woraufhin die Taamireh flohen, ohne ihre Ausgrabungen zu
Ende geführt zu haben. Ende September ging de Vaux mit einem jungen Wissenschaftler der École, Abbé Josef Milik, nach Qumran und
sammelte die letzten über hundert Fragmente vom ausgeräumten Boden der Höhle ein. In der Nähe fanden sie zwei kleinere Höhlen mit
einigem beschrifteten Material, die heute als Höhle 5 und 6 bezeichnet
werden.

Da die meisten Fragmente aus Höhle 4 in den Händen der Taamireh
waren, beschloß Lankester Harding, seine Politik offizieller Käufe fort-
zusetzen. Aber angesichts des Umfangs der Funde in Höhle 4 war klar,
daß der damals übliche Preis von einem Dinar pro Quadratzentimeter
(was einem Pfund Sterling entsprach) das Museum bald bankrott machen
würde. Allein im September und Oktober des Jahres 1952 erwarben er
und de Vaux über elftausend Quadratzentimeter Fragmente direkt von
den Beduinen und später auch von Kando, dem Kaufmann aus Bethlehem, der wieder als Vermittler tätig wurde. Harding schrieb eindring-
liche Briefe an jede ihm bekannte archäologische und wohltätige Einrichtung. Er hoffte, »Menschen mit Interesse an der Bibel zu einer

Spende zu bewegen, damit das restliche Material davor bewahrt werden kann, auseinandergerissen und zerstreut zu werden oder gar gänzlich aus dem Blick zu geraten«. Zwar trafen einige Spenden ein, doch vor allem stellte die Regierung von Jordanien ein Notbudget von fünfzehntausend Dinar zur Verfügung, so daß der neue Fund vom Amt für Altertümer gekauft werden konnte.

Die verworrenen Vereinbarungen über den Erwerb der Schriftrollen sollten in den kommenden Jahren noch komplizierter werden, weil sich ausländische Institutionen verstärkt daran beteiligten und sich der rechtliche Status der Fragmente aus Höhle 4 änderte. Außerdem sollte es fast vierzig Jahre dauern, bis die unglaubliche Vielfalt und die Bedeutung der Schriften aus Höhle 4 der Allgemeinheit bekannt wurden. Die in den Jahren 1946 und 1947 entdeckten ersten sieben Schriftrollen lieferten nur eine kleine Kostprobe der am Toten Meer verborgenen Literatur. Wurde schon die Entdeckung der Jesajarolle aus Höhle 1 auf der ganzen Welt als Fund der ältesten biblischen Handschrift überhaupt gewertet, so enthielt Höhle 4 zumindest Fragmente von jedem Buch des Alten Testaments – vielleicht mit Ausnahme des Buchs Nehemia und des Buches Esther, und selbst diese Ausnahmen sind wissenschaftlich umstritten.

Nicht weniger bedeutend sind die hebräischen Originaltexte apokrypher Bücher, die den Wissenschaftlern vorher nur in griechischen, lateinischen, slawischen oder äthiopischen Übersetzungen zugänglich waren. Hinzu kamen Dutzende vorher völlig unbekannter poetischer und liturgischer Texte. In den Schachteln mit Fragmenten, die die Archäologen den Taamireh abgekauft oder selbst ausgegraben hatten, waren schließlich insgesamt schätzungsweise achthundert Handschriften versammelt. Während schon der Habakuk-Kommentar aus Höhle 1 als faszinierendes und wichtiges historisches Zeugnis eingestuft wurde, enthielt Höhle 4 Kommentare zu Jesaja, Micha, Zephania, Hosea, Nahum, der Genesis und den Psalmen. Es fanden sich auch zahlreiche erweiterte Fassungen biblischer Geschichten in aramäischer Sprache, ähnlich dem Genesis-Apokryph, sowie Gebete, Hymnen und Visionen, Kalendarien, Gesetzestexte, Gerichts- und Rechtsgutachten, Abrechnungen und sogar Horoskope. Man entdeckte außerdem weitere Kopien der »Gemeinderegel« und des »Damaskus-Dokuments«, die vorher nur durch die Funde bekannt waren, die in der Kairoer *Geniza* gemacht worden waren. Kurz, die Fülle der Manuskriptfragmente aus Höhle 4 stellte einen Schatz von unvorstellbarer historischer Bedeutung dar, sobald die Schnipsel zusammengesetzt, entziffert und abgeschrieben worden waren. Höhle 4 war ein einzigartiger, mit Quellen aus erster Hand für das Verständnis einer der wichtigsten Perioden in der religiösen Entwicklung der westlichen Welt vollgestopfter Zaubertopf.

Aber wie sollte man mit diesem Schatz umgehen? Konnte man ihn als wertvolles, unberührtes Zeugnis einer bestimmten Zeit, eines Ortes und einer Vorstellungswelt ansehen und so zum Ausgangspunkt für eine unabhängige historische Untersuchung der Epoche machen? Oder konnte es eigentlich gar keine unabhängige Untersuchung geben, weil wir aus religiösen Gründen immer geneigt sind, die traditionell überlieferten Geschichten als unverrückbare Glaubenswahrheit zu begreifen? Es ist eine unleugbare Tatsache, daß buchstäblich jede andere schriftliche Information, die wir über die Entstehungszeit des rabbinischen Judaismus, das Leben Jesu und die Anfänge des Christentums haben, aus literarischen Werken wie der Mischna, dem Talmud, dem Neuen Testament, den Werken des Flavius Josephus und apokryphen Werken wie dem Buch der Jubiläen und dem Buch Henoch stammt, die bei ihrer Weitergabe von Generation zu Generation über all die Jahrhunderte hinweg korrigiert, gekürzt und zensiert wurden. Solange die religiösen Schriften noch mühsam Wort für Wort und Vers für Vers von jüdischen und christlichen Schreibern von Hand kopiert werden mußten, gab es reichlich Gelegenheit, den historischen Text zu ändern, wenn er nicht den Bedürfnissen der Zeit entsprach oder häretisch erschien. Und in Zeiten religiöser Verfolgungen oder Erneuerungsbewegungen wurden einige alte Werke gänzlich verboten und verbrannt; andere wurden umgeschrieben, bis sie der herrschenden Lehre entsprachen. Vor der Entdeckung der Qumran-Rollen besaßen wir daher nur Texte, die aus ideologischen und religiösen Gründen so tiefgreifend verändert worden waren, daß sie eigentlich eher Belege ständiger kirchlicher Zensur waren als unverfälschte Zeugnisse der judäischen Gesellschaft im ersten Jahrhundert.

Das soll nicht heißen, daß nichts Wahres ist an den Geschichten des Neuen Testaments, der rabbinischen Literatur mit ihren Verweisen auf Persönlichkeiten, Sitten und Ereignisse in Judäa vor der Zerstörung des

Tempels oder an den ausführlichen Berichten des Flavius Josephus, dessen Ortsbeschreibungen von Jerusalem, Masada und anderen judäischen und galiläischen Wahrzeichen durch die jüngste Archäologie eine erstaunliche Exaktheit bescheinigt wurde. Das Problem liegt eher darin, daß in all diesen Quellen der größere historische Kontext fehlt. Die Evangelienschreiber waren eindeutig keine Journalisten, keine unbeteiligten Beobachter, sondern engagierte Anhänger des Glaubens an die Erlösung durch Jesus Christus, den Sohn Gottes und auferstandenen Messias. Sie und die Generation der christlichen Schreiber und Kommentatoren nach ihnen hatten keinerlei Interesse daran, die bekehrende Macht der Evangelien durch die Aufführung zahlreicher erregender politischer Details abzuschwächen. Ebenso versuchten die Rabbiner, den Triumph des pharisäischen Judaismus als natürlichen und unvermeidlichen Höhepunkt eines Judaismus darzustellen, der bereits vor der Zerstörung des Tempels bestanden hatte. Andere Glaubensrichtungen, Sekten und Rechtsauffassungen wurden kaum einmal in einem günstigen Licht dargestellt. Und ähnlich war es auch bei Flavius Josephus, dessen ursprüngliches Ziel es war, mit seinen Schriften die Taten seiner römischen Gönner zu verherrlichen und zu rechtfertigen, eine Haltung, die er im Verlauf der jüdischen Revolte gegen Rom änderte.

Konnten die zahllosen Dokumente aus Höhle 4 in Qumran ein völlig anderes Bild der bekannten Ereignisse ergeben, wenn man sie mit den anderen Funden aus der Gegend am Toten Meer in Verbindung brachte? Konnten sie die Glaubensgrundsätze, Hoffnungen und Erwartungen judäischer Gruppen offenbaren, die die brutale römische Unterdrückung nicht überlebt hatten? Würden sie das Christentum und den pharisäischen Judaismus in einem völlig anderen Licht darstellen? Es sollten Jahre der Auswertung und der wissenschaftlichen Diskussion vergehen, ehe auch nur einige dieser Fragen einigermaßen umfassend beantwortet werden konnten. Die Herausforderung sollte sich nicht nur als ein rein technisches Problem erweisen. Die wachsende Textmenge von wiederentdeckten Qumran-Handschriften erlaubte einen Blick auf vergessene, unterdrückte und bisher unbekannte Glaubensinhalte von enteigneten, radikalisierten, zornerfüllten Juden, die davon überzeugt waren, daß das Ende aller Zeiten bereits begonnen hatte. Die Schriftrollen vermitteln ein neues Verständnis der alten judäischen Vorstellung vom Messias und von der Beziehung zwischen dem Reich Gottes und dem Römischen

Reich. Im Jahre 1952 stand eine Reihe von Interpretationsmöglichkeiten noch offen, um die Tradition in Frage zu stellen und die Qumran-Rollen als beredtes Zeugnis einer ganz anderen religiösen Wirklichkeit zu werten. Zweifellos führte das ursprüngliche Team von Wissenschaftlern die Textrekonstruktion, die Abschrift und die grammatikalische Analyse der Qumran-Rollen mit höchstem Geschick aus. Aber es fehlte immer etwas. Die weiterreichende historische Bedeutung und die kraftvolle Botschaft der Handschriften wurde unglücklicherweise, ja tragischerweise jahrzehntelang unterdrückt. Das ist nicht unbedingt das Ergebnis einer bewußten Verschwörung, sondern eher einer Mischung aus wissenschaftlicher Kurzsichtigkeit, persönlichem Besitzstreben und intellektuellem Dünkel.

Wenn man heute die vergilbten Seiten der zahlreichen frühen Arbeitsberichte von Père de Vaux in den Bänden der *Revue Biblique* vom Beginn der fünfziger Jahre überfliegt oder in den großen, schweren Bänden der *Discoveries in the Judaean Desert of Jordan* blättert, muß man die Menge und den Umfang der Arbeit bewundern, die Harding und de Vaux mit zugegebenermaßen spärlichen Mitteln bewältigt haben. Als Folge des Krieges von 1948 erlebte Jordanien einen schweren Konjunkturrückgang und eine dauerhafte politische Instabilität. Die antiken Funde gehörten daher nicht gerade zu den nationalen Prioritäten Jordaniens. 1952 bestand das ständige Personal des Archäologischen Museums von Palästina aus einem Verwalter, einigen Wächtern, einem Restaurator und einem Fotografen. Außerdem hatte Père de Vaux als Präsident des Museumskuratoriums zwei junge wissenschaftlich ausgebildete Geistliche, Pater Josef Milik aus Polen und Pater Dominique Barthélemy aus der Schweiz, zur Hilfe herangezogen, die eigentlich zum Personal der École Biblique gehörten.

Als die Funde von Höhle 4 im Museum einzutreffen begannen, waren Milik und Barthélemy bereits vollauf damit beschäftigt, die Fragmente aus den Höhlen 1, 2 und 3 zu reinigen, zu sortieren, zusammenzustellen, abzuschreiben und zu übersetzen. Bisher waren es nur einige hundert Fragmente gewesen. Jetzt kam täglich Schriftmaterial in größeren Mengen an: eine Handvoll, eine Schachtel voll, große Stücke, kleine Stücke, Stücke eingerissener und gefalteter Schriftrollen. Harding wußte, daß die Funde gewaltig waren und er allein nicht alles kaufen und bearbeiten

konnte. Deshalb schrieb er sofort an alle Archäologen in Europa und
Amerika, die ihm einfielen. Er erhoffte sich Gelder, um den Beduinen
alle Fragmente abkaufen und die alten Dokumente sachkundig untersuchen und veröffentlichen zu können. Und in Rücksprache mit de Vaux
suchte er nach qualifizierten Wissenschaftlern, die bereit waren, für
einen längeren Zeitraum nach Jordanien zu kommen und dem Archäologischen Museum von Palästina zu helfen, die Tausende Fragmente
alter hebräischer und aramäischer Schriftrollen zu säubern, zusammenzusetzen und zu publizieren. Durch die persönliche Vermittlung von
Professor Carl Kraeling, dem Direktor des Instituts für Orientalistik an
der University of Chicago und – noch weitaus wichtiger – einem Vertrauten von John D. Rockefeller junior, bekam Harding fast dreißigtau-
send Dollar von Rockefeller, um damit die Arbeit von sechs Wissenschaftlern (zwei kamen aus Amerika, vier aus Europa) zu finanzieren,
die die Fragmente aus Höhle 4 entziffern sollten. Im Herbst 1953 war
die Arbeit bereits in vollem Gange.

Und hier, an diesem Punkt des Berichts, beginnt John Strugnells
eigene Geschichte. Bei unserem Gespräch in seiner Wohnung in Cambridge erinnerte er sich jetzt als älterer Mann daran, wie er zufällig und
wie aus heiterem Himmel im Frühjahr 1954 zu dem Projekt stieß. Damals
war er ein vierundzwanzigjähriger Magisterstudent in Oxford und gehörte zu dem kleinen Kreis von Protegés des weltbekannten Alttesta-
mentlers Godfrey R. Driver. Schon im vorangegangenen Sommer hatte
Harding von Jerusalem aus Empfehlungen bei Driver eingeholt, und dieser hatte ihm damals einen anderen seiner Studenten genannt, John
Marco Allegro, einen etwas großspurigen jungen Bibelwissenschaftler.
Aber jetzt, ein Jahr später, brauchte Harding weitere Unterstützung.
Strugnell rief sich in Erinnerung, wann Driver ihm gegenüber das Qumran-Projekt das erste Mal erwähnte: »Er bat mich am Ende eines Semi-
nars, noch einen Augenblick zu bleiben. Er erkundigte sich nach meinen
Plänen, weil ich sehr daran interessiert war, weiter Theologie zu stu-
dieren, und er fragte mich, ob ich bereit sei, ein oder zwei Jahre in
Palästina einzuschieben.«

Obwohl später immer wieder die einzigartige Qualifikation der Mitglieder im internationalen Team hervorgehoben wurde, gab Strugnell
doch bereitwillig zu, daß die Realität ganz anders aussah. »Wenn Sie
mich fragen, was ich vorher über die Qumran-Rollen gehört hatte, dann

war das sehr wenig. Sie gehörten nämlich nicht zum Prüfungsstoff in Oxford, und ich war auf diesen Kanon beschränkt. Natürlich hatte ich während meines Studiums ab und zu etwas über die Rollen gehört. Einer meiner Lehrer, Chaim Rabin, war damals sogar gerade dabei, das Damaskus-Dokument herauszugeben, das in engem Zusammenhang mit den Qumran-Rollen stand. Aber das gehörte nicht zu den wesentlichen Studieninhalten.«

Nachdem Strugnell seine letzten Prüfungen für das Studienjahr abgelegt und die Einzelheiten seiner Arbeit in Jerusalem geregelt hatte (er sollte siebzig Dinar im Monat vom Archäologischen Museum von Palästina erhalten), fragte er Driver, was er als Vorbereitung auf die vor ihm liegende Aufgabe lesen solle. »Ich erfuhr, daß erst vier oder fünf Dokumente veröffentlicht worden waren«, erzählte Strugnell, »also kaufte ich die Bücher und las sie während des Fluges nach Israel. Ich glaubte, daß das Problem allein darin bestand, das Hebräisch der Texte zu entziffern. Theologisch hatte ich zwar eine bestimmte Fragestellung, aber damals dachte ich, man könne mit den Rollen umgehen wie mit allen anderen antiken Schriften auch.«

So begann das Abenteuer für den jungen Mann, dessen Verbindung zum Nahen Osten, wie er selbst ironisch bemerkte, bisher darauf beschränkt war, daß er im Speisesaal des Jesus College jeden Abend beim Abendessen das Portrait von T. E. Lawrence sah, der auch als Lawrence von Arabien bekannt ist. Nach einem Zwischenstopp in Italien und Beirut landete Strugnell auf einem kleinen Flughafen in der Nähe des Dorfes Kalandia. An den ersten Eindruck von Jordanien erinnert sich Strugnell immer noch, und vielleicht wurde die Lebendigkeit dieser Erinnerung über die Jahre noch verstärkt: »Am Flughafen wartete ein wunderschönes Mädchen. Sie gehörte zum Touristenbüro, und ihre Aufgabe war es, alle Leute am Flughafen zu begrüßen«, berichtete er. Aber auch Hardings Assistent vom Archäologischen Museum von Palästina, Yusuf Saad, war gekommen, um ihn willkommen zu heißen. Er begleitete den jungen Engländer durch den Zoll und fuhr ihn zu den American Schools of Oriental Research in Jerusalem, wo er die ersten Monate verbringen sollte. Hier lernte Strugnell auch das erste Mitglied seines künftigen Teams kennen: Pater Patrick W. Skehan von der Catholic University in Washington, der ein Jahr vor Strugnell aufgenommen worden war.

In seiner Erinnerung verliefen die ersten Unterhaltungen mit Skehan und später mit den Teammitgliedern Pater Josef Milik und Pater Jean Starcky im Museum etwas steif. »Zu jener Zeit war ich als überzeugter Protestant Katholiken in Soutane und roter Schärpe gegenüber sehr mißtrauisch.« Aber sein Mißtrauen verflüchtigte sich nach seinem ersten Treffen mit Père Roland de Vaux. »Wir tranken zusammen Tee in der École Biblique, und de Vaux teilte mir seine Einschätzung der Situation mit. Ich fragte ihn, wem die Schriftrollen gehörten und ob man uns aus dem Land werfen könne, und de Vaux beantwortete mir die Frage sowohl in wissenschaftlicher als auch in politischer Hinsicht.« Strugnell bekam damals zum erstenmal genauere Informationen über den rechtlichen und politischen Status des Projekts – und auch über die Herkunft der finanziellen Mittel. »De Vaux beantwortete meine politischen Fragen. Er sagte, es handele sich um ein internationales Museum und um ein internationales Projekt des Museums, das von Mr. Rockefeller finanziert werde.« Strugnell stellte daraufhin genauere Fragen zur politischen Lage und zur Position des Teams in Jordanien, und de Vaux antwortete, daß ihre Position eigentlich stark sei, »aber natürlich konnte es immer passieren, daß sich der politische Fanatismus gegen uns richtete, doch das war meiner Erfahrung nach meist von kurzer Dauer.

De Vaux war eine packende Persönlichkeit«, fuhr Strugnell fort. Das sagten alle, die de Vaux kannten. Mit seinem weißen Dominikanerhabit, seinem unordentlichen grauen Bart, seiner Hornbrille und seiner lebendigen Art, Geschichten zu erzählen, war er eine unvergeßliche Erscheinung. Vor allem war er ein Naturtalent in Organisation und Führung. »Er band mich voll in das Team ein«, bemerkte Strugnell mit offensichtlicher Bewunderung. »Was er mir auftrug, tat ich, ohne nachzufragen. Ich war schon immer der Meinung gewesen, daß diese Leute zwar Anhänger der falschen Religion, aber großartige Wissenschaftler waren. Ich diskutierte lange mit ihnen über religiöse Themen. Das war wahrscheinlich auch die Grundlage für meine spätere Konversion zum Katholizismus.«

Harding war eine ganz andere Persönlichkeit. Strugnell erinnerte sich, daß Harding als Direktor des Jordanischen Amtes für Altertümer sein Büro in Amman hatte. Er kam etwa einmal in der Woche wegen des Museums und der Schriftrollen nach Jerusalem. Der Kontrast zu de

Vaux hätte kaum größer sein können. Strugnell berichtete: »Vier Tage
später lernte ich Harding kennen. Er war ein ganz anderer Mensch, ein
zäher Mann mit sonnengegerbter Haut. Er hatte kein Gramm Fett am
Leib. Und er war sehr kultiviert. Bei unserem ersten Gespräch entdeckten wir, daß wir uns schon früher gesehen haben mußten, denn er war
bei einem kleinen Konzert in London gewesen, bei dem William Waltons
Façade gespielt wurde. Das Stück wurde nur einmal aufgeführt, und ich
war zufällig auch dort. Ein Beweis, wie klein die Welt ist. Er verkörperte
Edward Saids Vorstellung von Orientalismus, denn er war völlig orien-
talisiert – er sprach perfekt Arabisch, alle seine Freunde waren Araber.
Aber wenn man mit ihm sprach, erkannte man in ihm eindeutig den
Engländer.« Laut Strugnell war er auch ein absoluter Agnostiker. »Er war
der Garant für die völlige Unvoreingenommenheit unserer Gruppe«, betonte Strugnell.

Als Strugnell mit seiner Arbeit im Museum anfing, bestand das Qumran-Projekt in diesem großen Rahmen seit fast einem Jahr. Strugnell
war der letzte, der in die Gruppe aufgenommen wurde. Sie bestand
aus seinem ehemaligen Kommilitonen Allegro, Pater Skehan, Dr. Frank
Moore Cross vom McCormick Theological Seminary in Chicago,
Dr. Claus-Hunno Hunzinger aus Göttingen, Abbé Jean Starcky vom
Centre Nationale de la Recherche Scientifique in Paris und den Patres
Milik und Barthélemy, die bereits vor dem Beginn des Projekts in Jerusalem gelebt hatten. Die Gruppe arbeitete im Museum in einem
großen Raum mit langen Tischen. Darauf lagen Tausende von Fragmenten zwischen Glasplatten, die zu Texten zusammengesetzt werden
sollten. Es war wie ein riesiges Puzzle – oder vielleicht wie *Hunderte*
von Puzzles mit einer unbekannten Anzahl von Einzelteilen, die durch-
einandergemischt, zerknittert, zerrissen, manchmal verrottet und in
vielen Fällen völlig verlorengegangen waren.

Strugnell paßte sich bald in den Arbeitsrhythmus der anderen Teammitglieder ein. Er hatte zwar keinerlei Erfahrungen auf dem Gebiet der
Paläographie, denn das Studium alter Handschriften gehörte ebenfalls
»überhaupt nicht zum Lehrstoff in Oxford«, doch zeigte er bald ein Talent, die Handschriften verschiedener Schreiber zu unterscheiden und
unterschiedliche Pergamentstrukturen zu erkennen. Also konnte er
wie die anderen an den langen Tischen auf und ab gehen, Tausende

unidentifizierter Fragmente durchsehen und nach Stücken suchen, die zu den ihm zugeteilten Texten paßten.

Sobald das Team einzelne Dokumente aus der Masse von Bruchstükken zusammengesetzt hatte, wurde die große Vielfalt der vertretenen literarischen Genres deutlich. In Höhle 1 in Qumran hatte man Beispiele unterschiedlicher Gattungen gefunden: die Jesajarolle, deren Text dem überlieferten hebräischen Text der Bibel stark ähnelte; den Habakuk-Kommentar, eine metaphorische Interpretation der biblischen Prophezeiungen; das Genesis-Apokryph, eine aramäische, erweiterte Fassung der Genesis; und schließlich die Gemeinderegel, die Kriegsrolle und die Danksagungsrolle, alles unbekannte hebräische Werke, die wahrscheinlich von Mitgliedern der Qumran-Sekte verfaßt wurden. Höhle 4 enthielt nun viele weitere Beispiele all dieser Gattungen. Durch die Vielfalt entstand bald eine Aufteilung der Gruppe nach Inhalten. Die beiden Amerikaner Frank Moore Cross und Patrick Skehan übernahmen die biblischen Texte. Allegro kümmerte sich um die biblischen Kommentare und ähnliche Dokumente. Starcky war für alle aramäischen Dokumente verantwortlich. Und Milik machte sich an die apokryphen hebräischen Texte und die bis dahin unbekannten Werke.

Milik hatte von seinem übergroßen Anteil an Material bestimmte Gruppen für Strugnell, der im Sommer 1954 ankam, zur Bearbeitung beiseite gelegt. Darunter war auch ein langer Gesetzestext, der später beim Kampf um die Kontrolle über die Schriftrollen im Mittelpunkt stehen und als 4QMMT berühmt werden sollte. Strugnell erweiterte seinen Anteil von zwanzig Platten mit zusammengehörigen Textfragmenten auf mehr als hundert, indem er immer mehr Stücke für die Lücken in den Originalen fand, aus den übrigen Stücken neue Texte zusammensetzte oder einfach Fragmente in seinen Arbeitsbereich übernahm, die interessant aussahen. »Wir teilten die Fragmente ebenso unter uns auf wie damals die Europäer Afrika«, sagte Strugnell und lachte über seine offenherzige Anspielung auf den Kolonialismus.

Die Arbeit an den Schriftrollen war interessant. Allmählich gefiel Strugnell der gemächliche Lebensrhythmus in Ost-Jerusalem. Das internationale Team hatte einen regelmäßigen Tagesablauf entwickelt. »Wir arbeiteten jeden Tag von neun bis zwölf und nachmittags von drei bis sechs. Von zwölf bis drei war Mittagspause. Zuerst, als ich in der American School lebte, aß ich dort auch zu Mittag. Als ich dann umgezogen war und bei einer arabischen Familie wohnte, ging ich zum Mittagessen immer ins National Palace Hotel. Es war das nächste ordentliche Restaurant vom Museum aus, und dort lernte ich englischsprechende Araber kennen, nach und nach auch Araber, die kein Englisch konnten. Damals war das ein sehr anständiges Lokal. Wenn man eine Flasche Wein bestellte und sie nur halb austrank, stellten sie sie bis zum nächstenmal in den Kühlschrank.«

Bei meinem ersten Gespräch mit Strugnell konnte ich der Versuchung nicht widerstehen, ihm eine provokative Frage zu stellen. Obwohl das internationale Team überkonfessionell sein sollte, waren alle nach Jordanien eingeladenen Mitglieder Christen. Und dies, obwohl Strugnell zugegeben hatte, daß es bei Driver in Oxford auch genug jüdische Studenten gab. Seiner Erinnerung nach waren sogar die Hälfte seiner Kommilitonen Juden gewesen. Und wenn man die wissenschaftlichen Veröffentlichungen aus den ersten Jahren der Qumran-Forschung betrachtet, wird deutlich, daß es genügend jüdische Kandidaten für das Team gegeben hätte, wenn die Leiter des Projekts es wirklich so international und ökumenisch hätten gestalten wollen, wie sie behaupteten.

Strugnell meinte daraufhin voller Verständnis für de Vaux und Harding, daß die beiden vor einer ungeheuren Aufgabe gestanden hätten. Plötzlich seien sie für die Erhaltung einer der größten archäologischen Entdeckungen des Jahrhunderts verantwortlich gewesen, und um sie herum habe sich die politische Situation zugespitzt. Der Status und Einfluß von de Vaux als Ausländer in Jerusalem habe von seinen politischen Beziehungen abgehangen, und Harding sei schließlich Beamter der jordanischen Regierung gewesen. Seine vordringlichste Aufgabe sei es gewesen, den Beduinen die zahlreichen Fragmente abzukaufen, und trotz der beschränkten Mittel der Regierung sei es ihm gelungen, den Ministerrat auf seine Seite und dazu zu bringen, Geldmittel zur Verfügung zu stellen, mit denen Harding den Großteil der Fragmente aus Höhle 4 habe erwerben können. Und was die personelle Besetzung des wissenschaftlichen Teams anging, so seien die politischen Fakten im arabisch-israelischen Konflikt so klar gewesen, daß sie nie hatten diskutiert werden müssen.

Bei meinen Nachforschungen in Jerusalem fand ich in den Akten des Amtes für Altertümer zufällig einen Brief, der die unangenehme Situation veranschaulicht. Am 8. November 1952 antwortete Sir Thomas Kendrick vom British Museum auf ein dringendes Gesuch von Harding. Dabei bezog er sich auf einen jüdischen Mitarbeiter des Museums, der erfahren in der Behandlung und Entzifferung alter hebräischer Manuskripte war. Sir Thomas schrieb an Harding, das British Museum sei zwar bereit und sogar sehr erpicht darauf, wenigstens einige der Manuskripte zu erwerben, aber es sei leider vollkommen unmöglich, einen Experten zu schicken. Denn der geeignetste Mann vom British Museum für diese Aufgabe sei Jacob Leveen, und Sir Thomas nahm ganz selbstverständlich an, daß nicht einmal ein kurzer Besuch in Jordanien für ihn möglich sei. Aus diesem Grund wurden Juden von vornherein nicht in Betracht gezogen. Man ging davon aus, daß die jordanische Regierung den Aufenthalt jüdischer Wissenschaftler in Ost-Jerusalem nicht dulden würde, solange Jordanien mit Israel Krieg führte.

Ich war im Gespräch mit Strugnell nicht bereit, diese rationale Erklärung wissenschaftlicher Apartheid einfach hinzunehmen, besonders, da es sich um etwas so Wichtiges wie die Qumran-Rollen handelte. Auch wenn es sich dabei um eine nachträgliche Einsicht handelte. Aber ebenso wie der Felsendom nach 1967 der Verwaltung muslimischer Behörden überlassen wurde (auch wenn die Beziehung zu ihnen wegen des Ungleichgewichts der Kräfte weiterhin gespannt blieb), so hätten doch auch jüdische Wissenschaftler ein gewisses Anrecht darauf gehabt, an der Erforschung der Schriftrollen aus Höhle 4 beteiligt zu werden. Was wäre geschehen, fragte ich Strugnell, wenn einer der Wissenschaftler, mit denen Harding Kontakt aufgenommen hatte, auf der Ernennung eines jüdischen Kollegen bestanden hätte und dieser zufällig der zweifellos bedeutendste Experte auf einem bestimmten Gebiet der Qumran-Forschung gewesen wäre?

»Historiker stellen nicht diese Was-wäre-wenn-Fragen«, erwiderte Strugnell, »aber es hätte keinen Unterschied gemacht, denn es hätte die jordanischen Soldaten an der Grenze nicht beeindruckt. Wir hätten einen internationalen Zwischenfall provoziert, aber einen völlig unergiebigen.«

Und was ist mit den neuen Perspektiven, die jüdische Wissenschaftler der Forschung vielleicht eröffnet hätten? Konnte Strugnell wenigstens zugeben, daß Wissenschaftler, die sich im jüdischen Recht und in der frühen rabbinischen Literatur auskannten, bei der ersten Analyse der alten jüdischen Texte vielleicht zu anderen Ergebnissen gekommen wären? Hatte man das Thema jemals angesprochen? »Ich erinnere mich nicht an irgendwelche Gespräche darüber«, sagte Strugnell und konnte nicht begreifen, warum ich so lange auf dieser Frage herumritt. »Und ich kann mich überhaupt nicht an Gespräche über die ... Bedeutung oder Bedeutungslosigkeit rabbinischer Literatur erinnern. Wenn ich mir jetzt die Gespräche abends beim Bier oder während der Arbeit ins Gedächtnis rufe, dann kann ich mich an dergleichen nicht erinnern. Wahrscheinlich dachten wir: ›Wir können sie nicht bekommen, also warum Zeit damit verschwenden?‹«

Jahre später sollte diese Haltung ein Grund für die plötzliche, schmerzliche Entmachtung der internationalen Arbeitsgruppe sein; in den achtziger Jahren hatte sich die politische Lage im Nahen Osten deutlich verändert, und man mußte sich wenigstens pro forma zum Prinzip der Chancengleichheit bekennen. Natürlich hätte es nicht in der Macht der Qumran-Wissenschaftler gestanden, in den fünfziger Jahren die offizielle Haltung im haschemitischen Königreich, die auf einem Mißtrauen gegenüber Juden und einer offenen Feindschaft gegenüber Israelis beruhte, zu verändern. Aber es gibt kaum Hinweise, daß sie diese Einstellungen überhaupt jemals hinterfragten. Offensichtlich nahm die Welt den arabisch-israelischen Konflikt so sehr als gegeben hin, daß es kaum jemandem seltsam oder außergewöhnlich vorkam, daß die kleine Gruppe, die die wichtigsten jemals entdeckten alten jüdischen Texte entziffern sollte, keine jüdischen Mitglieder hatte, obwohl sie sich stolz als »international und überkonfessionell« bezeichnete.

Neben den Beschränkungen bei der Auswahl der Mitglieder der Gruppe waren auch ihre Arbeitsmethoden problematisch. Aber auch hier muß man bei der Kritik Vorsicht walten lassen. Die peinlich genaue Rekonstruktion, die Restaurierung, das Zusammensetzen und die Erforschung von Tausenden empfindlicher alter Manuskriptfragmente hätte in den frühen fünfziger Jahren die Möglichkeiten eines jeden Museums der Welt auf eine harte Probe gestellt, und auch heute noch ist eine derartige Arbeit in vielfacher Hinsicht schwierig. Wie schon erwähnt, mußte das Archäologische Museum von Palästina damals mit sehr knappen Mitteln auskommen. Es lag geographisch ziemlich isoliert, denn zu einer Zeit, als man Flugreisen von Europa nach Israel noch in Tagen und nicht in Stunden maß, war die Konsultation von Experten zur Konservierung der Schriftstücke ein seltener und kostspieliger Luxus. Dennoch ist es ziemlich erschütternd zu erfahren, wie dilettantisch die Fragmente von Höhle 4 anfänglich behandelt wurden. Es bleibt zwar immer noch die Frage, ob es zu jener Zeit irgend jemand hätte besser machen können, aber in einer Erörterung der frühen Geschichte der Qumran-Rollen sollte dieser Punkt nicht unerwähnt bleiben.

Einige Monate vor meinem ersten Treffen mit Strugnell hatte ich Professor Frank Moore Cross interviewt. Auch er kommt aus Harvard, und auch er war Mitglied des ersten Teams. Cross ist das genaue Gegenteil von Strugnell. Er achtet peinlich genau auf sein Äußeres (Fliege und ordentlich gestutzter Bart sind seine Markenzeichen); er ist freundlich und vorsichtig in seinen Stellungnahmen; und er ist als Bibelwissenschaftler und Inschriftenforscher von beträchtlichem Ansehen vollkommen unbeschadet aus dem Qumran-Projekt hervorgegangen. Mit der ihm eigenen zurückhaltenden Art hat Cross das internationale Team im Aufruhr der jüngsten Zeit immer wieder verteidigt und viele Proteste und Klagen gegen den geschlossenen Kreis der Wissenschaftler als unbegründet zurückgewiesen. Aber auch er spricht freimütig über seine ersten Erfahrungen in Jerusalem und darüber, wie die Fragmente aus Höhle 4 zuerst behandelt wurden.

Cross erinnerte sich an die Anfänge seiner Arbeit: »Ich kam als erstes Teammitglied im Sommer 1953 an und suchte Harding und de Vaux auf. Sie beschlossen, ich solle mit dem Material aus den Ausgrabungen beginnen, statt all die Neuerwerbungen zu untersuchen, die noch in chaotischem Zustand waren. Den ersten Sommer lang reinigte und glättete ich das Material aus den Ausgrabungen, bereitete es vor und identifizierte die Einzelteile. Das war sehr sinnvoll, denn als wir uns schließlich im September an das angekaufte Material machten, konnten wir durch meine Vorarbeiten feststellen, daß es auch aus der Höhle 4 stammte.«

Das »Material« waren Fragmente, die fast ein Jahr zuvor ausgegraben worden waren. Heute werden Manuskriptfunde in Israel und Jordanien sofort Experten zur Konservierung übergeben. Wenn die Funde ungewöhnlich oder besonders empfindlich sind, werden automatisch ausländische Spezialisten zu Rate gezogen. Aber das war im Jordanien der fünfziger Jahre natürlich nicht möglich. De Vaux und Harding wollten mit dem Projekt so früh wie möglich beginnen. Also wiesen sie Cross

einen kleinen Raum im Museum zu, holten die Schachteln mit den ausgegrabenen Manuskriptfragmenten, gaben ihm eine Schüssel und eine
Pinzette und setzten ihn an die Arbeit.

»Im ersten Sommer war ich völlig allein und arbeitete zufrieden vor
mich hin«, erzählte Cross. Eigentlich sei er Linguist und Historiker gewesen und habe keinerlei Erfahrung in archäologischer Konservierung
gehabt. Dennoch habe er sich schnell an die Arbeit gewöhnt: »Das Material aus den Ausgrabungen war nicht so umfangreich, vielleicht fünfzehn Schachteln. Ich öffnete eine Schachtel, nahm ein Fragment heraus
und legte es in die Schüssel, um es zu befeuchten. Dann konnte ich es
unter eine Glasplatte legen und glätten. Aber oft mußte ich zuerst die
Oberfläche reinigen – viele Fragmente waren durch Urinkristalle, wahrscheinlich von Schafen, unleserlich geworden.«

Mich erstaunte, wie lässig Cross seine heikle Aufgabe beschrieb.
Auch jetzt noch, vierzig Jahre später, schien er die Arbeit an den Schriftrollen nicht als besonders problematisch oder heikel einzustufen. »Das
mit dem Befeuchten lernte ich durch Experimentieren«, merkte er an.
»Wenn die Fragmente in wirklich schlechtem Zustand waren, reinigte
ich sie mit Rizinusöl.« De Vaux hatte offensichtlich einige Erfahrungen
aus der Arbeit mit Milik und Barthélemy an den früheren Fragment-
gruppen sammeln können, wo zum erstenmal mit Rizinusöl und Be-
feuchtung experimentiert worden war. Bei den Fragmenten aus Höhle
4 mußten allerdings viel mehr einzelne Dokumente zusammengesetzt
werden. Cross bedauerte immerhin eines: »Ich gebe es nicht gern zu,
aber wir haben einige schreckliche Schnitzer von der Arbeit an Höhle
1 übernommen. Wir haben die Fragmente beispielsweise mit Klebstreifen zusammengeklebt.«

Jahrzehnte später sollte das Israelische Amt für Altertümer mehrere
tausend Stunden darauf verwenden, die klebrigen, zerstörerischen
Reste der Klebstreifen von der Rückseite der Fragmente zu entfernen.
Es ist kaum zu glauben, daß in den frühen fünfziger Jahren nicht einmal
die Kuratoren des Museums über diese Methode entsetzt waren. Aber
de Vaux und Harding hielten diesen Teil der Arbeit, wie so viele andere
Aspekte in der frühen Qumran-Forschung, für nicht besonders wichtig.
Und was die beiden nicht wichtig fanden, darüber wurde einfach hin-
weggegangen. Das internationale Team in Jerusalem arbeitete damals
praktisch unter Ausschluß der Öffentlichkeit vor sich hin und befeuch-

tete, glättete, ölte und klebte die wichtigste Sammlung alter jüdischer Handschriften, die je gefunden worden ist.

Als wichtig hingegen galt die Entzifferung und Identifizierung der Texte, und in den ersten Jahren des Projekts wurden in dieser Richtung zweifellos gewaltige Fortschritte gemacht. Josef Milik scheint von Anfang an die treibende Kraft gewesen zu sein. Er stammte aus Polen, hatte semitische Sprachen in Frankreich studiert und war laut Cross »ein sehr melancholischer Typ« und besaß »einen wunderbaren Sinn für Humor«. Die meisten Kollegen aus jenen Tagen erinnern sich jedoch vor allem an seine erstaunliche Gabe, selbst die undeutlichste und unleserlichste Handschrift noch zu entziffern, sowie an sein instinktives Vermögen, den Sinn bisher unbekannter hebräischer und aramäischer Worte zu erschließen. Da im weiteren Verlauf der Arbeit Englisch zur Hauptsprache der wissenschaftlichen Diskussionen wurde, bemühte sich Milik nach Kräften, auch diese Sprache zu erlernen, zusätzlich zu seinem fließenden Polnisch, Französisch, Deutsch, Lateinisch und Russisch. Er verschlang gierig amerikanische Kriminalromane. Mit einem Lachen erinnerte sich Cross, daß »sein anfänglicher Wortschatz direkt von Mickey Spillane übernommen war«.

Cross hingegen hatte dieses intuitive Textgefühl nicht; er war eher analytisch begabt. Als Schützling des großen amerikanischen Bibelwissenschaftlers und Orientalisten W. F. Albright vertrat er die Ansicht, daß bei der Beschäftigung mit alten Handschriften präzise paläographische Untersuchungen besonders wichtig seien. Albright und natürlich auch Cross waren davon überzeugt, daß sich in der reglementierten Welt der antiken Schreiber die Handschriften stets gleichförmig geändert haben, so daß heutige Wissenschaftler ein bestimmtes Manuskript allein aufgrund der Formen der Buchstaben datieren können. Seit den dreißiger Jahren hatte Albright versucht, alle bekannten hebräischen Handschriften und Inschriften in eine chronologische Reihenfolge zu bringen. Er zeigte, wie sich die Formen hebräischer Buchstaben vom fünften Jahrhundert v. u. Z. bis zum zweiten Jahrhundert u. Z. verändert hatten. Cross wurde später zum Verfechter einer verfeinerten Version dieser Datierungsmethode. Er stellte bei den Unmengen von Qumran-Fragmenten drei aufeinanderfolgende Handschriftenstile fest: »archaisch« (ca. 200 bis 150 v. u. Z.); »hasmonäisch« (ca. 150 bis 30 v. u. Z.); und »herodianisch« (ca. 30 v. u. Z. bis 70 u. Z.).

Natürlich reichte die Bedeutung dieser Kategorien weit über eine reine Datierung hinaus. Einmal entsprachen die Handschriftenstile ungefähr den drei großen Epochen in der Geschichte Judäas von der Eroberung durch die Seleukiden bis zur Zerstörung Jerusalems durch die Römer. Zum zweiten bestätigten sie den aufkommenden Konsens über die geschichtliche Einordnung der Qumran-Sekte. Sukenik, Albright und Burrows vertraten die Theorie, daß die Gruppe in Qumran mit der judäischen Sekte der Essener gleichzusetzen sei, die Philo, Flavius Josephus und Plinius der Ältere in ihren Werken beschreiben. Nach diesen zeitgenössischen Berichten waren die Essener eine außergewöhnlich fromme religiöse Gruppierung. Sie waren Sektierer, besonders hinsichtlich ihrer außergewöhnlich strengen Beachtung der rituellen Reinheitsvorschriften. Anscheinend verachteten sie den konventionellen Gottesdienst im Tempel von Jerusalem, verwalteten ihr Eigentum gemeinsam und lebten in einer Gemeinschaft. Sie studierten intensiv die Bibel, vollzogen einen Taufritus und nahmen an gemeinschaftlichen heiligen Mahlzeiten teil.

Schon lange vor der Entdeckung der Qumran-Rollen hatten christliche Bibelwissenschaftler das in der antiken Literatur beschriebene Essenertum in mancher Hinsicht als Vorläufer des Christentums bewertet. Vor diesem Hintergrund wurde es, da es sich zum Christentum hin entwickelte, als spirituell fortgeschrittener betrachtet als der übrige Judaismus. Zudem herrschte, wie bereits erwähnt, ein allgemeiner wissenschaftlicher Konsens über die religiösen Entwicklungsstufen innerhalb der judäischen Gesellschaft vor. Wichtig war vor allem der Umbruch zur Zeit des Makkabäeraufstands, als der judäische Staat wieder unabhängig wurde. Und während die makkabäischen (oder richtiger: die hasmonäischen) Herrscher sich von der irdischen Macht verführen ließen, wandten sich die stärker spirituell orientierten Gruppen, wie etwa die Pharisäer und Essener, von der irdischen Politik ab und ebneten dadurch den Weg für das Christentum, den in den Augen christlicher Wissenschaftler erhabenen und einzigartigen Glauben.

Diesem Schema vom unvermeidlichen religiösen Fortschritt zufolge wird nun jedes neue Stadium lediglich als Vorbereitung auf den vorgesehenen Endzustand betrachtet und nicht als etwas Eigenständiges, das einen Wert in sich hat. Entsprechend verstanden die Wissenschaftler auch das Essenertum: sehr interessant, aber keine ernstzunehmende

Weltanschauung, keine richtige Philosophie, an die man wirklich glauben könnte. Wie die Qumran-Rollen so wurde auch das Essenertum als wertvoller *Hintergrund* für das Verständnis der geistigen Welt Jesu gesehen, als Lieferant literarischer Parallelen, die bestimmte Spracheigentümlichkeiten und Anspielungen des Neuen Testaments besser verständlich machen. Und mit Hilfe von wissenschaftlichen Handschriftenanalysen wurde die Entstehung der Schriften vom Toten Meer in die Zeit der Hasmonäer zurückdatiert und so zum geistigen wie auch zeitlichen Vorläufer des Christentums gemacht.

Obwohl es Ungereimtheiten und Unsicherheiten in den alten Quellen hinsichtlich der verschiedenen Klassen verheirateter und unverheirateter Essener gab, die ebenso in den Städten wie auch im Gebiet um das Tote Meer lebten, fanden die Wissenschaftler doch genügend Übereinstimmungen, um einen Zirkelschluß zu entwickeln: Die Beschreibungen von Flavius Josephus, Philo und Plinius wurden herangezogen, um unklare Passagen in der Gemeinderegel der Qumran-Gemeinde und im Damaskus-Dokument zu erklären, während Zitate aus diesen Schriften wiederum dazu verwendet wurden, um Licht auf die Unklarheiten und Ungereimtheiten in den zeitgenössischen Beschreibungen über die Essener zu werfen.

Auffällig war, daß die Sitten und Überzeugungen der Essener als etwas Statisches betrachtet wurden, das völlig von der politischen und sozialen Realität in Judäa losgelöst war. Der Handschriftenanalyse der Schriftrollen zufolge bildete sich die Sekte ungefähr um 150 v. u. Z. heraus. In der Folgezeit überhäuften die Autoren der anschließend entstandenen Schriften mehr als zweihundert Jahre lang die gottlosen Hasmonäerpriester mit Beschimpfungen und priesen den Lehrer der Gerechtigkeit, der offensichtlich von den Hasmonäern verfolgt wurde. Die fürchterliche Herrschaft des Herodes und der blutige Terror der römischen Statthalter blieben dagegen seltsamerweise unerwähnt.

Natürlich gab es immer auch Kritiker dieser Evolutionstheorie und Wissenschaftler mit anderen Auffassungen. Professor Solomon Zeitlin vom Dropsie College in Philadelphia, sicherlich der freimütigste und hartnäckigste Kritiker, hielt die Qumran-Rollen und mit ihnen auch die Vorstellungen von der religiösen Evolution für vollkommen wertlos. Zuerst erklärte er die Schriften zu Fälschungen, später datierte er sie ins Mittelalter. Godfrey R. Driver, Strugnells Lehrer in Oxford, betrachtete die Paläographie als Pseudowissenschaft und datierte die Schriftrollen aufgrund literarischer und historischer Betrachtungen in die nachchristliche Zeit. Letztendlich siegte jedoch der Glaube an die einfache und elegante Logik der Paläographie, die die so vertraute Vorstellung vom spirituellen Fortschritt bestätigte. Mit einem gewissen Stolz erinnerte sich Frank Moore Cross: »In Zeitlins Kategorien stieg ich vom Status eines ›Leichtgläubigen‹ zu dem eines ›Lügners‹ auf. Das bedeutete, daß ich als Teilnehmer des Projekts allmählich anerkannt war.«

So wurde der makkabäische Ursprung der Qumran-Sekte zur unangezweifelten Glaubenssache. Auch als Dokumente wie der Habakuk-Kommentar einem »herodischen« Stil zugeordnet und deshalb ins erste Jahrhundert u. Z. datiert wurden, stellte niemand die Identifikation des Frevelpriesters mit den damals bereits lange ausgelöschten Hasmonäern in Frage. Man nahm einfach an, daß sich die Sekte bis zu ihrem Ende auf die Ereignisse der Hasmonäerherrschaft konzentrierte. Es ist schwer vorstellbar, daß die Schreiber der Schriftrollen so isoliert lebten oder so verbohrt waren, daß sie nicht wahrnahmen, was um sie herum geschah – bis zu dem Morgen, als eine römische Legion sie umzingelte und ihre Siedlung niederbrannte. Die religiösen Fehltritte der Hasmonäer und ihr Mangel an Feingefühl erscheinen jedoch als höchst geringfügige Unzulänglichkeiten, wenn man sie mit dem Verhalten der Kriecher und Handlanger vergleicht, die Herodes für das Amt des Hohenpriesters bestimmte, mit den blasphemischen Provokationen des Pontius Pilatus gegen den Tempel oder mit der unbeschreiblichen Korruption und Falschheit der letzten Hohenpriester von Jerusalem oder der späteren römischen Verwalter. Niemand behauptete, daß die Sekte am Toten Meer diese Dinge nicht erlebt hätte. Die Manuskripte wurden nach allgemeiner Überzeugung während des judäischen Aufstands gegen die Römer, vielleicht im Jahre 68 u. Z., in den Höhlen deponiert. Robert Eisenman meinte dazu sarkastisch, aber treffend, die konventionelle Zuordnung der historischen Anspielungen in den Qumran-Rollen sei »ebenso absurd wie die Annahme, ein Prediger würde heute die Heilige Schrift entsprechend den Lebensumständen von George Washington, Napoleon oder dem Herzog von Wellington interpretieren«.

Während der ersten Jahrzehnte der Qumran-Forschung wurde jedoch jeder Wissenschaftler oder Kritiker, der die Auffassung vertrat, die in den Qumran-Rollen vorhandenen historischen Anspielungen bezögen sich möglicherweise auf eine spätere Periode oder bildeten sogar einen fortlaufenden Kommentar zur immer grausameren römischen Herrschaft, als exzentrisch oder inkompetent abgetan. Gefragt war bei der Qumran-Forschung nicht die Entwicklung neuer, alternativer Perspektiven, sondern die Nähe zur geheiligten, allgemein anerkannten Hypothese. Die Ergebnisse der Handschriftenkunde, die Aussagen in den antiken Quellen und die innerhalb der Schriftrollen vorhandenen Bezüge wurden nicht kritisch abgeglichen, sondern in kleine Stücke gehackt, miteinander vermischt und kräftig verrührt. Für die meisten Religionswissenschaftler ergab sich daraus ein wohlschmeckender Eintopf. Aber eine Zutat fehlte noch: die bei den Ausgrabungen von Khirbet Qumran gemachten Funde.

Dutzende von Touristenbussen rumpeln täglich die gewundene Zufahrtsstraße zur Ausgrabungsstätte Qumran hinauf und lassen ihre Passagiere vor dem Imbiß und dem Andenkenladen aussteigen, die von den Mitgliedern des nahe gelegenen Kibbuz Kalia betrieben werden. Auch die Touristen glauben die Geschichte von den Qumran-Rollen, die ihnen hier erzählt wird. In dieser spektakulären Landschaft mit den im Hintergrund drohend aufragenden Felswänden voller Höhlen und dem über dem Toten Meer liegenden Plateau voller Ruinen wirkt das Gespinst aus zweifelhaften archäologischen Annahmen wie eine historisch fundierte Tatsache. Die meisten Besucher erinnern sich wahrscheinlich nicht mehr an alle Daten und Einzelheiten, wenn sie den Ort verlassen, aber sicher gehen sie mit dem Gefühl, daß die Geschichte, die ihnen hier von den Schriftrollen und den Essenern erzählt wurde, für Archäologen und andere Wissenschaftler über jeden Zweifel erhaben ist.

Nachdem die Besucher neben dem Eingang zu den Ruinen etwas über die Entdeckungen der Beduinen gehört haben, werden sie an einem in Trümmern liegenden Turm vorbei durch ein Labyrinth aus halb verfallenen Mauern geführt. Aus den dramatischen Schilderungen des Fremdenführers erfahren sie von der Gründung und der Geschichte dieses abgeschiedenen Klosters, in dem essenische Mönche ihre Schriftrollen schrieben, ihre heiligen Mahlzeiten zusammen einnahmen, rituelle Taufen durchführten und vom großen Krieg zwischen den

Mächten des Lichts und der Finsternis träumten – bis schließlich die
römischen Legionen kamen und diese Träume zerhackten, zerfetzten
und in Flammen aufgehen ließen. Die knappen Informationen auf den
Schildern der Nationalparkverwaltung fungieren sozusagen als Unter-
titel der Geschichte: Hier war das Skriptorium, dort lagen Eßsaal und
Küche, hier war der Versammlungsraum. Es ist alles so gefällig und
entspricht den Bildern unseres modernen westlichen Bewußtseins: Was
tun Mönche, außer daß sie in Abgeschiedenheit leben, schweigend
ihre gemeinsamen Mahlzeiten einnehmen und mühevoll heilige Manuskripte abschreiben?

Über Jahre habe auch ich diese Geschichte treu so wiedergegeben,
wenn ich mit Freunden oder Verwandten zur Ausgrabungsstätte von
Qumran ging. An einen Besuch erinnere ich mich noch besonders gut.
In den frühen siebziger Jahren, als ich noch für das Amt für Altertümer
arbeitete, besuchte mein Großvater Israel zum letztenmal. Unsere gemeinsame Faszination an den Qumran-Rollen war seit jener Zeit, als die
sieben Rollen im Shrine of the Book noch die Hauptattraktion darstellten und er mir von seinem Besuch in Israel das kleine Tongefäß als
Andenken mitbrachte, unverändert geblieben. Aber jetzt, nach dem
Sechstagekrieg im Jahre 1967, waren die ehemals auf jordanischem Gebiet liegenden Höhlen und die Siedlung Khirbet Qumran für uns frei
zugänglich. Sie waren sogar zur touristischen Sensation für Israel-Rei-
sende geworden.

Wir reisten einige Tage zusammen durch das Land, und natürlich
hätten wir an jedem anderen Touristenort für eines der bekannten Fotos
posieren können: vor der Klagemauer, vor der Knesseth, unterhalb der
Wälle von Masada, vor dem Hadassah-Klinikum oder in Tiberias am Ufer
des Sees Genezareth. Aber Qumran war etwas Besonderes für uns, und
auf einem der letzten Fotos von meinem Großvater und mir stehen wir
dort und blinzeln in die Sonne (ich mit langen Haaren, Schnauzbart,
israelischen Shorts und Sandalen, mein Großvater in Freizeithose, Sport-
hemd, Sonnenbrille und mit seiner Sonnenbräune von Miami Beach).
Im Hintergrund sieht man deutlich den ausgebleichten Kalkfelsen und
den dunklen Eingang von Höhle 4; in der Nähe liegen die Ruinen der
ausgegrabenen Siedlung. Uns beide hatte die Geschichte dieses Ortes
fasziniert, und nun standen wir endlich dort. Aber damals war mir nicht
bewußt, daß die Geschichte der archäologischen Ausgrabungsstätte

Khirbet Qumran, wie sie der Öffentlichkeit beschrieben wird, nicht auf historischen Fakten, sondern auf Interpretationen beruht. Das wurde mir erst zwanzig Jahre später klar, als ich begann, auf die Kritiker zu hören. Khirbet Qumran ist ein künstliches, ideologisches Konstrukt wie jedes andere religiöse Denkmal auch.

Als ich noch ein unkritischer Bewunderer des Qumran-Projektes war und manchmal schweigend und ehrfurchtsvoll den Lagerraum mit den Qumran-Funden im Rockefeller Museum betrat, quälten mich keinerlei postmoderne Zweifel, daß archäologische Interpretation *nicht* Geschichte sei. Wenn eine Ausgrabung umsichtig ausgeführt wurde, wenn die Funde genau untersucht und exakt datiert wurden, dann, so dachte ich, und so war es mir beigebracht worden, könne man ein objektives Bild des Ortes erhalten. Die Ausgrabungen in Qumran, die Père de Vaux zwischen 1951 und 1956 im Auftrag des Jordanischen Amtes für Altertümer, des Archäologischen Museums von Palästina und der École Biblique durchgeführt hatte, galten als kompetent und gründlich. Jeder Archäologiestudent wußte damals, daß die in Qumran ausgegrabenen Tongefäße Paul Lapp in seiner bahnbrechenden Monographie *Palestinian Ceramic Chronology, 200 BC – AD 70* als Bezugsgröße dienten. Und die Anlage des Essenerklosters in Qumran, wie de Vaux sie 1959 in seinen Vorlesungen für die British Academy beschrieb, galt als eine der wenigen erwiesenen Tatsachen in der Archäologie des hellenistischen und römischen Palästina.

Die lebendige Atmosphäre in de Vaux' Ausgrabungscamp am Toten Meer ist inzwischen fast zur Legende geworden. Frank Moore Cross nahm 1954 an den Grabungen teil. Er erinnerte sich: »De Vaux war ein großartiger Campleiter, und das Essen war hervorragend.« Besonders in Erinnerung geblieben ist ihm das Fest, das an de Vaux' fünfzigstem Geburtstag im Camp gefeiert wurde. Immer wieder wurden Gläser voll Cognac mit einem Trinkspruch auf ihn erhoben. Die Arbeiter waren wie immer Taamireh, die bei der Suche nach den Schriftrollen manchmal Verbündete und manchmal Rivalen der Archäologen gewesen waren. Muhammed, »der Wolf«, einer der drei Taamireh, die acht Jahre zuvor diese ganze Sache durch ihren Fund in Höhle 1 ausgelöst hatten, war inzwischen verheiratet und gehörte ebenfalls zu den Arbeitern. »Er war klein und zierlich wie ein Jemenit«, erinnerte sich Cross. »Er hatte ein ausgesprochen hübsches Gesicht, aber er war im Stamm keine Berühmt-

heit und genoß kein besonderes Ansehen. Ich glaube, als Anteil an dem
Verkaufserlös bekam er ein Gewehr und seine erste Frau.«

Cross erwähnte auch die täglichen Messen, die de Vaux und die
anderen Dominikanerwissenschaftler in den Ruinen abhielten. Auf Fotografien aus jener Zeit sieht man Pater Jean Starcky, ein Mitglied des
internationalen Teams, wie er mit zum Gebet erhobenen Händen neben
einer alten Mauer steht, die mit einem Altartuch bedeckt ist. Das Bild
von den weißgekleideten Dominikanermönchen, die den als Grabungs-
arbeiter angeheuerten Beduinen Anweisungen gaben, ist allen, die die
Ausgrabung besuchten, unvergeßlich geblieben. Aber dieses Bild war
mehr als nur farbiger Hintergrund, es hatte weiterreichende Bedeutung.
Jeder Archäologe nähert sich seiner Ausgrabungsstätte mit einer Vorstellung von den Dingen, die dort zu finden sind. Man kann nicht an
einen Haufen aus Steinbrocken, Dreck und Tonscherben herangehen,
ohne eine Vorstellung davon zu haben, wie die Gebäude oder Gegenstände einmal ausgesehen haben könnten, von denen man jetzt nur
noch verstreute Fragmente vorfindet. Zur Zeit der ersten Qumran-Aus-
grabungen bestand ein wissenschaftlicher Konsens darüber, daß die Autoren der Schriftrollen fromme, quietistische Mönche waren, die in der
Wüste lebten. Und es ist unschwer zu erraten, woher Père de Vaux
seinen Vorrat an geistigen Bildern hatte, nach denen er die Funde ein-
ordnete und zusammensetzte.

Ich will keinesfalls andeuten, daß de Vaux die Beweisstücke bewußt
manipuliert hat. Soweit man dies aufgrund seiner regelmäßigen Aus-
grabungsberichte und anderer Schriften beurteilen kann, hat das Team
sein Bestes getan, um die einzelnen Ausgrabungsschichten genau zu
unterscheiden, die Lage aller Tongefäße, Münzen und anderer Artefakte
aufzuzeichnen sowie eine exakte Karte der Ausgrabungsstätte zu zeichnen. Und es ist keine Frage, daß die ausgegrabene antike Siedlung einen
kommunalen Charakter gehabt hat. Aber was für eine Art von Gemeinschaft war es? Es muß schon ein glaubensbedingter Kurzschluß sein,
wenn man aus der zertrümmerten Einrichtung eines Raumes mit Bän-
ken, Einbauschränken und eingebautem Wasserbecken schließt, der
Raum erwecke »den Anschein, daß er für geschlossene Sitzungen gebaut
wurde, bei denen die Teilnehmer nicht gestört werden wollten«. Gefunden wurde auch ein Vorratsraum, in dem sich viele identisch geformte
Schalen fanden, und angrenzend daran ein langgezogener Raum, der

als Speisesaal identifiziert wurde. De Vaux machte daraus das »Refektorium« der Gemeinschaft, und aus einem Raum mit zertrümmerten Gipstischen und zwei Tintenfässern das »Skriptorium«. Ich könnte weitere derartige Bezeichnungen aus seiner Feder aufführen, aber es soll hier der Hinweis genügen, daß all das völlig schlüssig klingt, solange man nach einem einfachen, christlichen Kloster sucht.

Es wäre logischer gewesen, das archäologische Material zunächst einmal als unabhängige Datensammlung zu betrachten. Aber die Quellen aller Daten über die Schriftrollen und die Menschen, die sie verfaßt hatten – die Paläographie, Josephus, die textinternen Hinweise und schließlich auch die Archäologie mit ihrem idealisierenden Bild vom mittelalterlichen europäischen Mönchstum –, waren zur Zeit von de Vaux' Ausgrabungen gründlich miteinander vermischt und bestätigten sich dadurch gegenseitig. Jeder Widerspruch und jede Differenzierung der Theorie vom isolierten Kloster konnte durch dieses Zusammenspiel sofort abgeschmettert werden. Mehrere neuere Berichte über die archäologischen Befunde von Qumran – etwa die von Schiffman, Golb, Darceel und Davies – haben auf die religiösen Vorstellungen verwiesen, die in die Interpretationen von de Vaux einflossen, und eine neue Untersuchung der Zeugnisse gefordert. Aber nur Eisenman hat den Weg für eine Neubewertung aufgezeigt: De Vaux' Ausführungen über die Gründung, den Ausbau, die kurzfristige Aufgabe und den Wiederaufbau von Qumran wirken merkwürdig isoliert und sind ohne allen Bezug zu dem, was wir über die stürmischen Ereignisse der judäischen Geschichte wissen.

So sieht die Grundstruktur von de Vaux' Geschichte aus: Um das Jahr 125 v. u. Z. wandte sich eine aufgebrachte Gruppe religiös Andersdenkender vom Jerusalemer Establishment ab, gab ihr bisheriges Leben auf und ließ sich in der Wüste in den Ruinen einer verlassenen Befestigungsanlage aus der Eisenzeit nieder. Woher diese Menschen das Geld dazu hatten, woher ihre Fertigkeiten in Architektur und Steinmetzarbeiten kamen, dazu schweigt sich de Vaux aus. Er hatte die Vorstellung, daß sie sich einen Zufluchtsort bauten, mit einem großen Turm, geräumigen Versammlungsräumen und Werkstätten und einem wohldurchdachten System von Wasserleitungen, Zisternen und rituellen Bädern. Den gefundenen Münzen nach zu urteilen, wuchs diese Siedlung während der Regierungszeit des Hasmonäerkönigs Alexander Jannäus

(103–76 v. u. Z.) erheblich an – vermutlich durch einen neuen Strom antihasmonäischer Flüchtlinge. Wobei anzumerken wäre, daß Jannäus gerade im Jordan-Tal und am Toten Meer besonders präsent war. Er hätte eine solche Brutstätte des Aufruhrs sehr wohl bemerkt, zumal sie in der Nähe der Straßen lag, die nach Osten über den Jordan und nach Süden am Westufer des Toten Meeres entlangführten. Die Abgeschiedenheit, die dieser Ort im haschemitischen Königreich Jordanien in den fünfziger Jahren dieses Jahrhunderts aufwies, wurde also offenbar unbewußt in die Antike zurückprojiziert.

Es gibt eine offensichtliche Lücke bei den Münzfunden für die Regierungszeit des Herodes (37–4 v. u. Z.). Da es zudem so aussieht, als seien die Gebäude zerstört worden, hat de Vaux angenommen, daß die Siedlung für eine Zeitlang verlassen worden war. Was aber war der Grund für ihre plötzliche Zerstörung? Hatte sie etwas mit den fünfundzwanzig Jahren Bürgerkrieg, der römischen Invasion und der wirtschaftlichen Zerrüttung zu tun, die Judäa vor dem Aufstieg des römischen Vasallen König Herodes durchmachte? Und hing das Verlassen der Siedlung mit dem politischen Druck zusammen, den Herodes ausübte? Der wirkliche Grund, so behauptete de Vaux, sei nicht die Politik gewesen, sondern ein Erdbeben, das die Region im Jahre 31 v. u. Z. angeblich heimgesucht hat. Er erklärte aber nicht, warum die religiösen Abweichler nicht sofort nach den letzten Erdstößen zurückkehrten und ihr Skriptorium und ihr Refektorium wiederaufbauten. Auch die Wiederbesiedlung von Qumran bald nach dem Ende der Regierungszeit von König Herodes und seinem unfähigen, unsensiblen Sohn Archelaus wird nicht erklärt. All diese Zusammenhänge sind aber sehr wichtig, wenn man einen Bezug zwischen Qumran und seinen Schriftrollen und der Geschichte Judäas, des Christentums und des jüdischen Nationalismus herstellen will.

Aber es war einfacher, die Geschichte von einem Kloster zu verbreiten, dessen Bewohner in völliger Abgeschiedenheit lebten, und das Bild einer merkwürdigen religiösen Erscheinung zu zeichnen, die in gewisser Weise ein blasser Vorläufer des Christentums war. Ab der Mitte der fünfziger Jahre erschien eine Reihe populärwissenschaftlicher Bücher von Mitgliedern des internationalen Teams und Mitarbeitern der École Biblique. Sie beschrieben die Entdeckung und die Geschichte des Essenerklosters in Qumran. Obwohl es kleinere Abweichungen in den Einzelheiten gab, war der Tenor überall der gleiche: Sowohl Cross *(Die antike Bibliothek in Qumran und die moderne biblische Wissenschaft)* als auch Milik *(Dix ans de découvertes dans le désert de Juda)* und Van der Ploeg *(Die Funde in der Wüste Juda)* gingen davon aus, daß Qumran eine isolierte, ruhige und unpolitische Siedlung von Mönchen war, weitab vom Getöse des Krieges und der Politik in Jerusalem. Es gab nichts in diesen Büchern, was die Einzigartigkeit des Christentums angezweifelt oder eine Verbindung der Siedlung zu Personen aus den Evangelien oder zum judäischen Aufstand gegen Rom hergestellt hätte.

Nur wenige Stimmen erhoben sich gegen diese allgemein vertretenen Auffassungen, doch die Kritiker wurden allgemein als akademische Spinner oder als ignorante Eigenbrötler abgetan. Die judäische Gesellschaft wurde in isolierte Gruppen aufgespalten. Dies verhinderte, daß neue Erkenntnisse über die sozialen Konflikte und die politische Realität gewonnen wurden, die die Grundlage für den Aufstieg des pharisäischen Judaismus und des Christentums bildeten. Alles, nicht nur Qumran, wurde isoliert betrachtet. In Jerusalem und in Galiläa gab es die christlichen Zeugnisse, die vom friedlichen Leben Jesu und seiner Anhänger kündeten. In Masada zog Yigael Yadin die Aufmerksamkeit der Weltöffentlichkeit auf sich, als er in großem Stil Ausgrabungen vom letzten Sitz der Zeloten machte. Aber als dort ähnliche Zeugnisse wie in Qumran gefunden wurden, bestand Yadin darauf, daß diese zufällig von einzelnen essenischen Flüchtlingen, die um ihr Leben fürchteten, dorthin gebracht worden seien. Er konnte sich keine politische oder ideologische Verbindung zwischen diesen beiden Gruppen vorstellen. Die ehemals prächtigen, aus der Zeit des Herodes stammenden Paläste in Masada, Herodium und Jericho wurden auf ihre Architektur und Bautechnik hin untersucht, nicht auf ihre gesellschaftliche Bedeutung hin. Caesarea, der Sitz der römischen Regenten, wurde wegen seines Hafens bestaunt, nicht wegen der tyrannischen Herrschaftsausübung, die von dort ausging. Die Villen der Jerusalemer Aristokratie in der Oberstadt wurden als Musterbeispiele der Eleganz, nicht aber der Korruption und Dekadenz gesehen. Und dann gab es natürlich noch Qumran mit seiner wunderbaren Abgeschiedenheit und seinen frommen Mönchen.

Wie erwähnt, gibt es gute Gründe anzunehmen, daß Qumran weder so isoliert noch so abgeschieden war, wie uns die Theorie vom einsamen Kloster glauben machen möchte. Aber noch irriger war die bequeme

archäologische Aufteilung der gesellschaftlichen Gruppen, wirtschaftlichen Klassen und unterschiedlichen Lebensstile in der judäischen Ge-
sellschaft des ersten Jahrhunderts. In einer lebendigen, dynamischen
Gesellschaft interagieren Reiche, Radikale, Elegante und Fromme. So
entsteht Geschichte. Aber wie schon der jüdische Überläufer Flavius
Josephus so haben sich auch die Wissenschaftler des zwanzigsten Jahr-
hunderts wenig Mühe gemacht, das Zusammenspiel der einzelnen
Faktoren zu verstehen. Die vertraute Geschichte vom abgeschiedenen
Kloster in der Wüste ist eine zu einfache Erklärung, die die komplexe
Dynamik der historischen Realität verfehlt.

Ich saß mit Professor Strugnell unter den Lacklaternen eines chine-
sischen Restaurants an der Massachusetts Avenue in Cambridge. Geschäf-
tiges Geplauder und Zigarettenqualm umgaben uns, und ich hörte gespannt seinen detaillierten Erzählungen aus den langen Jahren im
internationalen Team zu. Seine Erinnerungen aus der Zeit in Jerusalem
schienen nun weit weg und wie von einem Schleier aus Traurigkeit umgeben. Er versuchte mir klarzumachen, wie hart er als Herausgeber gearbeitet hatte, um die Edition der Texte zu beschleunigen und sie anderen Wissenschaftlern zugänglich zu machen. Er sprach über seine
konfliktreiche Beziehung zum Herausgeber der *Biblical Archaeology Review*, Hershel Shanks, und über die näheren Umstände des Zeitungsin-
terviews, das ihn schließlich die Stellung gekostet hatte. Aber auch jetzt
konnte Strugnell nicht verstehen, warum man gerade ihn zur Zielscheibe
gemacht und warum es diesen öffentlichen Aufschrei über das seiner
Meinung nach annehmbare Arbeitstempo des internationalen Teams gegeben hatte. »Unser Tempo sollen uns andere erst mal nachmachen«,
meinte er und bezog sich auf die wissenschaftliche Veröffentlichung
der guterhaltenen gnostischen Manuskripte aus Nag Hammadi in Ägypten. »Sie haben zehn Jahre dazu gebraucht und hätten es in einem Jahr
schaffen können.«
      Er hatte einfach nicht verstanden, worum es ging. Vierzig Jahre
lang hatte das internationale Team an den Manuskripten aus Höhle 4
gearbeitet. Trotz anderslautender Behauptungen hätten sie ihre Aufgabe niemals erfüllen können, wenn sie nur auf sich gestellt gewesen
wären. In öffentlichen Stellungnahmen und Fernsehinterviews hatte
Strugnell immer den Anschein erweckt, als sei der plötzliche Tod von

John D. Rockefeller junior im Jahre 1960 ein historischer Wendepunkt für das Projekt gewesen. Das Geld Rockefellers hatte den Teammitgliedern ausgedehnte Aufenthalte in Jerusalem ermöglicht. Wenn die finanzielle Unterstützung noch etwas länger fortgesetzt worden wäre, deutete Strugnell an, dann hätten sich die Probleme vielleicht von selbst gelöst. Aber in den Rockefeller-Akten gibt es keinerlei Hinweise, daß dieser dem internationalen Team noch mehr Geld zukommen lassen wollte. Bereits in den späten fünfziger Jahren war das Projekt zu einer Belastung für ihn geworden.

Man sagt oft, daß akademische Auseinandersetzungen so erbittert geführt werden, weil die zu verteilenden Pfründe so begrenzt sind. Rockefellers Unterstützung für das Qumran-Projekt in den Jahren 1953 bis 1960 belief sich auf insgesamt hunderttausend Dollar – und das zu einer Zeit, als Mr. Rockefeller jedes Jahr mehrere Millionen für Colonial Williamsburg aufwendete. Die politischen Schwierigkeiten in Jordanien wuchsen, und das führte schließlich im Sommer 1956 dazu, daß Lankester Harding seinen Posten aufgeben mußte. Während der Suezkrise wurden ständig Forderungen laut, die Handschriften zum nationalen Eigentum zu erklären und den Zugang zu den Texten künftig stark einzuschränken. Hinzu kam, daß sich die angekündigte Veröffentlichung der Texte immer wieder verzögerte. Aus alldem wird deutlich, warum Rockefellers Berater beschlossen, daß mit dem Auslaufen der von Rockefeller 1957 für drei Jahre zugesagten Zahlungen keine weiteren Gelder in das Projekt fließen sollten.

Cross und auch Strugnell erinnern sich, daß bis 1960 die wesentliche Arbeit getan war. Es lagen zwar immer noch Glasplatten mit nicht identifizierten Fragmenten auf dem langen Tisch im Handschriftensaal, aber dabei handelte es sich nur noch um winzige Stücke. Von allen zusammengesetzten Dokumenten existierten Abschriften und vorläufige Übersetzungen, und man hatte eine umfassende Konkordanz zusammengestellt. »An einem bestimmten Punkt kam de Vaux und sagte: ›Ihr habt getan, was ihr konntet, jetzt ist es Zeit aufzuhören‹«, erinnert sich Cross. Aber es vergingen Jahre, und noch immer war kein Text aus Höhle 4 veröffentlicht worden. Das Ende der Rockefeller-Unterstützung bot eine neue Ausrede für die Verzögerung. Laut Strugnell hatten »nur wenige von uns Geld für den Lebensunterhalt, solange wir an den Qumran-Rollen arbeiteten«. Also teilten die Mitglieder des internationalen Teams die Veröffentlichungsrechte an dem Material unter sich auf und gingen von da an getrennte Wege.

Strugnell trat zunächst eine Stelle an der Duke University an und ging später zu Cross nach Harvard; Allegro ging wieder nach Manchester, Skehan an die Catholic University; Milik kehrte nach Paris zurück, gab sein Priesteramt auf und arbeitete jahrelang am Centre Nationale de la Recherche Scientifique. Die Teammitglieder arbeiteten jetzt hauptsächlich mit Hilfe von Fotografien und fuhren nur noch gelegentlich nach Jordanien, um die Fragmente selbst zu untersuchen. Die Zahl der offiziellen Veröffentlichungen wuchs nur langsam. Die überwiegende Anzahl der Texte aus Höhle 4 aber blieb für die wissenschaftliche Öffentlichkeit unzugänglich, obwohl Abschriften existierten, die in privaten Seminaren und gelegentlich in Vorlesungen zur Diskussion gestellt wurden. Es handelte sich nicht um eine Verschwörung, um ein bestimmtes Wissen zu unterdrücken. Die Mitglieder dieser geschlossenen Gesellschaft hatten einfach eine Menge anderer akademischer Verpflichtungen neben der Veröffentlichung der Qumran-Rollen. Aber statt auf ihre Exklusivrechte zu verzichten oder ihre Texte in Form einer vorläufigen Ausgabe zu veröffentlichen, hielten sie sie zurück.

Die Eroberung Ost-Jerusalems durch die Israelis machte die Sache noch komplizierter, und der Status quo blieb erhalten. Für interessierte Wissenschaftler, die keine persönlichen Beziehungen zum inneren Kreis hatten, wurde die Situation schließlich unerträglich. Hershel Shanks beschrieb das treffend in einem Artikel in der *New York Times* vom 7. September 1991, als das wissenschaftliche Monopol auf die Qumran-Rollen ein für allemal zu zerbrechen begann. »Ich glaube, nach internationalem Recht sind diese Herausgeber Treuhänder«, schrieb Shanks mit leidenschaftlicher Überzeugung. »Eigentliche Nutznießer dieses ihnen anvertrauten Gutes sollten alle sein, deren Vergangenheit durch diese kostbaren Texte erhellt wird – nicht eine elitäre Gruppe von Wissenschaftlern oder ein einzelnes Land, eine Kultur oder eine Glaubensrichtung. Indem sie die Texte abschrieben, erfüllten die Forscher ihre treuhänderische Aufgabe, sie arbeiteten für uns. Dadurch, daß sie sie aber mehr als eine Generation lang unter Verschluß gehalten haben, haben sie einen Vertrauensbruch begangen und ihre Pflichten verletzt. Sie sind die Gesetzesbrecher. Sie bestehlen uns alle, nicht wir sie.« Der Druck der Öffentlichkeit setzte schließlich durch, was ruhige, höfliche Appelle an die Mitglieder des internationalen Teams nicht hatten bewirken können.

Aber auch Strugnells Absetzung als leitender Herausgeber und die Veröffentlichung bereits bearbeiteter Abschriften sowie von Fotografien der Schriftrollen bedeuteten noch nicht, daß der Kampf beendet war. Denn der freie Zugang zu den Texten aus Qumran wurde nicht zum Auslöser für eine Neubewertung der historischen und religiösen Grundannahmen. Einige Wissenschaftler sehen den Grund darin, daß die Arbeit der Herausgeber in den frühen fünfziger Jahren so vorausschauend und exakt war, daß die Ergebnisse heute noch als grundsätzlich richtig anerkannt werden müssen. Aber das wäre ungewöhnlich, wenn nicht sogar einzigartig. Buchstäblich jede historische Disziplin hat in diesem Zeitraum eine erstaunliche Veränderung durchgemacht. Die Kulturanthropologie, Sozialgeschichte, historische Soziologie und ein Dutzend anderer Disziplinen haben unsere Auffassung von der Vergangenheit überall auf der Welt grundlegend verändert.

Speziell bei der Erforschung des antiken Judaismus und des frühen Christentums haben Wissenschaftler in den letzten vier Jahrzehnten ihr Augenmerk auf ganz neue Bereiche gerichtet. Auch die Bedeutung von Geschlechtsunterschieden, sozialen Spannungen, elitärer Propaganda, Protest- und Widerstandsbewegungen sowie kaum verschleierter politischer Ideologie bei der Entstehung religiöser Literatur wurden untersucht. Und wir wissen jetzt viel mehr über die materielle Basis, die in Judäa zur Zeit der Niederschrift der Qumran-Rollen existierte. Nach fast vier Jahrzehnten intensiver archäologischer Grabungen steht uns nun eine Vielzahl von Informationen über das tägliche Leben, die kulturellen Beziehungen und die wirtschaftlichen Bedingungen im Judäa des späten Hellenismus und der Römerzeit zur Verfügung, die zur Zeit der ersten Qumran-Ausgrabung nicht bekannt waren.

Noch immer aber beherrschen die Paläographen und Philologen die Qumran-Forschung, werden die Qumran-Rollen und ihre Verfasser als isoliertes Phänomen betrachtet, wird die Qumran-Literatur als interessante, aber letztlich bedeutungslose religiöse Äußerung abgetan, deren Wert sich auf ihre Funktion als Hintergrundmaterial für das Studium des rabbinischen Judaismus und des Christentums beschränkt. Damit hat der alte wissenschaftliche Konsens, der auf fragwürdigen paläographischen, historischen und archäologischen Annahmen beruht, den Niedergang des inneren Kreises überlebt. Auch weiterhin zeigen angesehene Wissenschaftler nur Verachtung für anderslautende Interpretationen. Und die heftigen Auseinandersetzungen über das Eigentumsrecht an den Qumran-Rollen bilden nur die Oberfläche eines viel tiefer liegenden theologischen Konflikts zwischen denen, die den etablierten religiösen und wissenschaftlichen Institutionen treu ergeben dienen wollen, und denen, die es wagen, sie zu hinterfragen.

DER GEHEIME MESSIAS

Der letzte Messias würde kein bescheidener Zimmermann oder sanfter Schafhirte sein, der Liebe und Vergebung in Gleichnissen predigt, auch kein Gott in Menschengestalt, der für die Sünden der Menschheit geopfert wird. Der letzte Messias Israels würde eine siegreiche Kriegergestalt sein, ein gerechter Richter, ein Hoherpriester und weiser Führer. Die messianischen Gestalten der Qumran-Literatur werden unterschiedlich beschrieben, aber die Umstände, unter denen sie in Erscheinung treten, sind offenbar dieselben: Am Ende einer Zeit der Gottlosigkeit, in der das Volk Israel von fremden, götzendienerischen Mächten versklavt worden ist, weil es die Gesetze des Bundes nicht geachtet hat, werden sich von Gott gesalbte Führer erheben, die verbliebenen Gerechten zum Sieg gegen ihre Unterdrücker führen und über ein vollkommen harmonisches und gerechtes himmlisches Königreich auf Erden herrschen.

Diese messianische Begeisterung hatte nichts Metaphorisches oder Jenseitiges an sich. Die Menschen von Qumran teilten die allgemeine Überzeugung, daß die Römer und ihre judäischen Vertreter die Mächte der Finsternis auf Erden verkörperten und die Auslöschung des Bösen nur durch einen unvorstellbar blutigen Heiligen Krieg zu erreichen sei. Dann würde eine Zeit der Erneuerung folgen, in der als Lohn für eine peinlich genaue Befolgung der göttlich bestimmten Feiern, Tempelopfer und Reinheitsgebote das Land überaus fruchtbar würde. Auch würden Frieden und Eintracht herrschen. Dies war die Zukunftsvision eines Volkes, das nichts als Chaos, Ungerechtigkeit und harte Existenzkämpfe in einem kargen Land kannte, in dem es oft nicht ausreichend regnete und Mißernten an der Tagesordnung waren. Was diesen messianischen Glauben aber vom bloßen Tagtraum unterschied, war die Ausgewogenheit von politischen und religiösen Erwartungen. Die Beseitigung der äußeren Unterdrückung war nur der erste Schritt auf dem Weg zu einer spirituellen Erlösung, die allein durch die völlige Einhaltung der mosaischen Gesetze möglich war. In diesem apokalyptischen Schauspiel würde das Volk Israel aktiv an seiner Erlösung mitwirken. Unter der Führung seines lange erwarteten Messias und geleitet von einer Vision der Gerechtigkeit würde es die Welt neu gestalten.

Überall in der Literatur aus Qumran gibt es Hinweise auf den Messias oder auch auf mehrere Messiasse, aber oft ist nicht klar, welche Bedeutung ihnen zugedacht wird. Sie tauchen in verschiedenen literarischen Genres auf, in unterschiedlichen, zum Teil nur bruchstückhaft erhaltenen Dokumenten, auf zerrissenen und zerfallenen Pergamentstücken, deren Farben von verblichenem Weiß bis zu nachgedunkeltem Umbra reichen. Bei einigen der wichtigsten Texte ist es schwer, mehr als ein oder zwei Worte pro Zeile eindeutig zu entziffern, weil das Leder intensiv nachgedunkelt ist, die zerfetzten Ränder zerknittert oder zusammengeschrumpft sind oder die Handschrift undeutlich oder unleserlich ist. Deshalb kann das Studium der Schriftrollen zum höchst subjektiven Erlebnis werden, bei dem die Hoffnungen, Befürchtungen, Glaubensgrundsätze und Vorurteile des betreffenden Wissenschaftlers darüber entscheiden, was er oder sie sieht. Dadurch wird das Studium der Qumran-Rollen immer auch zum spirituellen Rorschachtest. Der gläubige Christ, der agnostische Humanist, der Zyniker oder der Bilderstürmer, sie alle sehen sehr Unterschiedliches in den runzeligen, braunen Lappen aus antikem Leder, in denen das hebräische Wort *mašiach*, »Messias«, immer wieder vorkommt.

Schon die Bedeutung des Wortes *mašiach* wirft Probleme auf. Seinen Ursprung hat es in einer alten israelitischen Vorstellung, später wird es zum Kern des christlichen Glaubens. Wörtlich bedeutet der hebräische Ausdruck *mašiach* »gesalbt«, mit wertvollem Öl parfümiert. Die Salbung war im antiken Nahen Osten das Zeichen göttlicher Auserwähltheit zur Königsherrschaft oder zum Priestertum. In den meisten Büchern des Alten Testaments bedeutet *mašiach* genau dies: einen mächtigen, von Gott auserwählten Führer. Der Begriff bezeichnet irdische, politische Persönlichkeiten wie Saulus, David, Salomo und sogar Kyros den Großen. Nach der Eroberung des israelitischen Königreichs durch die Assyrer im Jahre 721 v. u. Z., vor allem aber nach der Vernichtung der judäischen Monarchie durch die Babylonier etwa 135 Jahre später, entwickelte sich eine neue Messias-Vorstellung. Das Volk Israel hatte seine politische Unabhängigkeit und seine göttliche Auserwähltheit verloren und sehnte sich nach einer Zeit in der Zukunft, in der ein göttlich auserwählter König wie David – vielleicht sogar ein entfernter Nachkomme aus dem Geschlecht Davids – sich erheben und alle Feinde Israels niederwerfen würde, um die in ihrer Erinnerung schmerzlich fortlebende politische und wirtschaftliche Unabhängigkeit Israels wiederherzustellen. Er sollte die Herrschaft Gottes auf Erden, wie die Israeliten sie sich vorstellten, durchsetzen.

Durch Jesus von Nazareth aber erfuhr das jüdische Messias-Konzept eine weitreichende theologische Veränderung. Obwohl der Ausdruck *christós* eine griechische Übersetzung des hebräischen *mašiach* ist und viele biblische Prophezeiungen als Voraussagungen der irdischen Fleischwerdung Jesu interpretiert wurden, so ist doch festzustellen, daß von dem eindeutig nationalen, politischen Retter des Volkes Israel in dem jenseitigen, apolitischen Christus nicht mehr viel zu erkennen ist. Natürlich sahen die nichtjüdischen Christen, die jetzt am Königreich teilhaben konnten, in dieser Veränderung einen bedeutsamen geistigen Wendepunkt. Aber seit Historiker und Bibelwissenschaftler in den letzten hundert Jahren den antiken jüdischen Quellen mehr Beachtung geschenkt haben, erscheint dieser Wendepunkt weit weniger eindeutig gesichert, als man bisher glaubte. Mit der Entdeckung der Qumran-Rollen wurde deutlich, daß jüdische und frühchristliche Messias-Vorstellungen in vielen Punkten übereinstimmten. Da die Qumran-Texte so kryptisch und oft nur bruchstückhaft überliefert sind, sind alle Aussagen über die Beziehung zwischen jüdischem und christlichem Messianismus oder zwischen Judaismus und Urchristentum aber eher eine Frage der theologischen Interpretationen aus der Perspektive einer bestimmten Glaubensrichtung als das Ergebnis klarer dokumentarischer Beweise.

In den frühen fünfziger Jahren, als der Inhalt der ersten Qumran-Rollen der wissenschaftlichen Öffentlichkeit bekannt wurde, fielen einige Übereinstimmungen mit Begriffen und Vorstellungen des Neuen Testaments auf: Sowohl in der Gemeinderegel als auch in den Evangelien werden oft Ausdrücke wie »das Licht des Lebens«, »Söhne des Lichts« und »ewiges Leben« gebraucht. In der Gemeinderegel, dem Damaskus-Dokument und der Kriegsrolle gibt es zahlreiche Hinweise auf die messianischen Erwartungen der Sekte. Einige Wissenschaftler fanden im Damaskus-Dokument sogar einen Hinweis darauf, daß die Qumran-Gemeinde die messianische Wiederkehr ihres Lehrers der Gerechtigkeit erwartete. Die Gemeinderegel läßt zudem die zentrale Rolle des Taufritus und der gemeinschaftlichen heiligen Mahlzeiten für die Gläubigen erkennen. Gemeinschaftlicher Besitz und Zölibat wurden ebenfalls als Ähnlichkeiten zum frühen Christentum gewertet. Und auch der Gebrauch ähnlicher organisatorischer Begriffe in der Qumran-Gemeinde und in der Urkirche ist auffällig. Einander entsprechende griechische und hebräische Ausdrücke, die mit »die Vielen« übersetzt werden können, wurden ebenso benutzt, um die Versammlung aller Mitglieder der Sekte am Toten Meer zu bezeichnen, wie sie für die Gruppen früher Christen verwendet wurden. Die Qumran-Gemeinde wurde von einem Rat aus zwölf Laien und drei Priestern geführt, der, wie einige Wissenschaftler meinen, eine ausgesprochene Ähnlichkeit mit dem Rat der Zwölf Apostel und seinen drei »Säulen« Jakobus, Kephas und Johannes hatte. Weiterhin wurde der Oberaufseher der Qumran-Gemeinde *mevakker* genannt, eine Bezeichnung, deren griechische Übersetzung *epískopos* zum Titel der Bischöfe in den frühen christlichen Gemeinden wurde. Die Verbindungen zwischen Qumran und dem frühen Christentum schienen so deutlich, daß Frank Moore Cross 1956 schrieb: »Daß die Essener im Neuen Testament nicht erwähnt werden, ist ein sehr merkwürdiger Umstand, für den ich keine ganz befriedigende Erklärung weiß.«

Andere fanden schnell Erklärungen hierfür und betonten die Unterschiede statt der Ähnlichkeiten. Die Sorge, daß die Qumran-Rollen irgendwie die geistige Einzigartigkeit des Christentums unterminieren könnten, war berechtigt. Professor Burrows von der Yale University versuchte 1955 in seinem Buch *The Dead Sea Scrolls* (deutsch: *Die Schriftrollen vom Toten Meer*, 1960), die Gläubigen zu beruhigen. »Man hat sogar gesagt, daß die Entdeckungen die neutestamentliche Wissenschaft revolutionieren würden«, schrieb er. »Das kann vielleicht einige Aufregung hervorrufen. Aber es besteht keine Gefahr, daß unser Verständnis des Neuen Testaments durch die Rollen vom Toten Meer so umstürzend verändert wird, daß es eine Abänderung grundlegender Artikel des christlichen Glaubens nötig machen würde.«

Die etablierten Wissenschaftler betonten immer häufiger die Un-

terschiede zwischen den Lehren der Qumran-Schriften und der Kirche
ebenso stark wie die Ähnlichkeiten. Immerhin sprachen die Gemeinderegel und das Damaskus-Dokument von zwei Messiassen, einem
priesterlichen und einem königlichen, nicht von einem einzigen aus
dem Geschlecht Davids. Und obwohl die Qumran-Sekte viele Begriffe
und Riten mit den Christen teilte, so erhielten diese doch, wie die
Wissenschaftler meinten, im Christentum eine völlig andere Bedeutung. Die Christen predigten die Liebe zu allen Völkern, nicht nur zu
den anderen Gemeindemitgliedern. Für die Christen war der Messias
bereits gekommen, um das Königreich Gottes einzusetzen, während
die Qumran-Rollen voller Sehnsucht von diesem Ereignis sprechen, das
erst noch stattfinden soll. 1957 erklärte Abbé J. T. Milik, wie bereits
erwähnt, daß trotz aller Parallelen in den Glaubensinhalten das Christentum im Vergleich zur Qumran-Gemeinde »etwas völlig Neues« darstelle. Und erst 1992 unterstrich Professor James VanderKam den Unterschied zwischen dem andere ausschließenden, elitären Dogma der
Qumran-Gemeinde und der universellen Botschaft des Christentums.
»Die Qumran-Rollen«, schrieb er, »tragen auch dazu bei, die Einzigartigkeit des Christentums zu erhellen: Diese liegt nicht so sehr in seiner
Gemeindebildung und in seinen eschatologischen Erwartungen als vielmehr in dem Bekenntnis, daß der Sohn eines Zimmermanns aus Nazareth in Galiläa wirklich der Messias und Sohn Gottes war, der lehrte,
heilte, litt, starb, auferstand und in den Himmel auffuhr und der versprochen hatte, eines Tages in Herrlichkeit zurückzukommen, um die
Lebenden und die Toten zu richten.«

Dies ist die Sprache religiöser Überzeugung, aber keine analytische
historische Stellungnahme. Tatsächlich lassen die meisten Qumran-Forscher keinen Zweifel daran, wo ihre religiösen Sympathien liegen. Das
soll nicht heißen, daß ein jüdischer oder christlicher Wissenschaftler
Qumran-Texte, die seiner oder ihrer Meinung nach den Glauben bedro-
hen könnten, je absichtlich falsch übersetzen, unterschlagen oder zerstören würde. Wer umfangreiche Verschwörungen zur Unterdrückung
explosiver religiöser Geheimnisse in den Qumran-Rollen wittert, hat
keine Vorstellung davon, wie subjektiv das Studium der Schriftrollen
tatsächlich ist. Ihre poetische, bildhafte Sprache macht sie in vielen
Fällen kryptisch. Die exakte theologische Bedeutung vieler messianischer Begriffe und Anspielungen ist völlig unklar. Wenn es eine inter-

nationale Verschwörung gäbe, müßten ihre frommen Agenten in der Lage sein, »explosive Geheimnisse« eindeutig zu erkennen, um sie unterdrücken zu können. Tatsächlich ist aber in der Qumran-Forschung fast alles Interpretationssache. Fromme Wissenschaftler, ob sie nun Juden oder Christen sind, werden wahrscheinlich nur das sehen, was sie für wahr halten. Sie werden aus dem Studium der Qumran-Texte nur eine um so höhere Wertigkeit ihrer eigenen Glaubensrichtung ableiten.

Obwohl heute immer von Offenheit und freiem Zugang für alle interessierten Wissenschaftler die Rede ist, muß man doch noch eine Reihe von Hindernissen überwinden und viele Pförtner, Türen, Schlösser und Kammern passieren, bis man in den ruhigen, engen Raum gelangt, in dem man die Platten mit den gesammelten Schriftfragmenten aus Höhle 4 in Qumran einsehen kann. Immer noch muß man sich einer Prozedur des Erkennens, des höflichen Nickens und der bekannten Codewörter – in Form der richtigen Empfehlungsschreiben, die in der richtigen Art abgefaßt sind – unterwerfen, um in das Allerheiligste vorzustoßen, in dem Hunderte von antiken hebräischen und aramäischen Dokumenten lagern.

Pater Émile Puech von der École Biblique et Archéologique in Jerusalem ist einer der führenden Wissenschaftler auf dem Gebiet der Qumran-Forschung. Er führte mich in den Raum, in dem an den Qumran-Fragmenten gearbeitet wird. Puech ist klein, dunkel, hat einen pechschwarzen Bart und dunkle Augen. Ich hatte ihn ein Jahr zuvor an der École kennengelernt, und damals hatte er mich an seinen kleinen Arbeitsplatz in der berühmten Bibliothek der École mitgenommen. Sein Raum war kaum größer als der enge Arbeitsplatz eines amerikanischen Studenten. Dort zeigte er mir die Collage, mit der er seinen Weltruhm in der Qumran-Forschung begründet hatte. Er öffnete eine große Mappe mit sorgfältig zusammengeklebten Kopien von Handschriftenschnipseln und zeigte mir mit lebhaften Handbewegungen, wie er die Fragmente von einer Position zur anderen verschoben und zusammengesetzt hatte. Um die Logik seiner Verschiebungen zu unterstreichen, trug er mir die Botschaft des dabei neu entstandenen Dokuments, einer Engelsliturgie, vor.

Émile Puech ist sicher kein Agent einer theologischen Verschwörung, der geheime Dokumente prüft und diejenigen verschwinden läßt,

die ihm nicht gefallen. Er ist Priester, und ihm würde es sehr schwer-
fallen, in den Qumran-Texten Hinweise zu erkennen – oder gar danach
zu suchen –, die Jesus Christus als Messias oder seine grundlegende
Einzigartigkeit in Zweifel stellen würden. »Wissen Sie, ich komme aus
einer Kleinbauernfamilie«, erzählte er mir später. »Ich bin mit Kühen,
Schafen und Weinbergen im Süden Frankreichs aufgewachsen, in der
Nähe des berühmten Dorfes Estaing.« Stolz erzählte mir Puech, daß
es sich um die Ländereien der »sehr guten Familie« des früheren Präsidenten Valéry Giscard d'Estaing handelte. Schon in jungen Jahren beschloß der Bauernsohn, sein Leben der Kirche zu widmen. Er besuchte
ein Priesterseminar in der Nähe von Lyon und studierte Theologie und
Latein. Auf dem Dachboden des Seminars fand er einige alte hebräische
Bücher und beschloß daraufhin, Hebräisch zu lernen. Mitte der sechziger Jahre absolvierte er seinen Wehrdienst bei den französischen
Streitkräften in Westdeutschland. Dort wurde er als Funker und Experte für Morsecodes eingesetzt, aber ob das Einfluß auf seine spätere
Fertigkeit im Entziffern der Schriftrollen hatte, ist schwer zu sagen.
Danach kehrte er ins Priesterseminar zurück. Von seinem Bischof er-
hielt er die Erlaubnis, in Paris alte Sprachen zu studieren. Er studierte
bei dem berühmten Orientalisten André Dupont-Sommer; später wurde
er Protegé von Abbé Jean Starcky, einem Mitglied des internationalen
Teams. Dupont-Sommer förderte Puechs Studien in alten semitischen
Sprachen, und Starcky überließ ihm einige der wichtigsten aramäischen
Qumran-Texte. Die Aufnahme in die École Biblique et Archéologique
in Jerusalem war dann nur noch die letzte Etappe in Puechs lebens-
langer Vorbereitung, der Welt die Botschaft der Qumran-Rollen zu
überbringen.

Noch vor zwei Jahren wäre es undenkbar gewesen, daß ein Herausgeber der Schriftrollen ganz zwanglos einen Schriftsteller in den
Arbeitsraum brachte und ihm Details von wichtigen, noch unveröffentlichten Texten erläuterte, während der Kassettenrekorder lief und der
Schriftsteller sich Notizen machte. Es wäre als grobe Verletzung der
Spielregeln betrachtet worden. Aber inzwischen hatte das internationale Team andere Sorgen, und die Geheimhaltung gehörte nicht dazu.
An einem Julimorgen im Jahre 1993 fuhr ich also von West-Jerusalem
aus zur École Biblique im Ostteil der Stadt. Ich holte Puech vor dem
verschlossenen Eingangstor in der Nablusstraße ab. Von früher kannte

ich die Straße, die zum Damaskustor führt, als lärmenden Busbahnhof
für Leute, die von den arabischen Städten und Dörfern der Umgebung
in die Altstadt von Jerusalem kamen. Aber an diesem Tag mitten in
der Intifada war ein Generalstreik ausgerufen worden, und die Straße
wirkte völlig verlassen, bis auf einen Kontrollpunkt der israelischen
Grenzpatrouille. Wir bogen nach dem Kontrollpunkt am Damaskustor
links ab und fuhren zum Rockefeller Museum, auf dessen achteckigem
Turm die israelische Flagge wehte. Das Museum war seit dem Sechstagekrieg 1967 die Zentrale des Israelischen Amtes für Altertümer.

Die unterirdischen Gänge, Büros und Korridore des Museums waren
einmal mein tägliches Umfeld gewesen, als ich hier vor zwanzig Jahren
als begeisterter junger Archäologe arbeitete. Ich erkannte auf den ersten
Blick nicht, wieviel sich geändert hatte. Der erste Torwächter auf dem
Weg zu den Schriftrollen war die Hauptkuratorin Ruta Peled, eine vernünftige und sachkundige Frau, die ich noch aus den Tagen kannte, in
denen ich als Assistent in genau dem Büro gearbeitet hatte, in dem sie
jetzt residierte. Als sich Ruta Peled und Émile Puech gegenüberstanden,
spürte ich augenblicklich eine unterschwellige Spannung – eine plötzliche Gereiztheit, die mir vollkommen unbegründet erschien. Frau Peled
saß an ihrem Schreibtisch und tat ihr möglichstes, den neuen Zugangs-
bestimmungen zu entsprechen, während Puech deutlich zeigte, wie sehr
ihm die erniedrigende Prozedur mißfiel, einen formellen Antrag zu stellen, um Zugang zu den Schriftrollen zu erhalten. Bis zu dem internationalen Aufruhr und der damit verbundenen Änderung des Verfahrens
hatten die Wissenschaftler vom internationalen Team einen direkten
und weitgehend unkontrollierten Zugang zum Arbeitsraum gehabt.

In den frühen siebziger Jahren wurde der große Arbeitsraum geschlossen und ein kleiner Raum neben den Lagerräumen im Keller für
das Studium der Schriftrollen eingerichtet. Die Platten mit den Schriftfragmenten wurden in Schränke mit großen, flachen Schubladen eingeordnet, und die Qumran-Forscher konnten sich dort nach Belieben um-
sehen. Aber seit sich nach dem Skandal um die Veröffentlichungen
immer mehr qualifizierte Wissenschaftler an der Benutzung interessiert
zeigen, werden die Schriftfragmente strenger überwacht, und auch die
Mitglieder vom internationalen Team müssen eine Erlaubnis für jedes
Dokument beantragen, das sie einsehen wollen. Mir erscheint es nicht
als Zumutung, daß ein Wissenschaftler ein Formular ausfüllen muß und

dann wartet, bis ein Museumsbediensteter die verlangte Handschrift in ein spezielles Arbeitszimmer bringt. In der British Library, in der Smithsonian Library oder im Louvre würde dieses Verfahren niemals in Frage gestellt werden. Aber Puech schien in dieser Prozedur, bei der ich das Gefühl hatte, daß sie zumindest teilweise nur zur Demonstration für mich so rigoros durchgeführt wurde, einen Angriff auf seine Würde zu sehen. Er begegnete den verwaltungstechnischen Neuerungen mit einem verdrossenen, sogar gereizten Gesichtsausdruck und mit Kopfschütteln.

In einem Vorzimmer warteten wir auf die Fragmente. Zwei Restauratoren waren an einem Arbeitstisch intensiv damit beschäftigt, die Reste der Klebstreifen von 1950 mit chirurgischen Instrumenten von der jetzt geschwärzten Oberfläche der Fragmente zu entfernen. Sie erklärten, dies sei Teil einer großangelegten Konservierungsaktion, bei der alle Fragmente gereinigt und wieder zusammengesetzt werden sollten. Das bisherige Verfahren, die Handschriften zwischen Glasplatten zu pressen, beurteilten sie als schädlich. Die Fragmente sollten zwischen zwei Bögen feiner Polyestergaze eingenäht werden. Puech und ich standen da und warteten. In einem engen Nebenzimmer, das sogar an diesem kühlen Morgen stickig war, saßen zwei bekannte Qumran-Wissenschaftler über die Platten gebeugt, die ihnen einzeln gebracht worden waren.

Widerwillig und gereizt hatte Puech eine Anforderung für drei Manuskripte auf einen kleinen linierten, gelben Block geschrieben, den ich ihm anstelle eines offiziellen Antragsformulars gegeben hatte. Er war noch verärgert, weil er die vertrauten Bezeichnungen 4Q521, 4Q525 und 4Q542, wobei »4Q« Höhle 4, Qumran bedeutete, in neue Inventarnummern des Israelischen Amtes für Altertümer übertragen mußte (330, 423 und 193). Aber als die Dokumente schließlich in den Arbeitsraum gebracht wurden, änderte sich sein gesamtes Verhalten sofort. Vorläufig waren die Fragmente zwischen Plexiglasplatten fixiert. Die Dokumente wiesen unterschiedliche Muster aus zusammengesetzten Fragmenten auf und sahen nicht so sehr wie unvollendete Puzzles, sondern eher wie Mosaiken aus. Die Farbe des zerknitterten, gepreßten Leders variierte von Blaßgelb hin zu einem vollen Goldbraun; die winzigen hebräischen Buchstaben darauf waren teilweise atemberaubend klar zu erkennen.

Wenn man die Texte so eingehend untersucht, daß man sogar die Geschicklichkeit des antiken Schreibers beim Formen der Buchstaben erkennt, erscheinen sie auf einmal nicht mehr so abstrakt. Würde man eine Fotografie dieses Dokuments in einem Buch betrachten, hätte das eine völlig andere Wirkung. Aber wenn man eine Qumran-Textplatte in den Händen hält und sie leicht hin und her bewegt, kann man sogar die feinen Falten und Unvollkommenheiten im Leder erkennen und das Spiel des Lichts auf der Tinte beobachten. Die Kühnheit oder Ungeschicklichkeit der Federstriche, die Geradheit der Linien oder die Unregelmäßigkeit der Ränder – all das schafft den Eindruck, daß ein *Individuum* an diesem Text gearbeitet hat. Und man kann fast nicht umhin, sich eine Meinung über dessen Persönlichkeit und Intelligenz zu bilden.

Für Puech stellten die ausgefransten alten Lederstücke mit der messianischen Botschaft in erster Linie eine Herausforderung an seine Fähigkeiten dar. Erst in zweiter Linie forderten sie auch seinen Glauben heraus. Er meinte, daß Starcky mit dem Zusammensetzen der Teile nur begonnen habe. Er selbst habe diesem Text später noch weitere acht Teile von den »unidentifizierten« Platten zuordnen können. Er tippte mit dem Finger auf verschiedene Stellen der drei rekonstruierten Kolumnen: »Das hier war nicht so problematisch, aber dies war schwierig, und dieser kleine Teil war besonders kompliziert, und dies war ein Problem ... , hier sehen Sie eine perfekte Verbindungsstelle, aber hier paßt es nicht mehr, weil das Leder sich gewölbt hat; es ist geschrumpft, aber die Überreste der Buchstaben sieht man hier und hier. Wenn ich alles zusammenfüge, schiebe ich diese hier übereinander und erhalte dieselbe Kontur.«

Dies sollte gewiß keine systematische Einführung in die Fragmentsammlung aus Höhle 4 sein; es sollte nur einen Eindruck von den Textproblemen vermitteln, denen Puech gewöhnlich gegenüberstand. Das erste Dokument, das wir uns ansahen, bestand aus drei bruchstückhaften Textspalten. Starcky hatte ihm ursprünglich den Titel »Über die Auferstehung« gegeben, aber Puech nannte es später »Messianische Apokalypse«. Der antike Titel war unbekannt, der Inhalt jedoch äußerst wichtig. Die Schrift sagte eine reale Veränderung voraus, die über den Heiligen Krieg und die politische Revolution der meisten anderen messianischen Verweise hinausgeht: Sie prophezeite eine geistige Wandlung und das Wohlergehen der Menschheit.

[... Die Him]mel und die Erde werden Seinem Messias
   gehorchen,
[Die Meere und alles, w]as in ihnen ist. Er wird sich nicht
   abwenden vom Gebot der Heiligen.
Gewinnt Kraft aus Seinem mächtigen Werk, alle, die ihr den
   Herrn sucht.
Werdet ihr nicht den Herrn in diesem finden, alle, die ihr
   [auf Ihn] wartet mit Hoffnung in euren Herzen?
Sicher wird der Herr die Frommen suchen und die Gerechten
   beim Namen rufen.
Sein Geist wird über den Armen schweben; durch Seine
   Macht wird Er die Gläubigen wieder ins Recht setzen.
Er wird die Frommen auf dem Thron des ewigen Königreiches
   verherrlichen.
Er wird die Gefangenen befreien, die Blinden sehend machen,
   die Nie[dergetretenen] aufrichten.

Dieses hebräische Gedicht beschreibt im folgenden dann das künftige
Kommen eines Messias, der vom Himmel gesandt ist. Er werde die Kranken heilen, die Toten auferstehen lassen und den Armen frohe Botschaft
bringen. Ist dies nun einfach die fromme Lyrik einer Sonntagspredigt,
oder beschreibt es eine reale Erwartung, eine Reaktion auf die Bedingungen dieser Welt? Trotz der fortgesetzten Versuche, den Qumran-
Messianismus vom Christentum zu trennen, muß man doch bedenken,
daß die verschiedenen Taten in genau dieser Reihenfolge in den Evangelien von Matthäus und Lukas als Merkmal von Jesu geistlichem Amt
erscheinen: die Gefangenen befreien, die Blinden sehend machen, die
Niedergetretenen aufrichten. Aber Puech wollte die Bedeutung dieser
rein textlichen Parallelen nicht überbewerten. Er bestritt, daß sich das
Gedicht auf einen einzelnen Messias wie Jesus beziehe; vielmehr vertrat
er die Ansicht, daß es darin um die typischerweise in der Mehrzahl
auftretenden Messiasse gehe, von denen auch an anderer Stelle in den
Qumran-Rollen die Rede ist. Und die Hinweise auf Heilung, Auferstehung
und die frohe Botschaft wollte Puech nicht auf den Messias beziehungsweise die Messiasse bezogen wissen, sondern lieber auf Gott. Als wir
uns die anderen Dokumente ansahen, gab er weitere technische und
textliche Erläuterungen zum »Testament des Kahath« mit seiner scharfen

Polemik gegen Fremde und zu einem »Spruchtext mit Seligpreisungen«, der auffällige Parallelen zur Bergpredigt im Matthäus-Evangelium aufweist. In beiden Texten sah er ein mögliches literarisches Vorbild für die frühen christlichen Texte, aber er schrieb ihnen wenig eigenen religiösen Wert zu.

Was bedeuteten nun alle diese mit viel Findigkeit zusammengesetzten Ledermosaiken alter jüdischer Lyrik und Gebete? Ich fragte Puech nach möglichen direkten Verbindungen zwischen der Qumran-Sekte und den frühen Christen. Er zögerte, wurde sehr vorsichtig und zügelte seine Begeisterung plötzlich. »Ich kann noch nicht allzuviel darüber sagen, weil ich mir selbst erst noch eine Meinung bilden muß. Aber ich habe eine Arbeitshypothese: Ich bin sicher, daß viele Essener zum Christentum konvertierten.« In dieser frommen Vermutung spiegelte sich seine theologische Wunschvorstellung wider. Alles weitere basierte auf seinem Glauben, nicht jedoch auf einer Analyse der vielschichtigen sozialen und politischen Umwälzungen im Judäa des ersten Jahrhunderts. Er nahm an, die Essener seien es einfach müde geworden, auf die Rückkehr ihres Lehrers der Gerechtigkeit zu warten, und hätten sich der Kirche Jesu Christi angeschlossen. Eine Beeinflussung in umgekehrter Richtung, nämlich daß die Qumran-Sekte die Vorstellungen oder die Botschaft Jesu geformt haben könnte, hat es seiner Meinung nach nicht gegeben. »Jesus wußte nicht viel über Qumran. Man mußte Mitglied der Sekte sein, um in die Siedlung hineinzukommen. Vielleicht wußte er, daß sie existierte, aber er war nie dort«, erläuterte Puech.

Diese Vermutung ist rein spekulativ, aber sie fügte sich gut in Puechs Hypothese ein, die Qumran-Sekte und die Anhänger Jesu hätten zwei völlig verschiedenen Gruppen angehört. Während die eine elitär blieb und sich absonderte, zeigte sich die andere in ihrer brüderlichen Liebe offen und selbstlos. Für ihn waren die Vorzüge des Evangeliums von Jesus Christus offensichtlich. Doch obwohl seine Interpretationen zweifellos auf einer gekonnten, gelehrten und erfinderischen Rekonstruktion des Textes basierten, zielten sie lediglich darauf ab, eine religiöse Behauptung zu untermauern, nicht eine nachgewiesene historische Tatsache. Die Evangelien verkünden, daß Jesus Christus der einzige wahre Messias sei, der Angelpunkt der gesamten Menschheitsgeschichte. Das ist die Überzeugung eines jeden gläubigen Christen. Aber hier liegt auch das Problem für alle, die sich als unabhängige, kritische Wissenschaftler begreifen: Es gibt eine große Menge neuentdeckter religiöser Literatur aus dem Judäa des ersten Jahrhunderts u. Z. Hat ein Qumran-Wissenschaftler nicht die Pflicht, wenigstens mit in Betracht zu ziehen, daß diese alten Handschriften den Beweis erbringen könnten, daß viele Geschichten über Jesus in den Evangelien so nicht wahr sind?

Es gibt noch eine andere Möglichkeit, die die Beziehung zwischen den Menschen von Qumran und den Anhängern Jesu Christi erklären könnte. Die engen Übereinstimmungen in der Organisation und der Terminologie beider Gruppen könnten auch daher rühren, daß sie beide Teil einer in Judäa weitverbreiteten Bewegung mit vielen verschiedenen Splittergruppen, Führern und Lehren waren. Ich meine nicht »Bewegung« in dem Sinn, daß diese Gruppen organisatorisch verbunden waren. Im Gegenteil, es wird zweifellos eine scharfe Konkurrenz und erbitterte Kontroversen zwischen ihnen gegeben haben. Aber ihnen allen war gemeinsam, daß sie leidenschaftlich für einen Widerstand gegen Rom eintraten und an eine Befreiung durch Gottes Hilfe glaubten. Für außenstehende, nichtjüdische Beobachter waren diese Ähnlichkeiten sicher gravierender als die Unterschiede in der Terminologie oder sogar in den Riten. Wie die Volksbewegungen, die zu den mittelalterlichen Bauernaufständen oder zu den Revolutionen in Frankreich, Rußland oder im Iran führten, verfolgten die verstreuten, aber weitverbreiteten messianischen Gruppen im Judäa des ersten Jahrhunderts ähnliche, wenn auch nicht immer gleiche politische und soziale Ziele. Es sollte außerdem festgehalten werden, daß viele messianische Themen und Begriffe, die in der Qumran-Literatur und im Neuen Testament vorkommen, auch in den antiken Beschreibungen der gewalttätigen antirömischen Aktivisten im Judäa derselben Zeit auffallen. Sie werden abwechselnd Zeloten, Banditen und »Messerstecher« oder Sikarier genannt.

Flavius Josephus, der wetterwendische Historiker aus dem jüdischen Adel, dem man sicher keine besonderen Sympathien für die revolutionären Bewegungen in seinem Volk nachsagen konnte, berichtet nach der Plünderung Jerusalems durch die Römer bedauernd:»Was [die Juden] besonders zum Krieg antrieb, war ein vieldeutiges Orakel, das sich auch in ihren heiligen Schriften fand und besagte, daß zu dieser Zeit einer aus ihrem Land der Führer der Welt werden sollte.« Der deutlichste

Hinweis in der Heiligen Schrift war ein Orakel des Bileam in 4. Mose
24,17: »Es wird ein Stern aus Jakob aufgehen und ein Zepter aus Israel
aufkommen«, um die Welt zu erobern. Auch die römischen Geschichtsschreiber Tacitus und Sueton erwähnen die messianische Prophezeiung
als wichtige Ursache für den judäischen Aufstand.

Tatsache ist, daß Jesus von Nazareth nur einer in einer langen Reihe
von Volkspropheten und Erlösern war, die in römischer Gefangenschaft
endeten. In fast allen Fällen zeigt sich das gleiche Muster: Immer wenn
von den Römern verstärkt politischer Druck ausgeübt wurde, erhob sich
ein charismatischer messianischer Prophet, rief die Massen auf, ihre Felder, Geschäfte und Arbeitgeber zu verlassen und ihm in die Wüste zu
folgen. Dort wurden große Wunder offenbart, deutliche Anzeichen dafür, daß die Zeit der Erlösung bald kommen werde. Die römischen Behörden reagierten auf diese Massenversammlungen und Demonstratio-
nen so, als seien sie aufrührerische politische Aktionen – sie sandten
Reiterheere, um die Menschenmengen zu zerstreuen und die verwirrten
und erschreckten Männer, Frauen und Kinder niederzureiten, die arm
und verzweifelt genug waren, wirklich an das messianische Zeitalter zu
glauben.

Mehrere Wissenschaftler haben betont, daß dieser wachsende
Messianismus sowohl als Entwicklung, die sich aus der biblischen Tradition erklärte, zu werten sei als auch als bewußte Reaktion auf den
entstehenden Kaiserkult. Bis zum Jahr 27 v. u. Z. waren die Römer in
den Augen der Judäer nur eine weitere hellenistische Macht mit einer
starken Armee, die Judäa erobert hatte. Die Einsetzung des römischen
Schützlings und Vasallenkönigs Herodes im Jahre 37 v. u. Z. war nichts
Ungewöhnliches. Im Jahre 27 v. u. Z. aber benannte sich der römische
Kriegsherr Oktavian in »Augustus« um und erklärte sich zum Sohn Gottes
und Welterlöser. Damit machte er sich zum Mittelpunkt eines Kults für
alle Bürger des Römischen Reiches, um die ewige Macht Roms zu erhalten und zu steigern. Für die Menschen, die auf die eine oder andere
Weise von der römischen Zivilisation profitierten, war der Kaiserkult
höchstens so etwas wie ein Gelöbnis der Untertanentreue. Aber für jene,
die dem Kaiser den Tod und dem Kaiserreich den Untergang wünschten,
war der Kaiserkult eine Beleidigung, reine Blasphemie.

König Herodes, der unbequemerweise zwischen Rom und dem Volk
von Judäa stand, gelang es, den Kaiserkult vom judäischen Gebiet fern-

zuhalten – von einem symbolischen Adlerbildnis über dem Tor am Tempel von Jerusalem einmal abgesehen. Seine tiefe Ergebenheit für Augustus zeigte sich an anderen Orten. So baute er Caesarea auf und brachte Sebaste (das heutige Samaria) zur Blüte, Städte, deren Namen und Tempel seine politische Ergebenheit für den Kaiser unmißverständlich zum Ausdruck brachten. Aber nach dem Tod des Herodes und dem Abzug seines Erben Archelaus kam Judäa im Jahre 6 u. Z. unter direkte römische Verwaltung. Judäer aus allen Gesellschaftsschichten mußten nun dem Kaiser huldigen. Es wurde eine Volkszählung durchgeführt und ein Treueid verlangt, und täglich mußten im Tempel von Jerusalem Opfer für die Gesundheit und das Wohlergehen des Cäsaren in Rom dargebracht werden.

Im Jahre 168 v. u. Z., 174 Jahre bevor Judäa vom Römischen Reich annektiert wurde, hatten der syrische Seleukidenkönig Antiochus IV. Epiphanes und seine lokalen Administratoren auf ähnliche Weise versucht, die Autonomie der israelitischen Religion abzuschaffen und sie durch einen hellenistischen Königskult zu ersetzen. Aber dieser Versuch hatte verheerende Auswirkungen: Aufstände, ein Guerillakrieg und die Errichtung eines unabhängigen judäischen Staates unter den Makkabäern waren die Folge. Zur Zeit der römischen Annexion waren anscheinend weite Kreise des Volkes bereit, den Sieg der Makkabäer zu wiederholen, aber diesmal wurde der blutige nationale Aufstand, den sogenannte Retter des Volkes in verschiedenen Teilen des Landes anführten, schnell und grausam niedergeschlagen.

Also ging die messianische Bewegung in den Untergrund. Die anwachsende oder abnehmende Zahl ihrer Mitglieder wurde zu einem Barometer für die allgemeine Stimmung gegen Rom. In Zeiten besonders starker Unterdrückung oder hoher Besteuerung flackerte die messianische Vision wieder auf und konzentrierte sich immer stärker auf den einzigen, langerwarteten Messias, der das Volk Israel befreien würde. In Zeiten relativer Ruhe und materiellen Wohlstands wurde sie diffuser und richtete sich möglicherweise mehr auf das innere spirituelle Leben. Aber stets handelte es sich um eine religiöse, politische und wirtschaftliche Projektion der diesseitigen, real erfahrenen Welt. Die Kraft der Botschaft bestand in ihrer Forderung nach revolutionären Veränderungen.

Das bringt uns zu dem beliebtesten und einflußreichsten Buch, das jemals über die Qumran-Rollen geschrieben worden ist, einem Buch, das versuchte, eine direkte Verbindung zwischen der Ideologie der Qumran-Rollen und Jesus, zwischen einem alten jüdischen Evangelium der Unabhängigkeit und den revolutionären Bewegungen unserer eigenen Zeit herzustellen. Der Autor heißt Edmund Wilson, ein barscher und oft ungestüm-heftiger amerikanischer Schriftsteller und Literaturkritiker. Er verkörperte den damals schicken intellektuellen Ikonoklasmus des Manhattan der fünfziger Jahre, der das Markenzeichen der Zeitschrift *The New Yorker* war. Wilson interessierte sich für die Bibel, hatte eine freidenkerische Abneigung gegen die herrschenden Religionen und war von der hebräischen Sprache fasziniert, die er in den frühen fünfziger Jahren in Princeton für kurze Zeit studiert hatte. Deshalb fanden die jüngsten Entdeckungen in Qumran seine besondere Aufmerksamkeit. Im Frühjahr 1954 schickte ihn *The New Yorker* in Erwartung einer interessanten Titelgeschichte nach Jordanien und Israel.

Wilsons Buch ist keine trockene, wissenschaftliche Abhandlung über die Qumran-Rollen, wie es schon so viele gegeben hat und sicherlich auch in Zukunft noch geben wird, sondern eine faszinierende Bewußtseinsreise, die ihren Weg von Amerika nach Paris und von dort in den neuen Staat Israel mit seinen Massen von Einwanderern und dem verwirrenden Aufeinandertreffen von modernen Vorstellungen und unbeugsamer religiöser Tradition nimmt. Dann geht es über die Grenze am Kontrollpunkt Mandelbaumtor mitten im Niemandsland der »aufgeschlitzten und ausgenommenen Häuser« zwischen dem arabischen und dem jüdischen Jerusalem, bis sie schließlich ins haschemitische Königreich Jordanien und in den Arbeitsraum für die Qumran-Rollen im Rockefeller Museum, zu den christlichen Heiligtümern in der Altstadt Jerusalems und endlich zum unfruchtbaren Westufer des Toten Meeres führt.

Mit Liebe zum Detail beschreibt Wilson die Akteure der Geschichte der Qumran-Rollen. Zuerst traf er sich mit Erzbischof Samuel, der damals mit seinen amerikanischen Anhängern in Hackensack in New Jersey lebte (»Mit seinem schwarzen, mächtigen Bart, seinen großen runden, glänzenden, braunen Augen, in seiner zwiebelförmigen schwarzseidenen Mitra, seinen schwarzen Gewändern … ist der Metropolit … eine auffallend schöne Erscheinung«). Später schildert er den weißgewandeten Dominikanerpater Roland de Vaux bei den Ausgrabungen in Qumran (»Er ist ein ausgezeichneter Erzähler, raucht unentwegt Zigaretten und hat persönlichen Stil, sogar Eleganz«). In Israel lernt er den ausgesprochen offenherzigen Wissenschaftler David Flusser kennen (»ein gedrungener, untersetzter Mann mit scharfen, kleinen, kalten, grünen Augen, die hinter randlosen Augengläsern glänzen, unter ein wenig mephistophelischen Brauen, mit rotem Haar, das über der Stirn kerzengerade nach oben steht«). Mit diesen lebendigen Charakterisierungen stimmte Wilson seine Leser darauf ein, daß die Erforschung der Qumran-Rollen nicht in einer friedlichen Betrachtung heiliger Schriften bestand, sondern von einer ständigen, manchmal zornerfüllten theologischen Debatte begleitet wurde.

Wilson interessierte sich nicht für göttliche Offenbarungen; er glaubte in seinem humanistischen Idealismus an die Fähigkeit der Menschheit, sich aus eigener Kraft weiterzuentwickeln. Während sich der Rest Amerikas von Norman Vincent Peale, Billy Graham und Dwight D. Eisenhower einlullen ließ, hatte Wilson bereits 1953 in seinem Artikel »On First Reading Genesis« (Beim ersten Lesen der Genesis) in *The New Yorker* eine umfassende Neubestimmung biblischer Symbole vorgeschlagen und seine literaturkritischen Fähigkeiten auf die Geschichten der israelitischen Patriarchen angewandt, die er als Beschreibungen entschlossener Individuen von Kampf und Überleben begriff, nicht als fromme Märchen. Genauso betrachtete er die Schriften aus Qumran nicht nur als liturgische Texte oder Gesetzeswerke einer rätselhaften jüdischen Sekte, sondern als wichtige Stufen in der geistigen Entwicklung der Menschheit.

Zu dieser Einsicht gelangte er nicht ohne die beträchtliche Mithilfe verschiedener Wissenschaftler. Den größten Einfluß übte auf ihn Professor André Dupont-Sommer von der Sorbonne aus, Lehrer mehrerer Generationen späterer Qumran-Wissenschaftler, der zwar nicht zum internationalen Team gehörte, aber dennoch die Grundfesten des damaligen akademischen Establishments erschütterte. Am 26. Mai 1950 legte er der erhabenen Académie des Inscriptions et Belles-Lettres in Paris eine Arbeit über den Habakuk-Kommentar aus Höhle 1 vor, dessen vollständiger Text kurz zuvor in New Haven von den American Schools of Oriental Research veröffentlicht worden war.

Der Habakuk-Kommentar besteht aus zwölf beschädigten Textko-

lumnen und verbindet, wie bereits erwähnt, Zitate aus dem Buch Ha-
bakuk mit Berichten über spätere Ereignisse, in denen sich scheinbar
die alten Prophezeiungen erfüllen. Was der biblische Text als das er-
schreckende Wüten der »Chaldäer« prophezeit, sieht der Autor des Habakuk-Kommentars in der »Herrschaft der Kittim« erfüllt. Wo der alte
Prophet abstrakt vom Schicksal der »Gerechten« und der »Gottlosen«
spricht, wird der Kommentator konkret, indem er sich auf den Werde-
gang des Lehrers der Gerechtigkeit in der eigenen Sekte und auf den
sogenannten Frevelpriester bezieht. Schon andere Wissenschaftler hatten versucht, diese Gestalten mit historischen Figuren aus anderen Quellen in Verbindung zu bringen. Man war übereingekommen, daß der
Lehrer der Gerechtigkeit ein abtrünniger Priester aus dem Jerusalemer
Tempel gewesen sein muß, der die Sekte in Qumran ungefähr im Jahre
150 v. u. Z. gegründet hat. Seinen Erzfeind sah man in einem der frühen
hasmonäischen Herrscher, vielleicht Jonathan (160–143 v. u. Z.) oder
Simon (142–134 v. u. Z.). Es gab im Habakuk-Kommentar wie auch im
Damaskus-Dokument und möglicherweise in der Danksagungsrolle
Hinweise darauf, daß der Lehrer der Gerechtigkeit vom Frevelpriester
verfolgt und getötet wurde. Seitdem wurde der Lehrer von der Qumran-Sekte als Märtyrer verehrt.

Bei dieser Interpretation ergab sich ein chronologisches Problem:
Die erwähnte »Herrschaft der Kittim«, die von den Forschern fast ein-
mütig mit den Römern identifiziert wurden, die 63 v. u. Z. in Judäa einfielen, schien sich auf Ereignisse zu beziehen, die fast ein Jahrhundert
nach dem tödlichen Aufeinandertreffen zwischen dem Lehrer der Gerechtigkeit und dem Frevelpriester lagen. Die übliche Erklärung dafür
war, daß der Habakuk-Kommentar zwar zur Zeit der Römer geschrieben
wurde, sich aber auf ein längst vergangenes Ereignis bezog, das für die
Sekte von einzigartiger spiritueller Bedeutung war. André Dupont-Sommer bestritt diese allgemein anerkannte Datierung und verlegte die ganze Handlung in die Zeit der römischen Invasion. In den Ereignissen und
Beschreibungen erkannte er ein erschreckend bekanntes Muster: Diese
Qumran-Rolle erzählte von einem geistlichen Lehrer, der Reue, Armut,
Demut, Keuschheit und Nächstenliebe predigte und direkte Offenbarungen von Gott empfing. Er wurde von der herrschenden Priesterschaft
verfolgt und getötet. Man erwartete – wenigstens nach Dupont-Sommers Interpretation einer dunklen Passage im Damaskus-Dokument –

am Ende der Tage seine Rückkehr zur Erde als messianische Gestalt. Für eine Welt, die ihre Zeitrechnung mit der Geburt eines für göttlich und einzigartig gehaltenen Messias beginnen läßt, klang das alles schokkierend. Dupont-Sommer versicherte, daß »der Meister aus Galiläa, wie er uns in den Schriften des Neuen Testaments präsentiert wird, in vielerlei Hinsicht als erstaunliche Reinkarnation des Lehrers der Gerechtigkeit erscheint«.

Zwar beruhte eine Reihe von Dupont-Sommers Annahmen auf zweifelhaften Lesarten einiger fragmentarischer Zeilen, aber seine These vom verborgenen Vorgänger Jesu stellte die historische und damit auch die spirituelle Einzigartigkeit des Christentums in Frage. Wilson hat diese These aufgenommen und sie zuerst in *The New Yorker,* später in seinem Buch *Die Schriftrollen vom Toten Meer* veröffentlicht. Er betrachtete den Neuen Bund von Qumran als revolutionäre geistliche Entwicklung. Im Widerstand gegen das verknöcherte Jerusalemer Establishment und die frevelhafte irdische Gier der Römer sowie in der Erwartung einer nahe bevorstehenden göttlichen Erlösung von Sünden und Ungerechtigkeit sind seiner Meinung nach bereits die Grundlagen des Neuen Testaments zu erkennen. Wilson schrieb: »Wir können verfolgen, wie sich die von den Essenern vertretene Bewegung ungefähr zweihundert Jahre lang gegen den Zwang der Griechen und Römer behauptete und sich nicht nur den Methoden Roms, sondern auch der römischen Ideenwelt widersetzte.«

Wilson sah hier die Entstehung eines wahren, bewußten Widerstandsgeistes gegen politische und kulturelle Vorherrschaft, den revolutionären Geist, den er auch in Lenin erkannte und bewunderte, wie in seinem Bestseller *Der Weg nach Petersburg* nachzulesen ist. Als erste wirkliche Revolutionäre hatten sich die Mitglieder der Qumran-Sekte, frei von Tempeldienst und politischer Unterwürfigkeit, laut Wilson »freigemacht, um die ganze antike Welt zu durchdringen und den Seelen das Evangelium der Reinheit und des Lichtes, dem sich die Essener geweiht hatten, zu bringen und zu lehren, jene Adler zu verachten, die sie, mit offenkundigem Erstaunen, vom Heer ihrer Feinde hatten anbeten sehen«.

Wilson ging weit über das hinaus, was ihm die Wissenschaftler erklärt hatten, weit über alles, was sie sich hätten vorstellen können. Sein Ruf nach einer Wiederbelebung des verlorenen Widerstandsgeistes und der stolzen Sehnsucht nach Freiheit – im politischen wie im religiösen Bereich – traf offensichtlich genau den Nerv der Öffentlichkeit, denn die amerikanische Originalausgabe seines Buches *Die Schriftrollen vom Toten Meer* blieb von ihrem Erscheinen im Herbst 1955 bis zum Sommer 1956 im oberen Teil der amerikanischen Bestsellerlisten. Wilsons Buch erschien in einer Zeit, als Amerikas Religion aus Kreuzzügen gegen die rote Gefahr bestand; gleichzeitig brüllte der baptistische Erweckungsprediger Billy Graham seine Predigten in die Welt hinaus, die Kraft positiven Denkens wurde beschworen, und es herrschte eine dumpfe Konformität. Aber jetzt gab es hier ein Evangelium der Befreiung, das eher auf dem Willen zur Freiheit als auf einer metaphysischen Lehre beruhte.

Wilson schrieb auch über die ausgegrabenen Ruinen von Khirbet Qumran, die er kurz zuvor besucht hatte und die ihm nun als Gegenstand spiritueller Kontemplation dienten: »Vielleicht ist das Kloster, dieser Bau aus Stein, zwischen den bitteren Wassern und den steilen Klippen, mit seinem Herd und seinen Tintenfässern, seiner Mühle und seiner Senkgrube, seiner Anordnung von heiligen Wasserbecken und schmucklosen Gräbern, mehr noch als Bethlehem oder Nazareth die Wiege des Christentums.«

Nur wenige Qumran-Wissenschaftler, mit denen ich sprach, wagten sich über die Möglichkeit zu äußern, daß Texthinweise in den Schriftrollen eine gründliche Überprüfung der Geschichte des Neuen Testaments erforderlich machen könnten. Wer sich in so gefährliche Bereiche historischer Spekulation vorwagt, riskiert, als Außenseiter oder Exzentriker bezeichnet zu werden – oder, noch schlimmer, als Feind der Kirche. Die meisten Gelehrten halten sich lieber an die sichereren Bereiche der Handschriftenkunde und der genauen Textanalyse und überlassen letzte historische Schlußfolgerungen künftigen Forschern. Doch während sich die meisten Wissenschaftler nur mit größter Vorsicht zum Thema äußern, hatte einer der Hauptakteure in Edmund Wilsons Buch, nämlich Professor David Flusser von der Hebräischen Universität in Jerusalem, immer viel über Wilson, seine Theorien, die religiöse Bedeutung der Qumran-Rollen und ihre Beziehung zum Christentum zu sagen.

Flusser wurde in der Tschechoslowakei geboren und zog 1950 nach Israel. Bei Wilson hatte er einen dauerhaften Eindruck hinterlassen. Eine der einprägsamsten Passagen in Wilsons Buch ist seine lebhafte Schilderung einer Unterhaltung mit Flusser in der Lobby des King David Hotels am Abend des 31. März 1954. Wilson schrieb: »Selten bin ich einem Gelehrten begegnet, der wie er das ganze Material bis in die Fingerspitzen beherrschte und sich so brillant und treffend auszudrükken verstand. Auf jede meiner Fragen gab er ausführliche, scharf durchdachte Antwort, bis das Thema erschöpft war.« Aber nicht nur Flussers Gelehrsamkeit beeindruckte Wilson. »Im Drang und Eifer des Gespräches ließ sich Flusser manchmal zu langen Ausführungen hinreißen, wie ich sie selbst bei den begeistertsten Sprechern noch nie erlebt habe. Er redete nicht nur laut, wenn ihn irgendein Gedankengang erregte, und kümmerte sich um die anderen in unserer Nähe so wenig wie einer, der im Hörsaal eine Vorlesung hält, sondern er sang, am Höhepunkt eines Arguments angelangt, seine Erklärungen einige Takte lang, als sei es eine Opernrolle, wenn vom Orchester eine ihm bekannte Melodie in unser Gespräch drang, obwohl wir uns in die hinterste Ecke gesetzt hatten; dann besann er sich plötzlich und kehrte zum gesprochenen Wort zurück, während er die Texte in seine Mappe verstaute.«

Flusser erklärte Wilson, daß die Qumran-Rollen mit ihrer apokalyptischen Botschaft, Gott habe die Erlösung und Erneuerung als Höhepunkt menschlicher Geschichte vorgesehen, und die Söhne des Lichts seien bestimmt, dies herbeizuführen, den Beginn einer Tradition revolutionärer Arroganz darstellten, die vom Lehrer der Gerechtigkeit über den Apostel Paulus zu Spinoza, Calvin, Hegel und Marx führe – »eine der unheilvollsten aller menschlichen Ideen, diese Lehre von der Vorherbestimmung«, wie Flusser böse meinte.

Als ich Flusser in Talbieh, einem ruhigen, bürgerlichen Viertel in West-Jerusalem, interviewte, stellte ich fest, daß seine Botschaft immer noch beeindruckend war. Seit dem denkwürdigen Abend mit Edmund Wilson sind über vierzig Jahre vergangen, aber Flusser genießt immer noch die allgemeine Bekanntheit, zu der ihm Wilson Mitte der fünfziger Jahre verholfen hat. Und er trägt seinen Besuchern immer noch gern seine provokanten Thesen vor.

Unser Treffen fand an einem Freitagmorgen in seiner Wohnung statt. Wir saßen an einem großen Tisch in seinem von Bücherborden gesäumten Arbeitszimmer. Der Duft des Sabbatessens für diesen Abend lag bereits in der Luft. Flusser ist jetzt Mitte Siebzig, hat einen Bauch und

graue Haare, aber die alte Leidenschaft blitzt noch immer auf, wenn er
mit starkem Akzent doziert und dabei geistreiche Seitenhiebe austeilt.
Er bestimmte das Tempo, in dem er meine Fragen beantwortete, und
beendete seine Monologe erst dann, wenn er es für richtig hielt. Am
Schluß unserer Unterhaltung war ich zu der Überzeugung gelangt, daß
Flussers legendärer Zynismus nur seinen Idealismus schützen soll, der
schon zu oft durch die Realität verletzt worden ist.

Zuerst sprachen wir über Wilsons Buch. Flusser weiß genau, wie
Wilson ihn darin dargestellt hat. »In diesem Buch gibt es dieses berühmte Gespräch über die Qumran-Rollen, und er schildert mich als
komischen Kauz. Seltsamerweise sagt er, ich würde mich keiner Religion
verpflichtet fühlen, und das ist nicht wahr.« Flusser bezog sich auf einen
Halbsatz Wilsons, der bestimmt positiv gemeint war. Wilson hatte geschrieben: »Für einen unabhängigen Gelehrten wie Flusser, der an keine
Religion gebunden ist, bestand kein Grund, aus dem Gleichgewicht zu
geraten«, während der Glaube christlicher Geistlicher und orthodoxer
Juden durch die theologischen Auswirkungen der Qumran-Rollen er-
schüttert werden könne.

Flusser war darüber immer noch verärgert. »Ich weiß nicht, ob sich
meine Einstellung seitdem sehr verändert hat«, sagte er, »aber sicherlich
fühle ich mich dem jüdischen Glauben verpflichtet – der jüdischen Religion. Zuerst wollte ich nicht protestieren, weil er mich so dumm dargestellt hat. Hamlet würde sich schließlich auch nicht bei Shakespeare
beschweren. Er brauchte in seiner Darstellung eine solche Persönlichkeit, also übertrieb er bei der Beschreibung. Aber meine Freunde fragten
mich: ›Wie kannst du das zulassen?‹ Also beschloß ich, ihm zu schreiben,
weil diese Freunde mich dazu drängten. Doch die Götter der Kunst und
der Dichtung retteten mich. Ich schrieb ihm, daß ich mich der jüdischen
Religion unbedingt verpflichtet fühle. Aber, wie gesagt, Apollo hat mich
gerettet. Ich adressierte den Brief an Edmund Wilson, New Yorker, und
nicht ›The New Yorker‹. Einige Monate später kam der Brief mit einem
Stempel versehen zurück: ›Nicht im Hotel New Yorker‹. Also steht mein
Name immer noch in diesem Buch, und ich bin immer noch keiner Religion verpflichtet. Aber in gewisser Weise hatte er recht, nicht wahr?
Weil die Menschen nicht richtig lesen können, hatte er recht, obwohl
er unrecht hatte, denn sicher bin ich keiner geoffenbarten Religion verpflichtet.«

Flusser würde sich selbst nie als Revolutionär bezeichnen, aber er hat auch nie zum inneren Kreis gehört. Trotz seines Rufes als Experte für das Urchristentum und trotz seiner langjährigen Beschäftigung mit den Qumran-Rollen bekam er nie Zugang zu den Originaltexten, die für seine Arbeit wichtig waren, noch nicht einmal aus kollegialer Höflichkeit. Er erzählte mir eine Geschichte, oder sollte ich sagen: ein Gleichnis? Es ging um den Qumran-Text 4Q246. Trotz der Zusicherungen des internationalen Teams, daß im Laufe der Jahre die meisten wirklich wichtigen Texte aus Höhle 4 veröffentlicht worden seien, gab es doch ab und zu Berichte über aufregende neue Entdeckungen. So auch im Dezember 1972.

J. T. Milik war zu einer Vorlesungsreihe nach Harvard eingeladen worden und enthüllte dort *einen Teil* des Inhalts eines Fragments, das aus zwei Textspalten in Aramäisch bestand und in dem ein Seher, möglicherweise der Prophet Daniel, den Traum eines Königs deutet. Milik datierte dieses Fragment in das erste Jahrhundert v. u. Z. Das wirklich Bemerkenswerte an dem Text war, daß sich die Traumdeutung auf die zukünftige Erscheinung eines Wesens konzentriert, das »Sohn Gottes« und »Sohn des Allerhöchsten« genannt werden wird. Genau diese Bezeichnungen gebraucht der Engel Gabriel im Lukas-Evangelium für den kommenden Jesus bei der Verkündigung an die Jungfrau Maria. Deshalb ist es höchst bedeutsam, daß sie in einem Qumran-Dokument vorkommen. Die geläufigeren messianischen Titel von Qumran waren die beiden »Messiasse von Aaron und Israel«, die in der Gemeinderegel und im Damaskus-Dokument genannt werden. Da Milik den Text aber nicht veröffentlicht hatte, blieben der volle Wortlaut und der Kontext geheim – mit Ausnahme der wenigen Krumen, die Milik der gelehrten Welt gnädig zuwarf. Wer konnte wissen, welche weiteren messianischen Geheimnisse in den Hunderten noch unveröffentlichten Dokumenten von Höhle 4 schlummerten?

Pater Joseph Fitzmyer, ein jüngeres Mitglied des internationalen Teams, saß bei Miliks Vorlesung in Harvard unter den Zuhörern. Er wagte den (damals) mutigen Schritt, auf diese auffällige Parallele zwischen Qumran und dem Neuen Testament in einem Artikel und später in seinem Kommentar zum Lukas-Evangelium hinzuweisen. Der springende Punkt war, daß Milik die Meinung vertrat, die Bezeichnungen hätten nichts mit einem Messias zu tun, sondern seien eine ironische Anspielung auf den syrischen König Alexander II. Balas (150–145 v. u. Z.), der sich wie eine Reihe anderer hellenistischer Despoten zur Gottheit erklären ließ. Für Fitzmyer dagegen war es wahrscheinlicher, daß ein zukünftiger Erbe des davidischen Throns gemeint war, auch wenn er keinen konkreten Bezug zu einer messianischen Gestalt herstellen mochte. Flusser hatte eine dritte, natürlich häretische Ansicht: »Sohn Gottes« und »Sohn des Allerhöchsten« seien höhnische Bezeichnungen für eine *böse* Gestalt wie etwa den Antichristen in der späteren christlichen Literatur.

1980 veröffentlichte Flusser seine These in einem Artikel mit dem Titel »The Hubris of Antichrist in a Fragment from Qumran« (Die Hybris des Antichristen in einem Qumran-Fragment). Er gab die Zeilen wieder, die Fitzmyer veröffentlicht hatte, und übersetzte sie:

... er wird groß auf Erden sein
... [alle] werden ihn verehren, und alle werden [ihm] dienen
... groß wird er genannt werden, und durch seinen Namen
     wird er ausersehen werden.
Er wird der Sohn Gottes genannt werden, und sie werden ihn
     Sohn des Allerhöchsten nennen. Wie eine Sternschnuppe
aus einer Vision, so wird ihr Königreich sein. Sie werden
     einige Jahre
auf der Erde regieren und alles zertrampeln. Eine Nation wird
die andere niedertrampeln und eine Provinz die andere,
bis das Volk Gottes sich erheben wird und alle vom Schwert
     ablassen werden.

Flusser wies darauf hin, daß es wegen der absoluten Dualität von Licht und Dunkelheit, von Gerechtigkeit und Gottlosigkeit in der apokalyptischen Weltsicht der Qumran-Sekte möglich sei, daß der Text sich auf die »Kriege und Kriegsdrohungen« beziehe, die die Streitkräfte des Bösen bringen würden, wenn sie in den letzten Tagen die Erde heimsuchten. Also schloß er, »Sohn Gottes« und »Sohn des Allerhöchsten« seien die überheblichen und falschen Benennungen für den Führer der Söhne der Finsternis in der Welt. Da Flusser aber keinen Zugang zu den übrigen Zeilen hatte, konnte er nicht sagen, ob am Ende des Textes das Erscheinen eines gottgesandten Messias erwähnt wurde, oder ob es andere

Hinweise darauf gab, wie die Bezeichnungen Eingang in das Lukas-Evangelium gefunden haben könnten.

Dies war eine interessante Frage, die die Beziehung zwischen Qumran und dem Christentum sowie die Rolle Jesu im jüdischen Messianismus in ein neues Licht rücken konnte. Aber die Spielregeln ließen solche Fragen nicht zu. 1972 hatte Milik das Fragment bereits zwei Jahrzehnte lang in seinem Besitz gehabt, ohne daß er Wissenschaftlern »von außen« erlaubt hatte, es einzusehen. Als Flusser den Artikel schrieb, war ein weiteres Jahrzehnt verstrichen. Flusser erklärte mir: »Es war erlaubt, die Zeilen zu publizieren, die bereits veröffentlicht worden waren, und es war erlaubt, die Teile der Schriftrollen zu sehen, die bereits veröffentlicht waren, bis zur letzten Zeile, die Milik und Fitzmyer vorgestellt hatten, aber nicht weiter. Ich wollte das Original sehen, auch den unveröffentlichten Teil dieses Fragments. Ich wollte sehen, was dort stand und ob es meinen Vermutungen widersprach.« Ihm wurde gestattet, das Original zu studieren. »Und dann tat ich etwas, was sicher nicht kriminell, aber damals nicht erlaubt war. Ich hatte einen Handschriftenkundler bei mir, und wir lasen zusammen schnell die unveröffentlichten Zeilen. Das Absurde war, daß ich nur bis zur letzten Zeile lesen durfte, die diese Wissenschaftler veröffentlicht hatten, aber ich las, was ich nicht publizieren durfte. Nun haben Sie einen Einblick in die komplizierte Situation, die heute noch nicht völlig aus der Welt geschafft ist«, schloß er.

Dann sprach Flusser über seine zynische Äußerung, die möglichen Beziehungen zwischen den Qumran-Rollen, Jesus und dem Urchristentum seien am Ende gar nicht wichtig. »Vor einiger Zeit kam eine Gruppe von Industriellen aus Stuttgart hierher und wollte etwas über die Qumran-Rollen wissen«, erzählte er. »Sie fragten mich nach den Konsequenzen neuer Beweise. Aber ich erklärte ihnen, daß sogar dann, wenn in einigen Dokumenten stünde, die Mutter Jesu sei eine Hure und Jesus homosexuell gewesen, dies das Christentum nicht ändern würde, selbst wenn es wahr wäre. Es würde immer Experten geben, die sagten, es sei nicht wahr.« Flusser fuhr fort: »Vor vielen Jahren fragte mich ein Mann von der BBC, ob die Qumran-Rollen dem Christentum schaden könnten. Ich antwortete ihm, daß nichts dem Christentum schaden könne. Das einzige, was dem Christentum gefährlich werden könnte, wäre ein Grab mit dem Sarkophag oder dem Ossuarium Jesu darin – und mit seinen Knochen. Und ich sagte, ich hoffte wirklich, daß es nicht auf dem Staatsgebiet Israels gefunden werden würde.«

Diese Anekdoten waren zwar unterhaltsam, aber Flussers zynische Behauptung, die Suche nach dem historischen Jesus sei sinnlos, war nicht überzeugend. Flusser hatte während seiner ganzen Laufbahn daran gearbeitet, die historischen Bezüge zwischen Judentum und Christentum zu untersuchen. Gelegentlich hatte er auch packend und bewegend über das blutige Erbe des christlichen Antisemitismus geschrieben. Als jüdischer Flüchtling aus Osteuropa hatte er davon nicht erst in den Universitätsseminaren gehört; Edmund Wilson war von seinem weltverdrossenen Skeptizismus fasziniert gewesen und hatte ihm sogar Sympathien entgegengebracht. Aber Flusser wollte mir die große Bedeutung der revolutionären Natur des jüdischen Messianismus deutlich machen.

»Es gibt eine Kurzgeschichte von Anatole France«, erzählte er. »Eine Kurzgeschichte mit dem Titel ›Der Prokurator von Judäa‹. France wußte natürlich nicht, daß dies nicht der korrekte Titel von Pilatus war. Er war nicht Prokurator, sondern Präfekt, wie wir aus der Inschrift in Caesarea wissen.« Aber Flusser hatte nicht über Archäologie sprechen wollen. Mit offensichtlichem Vergnügen umriß er mir die Handlung der Geschichte von France. Der römische Adlige L. Aelius Lamia, eine fiktive Gestalt, lernt zufällig den gealterten, aufgedunsenen und gichtgeplagten Pontius Pilatus kennen und verbringt einen Abend mit ihm. Nach zehn stürmischen Jahren als Regent von Judäa lebt Pilatus nun im Ruhestand auf Sizilien.

Traurig erzählt Pilatus, wie verleumderische Konkurrenten im Dienst des Reiches und das Gemunkel der mächtigen jüdischen Lobby in der Hauptstadt seine politische Karriere vorzeitig beendet hatten, obwohl er sich immer nach Kräften bemüht habe, die majestätischen Ideale der Pax Romana zu fördern. Er habe sich stets selbstlos dafür eingesetzt, daß der Göttlichkeit des Kaisers Ehrerbietung entgegengebracht wurde. Das Volk von Judäa, grollt er, habe all die Segnungen der Technik und des Wohlstands zurückgewiesen, die Rom ihm geboten habe. Aus irgendeinem Grund, unerklärlicherweise, hätten sie eigensinnig an den primitiven Bräuchen ihrer Vorfahren und an ihrem besonders eifersüchtigen nationalen Gott festgehalten. Pilatus ist davon überzeugt, daß die Judäer eine tödliche Gefahr für die ungestörte römische Herrschaft darstellen und daß eines Tages ein Vernichtungskrieg unvermeidbar wird.

Denn wenn man den Judäern erlaube, das göttliche Recht der Römer anzuzweifeln, das darin bestand, zu kommen, zu siegen und über alle Völker der Welt zu herrschen, könne das schlimme Folgen für die römische Macht haben. Wenn man den Judäern nicht eine Lektion erteile, würden sich in anderen Teilen des Reiches ebenfalls dreiste Rebellen auflehnen. Aus eigener bitterer Erfahrung mit der unbeugsamen Aufsässigkeit der Judäer fordert Pilatus, daß Jerusalem eines Tages dem Erdboden gleichgemacht und der Tempel ein Raub der Flammen werden müsse.

Lamia hat Judäa vor vielen Jahren im Verlauf einer Verbannungsstrafe besucht. Nun verteidigt er dieses halsstarrige Volk und spricht den Männern seine Bewunderung für ihre Hingabe an patriotische Ideale und ihre nationale Religion aus. Nicht weniger bezeichnend für diesen römischen Patrizier ist, daß er die exotische Sinnlichkeit der semitischen Frauen rühmt. Nostalgisch und wehmütig erinnert er sich an die erotische Beziehung zu einer verführerischen, rothaarigen jüdischen Tänzerin. Der Beschreibung nach handelt es sich um Maria Magdalena, der er einst mit Leidenschaft durch die Tavernen und Gassen Jerusalems gefolgt ist. Aber Lamia erinnert sich auch, daß diese Tänzerin plötzlich aus ihren angestammten Tavernen verschwunden war. Er hat gehört, sie habe sich dem bunten Haufen um diesen jungen galiläischen Wundertäter, einen gewissen Jesus von Nazareth, angeschlossen.

Aus purer Neugier fragt Lamia Pilatus, ob er sich noch an den Wundertäter erinnere, der später wegen irgendeines Verbrechens gekreuzigt wurde. Aber dem alten Pilatus fällt zu diesem Namen trotz seiner immensen Kenntnisse über die Politik in Judäa und die möglichen Gefahren für das Römische Reich nichts ein. »Jesus?« murmelt Pilatus und zerbricht sich den Kopf, wer diese Person gewesen sein mag, »Jesus von Nazareth? Ich kann mich nicht an ihn erinnern.«

David Flusser lehnte sich befriedigt zurück, als er bei der Pointe von Anatole France' Geschichte angekommen war. Diesmal verbarg seine ironische und zynische Art die Aussage nicht. Die biographischen Details eines inkarnierten Messias waren nicht wichtig für die zeitlose revolutionäre Botschaft des Judentums. Flusser kicherte in sich hinein, weil Pontius Pilatus sich nicht an einen Galiläer namens Jesus hatte erinnern können. »Genauso ist es …«, sagte Flusser und nickte mir zu. »Genauso ist es …«

Wenn die meisten Qumran-Wissenschaftler auf ernsthafte Diskussionen über Jesus und das Urchristentum stets mit Mißtrauen und ängstlicher Feindseligkeit reagierten, so lag das an John Marco Allegro. Die meisten, die ihn kannten und eng mit ihm zusammenarbeiteten, haben ihn nicht gerade in guter Erinnerung. Beschreibungen wie »unaufrichtig« und »unmoralisch« gehen denen leicht von der Zunge, die sich selbst weigern, eine konkrete Stellungnahme zu den Schriftrollen und ihren Zusammenhang mit dem frühen Christentum abzugeben. Allegro ist in noch viel stärkerem Maße als Dupont-Sommer oder Wilson dafür verantwortlich, daß die Öffentlichkeit den Eindruck bekam, in den Qumran-Rollen fänden sich brisante Informationen über die Person und das Leben Jesu, und die frommen Mitglieder des internationalen Teams hielten sie wegen der damit verbundenen historischen Konsequenzen wissentlich oder unwissentlich zurück.

In der Erinnerung der Mitglieder des internationalen Teams nimmt Allegro eine ebenso herausragende Position ein wie de Vaux oder Harding. Frank Moore Cross erinnert sich an sein erstes Treffen mit Allegro und beschreibt ihn als »äußerst großspurigen Menschen von zuweilen sarkastischem Witz, der manchmal verletzend war. Ich entdeckte bald, daß er nie die Wahrheit sagen konnte. Im Lauf der Jahre zeigte sich, daß er sich seine eigene Welt geschaffen hatte.« John Strugnell kannte ihn aus Oxford in den frühen fünfziger Jahren; sie hatten zusammen bei Godfrey R. Driver studiert. Damals war er als »Bordschütze« Allegro bekannt, weil er im Zweiten Weltkrieg bei der Navy gewesen war. Er war beträchtlich älter als seine Mitstudenten und hatte eine weitaus zynischere Weltsicht. Direkt nach dem Krieg hatte Allegro Methodistenprediger werden wollen und deshalb begonnen, Theologie zu studieren. Später jedoch wandte er sich von der Kirche ab. Seine Sprachbegabung und seine Kenntnisse biblischer Literatur setzte er jetzt als Waffen gegen das ein, was er als Aberglauben und überholte Mythologien bezeichnete. Daß er innerhalb der Qumran-Forschung solch eine Bedeutung erlangte, beweist seine Intelligenz und seine persönliche Ausstrahlung.

»Er machte sich immer über mein religiöses Interesse lustig«, erinnerte sich John Strugnell. Und er deutete auch an, daß Allegro im verborgenen immer Rache an der Religion hatte nehmen wollen. Strugnell war von Anfang an klar gewesen, daß Allegros wissenschaftliche Beschäftigung mit den Qumran-Rollen nur von seinem Atheismus geleitet

wurde. Man hatte Allegro die Bibelkommentare zugewiesen, während
Cross und Skehan die biblischen Bücher bearbeiteten, bei denen sich
die großen Entdeckungen auf winzige textliche Abweichungen beschränkten, die nur Spezialisten erkennen konnten. Milik hatte die mystischen und apokalyptischen Schriften der Gemeinschaft übernommen.
Im Gegensatz dazu beschäftigten sich die Bibelkommentare mit historischen Ereignissen.

Zeile für Zeile zeigen die Qumran-Kommentatoren an den Worten
der alten Propheten, daß das politische Schicksal, unter dem sie zu
leiden hatten, eigentlich eine Erfüllung der Prophezeiungen war. Der
Habakuk-Kommentar mit seinen Bezügen auf den Frevelpriester, die Kittim und die schicksalhafte Konfrontation am Tag des Jüngsten Gerichts
führten zu Spekulationen über die Geschichte der Qumran-Gemeinde,
wie etwa bei Edmund Wilson. Nachdem Allegro nun auch andere Kommentare untersucht hatte, etwa den zum Buch Nahum mit der expliziten
Erwähnung einer Kreuzigung, ging er weit über Edmund Wilson hinaus.
Anstatt die Qumran-Sekte als moralische Vorstufe für die später wei-
terentwickelte Botschaft des Christentums zu sehen, schlug Allegro vor,
daß die Vision eines Lehrers der Gerechtigkeit, der als Messias zurückkehren werde, ein verbreiteter, wenn auch unbedarfter judäischer Aber-
glaube des ersten Jahrhunderts gewesen sei. Jesus Christus wurde damit
zu einer späteren Version einer bereits abgenutzten religiösen Halluzi-
nation. John Allegro war nicht der Mensch, der seine religiösen Ansichten für sich behielt, wenn es die Gelegenheit gab, sie zu verbreiten.
1956 präsentierte er der Öffentlichkeit seine häretischen Thesen über
die Qumran-Rollen in einer Serie der BBC.

Die Sendungen gingen auf Allegros eigene Initiative zurück, ohne
daß er sich mit den anderen Mitgliedern des internationalen Teams besprochen oder sie wenigstens vorher informiert hätte. Seine Beiträge
waren voller phantasievoller Spekulationen über die Mythen und den
Messianismus im Judäa des ersten Jahrhunderts. Das internationale
Team in Jerusalem war entsetzt und handelte sofort. Alle Mitglieder
schlossen sich zusammen und schrieben eine »offizielle« Stellungnahme
für die *Times* in London. Diese Maßnahme zeigt, wie wichtig den Qumran-Wissenschaftlern Autorität, Regeltreue und Disziplin waren, denn
sonst hätten sie ihren Standpunkt auch einzeln in einer längeren wissenschaftlichen Debatte vertreten können.

»Ich glaube, wir erfuhren aus den englischen Zeitungen von Allegros Sendung«, erinnerte sich Strugnell. »Wir hielten ein kleines Treffen ab und beschlossen, daß wir dringend darauf hinweisen sollten, auf wie vielen Hypothesen die ganze Sache aufgebaut war. Seine Ergebnisse waren nicht so handfest, wie er vorgab. Also entwarf ich einen Brief an die *Times* in dem Stil, wie die Briefe an die *Times* eben geschrieben sind, ›Ihr ergebenster Diener‹ und so weiter.« In dem von de Vaux, Milik, Skehan, Starcky und Strugnell unterzeichneten Brief wurde abgestritten, daß es eine »enge Verbindung zwischen der angenommenen Kreuzigung des essenischen ›Lehrers der Gerechtigkeit‹ und der Kreuzigung und Auferstehung Jesu gebe«. Die Wissenschaftler betonten, Allegro habe »die Texte falsch gedeutet oder eine falsche Kette von Vermutungen aufgebaut, die durch das vorliegende Material nicht bestätigt wird«.

Zwar reagierte Allegro zunächst höflich und gelassen auf die Anschuldigungen der anderen Teammitglieder, aber mit der Zeit wuchs seine Feindseligkeit gegenüber den Kollegen. Vielleicht waren seine Thesen in einigen Punkten falsch, aber er war entschlossen, die weiterreichenden Fragen um die Qumran-Schriften und ihre Beziehung zu den Ursprüngen des Christentums ins Zentrum der Debatte zu rücken. Für Allegro, wie auch für andere Rebellen in der Geschichte der Qumran-Forschung, waren die Details nicht so wichtig wie die Ideen. In den fünfziger und sechziger Jahren wuchs seine Überzeugung, daß das frühe Christentum eigentlich eine schlechte Kopie des Qumran-Glaubens gewesen sei – weshalb, wie er fand, alle vernünftig denkenden Menschen den christlichen Glauben aufgeben sollten, weil es sich bei ihm nur um einen veralteten Mythos handele. In Briefen an de Vaux machte Allegro sich über das vermeintliche Dilemma eines gläubigen christlichen Gelehrten lustig, der mit der Beweislage der Schriften konfrontiert wird. »Ich habe den Eindruck, daß Ihre religiösen Überzeugungen Ihre Urteile über alles leicht verzerren, was auch nur im entferntesten mit dem Christentum zu tun hat«, bemerkte er in herablassendem Ton. »Das kann ich von Ihnen auch nicht erwarten, und ich erwarte auch nichts anderes von Ihnen.«

Damit begann ein langjähriger Kampf, in dessen Verlauf Allegro seine Laufbahn einer Aufgabe widmete, die sich zu einem regelrechten Kreuzzug auswuchs und deren Inhalt es war zu beweisen, wie gegenstandslos die Vorstellung von der Einzigartigkeit der Botschaft Jesu Christi sei.

Aber auch der messianische Glaube der Qumran-Gemeinde war für ihn
nicht attraktiver als das Christentum. Er diente ihm lediglich dazu, der
modernen christlichen Öffentlichkeit zu zeigen, daß man sie zweitausend Jahre lang über die historische Einzigartigkeit ihres Glaubens be-
logen hatte. Das Ziel von Allegros Arbeit war stets eine Art Anti-Evan-
gelium. 1964 schrieb er: »Nutzlosen Ballast abzuwerfen ist immer der
erste Schritt zu intellektuellem Fortschritt, aber es bleibt abzuwarten,
ob diese Generation genügend Mut oder Vorstellungskraft besitzt, um
die Gelegenheit zur Neubewertung zu ergreifen, die sich durch diese
wunderbaren Funde in der Judäischen Wüste bietet.«

Anders als Edmund Wilson, der eine elegante Prosa schrieb, oder
als David Flusser mit seinen humorig-zynischen Anekdoten, die das konventionelle Wissen in Frage stellen, wurde Allegro mit der Zeit immer
kämpferischer und heftiger. 1968 hatte er als einer der wenigen aus
dem Team, die je so weit kamen, alle ihm zugewiesenen Texte veröffentlicht. Danach machte er seinem Ruf als Gegner organisierter Religionen mit einer Reihe von Büchern weitere Ehre, in denen er den »Mythos vom auserwählten Volk« angriff. In einem Buch mit dem Titel *The
End of the Road* bezeichnete er jede Art der Gottesverehrung als Hin-
dernis für den menschlichen Fortschritt. Den Vogel schoß er jedoch mit
seinem 1970 veröffentlichten Buch *The Sacred Mushroom and the Cross*
(Der heilige Pilz und das Kreuz) ab. Darin schrieb er, die Qumran-Rollen
und andere religiöse Schriften aus dem Nahen Osten verrieten, daß das
frühe Christentum nur ein durch Drogen verwirrter, orgiastischer Frucht-
barkeitskult gewesen sei. Natürlich war der Spott aus der Gelehrtenwelt
groß. Schließlich mußte er sogar seine Lehrstelle an der Universität von
Manchester aufgeben. Und als Allegro im Jahre 1980 starb, galt er bei
den meisten seiner Kollegen als exzentrischer Störenfried, dessen Theorien gründlich widerlegt worden waren.

Aber es gibt etwas, das nicht so einfach abgetan werden kann: die
Vorstellung, daß die Schriftrollen als zeitgenössische, nicht überarbeitete und damit unverfälschte Literatur aus dem Judäa des ersten Jahrhunderts Hinweise auf die Glaubensvorstellungen Jesu und seiner Anhänger geben, die später von vielen Generationen christlicher Schreiber
und Theologen verändert und verkürzt wurden. Der geheime Glaube
an das baldige Erscheinen von Israels Messias wurde von allen Judäern
und Galiläern geteilt, die nicht direkt von der Herrschaft der Römer

profitierten. Und in Zeiten der Hungersnot, Vertreibung und fortschreitenden Verstädterung erstarkte diese Hoffnung jedesmal, wenn ein römischer Soldat oder Beamter seine Macht ausspielte oder ein römischer Präfekt versuchte, in die religiösen Angelegenheiten Israels einzugreifen. Dabei ging es nicht um einen metaphysischen Erlöser, sondern um einen politischen Führer auf Erden. Und da die römische Verwaltung der Provinz immer entschlossener durchgriff, um die Judäer ein für allemal zu »befrieden«, wurde auch die Hoffnung auf nationale Erlösung und ihre gewalttätige Umsetzung immer verzweifelter.

Die judäische Gesellschaft im ersten Jahrhundert u. Z. war stark zersplittert. Es gab viele religiöse Sekten, Führer und Glaubensrichtungen. Doch obwohl man sagen kann, daß sich die einzelnen Gruppen deutlich voneinander unterschieden, läßt sich doch eine übergreifende Ideologie des Widerstands erkennen, die oft bis in kleinste Details ausformuliert war. Die Hoffnung auf den Messias spielte die größte Rolle dabei. Und durch die Erscheinung und die Predigten eines Propheten, der von dem Anbruch des messianischen Zeitalters kündete, sollten die rechtmäßigen Nachkommen Israels ihre Sünden erkennen.

Der historische Jesus von Nazareth wurde gegen Ende der Regierungszeit des Tyrannen Herodes geboren und wuchs zur Zeit des Pontius Pilatus heran. Er kannte die gleichen Symbole und hatte die gleichen Erwartungen wie seine Zeitgenossen in Judäa. Die Anhänger von Jesus, Johannes dem Täufer und dem Lehrer der Gerechtigkeit gehörten alle derselben Bewegung an – oder, wenn das Wort »Bewegung« zu sehr nach Organisation klingt: Sie empfanden den gleichen Zorn gegen das Reich, und wenn die Zeit zum gemeinsamen Handeln kam, würden sie sich alle gegen Rom erheben.

Die Menschen von Qumran und die Urchristen konnten sich dieser politischen Realität nicht entziehen. In der Kriegsrolle wird die Bedeutung politischer Aktion ausgeführt. Der detaillierten Beschreibung des Zeitplans, der Ausrüstung, der Waffen und der Taktik, die die Söhne des Lichts in ihrem letzten, umwälzenden Kampf gegen die Mächte der Finsternis einsetzen sollen, folgt eine Anweisung für die Offiziere der Söhne des Lichts, ihren Truppen mit einer Reihe von Gebeten zu Gott und mit kriegerischen Ermahnungen Mut zu machen. In dem Text findet sich auch die bekannte Prophezeiung:

»Unsere Stärke und die Kraft unserer Hände vollbringen keine mächtigen Taten ohne Deine Macht und die Macht Deiner großen Tapferkeit. Dies hast Du uns seit alten Zeiten gelehrt, indem Du sagtest: ›Es wird ein Stern aus Jakob aufgehen und ein Zepter aus Israel aufkommen und wird zerschmettern die Schläfen der Moabiter und den Scheitel aller Söhne Seths. Aus Jakob wird der Herrscher kommen und umbringen, was übrig ist von den Städten. Sein Feind wird unterworfen sein; Israel aber wird Sieg haben.‹«

Später wandten sich die Christen vom Gesetz Mose ab und glaubten an einen inkarnierten Messias, der die Sünden der ganzen Menschheit sühnt. Aber den Menschen im Judäa des ersten Jahrhunderts wäre eine solche Vorstellung fremd und gotteslästerlich erschienen, wie aus den Qumran-Rollen und Flavius Josephus' Berichten aus zweiter Hand zu ersehen ist. In einer Zeit der politischen und wirtschaftlichen Unterjochung durch ein Reich, das von einem vergöttlichten Cäsaren angeführt wurde, lautete Israels Bestimmung eher, den Traditionen der Familie, des Ackerbaus und des Tempels treu zu bleiben und sowohl die römischen als auch die judäischen Söhne der Finsternis für *deren* Sünden sterben zu lassen. Die Erlösung und Erneuerung Israels würde nicht durch Aufgabe des Bundes, sondern durch strikte Einhaltung all seiner Gesetze erreicht werden. Der Tempel, nicht das Grab, stand im Zentrum der Befreiung. Als schließlich viele der lange Zeit unveröffentlichten Qumran-Texte den Wissenschaftlern zugänglich gemacht wurden, mehrten sich die Hinweise, daß der ursprüngliche Glaube von Jesus und seinen Anhängern an die nahende politische und spirituelle Erlösung in mancher Hinsicht der zornigen Verkündigung der Qumran-Rollen geradezu unheimlich ähnelte.

DER SCHATZ

Die Kupferrolle stirbt. Ihre dreiundzwanzig gebogenen, korrodierten Segmente zerfallen langsam zu Staub. Da es unmöglich schien, sie zu entrollen, hatte man die brüchige Rolle der Länge nach in schmale Streifen geschnitten. Über dreißig Jahre lang lagen die Streifen in speziell angefertigten, mit Samt ausgeschlagenen Schatullen in einer Vitrine des jordanischen Archäologischen Museums in Amman. In den späten achtziger Jahren äußerten sich die Kuratoren des Museums ebenso wie Wissenschaftler, die die Kupferstücke zu sehen bekamen, immer besorgter über die Anzeichen des Verfalls. Einige Streifen waren an den Rändern so korrodiert, daß schon über ein Zentimeter bis zur Schnittlinie fehlte, an der entlang sie 1955 und 1956 in England am Manchester College of Technology mit einer kleinen Kreissäge zersägt worden waren. Im Jahre 1993 initiierte das Amt für Altertümer in Jordanien ein ehrgeiziges Restaurationsprojekt. Gleichzeitig erschien plötzlich eine Reihe neuer Studien und Theorien zur Kupferrolle, die jahrelang von den Wissenschaftlern eher vernachlässigt worden war. Und viele dieser neuen Arbeiten stellten frühere Interpretationen in Frage.

Die Kupferrolle war schon immer eine faszinierende Besonderheit unter den Qumran-Dokumenten gewesen, und dies nicht nur, weil sie sich als einziger größerer Fund noch in jordanischer Hand befindet. In Material, Schrift und Inhalt unterscheidet sie sich so stark von den anderen Qumran-Rollen, daß die Wissenschaftler große Schwierigkeiten hatten zu erklären, wie diese Rolle überhaupt in die Höhle 3 in Qumran gekommen war. Eine Gruppe von Archäologen der École Biblique hatte die Kupferrolle im Frühjahr 1952 entdeckt. Sie bestand aus zwei zusammengerollten Teilen, die auf einem Vorsprung im hinteren Teil einer kleinen Höhle lagen, in der auch andere Fragmente gefunden wurden, die den üblichen Charakteristika von Qumran entsprachen. Die eingerollten, zusammengenieteten Kupferblätter wurden schließlich als Teile eines einzigen Textes identifiziert (die Numerierung, die ihnen zugeordnet wurde, lautet 3Q15). Sie enthalten eine Liste mit vierundsechzig kryptischen Beschreibungen von Verstecken in der Umgebung von Jerusalem und in ganz Judäa, in denen im Altertum unvorstellbare Schätze von Gold- und Silberbarren, wertvollen Salben, heiligen Gewändern, Gefäßen und Schriftrollen deponiert wurden.

Das war etwas Handfestes: keine bruchstückhaften Schriften, keine apokalyptische Lyrik, keine dürftigen und vagen historischen Bezüge zum frühen Christentum, sondern eine detaillierte Schatzkarte – da wurden angesichts der Möglichkeiten selbst die nüchternsten und konservativsten Bibelwissenschaftler unruhig. In zwölf Spalten wurden die Namen und die Lage von Teichen, Gräbern, unterirdischen Gängen und Ruinen genannt, in denen die Schätze vergraben sein sollten, jeweils mit genauen Positions- sowie mit Maßangaben zur Tiefe jedes Verstecks. Der Wert der aufgeführten Gegenstände war so gewaltig, daß sich die Qumran-Forscher fragten, woher die Sekte solche Schätze genommen haben könnte. Die niedrigsten Schätzungen belaufen sich auf fast sechzig Tonnen Gold und Silber, die höchsten auf zweihundert. Und da so häufig rituelle Gefäße und geweihte Opfergaben erwähnt werden, fragte man sich, ob die Qumran-Gemeinde mit ihren zahlreichen Beziehungen zum Priestertum auch etwas mit dem Tempel in Jerusalem zu tun hatte.

Die Kupferrolle wies keinen Bezug zur Entstehung des Christentums auf: kein Messias-Glaube, keine Taufe, kein Gemeinschaftsideal. Statt dessen ließ sie sehr enge Verbindungen zum Tempel von Jerusalem mit seinem Kult und seinen rituellen Opfergaben vermuten. Daher erschien sie den Wissenschaftlern zuerst als primitiv. Die vielen Schreibfehler und ungeschickt geformten Buchstaben, die mit dem Hammer und einem meißelartigen Werkzeug ins Kupfer getrieben worden waren, verstärkten diesen Eindruck. Aber der Schreiber war kein Spinner oder einsamer Träumer, wie viele Wissenschaftler später annahmen. Er kannte sich in den Dörfern und Städten Judäas bestens aus, er wußte Bescheid über das komplexe System von Wasserläufen und über die Gräber, für die die Jerusalemer Priester lange verantwortlich gewesen waren. Darüber hinaus gebrauchte der Schreiber die Fachausdrücke für den Zehnten, die geweihten Gefäße und die Opfergaben, Bestandteile der komplizierten Balance aus nationalen Verpflichtungen und wirtschaftlicher Unabhängigkeit, die der Tempel verkörperte.

Welchen Ruhm der erste Tempel von Jerusalem unter David und Salomo und den judäischen Königen auch immer erlangt haben mag, seine überragende symbolische Bedeutung bekam er erst, nachdem die Armeen des neubabylonischen Königs Nebukadnezar im Jahre 586 v. u. Z. die Stadt geplündert, den Tempel abgerissen und die meisten Priester ins Exil getrieben hatten. Der Tempel von Jerusalem wurde, wie so viele zentrale Heiligtümer anderer Völker auch, von den Eroberern in Besitz genommen und als Zeichen ihrer Überlegenheit dem Kult des siegreichen Gottes der Babylonier geweiht. Doch unter den Judäern, die nach Babylonien vertrieben worden waren, keimte eine neue Vorstellung auf: Nicht die irdische Macht der Babylonier hatte Jerusalem und den Tempel zerstört, sondern Gott selbst, um die Israeliten für ihre Sünden zu bestrafen. Die absolute Beachtung des Gesetzes bot in den Augen der exilierten Judäer daher die einzige Möglichkeit, das Überleben und Wohlergehen ihres Volkes künftig zu sichern. Als nach einigen Jahrzehnten das Babylonische Reich allmählich zerfiel und die siegreichen Perser einer kleinen Abordnung israelitischer Priester und politischer Führer erlaubten, nach Jerusalem zurückzukehren, wurde deshalb die genaue Befolgung der Gesetze des wiederaufgebauten Tempels von Jerusalem untrennbar mit dem nationalen Überleben verknüpft. Die Vorschriften wurden erwartungsgemäß strenger, ausschließlicher und komplizierter als je zuvor.

Der komische kleine Tempelstaat Judäa, der von Hohenpriestern im abgelegenen Jerusalem regiert wurde, war in den Tagen von Perikles, Sophokles und Pythagoras nicht gerade ein idealer Kandidat für eine Modernisierung. Während sich die Einwohner der Hafenstädte des östlichen Mittelmeerraumes, stolze Nachkommen von Philistern und Phöniziern, deren nationale Geschichte mit jener der Griechen eng verbunden war, wirtschaftlich und kulturell allmählich gen Westen orientierten, hielten die Menschen in Judäa starrköpfig an ihren Olivenhainen und Weinbergen und ihren kleinen Kornfeldern und Weiden in den Tälern fest. Der Tempel von Jerusalem mit all seinen Vorschriften zur landwirtschaftlichen Produktion, der peinlich genau festgelegten Zehntabgabe, den Opfergaben der ersten Früchte und makelloser Nutztiere, sorgte dafür, daß ein Gleichgewicht aus einfacher Frömmigkeit und bescheidenem landwirtschaftlichem Wohlstand aufrechterhalten wurde.

Die Judäer müssen merkwürdig bäuerlich und etwas altmodisch ge-
wirkt haben, als die Armeen Alexanders des Großen und seiner Nachfolger durch das Land stürmten. Letztere brachten nicht nur Götzenbilder, bemalte Vasen und den jambischen Pentameter nach Judäa, sondern
auch eine erschreckend neue Lebensart. Weitläufige königliche Ländereien wurden geschaffen, auf denen einzelne Gebrauchswaren, wie zum
Beispiel Olivenöl, Wein oder Balsam, in großen Mengen produziert und
dann in fremde Städte verschifft und mit Gewinn verkauft wurden. Dahinter stand eine Denkart, die auf zunehmender Konzentration der Produktion und immer weiteren Handelsverbindungen basierte. Niemand
in Judäa konnte den Fortschritt aufhalten, aber der Tempel von Jerusalem mit seinen Symbolen der alten Ordnung und seinen antiquierten
Ritualen wurde zum Ersatzsymbol für alles, was mit dem Heraufziehen
des hellenistischen Zeitalters verlorenging.

Im zweiten Jahrhundert v. u. Z. hielt es niemand für möglich, daß
die Judäer die Uhr zurückdrehen konnten, aber genau das geschah zur
Zeit des Makkabäeraufstands. Wenn wir die modernen Chanukka-Lieder
hören, glauben wir leicht, daß es im Krieg gegen Antiochus Epiphanes,
den König des Seleukidenreiches, nur um religiöse Freiheit und um das
heilige Tempelöl gegangen sei. Das eigentliche Ziel des Aufstands war
jedoch die Rückkehr zum eigenen, selbstgewählten Lebensstil, zum unabhängigen Kleinbauerntum der Judäer, deren Zugehörigkeit zum unabhängigen Volk Israel durch den Tempelkult in Jerusalem bestätigt,
nicht nur symbolisiert wurde.

Die Revolte begann in dem Dorf Modin unter der Führung des Prie-
sters Mattathias aus der Familie der Hasmonäer. Er und seine Söhne,
die den Beinamen Makkabäer erhielten, errangen mit ihren Truppen
erstaunliche Siege gegen die hellenistischen Berufsarmeen, zuerst aus
dem Hinterhalt, dann auch im offenen Kampf. Schließlich erreichten sie
die politische Unabhängigkeit und die Wiedereinweihung ihres Tempels.
Dieser letzte Akt sollte nicht nur bestätigen, daß die Götzenbilder beseitigt und das Schweinefett vollständig vom Altar abgewaschen war.
Er bekundete auch die Gründung eines seltsamen, religiös-fundamen-
talistischen Priester-Königreiches; keine idyllische Rückkehr zum biblischen Paradies, sondern die Errichtung eines Tempelstaats judäischer
Ajatollahs und fanatischer revolutionärer Sittenwächter.

Natürlich gab es erbitterte Auseinandersetzungen über die einzelnen

Rituale in diesem wiedergewonnenen Tempel. Ein Teil der Priesterschaft zeigte sich empört, als nach dem Tod des heiligen Kriegers Judas Makkabäus, der anscheinend nie offen nach politischer Macht gestrebt hatte, seine Brüder Jonathan und Simon sich selbst zu Hohenpriestern des Tempels ernannten und damit die traditionellen Träger des Amtes verdrängten, die sich darauf beriefen, Nachkommen des Zadok zu sein. Schon die kleinste Respektlosigkeit konnte jederzeit den Unmut zumindest einiger Gruppen innerhalb der judäischen Bevölkerung hervorrufen. Als der Hasmonäerkönig Alexander Jannäus (103–76 v. u. Z.) im Tempel erschien, um als Hoherpriester die Zeremonie zum Laubhüttenfest zu zelebrieren, wurde er mit Buhrufen empfangen und mit Zitronen, die für das Fest bestimmt waren, beworfen. Als Herodes nach dem Sturz der Hasmonäer ihm genehme Männer zu Hohenpriestern ernannte, wurden im Volk die Stimmen, die eine Reinigung des Tempels forderten, immer lauter. In römischer Zeit schließlich erfüllte die Forderung nach Reformen beim Opferdienst und bei der Ernennung der Priester für den Tempel von Jerusalem eine wichtige psychologische Funktion, denn dies war die einzige Art unabhängiger politischer Aktivität, die dem Volk von Judäa noch geblieben war.

Die Essener aber interessierten sich laut Josephus bewußt nicht für den Tempelkult und setzten sich damit vom übrigen Judaismus ab. Josephus bemerkte: »Sie schicken geweihte Opfergaben zum Tempel, aber sie führen ihre Opfer mit einem anderen Reinigungsritual durch. Deshalb sind sie aus den Bereichen des Tempels ausgesperrt, die allen offenstehen, und führen ihre Riten selbst aus.« Diese seltsame Ablehnung des Tempels im Interesse einer höheren Spiritualität gefiel den christlichen Wissenschaftlern, und sie sahen darin einen Vorläufer der christlichen Ablehnung von Brandopfern und Reinheitsgesetzen. In den Qumran-Rollen schien diese »essenische« Ablehnung leerer Tempelrituale sogar direkt angesprochen zu werden, wie eine Passage aus der Gemeinderegel zeigt:

»Sie sollen für schuldhafte Auflehnung büßen und für Sünden des Unglaubens, damit sie die liebende Fürsorge für das Land erhalten ohne Brandopfer von Tieren und ohne geopfertes Fett. Und ein aufrichtig angebotenes Gebet wird ein ebenso annehmbarer Duft der Gerechtigkeit und der Vollkommenheit des Weges sein wie ein köstliches freiwilliges Opfer.«

Für viele Wissenschaftler sind der Bericht des Josephus und diese
Textpassage hinreichende Beweise dafür, daß die Menschen von Qumran
Essener waren, die die schicksalhafte theologische Entscheidung getroffen hatten, teuren Weihrauch und makellose Lämmer durch Gebete und
ein reines Leben zu ersetzen. Mehr noch: Als man überall in den Höfen
und an offenen Plätzen in der Qumran-Siedlung eingegrabene Gefäße
mit Tierknochen fand, war man überzeugt, daß die Essener während
der geheimen Zeremonien der Gemeinschaftsmahle symbolisch Gaben
opferten, ein Akt, der fast mit der Kommunion vergleichbar wäre. Aus
der Perspektive der Evolutionstheorie, die das spirituelle Leben als allmähliche Entwicklung zum Christentum hin betrachtet, waren die Essener vielleicht keine vollkommenen Anhänger des Messias-Glaubens,
aber sie erwiesen sich durch ihre Ablehnung des Tempels als sehr fort-
geschrittene Juden. Und genau dies machte den Fund der Kupferrolle
in Höhle 3 in Qumran so verwirrend. Was konnte eine detaillierte, ver-
schlüsselte Beschreibung des Tempelschatzes mit Leuten zu tun haben,
die den Tempelkult ablehnten?

Der Text der Kupferrolle war Pater Josef Milik vom internationalen Team
zur »offiziellen« Veröffentlichung anvertraut worden. In seinem ersten
Artikel über sie wertete er ihre historische Bedeutung arrogant ab. »Es
ist wohl selbstverständlich«, schrieb Milik in einem Artikel im *Biblical
Archaeologist* im Jahre 1956, »daß es sich nicht um eine historische Auf-
zeichnung tatsächlich vergrabener antiker Schätze handelt. Die Merk-
male des Dokuments selbst, ganz zu schweigen von der ungeheuren
Menge an Edelmetallen und kostbaren Schätzen, die darin verzeichnet
sind, ordnen es eindeutig der folkloristischen Legende zu. Das Kupfer-
dokument läßt sich daher am besten als Zusammenfassung von Über-
lieferungen begreifen, die in Judäa im Umlauf waren und von einem
Schreiber mit unvollkommenen Rechtschreibkenntnissen festgehalten
wurden.«
Welch seltsam zwanghaftes Verhalten hier vorgelegen haben muß!
Laut Milik hat sich ein anonymer und eindeutig besessener Mensch irgendwo mit einem Kupferblatt hingesetzt und ungefähr dreitausend
hebräische Buchstaben in das Kupfer getrieben, um eine niedrige, ma-
terialistische Phantasievorstellung in Worte zu fassen. Milik hielt den
Schatz der Kupferrolle für ein Wunschbild von vor Schätzen überquel-

lenden Höhlen, das an die Schatzhöhle Aladins aus *Tausendundeiner Nacht* erinnert. Nach Miliks abschätziger Meinung neigten die Völker des Nahen Ostens zu solchen merkwürdigen Vorstellungen. Er verglich die Kupferrolle mit einem modernen Werk, mit Ahmed Bey Kamils *Book of Buried Pearls and Hidden Treasures*, das 1907 in Ägypten veröffentlicht worden war. Das zeigt, wie bereitwillig und unbewußt Milik seine Vorurteile über Orientalen sowohl auf die antiken als auch auf die heutigen Völker des Nahen Ostens übertrug.

Inzwischen nehmen einige Wissenschaftler die Kupferrolle weitaus ernster und betrachten sie nicht als reine Folklore. Ein Grund ist die exakte Tempelterminologie, ein anderer, nicht weniger wichtiger, die inzwischen veränderte politische Stimmung im Nahen Osten. Im Juni 1956, als der Inhalt der Kupferrolle in der Öffentlichkeit bekannt wurde, erlebte der Nahe Osten gerade die erste Welle des panarabischen Nationalismus. Die Stellung westlicher Berater und Beamter in Jordanien wurde durch Gamal Abdel Nassers eindrucksvolle Botschaft der Blockfreiheit und des Antiimperialismus zunehmend schwierig. Am 1. März 1956 wurde General John Bagot Glubb zusammen mit den britischen Offizieren an der Spitze der Arabischen Liga entlassen und des Landes verwiesen. Seine Position nahm ein ehrgeiziger junger jordanischer Offizier ein, Ali Abu Nuwwar. Im Sommer wurde Gerald Lankester Harding gezwungen, als Direktor des Amtes für Altertümer zurückzutreten; er verließ Jordanien im Herbst. Im Laufe des Jahres 1956 rief Radio Kairo in der ganzen Region zur panarabischen Solidarität auf; international stieg die Spannung, weil Ägypten die Suezkanal-Gesellschaft verstaatlichte, und die Stellung von Westeuropäern und Amerikanern im Nahen Osten wurde ziemlich heikel.

Vor diesem Hintergrund ist es nicht verwunderlich, daß die Mitglieder des internationalen Teams nicht allzu laut und begeistert über alte Schätze sprechen wollten, die auf jordanischem Gebiet vergraben sein sollten. Im Sommer und Herbst 1956 begannen Harding, de Vaux und Milik den Gedanken, daß die Kupferrolle etwas mit echten Reichtümern zu tun haben könnte, ins Lächerliche zu ziehen. In ihren Augen handelte es sich nur um ein orientalisches, nein, vielleicht sogar um ein typisch *jüdisches* Märchen. In seiner Veröffentlichung 1962 wählte Milik zwei seltsame Beispiele, um das zu beweisen, verzichtete jedoch diplomatisch darauf, das ägyptische *Book of Buried Pearls* nochmals zu erwähnen.

Diesmal bezog er sich auf eine neuzeitliche Marmortafel, die vor einigen
Jahren von Pater John Starcky in einer Beiruter Synagoge gefunden worden war, und auf einen rabbinischen Midrasch mit dem Titel *Masseket
Kelim* aus dem Mittelalter, in dem über die legendären Schätze in Salomos Tempel berichtet wurde. So ging Miliks Theorie vom wunderlichen
Kauz einschließlich ihrer unterschwelligen antisemitischen Züge in die
wissenschaftliche Literatur ein, in die Lehrbücher und in die Gehirne
junger College-Studenten, wie auch ich damals einer war.

Noch lange nach der Suezkrise blieb die Theorie vom komischen
Kauz bestehen, und dies nicht etwa, weil sie durch weitere Forschungen
bestätigt worden wäre, sondern einfach, weil sie ungefährlich war. Das
hing mit dem dahinterstehenden Geschichtsbild zusammen und mit dem
Hang (ich betone, daß es ein Hang ist, keine bewußte Strategie), das
Qumran-Material von anderen Elementen judäischer Geschichte eher zu
trennen, als es mit ihnen in Verbindung zu bringen. Nachdem die Wissenschaftler zu ihrer eigenen Zufriedenheit nachgewiesen hatten, daß
die Mitglieder der Qumran-Sekte Essener waren und daß die Essener
dem Tempelkult in unversöhnlicher Feindschaft gegenüberstanden, igno-
rierten sie die Kupferrolle einfach. Milik merkte die Besonderheiten ihrer
Sprache an und stellte fest, daß ihr Hebräisch der rabbinischen Literatur
näher stand als das der meisten anderen Qumran-Schriften. Er kam zu
dem Schluß, die Kupferrolle sei nur eine harmlose, alberne Sammlung
von Volkserzählungen, die, der Schrift und Sprache nach zu urteilen,
ungefähr im Jahre 100 u. Z. von irgendeiner verrückten Person, die zufällig in den schon lange verlassenen Ruinen von Qumran herumwander-
te, in der Höhle deponiert worden sei.

Es gab noch einen weiteren guten Grund, die Kupferrolle nur als Le-
gendensammlung zu bezeichnen: John Marco Allegro, der vom inneren
Kreis jetzt als Engel der Finsternis betrachtet wurde, beharrte darauf,
daß die Kupferrolle nicht das Werk eines Verrückten sei. Allegro war
von Anfang an in die Geschichte um die Kupferrolle verwickelt, obwohl
sie nicht zu den ihm zugewiesenen Dokumenten gehörte. Da die Rolle
äußerst zerbrechlich war, hatte man bis 1955 nicht versucht, sie zu öffnen. Allegro beriet sich daraufhin aus eigenem Antrieb mit Metallurgen
seiner Heimatuniversität Manchester, und er konnte Harding und de
Vaux bald davon überzeugen, daß die Experten in Manchester in der

Lage seien, das Dokument zu öffnen, ohne es zu beschädigen. Die Vorstellung von eifrigen und kompetenten englischen Technikern in weißen Kitteln brachte de Vaux und Harding im fernen Jerusalem anscheinend sofort dazu, der heiklen Operation zuzustimmen.

Ich möchte die Dinge fair und angemessen darstellen, aber wenn man Allegros Beschreibung vom Öffnen der Kupferrolle im Manchester College of Technology liest und die Fotos anschaut, mit denen er den Vorgang dokumentierte, fällt es schwer, nicht laut loszulachen. Mit allem Respekt für den Einsatz von Professor H. Wright-Baker mit seiner Sicherheitsbrille und dem Laborkittel, den er auf Allegros Fotos trägt – es ist kaum zu glauben, daß sich kein professionellerer Weg finden ließ, die Rolle zu öffnen. Professor Wright-Baker hatte einen speziellen Apparat entwickelt, der »fast ausschließlich aus ehemaligen Ausrüstungsgegenständen der Armee zusammengebaut worden war, die man zu Kriegsende erworben hatte«, wie Allegro mit einiger Bewunderung feststellte: Die Kupferrolle wurde auf einem kleinen Rollwagen befestigt, mit einem speziellen Flugzeugleim beschichtet und dann erhitzt, um die Oberfläche zu versiegeln. Der Wagen rollte unter einer feststehenden Kreissäge hin und her. Es wurde jeweils der Länge nach ein schmales Segment abgeschnitten, dann wurde die Rolle langsam gedreht, bis das ganze Dokument in Streifen geschnitten war. Im Herbst und Winter 1956/57 wurde die Rolle so nach und nach in dreiundzwanzig Streifen geteilt. Allegro stand neben Dr. Wright-Baker mit seiner schwirrenden Säge und dem Rollwagen. Und er war der erste, der den Text abschrieb und übersetzte.

Als Allegro sich bereit erklärte, die Arbeit des Entrollens zu überwachen, hatte er auch versprochen, die Veröffentlichungsrechte von J. T. Milik zu respektieren, der der autorisierte Herausgeber der Kupferrolle war. Aber er war so fasziniert von der Schatzliste, daß er eine eigene Abschrift, Übersetzung und sogar Kommentierung in Angriff nahm. Zu jener Zeit war er zu der Überzeugung gekommen, daß der Schatz wirklich existiert habe. Er glaubte, daß es sich um eine genaue Auflistung des Tempelschatzes und anderer geweihter Gegenstände handele, die von radikalen judäischen Rebellen, den Zeloten, während des großen Aufstands gegen Rom gesammelt und versteckt worden seien. Warum nun ausgerechnet die Zeloten ihre kupferne Schatzkarte in Qumran deponiert haben sollen, blieb unklar, aber Allegro schrieb: »Es

scheint nur vernünftig, im Zweifelsfalle die Zurechnungsfähigkeit des
Autors einzuräumen und nicht den ganzen, höchst interessanten Text
als Arbeit eines Fanatikers zu bezeichnen, wie einige das getan haben.«

Allegro bemühte sich, Miliks These vom Volksmärchen in Zweifel zu
ziehen, und sein Drängen auf eine Neuinterpretation, das Beharren auf
einem abweichenden Standpunkt, führte zugleich zu umfangreichen Debatten über das weitere Vorgehen. Allegro setzte sich lautstark dafür
ein, sofort den vollständigen Text zu publizieren, damit die wissenschaftliche Öffentlichkeit entscheiden konnte, ob die Kupferrolle nun
das Werk eines Verrückten oder eines gut unterrichteten, intelligenten,
priesterlichen Würdenträgers war, der Schwierigkeiten mit dem unge-
wohnten Material hatte. Nach seiner öffentlichen Auseinandersetzung
über die Frage der Kreuzigung und anderer messianischer Andeutungen
war Allegro mehr denn je darauf aus, de Vaux und das internationale
Team zu entmachten. Im darauffolgenden Jahr, 1957, erlangte er die
ausdrückliche Genehmigung des neuernannten Direktors des Jordanischen Amtes für Altertümer, Dr. Abdul Karim al-Gharaybeh, seine eigene,
nicht autorisierte Übersetzung der Kupferrolle noch vor Miliks »offizieller« Veröffentlichung herauszubringen. Zuvor hatte er den Direktor davon überzeugen können, daß der Schatz der Kupferrolle nicht nur echt
war, sondern daß er auch entdeckt werden könne. Das internationale
Team sah in der Veröffentlichung einen Akt wissenschaftlichen Dieb-
stahls. Aber es sollte noch schlimmer kommen.

Im Frühjahr 1960 begann Allegro unter großer Anteilnahme der Öffentlichkeit mit einer Reihe archäologischer Expeditionen, um die Silber-
und Goldbarren, die in der Kupferrolle beschrieben wurden, zu suchen.
Diese Expeditionen versetzten de Vaux und das internationale Team
verständlicherweise in Wut und Unruhe, aber sie konnten nichts dagegen unternehmen. Während nämlich das internationale Team in den
vorausgegangenen Jahren versucht hatte, Allegro in westlichen Zeitungen und wissenschaftlichen Zeitschriften unglaubwürdig zu machen,
hatte dieser wohlweislich freundschaftliche Beziehungen zu verschiedenen jordanischen Beamten aufgebaut. Er hatte sie in seinen Plan eingeweiht, der atemberaubend ehrgeizig, aber kaum praktikabel war. In
einem Brief aus dem Jahre 1959 an den damals neu ernannten Direktor
des Amtes für Altertümer, Awni Dajani, legte Allegro seinen Gesamtplan
dar: Er wollte sich um Gelder bemühen, um die Schriftrollen und Frag-

mente zu kaufen, die er immer noch in den Händen der Beduinen wähnte, und dann ein zweites, weit größeres und völlig neues Team von Wissenschaftlern schaffen, das diese Schriftrollen bearbeiten und veröffentlichen sollte.

Der Plan sah vor, daß die Regierung Einladungen an akademische Einrichtungen in aller Welt verschickte, in Jordanien ein modernes Institut für Nahoststudien einzurichten, das ohne politischen und religiösen Druck fortlaufend Abschriften, Übersetzungen und Kommentare zu den zahlreichen noch unveröffentlichten Schriften aus Qumran herausgeben sollte. Allegros Vorstellungen von den Schriftrollen, der Religion und der Zukunft des Nahen Ostens liefen hier zusammen. Er war davon überzeugt, mit Hilfe der Qumran-Rollen den endgültigen Beweis liefern zu können, daß die christliche Lehre keinerlei Originalität aufwies, da sie buchstäblich alle ihre messianischen Vorstellungen, Glaubensgrundsätze und Rituale von der Qumran-Gemeinde übernommen habe. Für Allegro bedeutete die schnelle und vollständige Veröffentlichung der Rollen einen Schlag gegen die Tyrannei des organisierten Christentums, denn er glaubte ganz naiv, die Öffentlichkeit werde in den Qumran-Rollen sofort den eindeutigen Beweis dafür sehen, daß die christliche Kirche auf dem gestohlenen und umgeschriebenen Evangelium des judäischen Messias-Glaubens gegründet sei.

Den einzigen Weg zur »Befreiung« der Schriftrollen sah er darin, sie dem Zugriff des internationalen Teams zu entziehen. Zu diesem Zweck gewann er wichtige Verbündete unter den Beamten der jordanischen Regierung und im Amt für Altertümer. Obwohl seine Schatzsuche in der Judäischen Wüste keinen einzigen Silber- oder Goldbarren zutage förderte, brachte sie ihm doch beträchtliche Sympathien in der Öffentlichkeit ein. Und während die Mitglieder des internationalen Teams in wissenschaftlichen Zeitschriften Spott über Allegros Thesen und Unternehmungen ausgossen, machte ihn die Suche nach dem verlorenen Schatz zum Helden in der Regenbogenpresse und im Fernsehen. Sogar König Hussein wurde durch die Berichte über das Abenteuer neugierig und besuchte im Frühjahr 1960 das Basislager der Expedition. Obwohl Allegro von de Vaux und den anderen Mitgliedern des internationalen Teams inzwischen völlig geächtet wurde, spielte er also immer noch seinen Part in der Geschichte der Qumran-Rollen. Seine politischen Beziehungen in Jordanien machten ihn unabhängig.

Es läßt sich schwer sagen, ob es Allegros Einfluß oder dem neuer-
wachenden Nationalismus zu verdanken war, daß die jordanische Regierung die Kontrollen über die Schriftrollen wieder verschärfte. Seit
1953 hatte die Regierung einigen wenigen ausländischen Institutionen,
die alle in enger Verbindung zu Mitgliedern des internationalen Teams
standen, erlaubt, zum Ankauf der Schriftfragmente beizutragen. Im Jahre 1960 traf man Vorbereitungen, viele Manuskripte aus Höhle 4 an die
Universitäten McGill, Manchester und Heidelberg, an das McCormick
Theological Seminary in Chicago und an die Vatikanische Bibliothek zu
versenden, obwohl die große Mehrheit davon noch nicht veröffentlicht
war. Als die Inventarlisten jedoch dem Amt für Altertümer eingereicht
wurden, um die Exporterlaubnis zu beantragen, waren die Berichte über
den bevorstehenden Abtransport der Qumran-Rollen ins Ausland natürlich Wasser auf den Mühlen radikaler Gegner der Haschemiten.

Jordanische Oppositionspolitiker und Leitartikelschreiber, die dem
nationalen Wert alter hebräischer und aramäischer Manuskripte vorher
nie große Aufmerksamkeit geschenkt hatten, zeigten sich plötzlich empört. »Die Schriftrollen im Jerusalemer Museum sind Eigentum des Staates und sollten nicht außer Landes gebracht werden dürfen«, lautete
die Schlagzeile der Jerusalemer Tageszeitung *ad-Difa'a* vom 30. Mai 1960.
Auf diese und andere Reaktionen hin signalisierte Außenminister Said
Mussa Nasser einen plötzlichen Kurswechsel, indem er ankündigte, daß
»die jordanische Regierung diese Schriftrollen als Kostbarkeit betrachtet,
von der man sich nicht trennen und die man auch keiner Gefahr aus-
setzen sollte, indem man sie, aus welchen Gründen auch immer, ins
Ausland schickt«. Mitte Juli wurde diese neue Haltung gegenüber den
Schriftrollen dann amtlich bestätigt. Der Ministerrat verabschiedete eine
Resolution, derzufolge alle Schriftrollen, die in der Region am Toten
Meer gefunden worden waren und wurden, das unveräußerliche Eigentum des haschemitischen Königreiches waren und daß alle ausländischen Institutionen, die Geldmittel zum Ankauf der Schriftrollen von
den Beduinen beigesteuert hatten, vom königlichen Schatzamt entschä-
digt werden würden.

1961 wurde John Allegro zum »Schriftenberater der Regierung Seiner
Majestät« ehrenhalber ernannt. Er schien entschlossen, alles in seiner
Macht Stehende zu tun, um die Auflösung des internationalen Teams
voranzutreiben. Die Gelegenheit zu einem Vorstoß in diese Richtung

ergab sich 1966, als der Ministerrat der Verstaatlichung des Archäologischen Museums von Palästina und der Auflösung des internationalen Museumskuratoriums zustimmte. Aus den Briefen Allegros aus dieser Zeit wird deutlich, daß er die Nachricht von der bevorstehenden Verstaatlichung mit uneingeschränkter Freude zur Kenntnis nahm. Bald würde das internationale Team unter der direkten Aufsicht des Jordanischen Amtes für Altertümer stehen, dessen Direktor Awni Dajani ein langjähriger Freund und politischer Verbündeter Allegros war. In einem Brief an Dajani vom September 1966 versprach Allegro, ein Papier über den künftigen Umgang mit den jordanischen Schriftrollen sowie über die Schritte vorzubereiten, die erforderlich waren, damit die mit der Erforschung der Schriftrollen befaßten Wissenschaftler verpflichtet wurden, ihre Dokumente auch tatsächlich zu veröffentlichen. Er plante einen weltweiten Spendenaufruf, um Gelder für die Konservierung der Fragmente zu sammeln. »Ich bin mir keineswegs sicher, ob es richtig ist, sie zwischen Glasplatten zu pressen«, meinte er. Außerdem sollte ein besonderer Museumstrakt gebaut werden, um Wissenschaftlern aus der ganzen Welt den freien Zugang zu den Texten zu ermöglichen.

Am 28. November 1966 wurden die Sammlungen, Einrichtungen und Gebäude des Archäologischen Museums von Palästina offiziell der Regierung von Jordanien übergeben. Awni Dajani und Aref al-Aref, ein ehemaliger Jerusalemer Politiker, der zum Generaldirektor des Museums ernannt worden war, schlugen einige weitreichende Veränderungen vor, darunter auch eine neue Vorgehensweise bei der Behandlung der Qumran-Rollen. Dieser Punkt stand beim ersten Treffen des neuen Beratungsausschusses des Museums auf der Tagesordnung.

Es läßt sich unmöglich sagen, ob es Allegro, Dajani und al-Aref hätte gelingen können, das Monopol des internationalen Teams zu brechen. De Vaux, Cross und die anderen Teammitglieder verfügten selbst auch über einflußreiche Beziehungen. Es ist jedoch sinnlos, darüber zu spekulieren, denn das erste Treffen für den neugebildeten Beratungsausschuß des Archäologischen Museums von Palästina war für den 3. Juli 1967 angesetzt – und das war ein Zeitpunkt, zu dem die Wogen der Geschichte bereits dabei waren, John Allegro um seinen vielleicht größten Triumph zu bringen.

Am 5. Juni 1967 hatte Israel einen massiven Präventivschlag gegen Ägypten gestartet, nachdem es fast einen Monat lang militärisch und verbal von Ägypten und Syrien bedroht worden war. Am folgenden Tag hatte es ein paar Schießereien an der Grenze zwischen Israel und Jordanien gegeben, und in den frühen Morgenstunden des 7. Juni hatte der Kampf um Jerusalem begonnen. Die Kupferrolle lagerte sicher im hundert Kilometer entfernten Amman in dem mit Samt ausgeschlagenen Ausstellungskasten, aber der größte Teil der wertvollen Sammlung, Hunderte von Platten und die größeren Manuskripte aus den Qumran-Höhlen 4 und 11, war im Arbeitsraum des Archäologischen Museums in Jerusalem geblieben. Seit der Suezkrise 1956 hatte man Vorkehrungen getroffen, um im militärischen Ernstfall ihren sicheren Abtransport zu gewährleisten. Harding hatte das Kuratorium des Museums damals informiert, daß er spezielle Holzkisten habe bauen lassen, »in die die Glasplatten mit den Fragmenten der Schriftrollen im Ernstfall verfrachtet und aus Jerusalem hinausgebracht werden« konnten. Aber durch ein Mißverständnis oder einen Übermittlungsfehler kam der Lastwagen, der jetzt aus Amman geschickt worden war, um die Kisten mit den Schriftrollen abzuholen, nie am Archäologischen Museum an.

Am späten Vormittag des 7. Juni also rückte ein Trupp israelischer Fallschirmjäger langsam im Norden gegen die Mauern der Altstadt vor und nahm das strategisch wichtige Museumsgebäude nach kurzem Schußwechsel mit jordanischen Truppen ein. Ungefähr zur selben Zeit rollten israelische Panzerkolonnen ostwärts auf das Jordan-Tal zu, um die jordanischen Streitkräfte aus Jericho und von der Nordwestküste des Toten Meeres zu vertreiben. Qumran selbst war jetzt ebenso wie die Platten mit den Manuskriptfragmenten in israelischer Hand. Aber das brachte keine großen Änderungen mit sich. Es ist eine weitere Ironie in der Geschichte der Qumran-Rollen, daß die Macht des internationalen Teams über die Schriftrollen und ihre Interpretation durch den Sieg der Israelis auf wunderbare Weise bewahrt und nicht etwa in Frage gestellt wurde.

Die ersten drei israelischen Archäologen, die am Morgen des 7. Juni 1967 das Archäologische Museum von Palästina betraten, wußten nicht, wonach sie eigentlich suchen sollten. Es waren der damalige Direktor des Israelischen Amtes für Altertümer, Avraham Biran, sowie Nahman Avigad von der Hebräischen Universität und Joseph Aviram von der Israelischen Forschungsgesellschaft. Ein nächtlicher Anruf von Yadins Frau Carmella hatte sie aus dem Schlaf gerissen: Sie sollten sich beim Hauptquartier der Fallschirmjägerbrigade melden und sich mit einer bewaffneten Eskorte zum gerade eroberten Museum begeben. Um sie herum tobte immer noch der Kampf zwischen den israelischen Truppen, die das Museum besetzt hatten, und den jordanischen Streitkräften, die die alte Stadtmauer Jerusalems verteidigten. Biran, Avigad und Aviram liefen durch die unterirdischen Gänge, die Korridore und Büros, die ihnen vor der Teilung Jerusalems im Jahre 1948 vertraut gewesen waren, die sie aber neunzehn Jahre lang nicht mehr betreten hatten.

Auf den schattigen Wegen rund um den eleganten, spiegelnden Teich, an dem die Mitglieder des internationalen Teams in friedlicheren Zeiten zu Mittag gegessen und sich unterhalten hatten, bevor sie sich wieder an die mühsame Arbeit im Handschriften-Arbeitsraum machten, lagerten jetzt erschöpfte israelische Fallschirmjäger. Die israelischen Archäologen kannten die berühmten Zeitungsbilder von dem Raum mit den langen Tischen voller Glasplatten, um die sich das internationale Team drängte. Dank ihrer Erinnerung an das Museum – man nannte es damals allgemein das Rockefeller Museum – konnten sie sogar den Raum identifizieren, in dem die Qumran-Rollen bearbeitet wurden. Er lag im Nordflügel und hatte früher das Archiv des Museums beherbergt. Sie wußten also sehr wohl, wo sie suchen mußten, aber die langen Tische waren leer. Erst später entdeckte man die Holzkisten voller Glasplatten, die kurz vor Ausbruch der Gefechte eilig eingesammelt und verpackt worden waren.

Schließlich wurden zwei israelische Wissenschaftler, der Kurator des Shrine of the Book, Magen Broshi, und Joseph Naveh vom Amt für Altertümer mit dem Auftrag ins Rockefeller Museum geschickt, ein vollständiges und detailliertes Bestandsverzeichnis der erbeuteten Schriftrollen anzufertigen. Broshi erinnerte sich später, daß weder er noch Naveh so etwas je zuvor gesehen hatten: unzählige zusammengebundene Glasplatten mit gepreßten, ausgefransten Fragmenten, die die Mitglieder des internationalen Teams in den letzten vierzehn Jahren mühsam zusammengesetzt hatten. Auf jeder Platte war ein Aufkleber mit einem provisorischen Titel oder einer Kennzeichnung des Inhalts und einem Code aus Buchstaben und Nummern, was Broshi und Naveh pflichtgemäß in ihre Inventarlisten eintrugen. Vor ihnen befand sich das Allerheiligste der Qumran-Forschung. Außer den Mitgliedern des internationalen Teams hatte niemand zuvor einen so ungehinderten Zugang zu den Glasplatten gehabt. Vor allem die Buchstabencodes *M, C, Sn, Sy* und *Sl* am Anfang jeder Seriennummer der Platten verwirrten Broshi. Erst später erfuhr er, daß es sich um die Kennzeichnungen für das ausschließliche Veröffentlichungsrecht von Milik, Cross, Skehan, Starcky und Strugnell handelte.

Eigentlich hätten die Mitglieder des internationalen Teams unmittelbar nach dem Sechstagekrieg von 1967 wieder nach Jerusalem kommen sollen, aber sie stornierten ihre Flüge, weil sie erst einmal die Entscheidung von de Vaux abwarten wollten. Dieser war in der École Biblique geblieben und wartete seinerseits ab, bis sich die Lage etwas beruhigt hatte. Bald wurden informelle Gespräche zwischen de Vaux und dem Direktor des Israelischen Amtes für Altertümer, Dr. Avraham Biran, sowie Professor Yigael Yadin aufgenommen, der die Hebräische Universität und den Shrine of the Book vertrat.

Es liegt eine gewisse Ironie darin, daß das Schicksal der Qumran-Rollen vielleicht einen ganz anderen Verlauf genommen hätte, wenn das Archäologische Museum von Palästina – das Rockefeller Museum – immer noch unter der Leitung eines internationalen Kuratoriums gestanden hätte, denn im Sommer und Herbst des Jahres 1967 war die israelische Regierung bemüht, die Rechte ausländischer oder internationaler Organisationen in Jerusalem möglichst nicht anzutasten. Wäre das Museum also im vorangegangenen November nicht von der jordanischen Regierung verstaatlicht worden, wären die Schriftrollen aus Höhle 4 vor dem direkten Zugriff der Israelis so sicher gewesen wie das Gewand des lateinischen Patriarchen oder die vertraulichen Geschäftsbücher der American Schools of Oriental Research. Aber das internationale Kuratorium *war* aufgelöst worden. Und da sich die Rechtsexperten im israelischen Außenministerium und im Bildungsministerium darüber einig waren, daß das Rockefeller Museum und alle Altertümer darin jordanisches Staatseigentum – und damit erbeutetes Eigentum des Feindes – waren, wurde beschlossen, sie dem Zuständigkeitsbereich des Israelischen Amtes für Altertümer zu unterstellen.

Noch komplizierter als die reine Verwaltung der Qumran-Rollen gestaltete sich ihre Veröffentlichung. Im Nahen Osten spielen bei Namen selbst feinste Bedeutungsunterschiede eine große politische Rolle; bei Namensgebungen wie »Rockefeller Museum« oder »Archäologisches Museum von Palästina« wird das besonders deutlich. In dieser Hinsicht erwies sich der seit langer Zeit bestehende Titel der offiziellen Publikationsreihe der Qumran-Rollen als echter Stolperstein. Aus der kollegialen Höflichkeit eines Wissenschaftlers und wegen bereits bestehender vertraglicher Vereinbarungen mit dem Verlag in Oxford erlaubten Yadin und Biran Père de Vaux, als leitender Herausgeber auch weiterhin über die Veröffentlichungsrechte zu bestimmen. Sie kamen auch überein, die bestehenden Vereinbarungen nicht anzutasten. Zumindest den Titel der Veröffentlichungsreihe aber, der bisher *Discoveries in the Judaean Desert of Jordan* (Entdeckungen in der Judäischen Wüste von Jordanien) gelautet hatte, wollten die Israelis natürlich geändert sehen.

Später berichtete Biran mir von den Verhandlungen über den künftigen Titel der Qumran-Bände. Die offiziellen Geldgeber für das Projekt waren die École Biblique, das Archäologische Museum von Palästina und das Jordanische Amt für Altertümer gewesen. De Vaux wehrte sich eisern dagegen, die Zeile »Amt für Altertümer des haschemitischen Königreiches von Jordanien« auf der Titelseite in »Israelisches Amt für Altertümer und Museen« umändern zu lassen. Wer konnte sagen, wie lange Ost-Jerusalem in israelischer Hand bleiben würde? Wer wußte schon, welchen Preis die Zusammenarbeit mit den Israelis kosten würde? Er war aber damit einverstanden, daß die nichtstaatliche Einrichtung des Shrine of the Book genannt wurde. Die Übereinkunft zwischen Yadin, de Vaux und Biran wurde ebensowenig schriftlich niedergelegt wie die jeweiligen Verantwortlichkeiten der drei Parteien, die sie vertraten. Das Israelische Amt für Altertümer, der Shrine of the Book und das internationale Team wurden Partner auf Ehrenwort. »Wir haben den Status der Wissenschaftler immer respektiert«, sagte Biran später, »die Kritik an uns ist nicht gerechtfertigt, wenn man bedenkt, wie intensiv wir die Finanzierung und die Aufgaben des Komitees unterstützt haben. Unser Fehler war vielleicht, daß wir nicht auf festen Terminen bestanden haben.«

Père de Vaux mit seinem Charme und Charisma ging eindeutig als Sieger aus den Verhandlungen hervor. Nun mußte er abwarten und sich alle Optionen offenhalten, ohne den Anschein zu erwecken, er stehe auf zu vertrautem Fuße mit den Israelis (falls die Jordanier nach Jerusalem zurückkehren sollten) oder er vertrete zu sehr die Sache der Jordanier (falls die Israelis bleiben sollten). Er hielt es für das Beste, das ganze Unternehmen in einen Dornröschenschlaf zu versetzen und Zurückhaltung zu üben, gleichzeitig aber im Museum deutlich präsent zu sein. Diese Haltung mag moralisch nicht ganz einwandfrei gewesen sein, und sie war auch der Wissenschaft sicherlich nicht förderlich, aber die politische Situation in Jerusalem war wirklich kompliziert und prekär. Und Père de Vaux mit seinem weißen Habit und seinem entwaffnenden französischen Charme setzte sich gegen seine neuen israelischen Kollegen durch. Obwohl die Fragmente bereits im Jahre 1960 größtenteils zusammengesetzt waren und die Zeit eigentlich reif für die Veröffentlichung gewesen wäre, bestand de Vaux darauf, daß der alte Arbeitsraum für die Schriftrollen im Museum wieder eingerichtet wurde.

Die Vorstellung, wie John Strugnell 1968 im Sitz eines Flugzeugs zusammengesunken über dem Ben-Gurion-Flughafen kreiste, bringt mich zum Schmunzeln. Um ihn herum klatschten aufgeregte amerikanische Touristen den Takt zu den Klängen von »Heveinu Shalom Aleichem« und reckten die Hälse, um durch die Fenster den ersten Blick auf das Gelobte Land zu erhaschen. Es war Strugnells erster Besuch in Israel.

»Ich hatte eigentlich schon zwei Jahre zuvor ein Jahr Urlaub nehmen und kommen wollen«, sagte er. Aber mit dem Wechsel von der Duke University zur Harvard Divinity School war er in diesen beiden Jahren in seiner akademischen Laufbahn vorangekommen. »Und ich wollte eigentlich mit meiner Frau und den Kindern kommen, aber die Lage war uns zu unsicher. Also reiste ich allein und wohnte in der École Biblique. Pater Benoît war zum Flughafen geschickt worden, um mich durch den Zoll zu begleiten und mir den ›neuen‹ Teil des Landes zu zeigen, den ich noch nie gesehen hatte. Benoît war ein ausgezeichneter Kenner Palästinas. Die Fahrt zurück nach Jerusalem dauerte ungefähr fünf Stunden, weil wir an jeder Ecke anhielten, wo es etwas zu zeigen gab.«

Als ich mit Strugnell über diese erste Reise ins israelische Jerusalem sprach, wollte ich wissen, welche Empfindungen er dabei gehabt hatte, nach vierzehn Jahren persönlicher Erfahrungen in Jordanien plötzlich auf die andere Seite zu kommen. Ich selbst war aufgeregt und ängstlich bei meiner ersten Fahrt nach Jordanien gewesen, nachdem ich jahrelang in Israel gelebt hatte. Es hatten sich viele Ängste angestaut, weil die andere Seite in Zeitungsartikeln, Fernsehsendungen und Gesprächen immer nur als gefährlicher, unzugänglicher Bereich dargestellt worden war. Und auch nach der Anmeldung im Hotel und einer ordentlichen Mahlzeit verschwanden diese Ängste nicht so ohne weiteres. Es blieb ein Gefühl des Ausgesetztseins und der Verletzbarkeit bestehen, wie Strugnell zögernd zugab. »Wie soll ich sagen … , ich glaube, wenn man vierzehn Jahre in einem Land gelebt hat und sich diesem verbunden fühlt, dann hängt man daran, auch wenn sich die politischen Verhältnisse geändert haben.«

Strugnell war der einzige aus dem internationalen Team, der ausreichend Interesse und Mut aufbrachte, um nachzusehen, wie der Sechstagekrieg die Arbeit an den Schriftrollen beeinflußt hatte. Während die anderen Teammitglieder de Vaux aus sicherer Entfernung detaillierte Ratschläge erteilten, wie er angesichts der veränderten politischen Lage ihre Interessen am besten verteidigen könne, schrieb Strugnell einen Brief mit einer einfachen Anfrage: »Ich wollte nur wissen, ob er es für lohnend hielte, wenn ich zu diesem Zeitpunkt für ein Jahr dorthin käme«, erinnerte sich Strugnell, »und ob ich einen entsprechenden Zugang zu den Schriften bekommen würde. Er antwortete, er könne diese Fragen im Moment nicht beantworten. Aber er nehme an, daß mich keiner wieder wegschicken würde, wenn ich nach Jerusalem käme und an die Tür klopfte.« Tatsächlich sollte es Strugnells Hauptaufgabe werden, an Türen zu klopfen. Nachdem er sich in der École Biblique eingerichtet hatte, gab ihm de Vaux konkrete Anweisungen: »Suchen Sie Biran auf und verhandeln Sie mit den Leuten, die er Ihnen nennt. Versuchen Sie, einen möglichst freien Zugang zu den Manuskripten für sich durchzusetzen.«

Es hatte dramatische Veränderungen im Rockefeller Museum gegeben. Ein Jahr zuvor, im Juli 1967, war die Leitung des Israelischen Amtes für Altertümer und Museen offiziell hierher verlegt worden; daher waren Büroräume in dem Gebäude knapp geworden. Weshalb auch Strugnells Bitte, den Arbeitsraum für die Schriftrollen wieder einzurichten, so problematisch für Biran und später auch für Broshi, den Kurator des Shrine of the Book, war. Noch fünfundzwanzig Jahre später wurde Strugnell laut, als er an die kühle Atmosphäre bei ihrem ersten Treffen dachte: »Sie hatten keine Vorstellung davon, wie man mit sechshundert Platten mit Manuskripten arbeitet, daß man sie alle gleichzeitig sichtbar vor sich haben möchte. Sie fanden, ein kleines Büro und ein abschließbarer Schrank seien genug.« Die Bequemlichkeit beim Zuordnen weiterer Schriftfragmente war jedoch nicht der springende Punkt. 1960 waren die Platten bereits so vollständig gewesen, daß man sie zur Verschiffung nach Rom, Chicago, Montreal und Heidelberg vorbereitet hatte. Damals hatte Père de Vaux gehofft, daß die verschiedenen Wissenschaftler die ihnen zugeteilten Schriften bald veröffentlichen würden. Aber nun tat Strugnell plötzlich so, als sei die Phase des Zusammensetzens noch lange nicht abgeschlossen. Strugnell forderte einfach die Wiederherstellung des *Status quo ante*, er beanspruchte exakt die Bedingungen und Zugeständnisse, die unter jordanischer Herrschaft gewährt worden waren. Damit schloß er sich der Standardforderung aller ausländischen Institutionen und Organisationen in Ost-Jerusalem an, die infolge des Krieges unter israelische Zuständigkeit gekommen waren.

Amir Drori, seit 1988 Direktor des umstrukturierten Israelischen Amtes für Altertümer, mußte sich schließlich mit dem verworrenen Vermächtnis dieser Übergangszeit auseinandersetzen. Er beschrieb mir die Schwierigkeiten bei der Feststellung der in dieser Zeit getroffenen Übereinkünfte. Nichts war je schriftlich fixiert worden. Es war eher eine Vereinbarung auf Treu und Glauben zwischen Yadin, Biran und de Vaux, daß Israel das Weiterbestehen der bisherigen Rechte aller mit dem Projekt Befaßten garantieren würde. Drori vermutete, daß diese Übereinkunft »mit der generellen Politik zusammenhing, die Israel im Jahre 1967 verfolgte. Alle ausländischen Organisationen, darunter auch konfessionelle Einrichtungen in Jerusalem, machten sich Gedanken darüber, was unter israelischer Verwaltung mit ihnen geschehen würde. Also zielte die Politik der Regierung unter Levi Eshkol und dem Erziehungsminister Yigal Allon darauf ab, alle zu beruhigen. Sie sagten: Habt keine Angst, macht einfach weiter wie bisher.« Zu dieser Zeit waren die Qumran-Rollen sicher nicht der wichtigste Verhandlungspunkt: Der Staat Israel befand sich im Freudentaumel, weil ihm die plötzliche Herrschaft über das ganze Gebiet westlich des Jordan zugefallen war. Die Palästinenser standen noch unter Schock, und die besiegten arabischen Staaten leckten ihre Wunden. »Man kümmerte sich nicht um Einzelheiten, und ich kann mir nicht vorstellen, daß irgend jemand glaubte, dieses Projekt würde ewig weiterbestehen«, ergänzte Drori. »Wahrscheinlich dachten alle, diese Sachen würden in absehbarer Zeit endgültig veröffentlicht werden.«

In Wirklichkeit aber war eine vollständige Veröffentlichung aller Schriftstücke in weitere Ferne gerückt denn je. Die Mitglieder des in-

ternationalen Teams saßen in Paris, Washington und Cambridge und
nutzten die unsichere Lage in Jerusalem, um ihre Arbeit für unbestimmte
Zeit auszusetzen. Kaum einer war bereit, die ausschließlichen Rechte
auf die ihm zugeteilten Texte aufzugeben. Folglich wurde John Strugnell
zur Symbolfigur: ein einsamer Platzhalter, der wenigstens den Anschein
aufrechterhielt, daß etwas getan wurde. Die zahlreichen Glasplatten
wurden also wieder auf den langen Tischen ausgebreitet, und Strugnell
verbrachte sein Forschungsjahr 1968/69 in glücklicher Abgeschiedenheit
und arbeitete an seinen Handschriften. Er bereitete eine vernichtende,
über hundert Seiten lange Besprechung der von John Allegro jüngst
veröffentlichten Texte aus Höhle 4 vor, die kurz zuvor in der Reihe *Discoveries in the Judaean Desert* erschienen waren. Damit verstieß er ihn
ein für allemal schmählich aus dem Team.

Auch de Vaux war oft im Kellergeschoß, wie sich Strugnell erinnerte.
Der Herausgeber der Schriftrollen war jedoch vor allem mit der Voll-
endung von zwei wichtigen Arbeiten zur frühen biblischen Epoche beschäftigt, die kaum etwas mit Qumran zu tun hatten. Doch damals fiel
die Verzögerung der Arbeit an den Texten aus Höhle 4 wenig auf, denn
inzwischen war eine neue wichtige Schriftrolle ans Licht gekommen.
Ihr überraschender Inhalt sollte die Qumran-Forschung bald in eine neue
Richtung lenken. Es handelte sich um ein detailliertes Regelwerk zur
Frömmigkeit und Reinheit sowie zum Königtum. Damit wurde das Rätsel
der offensichtlich großen Bedeutung des Jerusalemer Tempels für die
Qumran-Gemeinde wieder in den Vordergrund gerückt.

1967 trafen in der Qumran-Forschung nach fast zwanzig Jahren völliger
Trennung plötzlich zwei Welten mit sehr unterschiedlichen Perspektiven
aufeinander. Ich glaube, es wird oft nicht genug betont, daß es in den
fünfziger und frühen sechziger Jahren bei den christlichen und den israelischen beziehungsweise jüdischen Qumran-Forschern um zwei völlig
unterschiedliche Dinge ging. Die Christen sahen in den Schriftrollen das
fehlende Bindeglied zwischen Judentum und Christentum. Die in der
christlichen Forschung immer wieder auftauchenden Themen – Taufe,
Messias-Glaube, Mönchstum und kirchliche Verwaltung – hatten alle
mit der Entstehung des Christentums zu tun. Es mochte freidenkerische
Unruhestifter wie John Allegro geben, der zu zeigen versuchte, daß das
Christentum auf einem von den Essenern übernommenen Evangelium

beruhte; aber nur wenige widersprachen der Ansicht, daß die Qumran-Rollen wichtige Hintergrundinformationen zur Geschichte des Neuen Testaments liefern konnten. Folgerichtig wurde John Strugnell 1966, nach dreizehn Jahren hauptberuflicher Beschäftigung mit den Qumran-Rollen, an der Harvard Divinity School zum Professor für die Ursprünge des Christentums benannt.

Für die Israelis dagegen waren die Rollen vom Toten Meer keine Waffe für den Umsturz etablierter Religionen und keine Quelle mystischer Geheimnisse. In ihren Augen hatten sie eher eine grundsätzliche nationalistische Bedeutung. Wie die Klagemauer, das Salomotor in Megiddo oder die niedergebrannte Festung von Masada wurden sie als Reliquien verehrt – als faßbarer, fühlbarer Beweis dafür, daß die Juden einmal in diesem Land gelebt, Wohlstand erlangt und gekämpft hatten. Da Sukenik die Schriftrollen an genau dem Tag erwarb, an dem die Vereinten Nationen die Teilung Palästinas und damit die Gründung des Staates Israel beschlossen hatten, erhielten die alten Manuskripte eine wunderbare, fast himmlische Qualität im Bewußtsein der Israelis. Und als 1964 der Shrine of the Book eröffnet wurde, in dem die zuerst gefundenen sieben Schriftrollen ausgestellt waren, konnten die Israelis, Erwachsene wie Kinder, eindrucksvoll das kulturelle Überleben und die kulturelle Kontinuität Israels demonstrieren, indem sie einfach ein oder zwei Wörter aus den deutlich geschriebenen, zweitausend Jahre alten hebräischen Handschriften entzifferten. Allerdings war das Bild von den friedliebenden, proto-christlichen Essenern für das israelische Selbstverständnis problematisch, auch wenn unter den Mitgliedern der Kibbuz-Bewegung einiges Interesse am gemeinschaftlichen Lebensstil der Essener bestand. Doch der kämpferische Zorn der Kriegsrolle erregte Aufmerksamkeit, und die neuen Schätze, die in den frühen Sechzigern im Shrine of the Book ausgestellt wurden, zeigten mit aller Deutlichkeit auch die militante, leidenschaftlich nationalistische Seite der alten jüdischen Geschichte.

In den Jahren 1960 und 1961 durchkämmten israelische Archäologenteams die Schluchten am Südwestufer des Toten Meeres nahe der Grenze zu Jordanien, denn es kursierten Berichte darüber, daß Beduinen auf der Suche nach alten Schriften Höhlen im israelischen Gebiet ausgeraubt hatten. Das ganze Volk war begeistert, als Yigael Yadin bekanntgab, daß bei dieser Aktion Briefe und andere Schriften von Teilnehmern des Bar-Kochba-Aufstandes (132–135 u. Z.) gefunden worden waren. Die persönlichen Kriegsberichte des sagenumwobenen jüdischen Führers Simeon Bar-Kosiba, der unter seinem messianischen Decknamen »Bar-Kochba« bekannt war, sind mit demselben Titel unterschrieben, den auch die Präsidenten des modernen Staates Israel gebrauchen, und lieferten einen greifbaren Beweis für die Kontinuität zwischen jüdischer Vergangenheit und jüdischer Gegenwart, auch wenn der Aufstand damals mit einem Mißerfolg endete. Die Bar-Kochba-Briefe wurden in der internationalen Presse so eng mit dem modernen Staat Israel in Verbindung gebracht, daß der jordanische Direktor für Altertümer, Dr. Abdel Karim al-Gharaybeh, alle Bar-Kochba-Manuskripte aus der Ausstellung des Archäologischen Museums von Palästina entfernen ließ, weil sie nur der »offensichtlichen Propaganda für die Zionisten« dienten. Der symbolische Wert archäologischer Funde aus der Region am Toten Meer stieg noch weiter, als Yadins spektakuläre Ausgrabung auf der Bergfestung Masada weitere alte Manuskripte zutage förderte.

Im Jahre 1956 hatten die Taamireh die letzte wichtige Qumran-Höhle, Höhle 11, entdeckt. Sie enthielt wie Höhle 1 sowohl Fragmente wie auch ganze Schriftrollen. Damals bestand noch immer ein Exklusivvertrag zwischen Lankester Harding und Kando, dem Mittelsmann der Beduinen. In den Aufzeichnungen des Rockefeller Museums ist nachzulesen, daß Kando dort am 2. März »acht Pappkartons und ein Bündel zur sicheren Verwahrung hinterlegte«. Kando und Harding hatten sich im Rahmen eines Gentlemen's Agreement darauf geeinigt, daß die Mitglieder des internationalen Teams die jeweiligen Dokumente untersuchten, sie so genau wie möglich einordneten und einen fairen Preis nannten, der dem Marktwert der neuen Funde entsprach. Mitte Mai beschloß das Team, daß Kandos neue Lieferung zweiunddreißigtausend jordanische Dinar wert war; das entsprach damals ungefähr fünfundsiebzigtausend Dollar. Kando war mit dem Handel einverstanden. Die Lieferung bestand aus einer alten Psalmenrolle, einer kleinen Rolle des Levitikus (3. Buch Mose) und Fragmenten einiger anderer Schriften. Aber unter dem Eindruck der Unruhen in Jordanien und dem zunehmenden Druck gegen Ausländer im Staatsdienst hatte Kando anscheinend auch schon andere Abnehmer für seine Ware in Betracht gezogen. Einige Beteiligte (darunter auch John Strugnell) schwören bis auf den heutigen Tag, daß ihnen ein Beduine eine vollständige Handschrift zeigte, die das Buch

Henoch und vielleicht noch ein weiteres Buch enthielt. Sie soll heute irgendwo in der arabischen Welt in Privatbesitz sein. Es gibt keine Möglichkeit herauszufinden, ob das stimmt, aber sicher ist, daß Kando mindestens *eine* guterhaltene Rolle für sich behielt.

Jenseits der Grenze hatte Professor Yigael Yadin weitere Artikel über die Qumran-Literatur veröffentlicht, aber er persönlich hatte keine Verbindung zu den Qumran-Forschern und dem Schacher um die Schriftrollen im jordanischen Jerusalem, abgesehen von einem gelegentlichen Briefkontakt mit Père de Vaux, der durch gemeinsame Bekannte in Europa entstanden war. Im Sommer 1960 erhielt Yadin den ersten einer Reihe von seltsamen Briefen von Reverend Joseph Uhrig aus Lynchburg in Virginia. Uhrig war ein ordinierter Baptistenpfarrer, der behauptete, er sei Kandos exklusiver internationaler Agent. Er bot Yadin zehn Schriftrollen auf Gazellen- und Ziegenhaut zum Kauf an, außerdem eine aus Bronze und eine aus Gold.

Yadin reagierte verständlicherweise zuerst mißtrauisch, aber er änderte seine Meinung sofort, als er einige Monate später ein großes, echtes Schriftenfragment mit der Post zugeschickt bekam. Yadin kaufte das Fragment, und nun begann ein ermüdender, oft ärgerlicher Briefwechsel mit Uhrig, in dessen Verlauf bereits vereinbarte Kaufbedingungen nachträglich verändert wurden und vereinbarte Kaufpreise im letzten Moment in unerwartete Höhen schnellten. Auch bestand immer eine beträchtliche Unsicherheit über die genaue Anzahl und Größe der Schriftrollen, die zum Verkauf standen. Yadin verlor im Verlauf der Verhandlungen schließlich insgesamt zehntausend Dollar an Anzahlungen. Bevor er den Kontakt zu Uhrig endgültig abbrach, erhielt er noch ein weiteres Fragment; diesmal handelte es sich offensichtlich um einen Teil des angebotenen vollständigen Dokuments. Der Text darauf erwähnte ein bestimmtes Tempelopfer und listete die genauen Aufgaben des Hohenpriesters auf.

Im Frühjahr 1967 traten weitere Kaufwillige auf den Plan. Frank Moore Cross und Dr. James Swauger vom Carnegie Museum unternahmen eine geheime Reise nach Beirut, wo angeblich zwanzig oder mehr Rollen vom Toten Meer zum Verkauf stehen sollten. Ihre Expedition endete in einem Fiasko. Sie verbrachten die meiste Zeit im Hotel und warteten auf die Anrufe eines zwielichtigen Mittelsmannes. Schließlich traf sich Cross mit Kando persönlich. Dieser weigerte sich aber hartnäckig, ihnen mehr als einige wenige Schriftfragmente zu zeigen, solange Cross nicht bedingungslos und im voraus Vereinbarungen zustimmte, von denen sich Kando mehrere Millionen Dollar erhoffte.

Das war im März gewesen. Im Juni 1967 begann dann der Krieg. Da die Israelis nun die gesamte West Bank kontrollierten, konnte Yadin als ehemaliger Generalstabschef und als Sicherheitsberater von Premierminister Eshkol direkt Druck auf Kando ausüben und so seinen Willen durchsetzen. Zunächst schickte er eine Spezialeinheit von Offizieren des israelischen Geheimdienstes auf die Suche nach Kando. Sie holten ihn aus seiner Wohnung in Bethlehem und brachten ihn in sein Geschäft in Jerusalem. Im Jahre 1967 hatte Kando, der mit seinem roten Fes zu einer bekannten Erscheinung geworden war, seine Gewinne bereits in ein großes Souvenir- und Antiquitätengeschäft neben dem St. George Hotel investiert.

Ausweichend und weitschweifig stritt Kando vor den israelischen Offizieren alles ab und behauptete, nicht zu wissen, wovon sie sprachen. Erst nach zwei Tagen Haft und Verhören in einem Haus des israelischen Geheimdienstes in Tel Aviv gab Kando auf. Er brachte die Beamten in seine Wohnung und führte sie in ein bestimmtes Zimmer. Dort schob er resigniert einen schweren Schreibtisch etwas zur Seite, schritt eine bestimmte Anzahl von Fliesen von der Ecke des Raumes aus ab und entfernte eine davon mit einem Saugnapf. Darunter befand sich ein speziell einzementiertes Fach, und darin lag, in ein Tuch und eine Plastiktüte gewickelt, eine außergewöhnlich schöne Handschrift von acht Metern Länge – die Tempelrolle.

Wir brauchen uns hier nicht mit den schwierigen rechtlichen Implikationen dieser Beschlagnahme, der Öffnung und der Konservierung der Schrift aufzuhalten. Kando jedenfalls erhielt schließlich eine Entschädigung in Höhe von einhundertfünfunddreißigtausend Dollar für das Dokument, und die Schriftrolle wurde unter Aufsicht von Joseph Shenhav, dem für Konservierungen zuständigen Beamten des Israel Museums, geöffnet. An dieser Stelle muß betont werden, daß Yadin nach seinen eigenen Maßstäben handelte. Seiner Meinung nach gehörte das Glück den Wagemutigen, und mit seiner Rücksichtslosigkeit und sogar Überheblichkeit war er der wagemutigste Wissenschaftler überhaupt. Er war in mancher Hinsicht legendär: jedes größere archäologische Projekt, das er in Angriff nahm, machte Schlagzeilen, und so sollte es auch

mit der Tempelrolle sein. Zunächst hielt er ihren Inhalt und sogar ihre
Existenz geheim; nur seine engsten Vertrauten wußten davon. Dann
präsentierte er sie der Welt erstmalig bei einem Festakt der Israel Exploration Society. Und die Schriftrolle, die er präsentierte, war nicht im
mindesten messianisch geprägt, jenseitsorientiert oder in irgendeiner
Weise vorchristlich. Es handelte sich vielmehr um eine Sammlung detaillierter Regeln, fast im Stil einer *Halacha*, für kultische Feste, den Bau
und die Anlage des idealen Tempels und die angemessene Durchführung
von Opferhandlungen; dazu kamen Verhaltensregeln für einen rechtmäßigen König von Israel und außergewöhnlich strenge Reinheitsgesetze, die die Heiligkeit des Tempels und der heiligen Stadt Jerusalem
erhalten sollten.

Visionäre Beschreibungen des vollkommenen Tempels für den Gott Israels waren seit Jahrhunderten bekannt, und sie erfreuten sich vielleicht
gerade deshalb solcher Beliebtheit, weil die Diskrepanz zum tatsäch-
lichen Tempel von Jerusalem so schmerzlich groß war. Mitte des sechsten
Jahrhunderts v. u. Z., als Salomos Tempel in Trümmern lag, wurde der
Prophet Hesekiel in einer seiner Visionen von Babylon ins Land Israel
versetzt, und Gott »stellte mich auf einen sehr hohen Berg, darauf war's
wie eine gebaute Stadt gegen Mittag«. In Trance sah er vor seinen Augen
eine massive quadratische Plattform, auf der das Heiligste Gottes stand.
In weitschweifigen Details, eher wie ein Baumeister denn wie ein ver-
zückter Prophet, beschrieb Hesekiel die Höfe, Tore, Torbauten, Vorhal-
len, Kammern und das Allerheiligste des Tempels, um den Kindern Israel
einen flüchtigen Blick auf den Ort der Gegenwart Gottes auf Erden zu
verschaffen, »daß sie sich schämen ihrer Missetaten«.

Diese Idealvorstellung hatte offensichtlich Symbolwert. Die versteckte Bedeutung der Anzahl, Ausrichtung und Maße von Wänden, Toren
und Fenstern in Hesekiels Vision beschäftigte Numerologen und Mystiker jahrhundertelang. Sie versuchten, Gottes geheime Chiffre der Heiligkeit zu entschlüsseln. Wie der rituelle Kalender in ihren Augen die
göttliche Aufteilung der Zeit symbolisierte, so sollte dieser ideale Tempel mit seinen Symmetrien die göttlich verfügte Gliederung heiligen
Raumes darstellen. Aber diese Art utopischer Schriften enthielt auch
eine subtile Polemik. Der Tempel, den die Judäer bei ihrer Rückkehr
aus Babylon wieder aufbauten, scheint zwar mit einer umfangreichen

und eifrigen Priesterschaft gesegnet gewesen zu sein, aber er muß auch sehr roh gearbeitet gewesen sein. Er war aus grob behauenen Kalksteinblöcken gebaut und stand auf dem Gipfel des Berges Moria, des Tempelberges. Rund um das Allerheiligste und den Altar waren Lagerräume, Kammern für die Priester und Außenhöfe angelegt, in denen sich die Pilger und Bußfertigen an wichtigen Festtagen versammelten. Unter den rivalisierenden Priesterfraktionen muß es ständige Streitereien über die Rangordnung und die Mitwirkung an kultischen Handlungen gegeben haben. Am deutlichsten konnten die einzelnen Gruppen ihre abweichenden Positionen wahrscheinlich in utopischen Visionen von der Heiligen Stadt zum Ausdruck bringen, in denen traditionell überlieferte, jenseitige Zahlenverhältnisse mit einigen konkreten, irdischen Vorschlägen dazu verbunden wurden, »wie die Dinge sein sollten«.

Unter den Qumran-Texten gibt es einige fragmentarische Entwürfe, die zu dieser priesterlichen Literatur zu gehören scheinen. Sie beschreiben den vollkommenen, gitterartigen Plan eines idealen Jerusalem, dessen Tempel und gleichförmige Häuserblocks von einer riesigen rechteckigen, turmbewehrten Mauer umgeben sind. Wir können nicht feststellen, wie weit diese Traditionen zurückreichen oder welche Krise oder Beschwerde die Entwürfe angeregt hat. Auch nach dem Makkabäeraufstand, der die religiöse Inbrunst erneuerte, wurde der irdische Tempel immer noch aus Kalkstein, Mörtel und Zedernholz von den schwieligen Händen von Handwerkern zusammengefügt und bildete lediglich eine dürftige Version des Heiligtums, das zu Zeiten des Messias gebaut werden würde. Die Beschwerden von Puristen über die Durchführung des Gottesdienstes im Tempel scheinen sich allerdings auf die mangelnde Qualifikation des Hohenpriesters konzentriert zu haben und weniger auf die Tempelarchitektur.

Solange das alte Bauwerk erhalten blieb, der erste kleine Schrein, den die Rückkehrer aus Babylon errichtet hatten, fortbestand, repräsentierte der Tempel von Jerusalem trotz all seiner Mängel den Glauben des Volkes. Auch wenn von Zeit zu Zeit fremde Herrscher versucht hatten, den Tempel zu schänden, wie zum Beispiel Antiochus Epiphanes, der Götzenbilder in ihm aufstellen ließ, oder der römische General Pompeius, der etwas aus dem Schatz stahl und in das Allerheiligste eintrat, um seine Neugier zu befriedigen, waren dies nur vorübergehende Greueltaten, die mit entsprechenden priesterlichen Klageliedern und einer

engagierten Instandsetzungstruppe wiedergutgemacht werden konnten. Aber im Jahre 20 v. u. Z. änderte sich die Geschichte des Jerusalemer
Tempels vollständig, als König Herodes der Große, der von Rom auf-
gezwungene Despot, ein riesiges Wiederaufbauprojekt auf dem Berg
Moria unternahm, das man auch heute noch besichtigen kann.

Jeder Besucher von Jerusalem bewundert heute die gigantischen
Ausmaße der herodianischen Tempelplattform, das weitläufige, erhöhte
Fundament, auf dem jetzt der Felsendom und die Al-Aksa-Moschee stehen. Auch heute noch, mit modernen Kränen, Winden und riesigen Bag-
gern, würde es internationales Aufsehen erregen, wenn jemand auf die
Idee käme, ein größeres Tal aufzufüllen und sozusagen einen künst-
lichen Berg zu schaffen, dessen Millionen Tonnen von Füllmaterial von
riesigen Wänden aus Quadersteinen zusammengehalten werden. Herodes der Große wollte mit dem neuen Tempel von Jerusalem seine Ergebenheit gegenüber der Religion der Israeliten beweisen (was auch
immer die Puristen über seine idumäische Herkunft sagen mochten)
und ein Denkmal seiner Größe schaffen, das der Nachwelt erhalten bleiben sollte. Während das ursprüngliche Zentrum des Tempelheiligtums
und der Altar erhalten blieben, planten und leiteten die Architekten des
Herodes den Bau großer neuer Vorhöfe, eindrucksvoller Eingänge für
die Öffentlichkeit und eines atemberaubend reich verzierten Säulen-
gangs, der alle Seiten der neuen Tempelanlage umschloß und den eine
Decke aus geschnitztem Zedernholz schmückte, getragen von zwölf Meter hohen Marmorsäulen. Allein schon wegen der Ausmaße, aber auch
wegen seiner aufwendigen Pracht wurde der Tempel des Herodes als
eines der spektakulärsten Bauwerke im gesamten Römischen Reich angesehen.

Flavius Josephus und auch die späteren Rabbiner priesen diese wunderbare architektonische Meisterleistung. Immer mehr Pilger kamen
nun aus den jüdischen Gemeinden des gesamten Mittelmeerraumes,
aus Mesopotamien und aus Persien, um an den großen Festlichkeiten
teilzunehmen. Sie brachten Opfer dar, um rituelle Reinheit zu erlangen
oder ihre Sünden zu sühnen. Aber obwohl die Einnahmen aus dem Pil-
gertourismus plötzlich in ungeahnte Höhen schnellten, muß es einige
Priester gegeben haben, die den Wiederaufbau des Tempels als blasphe-
mische Anmaßung betrachteten, nicht weniger verdammenswert als die
Anerkennung der Göttlichkeit des römischen Kaisers durch Herodes.

Und in der Tat bestand da ein Zusammenhang, denn Herodes hatte einen goldenen Adler, das Symbol Roms, über dem Haupttor zu den inneren Kammern des neuen Tempels anbringen lassen, ein wenig subtiler Hinweis darauf, wer *wirklich* die Macht besaß.

Heute sind sich die Qumran-Wissenschaftler nicht einig, wann die Tempelrolle geschrieben beziehungsweise wann die verschiedenen Traditionen zu einem einzigen Text zusammengefügt wurden. Yadin publizierte sie 1977 auf Hebräisch und vertrat die Ansicht, sie sei im zweiten Jahrhundert v. u. Z. in Opposition zu hasmonäischen Praktiken geschrieben worden. Vielleicht sei sie sogar als Gründungsdokument der Qumran-Gemeinde vom Lehrer der Gerechtigkeit verfaßt worden. Andere Wissenschaftler sind der Meinung, daß die Tempelrolle einer viel früheren visionären Tradition entstammt. Da in ihr die bekannten apokalyptischen Unterscheidungen zwischen Licht und Dunkelheit und die sektentypischen Qumran-Ausdrücke fehlen, glauben sie, der Text sei lange vor der Gründung der Gemeinschaft entstanden. Sie bringen ihn mit der priesterlichen Politik in Jerusalem in Verbindung und datieren ihn in die hellenistische Zeit.

Wann immer sie nun aber geschrieben oder endgültig bearbeitet wurde, die Tempelrolle enthält jedenfalls eine erstaunlich umfassende Vision einer Strukturierung von Zeit, Raum und Führung. Von den ersten dreizehn Spalten sind nur Fragmente erhalten, die dreiundfünfzig anschließenden beschreiben detailliert die angemessene Folge von Festen und Opfern, die im Tempel abgehalten werden sollten, die Bauweise des Tempels (auffallend anders als bei Hesekiel) und die strikten Reinheitsgebote, die in der Heiligen Stadt beachtet werden müssen. Sie enthält auch kompromißlose Verfügungen gegen die Götzenanbetung und strenge Regeln für die Heirat und die persönliche Lebensführung des Königs der Israeliten. Die Tempelrolle sagt explizit: »Aus euren Brüdern sollt ihr einen König erwählen, der über euch herrschen soll. Ihr sollt keinen Fremden zum Herrscher über euch wählen.«

Wenn man die Tempelrolle nicht nur als Vision, sondern ebenso auch als Polemik liest, dann deutet sie auf eine Situation, in der die Zeremonien, der Bau und die Reinheit des irdischen Tempels vernachlässigt wurden und in der Unzucht, Götzendienst, Unreinheit und Betrug in Jerusalem überhandnahmen. Zu anderen Verletzungen von Gottes idealer Ordnung kam noch die Tatsache hinzu, daß es einen nicht-israeli-

tischen König gab. Die Tempelrolle mit ihren bildhaften Empfehlungen
wünscht sich einen vollständig umgestalteten, neu gebauten Tempel
mit einer viel strengeren Teilung zwischen Rein und Unrein, Heilig und
Weltlich.

Es mag sein, daß die Tempelrolle in der Zeit der Hasmonäer entstanden ist, aber die wunderschöne Abschrift des Textes, die unter den
Fliesen in Kandos Wohnung versteckt lag, ist von den meisten Wissenschaftlern in das späte erste Jahrhundert v. u. Z. datiert worden. Genau
zu dieser Zeit erhob sich plötzlich das üppige, gottlose Bauwerk des
Herodes über Jerusalem, das in seiner größenwahnsinnigen Anlage und
von seiner kulturellen Absicht her kaum von dessen spektakulären Lust-
schlössern in Jerusalem, Masada und Herodium zu unterscheiden war.
War dies die Grenze? Wurde der Tempel durch die Gottlosigkeit des
Herodes und seiner Nachfolger für die Gebete der Israeliten ungeeignet?
Selbst wenn man den eher römischen als biblischen Bauplan des Herodes noch tolerieren mochte, was war dann mit dem Adler über dem
Tor? Und wenn man den Adler hinnahm, mußte man dann auch jeden
Morgen für die Gesundheit und das Wohlergehen des Kaisers Opfer
darbringen, wie es die römischen Regenten nach der Annektierung Judäas im Jahre 6 u. Z. forderten? Wie lange würde der Tempel noch ent-
ehrt werden? Wie lange noch würden römische Regenten die Macht
haben, mit ihren Truppen in Jerusalem die Festzüge zu zerschlagen,
weil ihnen das Verhalten der Menschen bedrohlich erschien? Wie lange
noch durften sie den heiligen Zehnten und den Tempelschatz beschlag-
nahmen, um die Kosten für die Verwaltung dieses rebellischen, besetz-
ten Gebietes zu bestreiten?

Wer zu jener Zeit die Tempelrolle gelesen hätte, hätte ihre eigentliche Aussage sofort verstanden. Die Menschen in Qumran und alle anderen in Judäa, die Texte wie die Tempelrolle lasen, glaubten mit gutem
Grund, daß ihnen der Tempel weggenommen worden war – und daß
sie ihn eines Tages zurückbekommen würden. Der Gedanke einiger moderner Wissenschaftler, daß die Essener aus Qumran den Tempelgottesdienst ablehnten, weil sie ein stärker spirituell orientiertes Ritual
entwickelt hatten, ist Unsinn. Die Wunschbilder vom Tempel sind Träume von judäischer Unabhängigkeit. Und viele glaubten, das messianische Zeitalter könne nur kommen, wenn gerechte Priester die Heilig-
haltung des Tempels durchsetzten und ihn reinigten – und wenn sie

vor allem die Clique von geistlosen Marionetten absetzten, die sich
damals Hohepriester nannte.

In den frühen siebziger Jahren wurde für die Mitglieder des internationalen Teams die Wahrscheinlichkeit, unter jordanischer Ägide nach Jerusalem zurückzukehren, immer geringer, selbst wenn sie es gewünscht
hätten. Schließlich schwand jede Möglichkeit dazu, nachdem König Hussein 1974 in Rabat bei der Konferenz der Arabischen Liga auf alle Ansprüche in Palästina verzichtet hatte. Von nun an hatten es die Mitglieder des internationalen Teams nur noch mit den Israelis zu tun, und
einige, wie etwa J. T. Milik in Paris, zogen es vor, überhaupt nichts zu
tun. Seine Platten mit Schriftfragmenten im Rockefeller Museum wurden
nicht bearbeitet. Briefe, die das Israelische Amt für Altertümer an ihn
nach Paris schrieb, blieben unbeantwortet. 1970 kam Maurice Baillet
nach Israel, um an seinen Fragmenten zu arbeiten; aber sonst geschah
nichts. Der Arbeitsraum für die Schriftrollen (auf dessen Weiterbestehen
einige Teammitglieder doch so großen Wert gelegt hatten) blieb die
meiste Zeit verschlossen und leer.

Zu dieser Zeit »begannen die Übergriffe auf unser Gebiet«, erinnerte
sich Strugnell. Das Israelische Amt für Altertümer und der Shrine of the
Book hatten sich stillschweigend darauf geeinigt, daß die Spezialisten
des Shrine of the Book für die Konservierung der Schriftrollen verantwortlich waren. Bisher waren die Fragmente aus Höhle 4 unter völlig
unzureichenden Bedingungen aufbewahrt worden: Sie lagen immer
noch in dem zugigen Arbeitsraum für die Schriftrollen, durch dessen
große Fenster die Morgensonne hereinflutete; eine geschütztere Unterbringung war dringend nötig. Also beriet sich Magen Broshi mit Joseph
Shenhav vom Israel Museum, der auch an der Tempelrolle und an Funden
aus Masada gearbeitet hatte, und beschloß, die Fragmente in einen
Raum zu bringen, in dem Licht, Temperatur und Feuchtigkeit geregelt
werden konnten. Zu einem gewissen Teil war diese Entscheidung auch
John Allegros Beschwerden in den frühen sechziger Jahren zu verdanken.
Der Raum im kalten, feuchten Keller des Rockefeller Museums hatte
allerdings nur etwa ein Viertel der Größe des ursprünglichen Arbeits-
raums. Die Platten wurden in kleinen Schubladenschränken aufbewahrt,
und eine Klimaanlage wurde installiert, um die Luft so trocken wie möglich zu halten. Die meisten großen Museen der Welt hätten diese not-

dürftigen Maßnahmen zur Konservierung bei einer so wertvollen Sammlung wie den Qumran-Rollen noch nicht für ausreichend gehalten. Baillet
aber war entsetzt über die »dunkle kleine Kammer«, doch er konnte
nichts dagegen tun. Und einige Mitglieder des internationalen Teams
betrachteten die Veränderungen als ein »Eindringen« in ihr Recht, mit
den Schriftrollen zu tun, was immer sie wollten.

Nach und nach wurde das Team durch Todesfälle dezimiert, was zu
seiner allgemeinen Schwächung beitrug. Als Père Roland de Vaux 1971
im Alter von achtundsechzig Jahren starb, war das Projekt plötzlich ohne
Herausgeber. Ein Telegramm von Pater Jerome Murphy-O'Connor von
der École Biblique brachte die Nachricht von de Vaux' Tod nach Harvard.
»Cross und ich sprachen über die schreckliche Lücke, die er hinterlassen
hatte«, erinnerte sich Strugnell. »Wir teilten den anderen Teammitgliedern telefonisch unsere Ansicht mit, daß der Nachfolger aus dem Team
gewählt werden solle und daß es jemand sein müsse, der in Jerusalem
zur Verfügung stand und dort respektiert wurde: Es kam nur Benoît in
Frage.« Pater Pierre Benoît war nur drei Jahre jünger als de Vaux, und
obwohl er im Gegensatz zu de Vaux eher leise auftrat, genoß er doch
großes Ansehen in Jerusalem. Cross und Strugnell handelten schnell.
»Dann riefen wir Benoît an und fragten, ob er die Wahl annehme. Nachdem er zugestimmt hatte, verständigten wir die anderen Teammitglieder.« Gleichzeitig blieb das Israelische Amt für Altertümer bei seiner
Politik der Nichteinmischung. »Wir wollten auf die Wünsche des Komitees eingehen«, sagte der Direktor des Amtes für Altertümer, Biran, rückblickend. »Als de Vaux starb, respektierten wir ihre Bitte, daß Père Benoît
als Herausgeber weitermachen sollte.«

Aber Benoîts bedächtiger Führungsstil sollte schließlich zum Problem werden. De Vaux hatte immer den völligen Überblick über die
politische Situation gehabt, auch wenn er das Tempo der Veröffentlichungen seiner Teammitglieder nicht immer im Auge behalten hatte.
Benoît verlor mit der Zeit den Überblick über beides. In den frühen
achtziger Jahren wurde sein Gesundheitszustand eindeutig schlechter,
und er suchte angestrengt nach einem Nachfolger für die Leitung des
Projekts. Er wurde schließlich im Ausschlußverfahren bestimmt. Milik
hatte keinerlei Absicht, Paris zu verlassen. »Wen gab es noch?« sagte
Strugnell. »Skehan war tot. Cross war nicht interessiert. Ich war der
einzig mögliche Kandidat.« So wurde John Strugnell, der nun schon lan-

ge kein Wunderknabe mehr war, sondern ein Harvard-Professor in den Fünfzigern, zu Benoîts Stellvertreter und künftigem Nachfolger bestimmt.

Es liegt eine gewisse Ironie darin, daß gerade Strugnell später in der Presse als Antisemit dargestellt wurde, denn Anfang der achtziger Jahre hatte gerade er einige wichtige Kontakte zur neuen Generation israelischer Qumran-Forscher geknüpft. »Ich kam mit den Israelis nun besser zurecht«, erzählte er mir. »Ich besuchte Michael Stones Seminar an der Universität. Die Israelis waren gastfreundlich, sie luden mich zum Essen ein.« Mehr als zuvor fühlte er sich aber auch als Außenseiter: »Die Israelis waren jetzt freundlicher mir gegenüber, aber die Araber konnten einem leid tun, sie waren die Prügelknaben.« Als er 1981/82 wieder ein Forschungsjahr in Jerusalem verbrachte, lebte er erneut in der École Biblique und traf sich mit den anderen im Speisesaal, aber er war allein in seinem Kampf gegen immer häufigere Anfälle von Depressionen und gegen sein wachsendes Problem mit dem Alkohol.

Strugnell arbeitete intensiv an einigen ausgewählten Texten. Während seiner Beschäftigung mit der Tempelrolle erfuhr er aus Gesprächen mit Yadin, daß der Geschichte der *Halacha*, der jüdischen religiösen Gesetzgebung, neues Gewicht beigemessen und größeres wissenschaftliches Interesse entgegengebracht wurde. Einen Professor für die Ursprünge des Christentums interessierte dies natürlich nur am Rande. Außerdem war Strugnell skeptisch, ob es für die Zeit vor 70 u. Z. Zeugnisse solcher Streitgespräche über rabbinische Rechtsauffassungen gab. Seiner Meinung nach war die *Halacha* eine Sammlung von Regeln für das tägliche Leben des ganzen Volkes Israel. Und weder die utopischen Gesetze der Tempelrolle noch die Regeln der Bruderschaft in der Gemeinderegel oder im Damaskus-Dokument konnten, wie er fand, als echte *Halacha* angesehen werden. Das sollte allerdings nicht heißen, daß nicht irgendwo unter den Qumran-Texten eine *Halacha* zu finden war. Tatsächlich gab es einen fragmentarischen Gesetzestext, an dem er seit 1955 immer wieder gearbeitet hatte und auf den sich jetzt sein Interesse richtete. »Es war sehr schwierig, dabei voranzukommen, weil das Gesetz so seltsam war, aber seit ich mit Qimron zusammenarbeitete, fügte sich alles zusammen.«

Damit kommen wir zu der Geschichte des Qumran-Dokuments, das im Mittelpunkt des letzten Kampfes zur Befreiung der Schriftrollen stand. Es sieht unscheinbar aus und ist in sechs äußerst fragmentarischen Kopien erhalten. Der rekonstruierte Text beläuft sich auf ungefähr hundertzwanzig Zeilen. Zu Beginn der fünfziger Jahre hatten Strugnell und Milik bei der Identifizierung der Fragmente eng zusammengearbeitet, sie zu verschiedenen Handschriften zusammengesetzt und dann versucht, den Text selbst zu verstehen. Dieses Dokument mit der Nummer 4Q394–399 enthielt eine lange Liste von Regeln über die Durchführung von Opfern, Reinheitsgebote sowie Vorschriften für die Tempelverwaltung und für Heiraten. Sie ist in einem Hebräisch geschrieben, das eher der Sprache der Mischna und der Kupferrolle ähnelt als dem biblischen Hebräisch der großen Mehrheit der Qumran-Texte. Deshalb nannte Milik den Text 4Qmishn(ique). Zunächst hatten die beiden Wissenschaftler geglaubt, die Liste beziehe sich nicht auf die irdische Gesetzgebung, sondern auf Engelsgesetze, wie sie auch im Buch der Jubiläen vorkamen. Strugnell hatte den Text schließlich als nicht besonders wichtig beiseite gelegt. Bis dann an einem regnerischen Nachmittag im Jahre 1979 ein junger israelischer Wissenschaftler namens Elisha Qimron zur École Biblique kam, um Strugnell einen Höflichkeitsbesuch abzustatten. (Strugnell hatte unter den Wissenschaftlern stets einen großen Bekanntenkreis, der sich sowohl aus ehemaligen Studenten als auch aus israelischen Freunden und Kollegen zusammensetzte, die auch jetzt noch, nach allem, was vorgefallen ist, sein Wissen und seine Forschungsarbeiten bewundern.) Qimron hatte hebräische Linguistik studiert und eine Dissertation über die Besonderheiten des Qumran-Hebräisch geschrieben. Er war fasziniert, als Strugnell ihm Fotos von dem Gesetzestext zeigte, und erklärte sich sogleich bereit, sich eingehend mit dem besonderen Vokabular und den Eigenheiten der Grammatik des Textes zu befassen, um so möglicherweise gemeinsam mit Strugnell die Bedeutung des Textes zu erschließen.

1981 intensivierte sich der Kontakt zwischen Strugnell und Qimron. Anhand der sechs fragmentarischen Exemplare des Dokuments konnten sie schließlich den Inhalt des ursprünglichen Textes rekonstruieren, wenn auch nur in groben Zügen. In einem Exemplar beginnt der Text mit einer detaillierten Beschreibung der Feste und Feiertage nach einem speziellen 364-Tage-Sonnen-Kalender, der mit dem Kalender identisch ist, der in der Tempelrolle und im Jubiläenbuch verwendet wird. Es folgt eine öffentliche Verkündigung oder ein offener Brief mit einer Liste von

Reinheitsgeboten und Tempelvorschriften, die den Verfassern anscheinend besonders wichtig waren. An oberster Stelle steht die Vorschrift, daß keine Spenden oder Opfergaben von Nichtjudäern im Tempel angenommen werden dürfen. Weiter werden Empfehlungen für eine beträchtliche Verschärfung der Verhaltensregeln für Priester ausgesprochen, wozu auch die Einführung persönlicher Reinheitsgesetze für die Priester gehört; außerdem wird beschrieben, wie die Heiligkeit Jerusalems bewahrt werden kann.

Die Verfasser beschließen den Text mit der provozierenden Erklärung, daß sie sich vom Rest des Volkes Israel getrennt hätten, weil dieses die notwendigen Pflichten nicht erfüllt habe und dadurch der Tempel entweiht worden sei. Sie wenden sich dann an eine ganz konkrete Person, offensichtlich den Führer der Nation, und erinnern ihn an die früheren Könige von Israel, denen es gutging, solange sie dem Gesetz treu blieben, und die bestraft wurden, sobald sie es mißachteten. Sie schreiben:

»Am Ende wirst du dich freuen, wenn du feststellst, daß einige unserer Worte richtig waren. Und laß es dir richtig erscheinen, und laß dich zur Gerechtigkeit führen und zum Guten, und möge es zu deinem Wohle sein und zum Wohle Israels.«

Qimron und Strugnell gaben dem Dokument einen neuen Titel, der sich auf den Beginn des Gesetzestextes bezog: *Miqsat Ma'asei ha-Torah* (Einiges vom Tun der Thora). Bald sollte es als MMT berühmt werden.

Nachdem sein Forschungsurlaub beendet war, kehrte Strugnell 1982 nach Harvard zurück, und Qimron beschäftigte sich weiter mit der Handschrift, feilte an seiner Textrekonstruktion und an seiner Übersetzung und bat einen kleinen Kreis von Kollegen um ihre Meinung. Man war sich einig: Obwohl man ähnliche Klagen über die unkorrekte Durchführung des Gottesdienstes aus herodianischer und nachherodianischer Zeit kannte, schlossen sich die anderen Wissenschaftler Qimrons und Strugnells Ansicht an, daß der Text zur Zeit der vermuteten Gründung der Qumran-Sekte geschrieben worden war, also im zweiten Jahrhundert v. u. Z. Auf dieser Basis formulierten Strugnell und Qimron eine gewagte These: Da die Liste der angesprochenen Gesetze in einer Art offenem Brief stand, handele es sich um eine Art öffentliches Manifest, das von keinem Geringeren als dem immer noch nicht identifizierten Lehrer der Gerechtigkeit verfaßt worden sei. Der Adressat des Briefes sei der sogenannte Frevelpriester.

Als Elisha Qimron 1984 auf dem Internationalen Kongreß für christliche Archäologie in Jerusalem ans Pult trat und dieses wichtige neue Dokument präsentierte, waren die Qumran-Wissenschaftler im Publikum zugleich begeistert und schockiert. Qimron berichtete über die lange Liste von Gesetzen und versicherte, daß es sich um einen persönlichen Brief des Lehrers der Gerechtigkeit handele. Hier endlich schien die »Unabhängigkeitserklärung« der Qumran-Gemeinde gefunden, die zeigte, daß die Sekte bestimmte Heirats-, Opfer- und Reinheitspraktiken ablehnte, die von der Priesterschaft offenbar toleriert wurden, und sich deshalb »von der Mehrheit des Volkes getrennt« hatte. Hier war der überzeugende Beweis dafür, daß die Gemeinschaft nicht aufgrund eines besonderen Messias-Glaubens, der Taufe oder einer vorchristlichen Spiritualität entstanden war, sondern einfach aufgrund ihres rigorosen Festhaltens am Tempelgottesdienst und der rituellen Reinheit. Auch die Gleichsetzung der Qumran-Sekte mit den Essenern war nun ernsthaft in Frage gestellt. Die spezifischen rechtlichen Regelungen, für die das MMT eintrat, wurden, ebenso wie die der Tempelrolle, in der späteren rabbinischen Literatur den Sadduzäern zugeschrieben.

In der Tat war das MMT für die Zukunft der Qumran-Forschung von unschätzbarem Wert. Aber daraus ergab sich eine folgenschwere Frage: Wenn ein Dokument von solcher Bedeutung seit den frühen fünfziger Jahren buchstäblich unbekannt geblieben war, wer konnte wissen, welche weiteren Schätze die unveröffentlichten Texte aus Höhle 4 dann noch bargen?

Aber im Jahre 1984 waren die langfristigen Aussichten des Projekts zur Veröffentlichung der Qumran-Rollen unsicherer denn je. Père Benoît war krank, und John Strugnell bemühte sich nach Kräften, Lehrverpflichtungen und andere Aufgaben unter einen Hut zu bringen, aber mit seiner Arbeit an den Schriftrollen lag er jetzt etwa zwanzig Jahre hinter seinem Plan. Auch die neue Verantwortung als stellvertretender Herausgeber behinderte seine Arbeit. Zu dieser Zeit wurde eine zweite Stimme laut, die das Fortbestehen des vom internationalen Team ausgeübten Monopolrechts in Frage stellte: Im Sommer 1984 berichtete der Herausgeber der *Biblical Archaeology Review*, Hershel Shanks, über Qimrons Präsentation des MMT auf dem Kongreß in Jerusalem. Shanks verlieh seinem Erstaunen darüber Ausdruck, daß Qimron nur wenige Passagen dieses offensichtlich wichtigen historischen Dokuments publik gemacht hatte. Auch zeigte er sich überrascht darüber, daß das MMT nicht für alle interessierten Wissenschaftler frei zugänglich war. Diese Nebenbemerkung bewies zwar eine mangelnde Vertrautheit mit den Gepflogenheiten des internationalen Teams, aber die damit verbundene Kritik an dessen wissenschaftlicher Eigennützigkeit war zukunftsweisend.

Der Witz bei der ganzen Sache aber bestand darin, daß der priesterliche Protest, der im MMT geäußert wird, weit besser in das erste Jahrhundert u. Z. als in das zweite Jahrhundert v. u. Z. paßte. Die Sorge um die Reinheit des Tempels, der Abscheu vor den Gaben von Nichtjudäern und dem Verhalten der Priesterschaft im Tempel waren die Gründe, die das Volk schließlich zum Krieg veranlaßten. Die Parallelen des MMT zur Tempelrolle und ihren Reinheitsvorschriften waren offensichtlich. Ebenso offensichtlich waren auch die Ähnlichkeiten mit den religiösen Ansichten der jüdischen revolutionären Bewegung, die im Laufe des ersten Jahrhunderts u. Z. die Idee von der Reinheit des Tempels immer stärker propagierte.

Und schließlich war da die Beziehung des MMT zur Kupferrolle, die so lange nur als Kuriosität betrachtet worden war. Die Verbindungen zwischen dem MMT und der rätselhaften Schatzkarte gingen weit über gemeinsame sprachliche Besonderheiten hinaus. Denn auch nach der Zerschlagung des Aufstands durch die Römer und nach der Plünderung Jerusalems war der militante Glaube an die Einhaltung des Gesetzes nicht ganz erloschen. Obwohl der einst so großartige Repräsentativbau des Herodes nun niedergerissen, verbrannt und entweiht war, blieb doch das *Ideal* des Tempels bestehen. Heimlich sammelten judäische Priester weiter Opfer und Zehnte von Glaubensbrüdern, die irgendwie die Schreckensherrschaft überstanden hatten. Sie versicherten ihnen, wenn sie dem Bund treu blieben, würde bald Gottes Gericht kommen. Dann würde das Haus des Herrn in Jerusalem in neuer Herrlichkeit wieder erbaut werden.

Jene Opfergaben mußten natürlich vor der römischen Besatzungsmacht verborgen gehalten werden, denn die Römer waren fest entschlossen, jede Spur judäischer Unabhängigkeit auszumerzen, die ihnen begegnete. Wir werden später noch sehen, daß höchstwahrscheinlich ein fest entschlossener Überlebender der römischen Verfolgung – und nicht etwa ein Verrückter – die Kupferrolle in einer Höhle bei den Ruinen von Qumran versteckt hat. Die sorgfältige Beschreibung des verteilten Tempelschatzes war nicht nur eine Liste irdischer Reichtümer, sondern auch ein Dokument des Glaubens. Obwohl sie sich beträchtlich von der visionären Tempelrolle oder der juristischen Beweisführung des MMT unterschied, war die Kupferrolle doch Teil derselben Tradition. Sie war und ist ein beredtes Zeugnis dafür, daß selbst *nach* dem Aufstand einige Judäer noch willens waren, Sklaverei oder Kreuzigung zu riskieren, um den Traum vom Tempel am Leben zu halten.

SÖHNE DES LICHTS, SÖHNE DER FINSTERNIS

Von seinem Büro in einem von der Jahrhundertwende stammenden Gebäude an der Südseite des Washington Square Park in Greenwich Village aus ist Professor Lawrence Schiffman von der New York University zu einem Hauptakteur im Spiel um die Qumran-Rollen geworden. Er gehört zu den führenden Vertretern jener Qumran-Forscher, die eine rabbinische Perspektive vertreten, und kann dank seiner Kenntnis talmudischer Quellen den gesetzestreuen Glauben, wie er sich in den Schriftrollen manifestiert, vor einem weitreichenderen und vielfältigeren Hintergrund betrachten. Als orthodoxer Jude ist er selbst gesetzestreu und hat naturgemäß ein persönliches Verhältnis zu den *Halacha*-Debatten und der Messias-Erwartung dieser alten jüdischen Texte. Man erkennt den schlaksigen, lebhaften Endvierziger auf wissenschaftlichen Konferenzen sofort an seinem Vollbart, der schwarzen Jarmulke und dem dunklen, schmucklosen Anzug. Als Mensch ist er jedoch alles andere als schmucklos. Er würzt seine Erzählungen gern mit rabbinischen Gleichnissen, anschaulichen Witzen und offener Selbstkritik. In letzter Zeit ist er als Redner bei religiösen und akademischen Treffen im ganzen Land gefragt. Man schätzt seine Botschaft, daß die Qumran-Rollen einen wichtigen Beitrag zum Verständnis der jüdischen Geschichte liefern.

Schiffman betrachtet die Gruppe, die die Qumran-Rollen geschrieben hat, nicht als Repräsentanten eines bestimmten religiösen Entwicklungsstadiums, auch nicht als anregendes Modell für nationalen Widerstand, sondern als ernsten Fall von krankhafter Religiosität. Obwohl er als Wissenschaftler davon fasziniert ist, macht sich Larry Schiffman keine falschen Vorstellungen von der besessenen, streng dogmatischen Natur der Sekte vom Toten Meer. Zwar finden sich einige Reinheitsvorschriften und Bibelinterpretationen der Qumran-Texte auch in der rabbinischen Literatur, aber Schiffman hält die wahnhaften Vorstellungen vom Kampf der

Söhne des Lichts gegen die Söhne der Finsternis, von der Anwesenheit von Engeln beim Rat der Gemeinde und der baldigen Ankunft des Messias für das Ergebnis einer gefährlichen Radikalisierung eines priesterlichen Purismus und nicht für ein Zeichen spiritueller Erleuchtung.

Schiffman kam vor mehr als zwanzig Jahren als Student der Judaistik an der Brandeis University und als völliger Außenseiter zur Qumran-Forschung. Zu jener Zeit konnte man auf diesem Gebiet eigentlich nur dann eine Doktorarbeit schreiben, wenn man Zugang zur reichhaltigen Sammlung unveröffentlichter Manuskripte aus Höhle 4 hatte. Wer aber nicht Student von Frank Moore Cross, John Strugnell oder einem anderen Mitglied des internationalen Teams war, hatte keine realistische Chance, einen Zugang zu erhalten. Damals, als sich das Team im Dornröschenschlaf befand, begannen Strugnell, Cross, Skehan und Starcky, die ihnen zugeteilten Texte aus Höhle 4 wie ihr privates geistiges Eigentum zu behandeln. Sie setzten Fotografien unveröffentlichter Texte in Seminaren als Unterrichtsmaterial ein, und gelegentlich gewährten sie ihren bevorzugten wissenschaftlichen Protegés die Ehre, die Texte als Grundlage für prestigeträchtige Dissertationen zu benutzen.

Obwohl Schiffman an der Brandeis University in Waltham, also nur wenige Kilometer von Harvard entfernt, studierte, war es hinsichtlich der Qumran-Rollen so, als lebte er auf einem anderen Planeten. Aus der Sektenliteratur der Qumran-Gemeinde kannte er nur die bereits veröffentlichten Texte: das Damaskus-Dokument, die Gemeinderegel, die Kriegsrolle, die Danksagungsrolle, den Habakuk-Kommentar und die anderen Dokumente, die seit Mitte der fünfziger Jahre tröpfchenweise in die Forschungsliteratur eingeflossen oder in den ersten fünf Bänden der *Discoveries in the Judaean Desert* erschienen waren. 1969/70 verbrachte Yigael Yadin ein Forschungsjahr in den Vereinigten Staaten und hielt Vorlesungen über die Tempelrolle mit ihrem komplexen Gesetzeskodex für Jerusalem, den Tempel und den idealen König von Israel. Daraufhin beschloß Schiffman, seine Dissertation über diese Schriftrolle und die Funktion ritueller Gesetze in Qumran zu schreiben. Er erinnert sich noch daran, wie seine Betreuer an der Fakultät ihm dringend davon abrieten, seine Zeit mit derartig fragmentarischem Material zu verschwenden. »Sie sagten zu mir: ›Sie können eine viel bessere Note erzielen, wenn Sie eine handfeste wissenschaftliche Arbeit leisten, statt sich auf dieses alberne Puzzlespiel einzulassen.‹«

Aber Schiffman blieb bei seinem Thema. Im Jahre 1975 veröffentlichte er seine Dissertation mit dem Titel *The Halakhah at Qumran*. Die Arbeit ist nicht gerade leicht zu lesen, aber sie liefert einen wichtigen Beitrag zur Analyse der Reinheitsgesetze sowie der Einhaltung von Festen und rituellen Vorschriften in Qumran. Und sie verweist auf die auffälligen formalen, wenn auch nicht inhaltlichen Ähnlichkeiten mit der späteren rabbinischen Diskussion und Kodifikation der religiösen Gesetze. Schiffman glaubte in der Qumran-Literatur einen klaren Beweis dafür gefunden zu haben, daß das juristische Streitgespräch im Stile des Talmud bereits in den Tagen des Tempels entstanden war und nicht erst nach dessen Zerstörung, als eine neue Art jüdischer Frömmigkeit gefordert war. Aber nur wenige ernstzunehmende Wissenschaftler auf dem Gebiet des rabbinischen Judaismus hörten auf ihn. »Ich erkannte, daß ich die Menschen erst noch von der Bedeutung dieser Erkenntnis überzeugen mußte«, erzählte mir Schiffman, »denn ich war oft auf Kongressen, auf denen mehrere Vorträge von der Mischna handelten, ohne daß die Vortragenden etwas über die Qumran-Texte wußten. Ich sprach über die Sabbatgesetze in Qumran, und niemand interessierte sich dafür.«

Ein Jahr nach der berühmt gewordenen Konferenz von Jerusalem, auf der das MMT zum erstenmal der gelehrten Öffentlichkeit präsentiert wurde, organisierten Schiffman und andere einen Kongreß über die Qumran-Rollen an der New York University. Dieser Kongreß sollte, wie erst später deutlich wurde, zum nächsten Meilenstein auf dem Weg zur offenen Rebellion gegen die Macht des internationalen Teams werden. Die versammelten Wissenschaftler respektierten damals noch die Arbeit des Teams und zeigten sich ausgesprochen dankbar, als John Strugnell ihnen einen detaillierten Überblick über verschiedene interessante Texte gab, an denen die Mitglieder des internationalen Teams und ihre Assistenten gerade arbeiteten. Strugnell kündigte auch an, daß der größte Teil des Materials aus Höhle 4 bald allgemein zugänglich gemacht werden würde.

»Die Atmosphäre war nett, sehr angenehm«, erinnert sich Schiffman, amüsiert über seine damalige Naivität. »John berichtete über den Stand der Dinge, und alle fielen darauf herein. So war es: Wir glaubten immer, die Texte würden nächstes Jahr herauskommen. Es war wie mit dem Messias. Es gibt da eine Geschichte von einem Mann, der auf dem

Weg zu den Catskill Mountains zwei Schilder sieht. Auf dem einen
steht: ›Geh zu Grossinger. Neueröffnung bald!‹ Auf dem anderen steht:
›Der Messias kommt.‹ Darauf der Mann: ›Aha, wenn Grossinger endlich
eröffnet, kommt der Messias.‹ Genauso war es bei der Konferenz. Er
sagte es, und wir glaubten es.«

In den Jahren nach 1985 wurde Larry Schiffman allmählich in der
Führungsriege der neuen Generation von Qumran-Wissenschaftlern akzeptiert. Da er auch von den Mitgliedern des internationalen Teams
zunehmend als Spezialist für die rabbinischen Aspekte in den Qumran-
Texten anerkannt wurde, bat man ihn um eine Stellungnahme zum noch
geheimgehaltenen Gesamttext des MMT. Auch er wurde zur Geheimhaltung verpflichtet. Während einer Forschungsreise nach Israel verbrachte Schiffman einige Wochen mit dem Lesen des Kommentars, den
Strugnell und Qimron mit Hilfe von Professor Yaacov Sussmann von der
Hebräischen Universität vorbereitet hatten.

Strugnell, Qimron und Sussmann erkannten auffällige Gemeinsam-
keiten zwischen der Tempelrolle und dem MMT. Für beide Texte war
die Heilige Schrift, die Offenbarung Gottes an Moses auf dem Berg Sinai,
wie sie in der Thora beschrieben wird, die einzige Autorität: Ob es um
die Polygamie der Könige, die Bauweise des Tempels oder um die Opfergaben von Nichtjuden ging, die Verfasser des MMT und der Tempelrolle kamen jeweils durch ein sorgfältiges Studium des Gesetzes zu ihren
Ansichten. Doch während Strugnell, Qimron und Sussmann davon überzeugt waren, daß das MMT vom Lehrer der Gerechtigkeit geschrieben
worden sei, und Yadin sogar glaubte, die Tempelrolle sei ebenfalls sein
Werk, vertrat Schiffman die Meinung, daß der Tonfall des MMT zu milde
und zu vernünftig für eine Schrift des Lehrers der Gerechtigkeit war. Es
enthielt keinerlei Hinweise auf überwältigende göttliche Offenbarungen, keine neuen Enthüllungen über apokalyptische Geheimnisse oder
über alte Mysterien, in die nur die eingeführten Mitglieder der Gemeinschaft eingeweiht wurden und die die emotionsstarke, sektiererische
Stimmung der Kriegsrolle, der Danksagungsrolle, des Damaskus-Dokuments und der Gemeinderegel charakterisieren.

Jene Dokumente teilten die Welt starr in Licht und Finsternis. Sie
befahlen den Mitgliedern der Sekte, den Söhnen des Zadok, ihre Brüder
zu lieben und allen Kontakt zu Gottes Feinden abzubrechen. In der apokalyptischen Vision der Sekte wurden die Anteile von Licht und Finsternis

von Gott bei der Schöpfung bestimmt, und die Ereignisse auf der Erde, die ihre Parallele im himmlischen Kampf zwischen den Kräften von Licht und Finsternis haben, bewegen sich unvermeidlich und unerbittlich auf die großen Umwälzungen des Endes zu. In der Danksagungsrolle preist der Verfasser (der Lehrer der Gerechtigkeit?) Gott dafür, daß er ihn als Werkzeug der Offenbarung bestimmt hat, um den Auserwählten Israels die Nachricht vom nahenden Tag des Jüngsten Gerichts zu verkünden. Es geht um eine ganz andere Auffassung von göttlicher Offenbarung, die nicht am Berg Sinai endet, sondern über Krisenzeiten hinweg bis in die eigene Lebenszeit des Verfassers reicht. Das MMT und die Tempelrolle dagegen wurden anscheinend von einer völlig anderen Gruppe geschrieben. Und obwohl die traditionelle Qumran-Forschung dazu tendierte, die Sekten der Antike wie die Pharisäer, die Sadduzäer oder die Essener als archetypische Gruppierungen zu betrachten, die wie Schachfiguren in sich verändernden historischen Umfeldern hin- und hergeschoben werden konnten, versuchte Schiffman nicht, die höfliche Argumentation des MMT mit dem apokalyptischen Zorn der anderen Dokumente in Einklang zu bringen. Er sah in dem Kontrast zwischen ihnen überzeugende Anzeichen für die zunehmende Radikalisierung der Sekte.

Der zuerst gefundene Qumran-Text, das Damaskus-Dokument, erzählt in poetischer Sprache von den Anfängen der Sekte: In einem Zeitalter des Zorns, dreihundertneunzig Jahre nach der Zerstörung Jerusalems durch Nebukadnezar, hat Gott »sie aufgesucht, und Er ließ die Wurzel einer Pflanze von Aaron und Israel entspringen, die sein Land erben sollte und von den guten Dingen Seiner Erde gedeihen sollte. Und sie sahen ihre Frevelhaftigkeit und erkannten, daß sie schuldige Menschen waren, aber zwanzig Jahre lang waren sie Blinde, die auf ihrem Weg dahinirrten.«

Nach Schiffmans Ansicht wurde das MMT genau in diesem Zeitraum geschrieben, als eine Gruppe innerhalb der Priesterschaft Jerusalems die Durchführung bestimmter kultischer Praktiken kritisierte. Die Datierung auf dreihundertneunzig Jahre nach dem Exil, die den Augenblick der ersten Eingebung der Sekte auf das Jahr 196 v. u. Z. legen würde, haben viele Wissenschaftler als rein symbolischen Akt aufgefaßt, der sich auf die Weissagung des Propheten Hesekiel bezog, daß die letzten Gerechten Israels dreihundertneunzig »Tage« Buße leiden müßten. Wichtig ist jedoch unabhängig vom Datum, daß die Sekte in einer Zeit gegründet worden sein muß, in der für eine besonders konservative Gruppierung innerhalb der Priesterschaft große religiöse Unsicherheit herrschte.

»Die Verfasser beginnen nicht mit gewalttätigen Phantasien«, erklärt Schiffman. »Am Anfang klingen sie sehr ruhig. Offensichtlich schreiben sie an jemanden und sagen, schau, wir sind mit dem und dem nicht einverstanden, und du solltest wissen, daß du, falls du nicht bereust, leiden wirst wie unsere früheren Könige. Wenn du aber der Thora folgst, ist alles gut.« Aber das Problem bestand laut Schiffman darin, daß diese milde und vernünftige Bitte der Gruppierung, die sich als wahre Erben des zadokistischen Priestertums betrachtete, wirkungslos blieb.

Tatsächlich spricht das Damaskus-Dokument von einem Führer, der sich nach den ersten zwanzig Jahren geistlicher Bedrängnis und Unsicherheit unter den Söhnen des Zadok erhebt: »Und Gott sah ihre Taten, und sie suchten Ihn mit ganzem Herzen, und Er erhob für sie einen Lehrer der Gerechtigkeit, um sie nach Seinem Herzen zu führen. Und er ließ die späteren Generationen wissen, was Gott der späteren Generation getan hatte, der Versammlung von Verrätern, die vom Wege abgekommen waren.«

An diesem Punkt, so glaubt Schiffman, wurde aus der priesterlichen Protestgruppe eine radikale, separatistische Sekte. Von nun an rückte die rechtliche Auseinandersetzung in den Hintergrund und wich den direkten Botschaften von Gott und den Offenbarungen an den Lehrer, die für die Lehre der Sekte eine zentrale Rolle zu spielen begannen. Nicht bloß durch ernstes Studium, sondern durch göttliche Eingebungen, die sie als Mysterien und als »verborgenes Gesetz« bezeichneten, gelangten sie zu einem tieferen Verständnis der Heiligen Schrift. Und von einer reichen Tradition apokalyptischer Spekulation fasziniert, glaubte diese Gruppe, sie werde am Wendepunkt in der Geschichte der Schöpfung die Anführerschaft unter den weltlichen Mächten des Lichts übernehmen. Sie wähnten sich in Gemeinschaft mit Engeln und verlangten sich selbst die höchste Reinheit ab. Diese Entwicklung ist nach Schiffman der Grund für die Unterschiede zwischen dem MMT, der Tempelrolle und den spezifischen Sektendokumenten. Durch die Qumran-Rollen können wir einen einzigartigen Blick auf die Entstehung eines, wie wir es heute nennen würden, neuen Kultes werfen.

Was aber geschieht, wenn die Lehren eines Kultes weit mehr Menschen ansprechen als nur den eingeschworenen Kreis fanatischer Gläubiger, die bereit sind, ihre Wohnorte, Arbeitsplätze und Familien zu verlassen und den Weg in die Wüste und in die Vergessenheit zu gehen? Schiffman beschreibt einen gefährlichen Radikalisierungsprozeß entfremdeter Gläubiger, die ihre Religionsgenossen nicht davon überzeugen konnten, daß ihre Vorstellungen von der Welt den Vorstellungen Gottes entsprachen. In den Beschreibungen des Flavius Josephus finden sich Hinweise, daß im ersten Jahrhundert u. Z. Lehren, die jenen aus den Qumran-Texten glichen, immer weitere Teile der judäischen Bevölkerung zum Handeln bewegten. Josephus erwähnt für die Regierungszeit des Herodes nur einzelne Andersdenkende und Aufwiegler, aber als religiöse Puristen gewaltsam versuchten, den goldenen Adler vom Hauptportal des Tempels zu entfernen, während Herodes im Sterben lag, als sich in der Regierungszeit des Archelaus die messianische Begeisterung sprunghaft ausbreitete und sogar eine offene Rebellion ausbrach, war die ruhige Diskussion über das Gesetz bei vielen der blitzartigen Überzeugung gewichen, daß die Zeit des Messias gekommen sei.

Zweifellos gab es Menschen, die in der Gegenwart keine Normalität mehr sehen konnten und jetzt sogar in alltäglichen Vorgängen die Erfüllung eines göttlichen Plans zu erkennen meinten. Es gab sicher viele unterschiedliche Gruppen, die alle ihre eigenen Lehrer und ihre eigene Vorstellung von Gerechtigkeit hatten. In welchem Ausmaß sich diese Erscheinung zu einer bewußten Bewegung entwickelte, verrät Josephus selbst. Zur Zeit des Pontius Pilatus (26–36 u. Z.), der stärker als seine Vorgänger bemüht war, aus Judäa eine ganz normale Provinz zu machen, wurden die Proteste einzelner Eiferer durch religiöse Massendemonstrationen ersetzt. Zur Zeit des Pilatus ging es um die von ihm angeordnete Beschlagnahme von Tempelvermögen sowie um seinen Befehl, die vergoldeten Standarten seiner Truppen, die das Bild des Kaisers Tiberius trugen, in der Festung oberhalb des Tempels aufzustellen. Beide Maßnahmen verschärften den Streit um die Reinheit der Heiligen Stadt und die Unantastbarkeit des Tempels, denen die Hauptsorge der Verfasser des MMT und der Tempelrolle gegolten hatte.

Natürlich erinnerte man sich noch jahrzehntelang an die spontane Reaktion der judäischen Öffentlichkeit auf die Maßnahmen des Pontius Pilatus. In Josephus' erstem Buch *Geschichte des Jüdischen Krieges* ist die

Auseinandersetzung um die Standarten der erste Fall, in dem ein Widerstand gegen die Maßnahme eines römischen Statthalters dem gesamten »Pöbel« zugeschrieben wird und nicht einer einzelnen Sekte.
Seiner Darstellung nach ließ Pilatus die Standarten im Schutze der Dunkelheit nach Jerusalem bringen und aufstellen. Am nächsten Morgen
brach ein Massenprotest los. Eine große Menschenmenge aus Stadt und
Land zog in die Hafenstadt Caesarea zur offiziellen Residenz des Pilatus.
Früher, zur Regierungszeit des Herodes, hatten sich einzelne Eiferer
gegen eine Entweihung des Tempels erhoben und sich etwa gegen den
goldenen Adler des Herodes aufgelehnt – aber diesmal handelte es sich
um eine weit ernstere Bedrohung.

Für Pilatus ging es allein darum, den legitimen Machtanspruch Roms
durchzusetzen. Die Kriegsstandarten, denen die römischen Truppen Opfer für die Göttin des Sieges und des Glücks darbrachten, symbolisierten
die Macht des Reiches. Wenn man zuließ, daß der Pöbel, egal wo, die
Bewegungsfreiheit der Truppen einengte, bedeutete das, daß man sich
der Anarchie unterwarf. Für die Judäer aber war das Vorgehen des Pilatus eine Beleidigung, ein falsches Spiel mit der judäischen Duldung
der römischen Herrschaft, die nur so lange hingenommen werden konnte, wie ihnen zumindest verbal ihre religiöse Selbstbestimmung zugesichert wurde. Jetzt aber, da dem finsteren Gesicht des Tiberius, nur
einen Steinwurf vom Inneren Hof des Tempels entfernt, gehuldigt und
geopfert wurde, war nicht einmal mehr der Schein des Respekts ge-
wahrt. Für den Verfasser des Habakuk-Kommentars war der Streit um
die Standarten in Jerusalem keineswegs bloß ein religiöses Mißverständnis, das durch Verhandlungen beseitigt werden konnte, sondern es war
ein gottgesandtes Zeichen, das die Römer endgültig als Kittim auswies,
als Söhne der Finsternis: Nach der Auslegung des alten Orakels waren
die Kittim ein rohes Volk, das »seinen Standarten opferte und seine
Kriegswaffen anbetete«.

Das Volk belagerte die Residenz des Pilatus und weigerte sich ab-
zuziehen, solange er die Götzenbilder nicht wieder aus der Heiligen
Stadt entfernte. Unter dem Vorwand, er wolle mit ihnen verhandeln,
lockte Pilatus die Demonstranten ins Amphitheater der Stadt. Laut Josephus befahl er seinen Soldaten, die Protestierenden in der Arena zu
umzingeln, und »nachdem er gedroht hatte, sie erschlagen zu lassen,
wenn sie die Bilder des Kaisers nicht duldeten, gab er den Soldaten

ein Zeichen, ihre Schwerter zu ziehen. Darauf warfen sich die Judäer alle zusammen auf den Boden, boten ihre Hälse dar und riefen, sie seien eher bereit zu sterben, als das Gesetz zu übertreten. Vor Erstaunen überwältigt angesichts eines solchen religiösen Eifers, befahl Pilatus, die Standarten sofort aus Jerusalem zu entfernen.«

Diese Menschen waren bereit, für das Gesetz ihr Leben zu opfern, weil zu dieser Zeit viele Judäer davon überzeugt waren, daß die gerechten Toten am Tag des Jüngsten Gerichts mit Sicherheit wieder zum Leben erweckt werden würden, während das Schicksal der meisten anderen Menschen nach dem Tode ungewiß war. Dieser mächtige Glaube an die Unsterblichkeit eines jeden Judäer, der zum religiösen Märtyrertum bereit war, scheint sich während der Kriege und religiösen Erneuerungstendenzen der Makkabäerzeit entwickelt zu haben. Das Versprechen des Propheten Daniel, daß die Gerechten, die »im Staub schlafen«, das ewige Leben gewinnen würden, sowie das Ideal des heiligen Martyriums, wie es immer wieder in den Makkabäerbüchern zum Ausdruck kommt, schien in Zeiten schwerer Verluste unter den Soldaten und Siedlern an der Grenze des sich ausbreitenden Hasmonäerreiches besonders nützlich.

In der zehnjährigen Regierungszeit des Pilatus sollte es weitere Opfer und Märtyrer geben. Nachdem er das Vermögen des Tempels beschlagnahmt hatte, um ein ehrgeiziges öffentliches Bauprojekt zu finanzieren, schickte er zivil gekleidete, mit Keulen ausgerüstete Schlägertrupps unter die protestierende Menge und gab, wie Flavius Josephus berichtet, »von seiner Tribüne aus das vereinbarte Zeichen. Zahlreiche Judäer wurden getötet, einige durch Schläge auf den Kopf, andere wurden zu Tode getrampelt.« Pilatus war ein tatkräftiger Statthalter, der die Aufrechterhaltung der Ordnung selbst in die Hand nahm und keineswegs dazu neigte, seine Hände in Unschuld zu waschen. Und es ist durchaus möglich, daß unter den Tausenden von Märtyrern, die zur Zeit des Pilatus Widerstand leisteten, auch ein charismatischer religiöser Führer namens Jesus war, der wegen der Verbreitung subversiver Lehren verhaftet und von den Römern getötet wurde und dem, wie allen anderen heiligen Kriegern und frommen Opfern, die körperliche Auferstehung aus dem Grab garantiert worden war.

Die Vorstellung von der Auferstehung verbreitete sich schnell und wurde auch von den Judäern außerhalb der politischen Zentren übernommen. Ein Beweis für diesen Glauben ist, daß sich in der Umgebung von Jerusalem der merkwürdig umständliche Ritus einer Zweitbestattung in Knochenkisten oder Ossuarien verbreitete. Nachdem der Leichnam ein Jahr im Grab gelegen hatte und das Fleisch des Körpers zerfallen war, wurden die Knochen des Verstorbenen von Familienmitgliedern eingesammelt und in einer kleinen Kiste aus Kalkstein beigesetzt, die oft den Namen des Verstorbenen trug. Auch der weitläufige Friedhof in Qumran mit seinen Reihen identischer Einzelgräber wurde von manchen Wissenschaftlern als Hinweis auf einen solchen Glauben an die Auferstehung des Körpers gedeutet. Zweifelsfrei scheint sich dieser Glaube aber in der Danksagungsrolle auszusprechen, in der der Hoffnung Ausdruck gegeben wird, daß »die Körper, die von Würmern zerfressen sind, aus dem Staube erhoben werden«. Und in der Kriegsrolle wird die Hoffnung geäußert, daß Gott die Gefallenen erheben wird. Am klarsten aber kommt diese Erwartung in jenem Text zum Ausdruck, den Émile Puech als »Messianische Apokalypse« bezeichnet hat. Dort »heilt« der Gesalbte Gottes »die Kranken und läßt die Toten wiederauferstehen«. Also blickten viele Judäer sehnsüchtig auf eine Zeit nach dem Tausendjährigen Reich der Römer, auf eine Zeit, in der ihre gegenwärtige Demütigung und Ausbeutung durch ein weit besseres Leben nach dem Tode ersetzt werden würde, das sie durch den Märtyrertod, durch gerechtes Handeln oder einfach durch Einzelbestattung zu erlangen hofften.

Natürlich war eine solche Aussicht sehr verlockend. Sie versprach Heilung von körperlichen Gebrechen und eine so vollkommene Jugendlichkeit, wie sie keine Heilquelle oder Wunderdroge in unserer Zeit bieten könnte, dazu Wohlstand und Glück für alle Männer, Frauen und Kinder, die zuvor gelitten hatten. Und sie versprach zudem Rache an allen Schindern und Unterdrückern, denn das Leiden der Feinde im Jenseits war ebenfalls Teil dieses Glaubens, der sicherlich auch der allgemeinen Ablehnung der Lebensbedingungen in Judäa entsprang. Wer es wagte, die Römer direkt herauszufordern, wurde jetzt automatisch als Märtyrer und Heiliger betrachtet; seine Auferstehung galt als gesichert, und seine Sünden waren vollständig vergeben, selbst wenn mancher von ihnen wahrscheinlich unter anderen Umständen als Rebell, Störenfried oder ganz normaler Krimineller betrachtet worden wäre.

Die Römer waren entschlossen, den judäischen Widerstand mit allen Mitteln zu brechen. Sie erkannten nicht, daß gewaltsame Maßnahmen nur immer mehr Märtyrer auf den Plan rufen würden. Als Kaiser Caligula verrückterweise versuchte, seine Statue im Jerusalemer Tempel aufstellen zu lassen, verließ das ganze Volk – und nicht nur ein Stadion voller Eiferer – seine Felder und die tägliche Arbeit und versammelte sich einige Wochen lang zu Massenprotesten. Sie schworen dem römischen Regenten von Syrien, wenn er den Plan durchsetzen wolle, Caligulas Bildnis im Tempel aufzustellen, müsse er »zuvor das ganze judäische Volk opfern«. Caligulas Ermordung und die Einsetzung des vernünftigeren Claudius verhinderten die endgültige Konfrontation – aber nur für kurze Zeit. Denn durch das wiederholte Aufeinanderprallen von römischem Imperialismus und judäischer Frömmigkeit radikalisierten sich beide Seiten. Im Laufe der dreißiger und vierziger Jahre des ersten Jahrhunderts u. Z., als eine lange Dürreperiode und wirtschaftliche Nöte Judäa bedrängten, kamen immer größere Teile der Bevölkerung zu der Überzeugung, daß das Zeitalter des Messias nahe sei und daß Gerechtigkeit – in Form einer genauen Einhaltung des Gesetzes und persönlichen Widerstands gegen die Übergriffe der Feinde – ihnen einen Platz in der künftigen Welt sichern werde.

Die vielen Münzen und Tongefäße aus dem ersten Jahrhundert u. Z., die bei den Ausgrabungen in Qumran gefunden wurden, zeigen, daß die Gemeinschaft in dieser Zeit besonders aktiv war. Aber die meisten Qumran-Wissenschaftler bestehen darauf, daß die literarisch kreative Phase der Sekte damals bereits vorbei gewesen ist. In den Tagen, als Pilatus wütete, Caligula die Entweihung des Tempels plante und Dürre und Hungersnot massive wirtschaftliche Einbrüche mit sich brachten, haben sich also die Mitglieder der Gemeinschaft – wenn man der von den Qumran-Experten mehrheitlich vertretenen Meinung glauben will – nur mit den geringfügigen rituellen Problemchen eines schon lange verstorbenen Lehrers der Gerechtigkeit und den unbedeutenden Vergehen der schon ebenso lange verstorbenen Hasmonäer-Könige beschäftigt.

Noch etwas anderes als die Zersplitterung in zahlreiche isolierte Sekten veränderte jedoch im ersten Jahrhundert das religiöse Leben in Judäa. Ein gemeinsamer nationaler Widerstand erhob sich, auch wenn die Selbstgefälligkeit einiger Führer oder die Bindung an örtliche Gruppen teilweise hinderlich waren. In diesem Sinne spiegelt sich in der Qumran-Literatur neben der ideologischen Entwicklung der Sekte am Toten

Meer auch die wachsende Radikalisierung der judäischen Nation wider. Der Ausbruch des Aufstands gegen Rom im Jahre 66 u. Z. zeigt, wie stark diese Tendenz war. Es gab einen reichen, allgemein bekannten nationalen Schatz an religiösen Gedichten, Orakelsprüchen, Offenbarungen sowie an Schriften und Kommentaren zu den Themen Messias, Heiliger Krieg, Auferstehung und Erlösung. Die Mitglieder der Qumran-Gemeinde waren eifrige Sammler und offensichtlich auch Verfasser dieser esoterischen Literatur. Und wenn die Terminologie in den Texten variiert oder die Beschreibungen der Ereignisse sich widersprechen, dann sollten sie wohl nicht unbedingt ein in sich geschlossenes theologisches System zum Ausdruck bringen. Die zahlreichen Manuskripte aus den Höhlen bei Qumran dokumentieren Jahrzehnte des Protestes und der revolutionären Spekulation. Sie waren der kreative Ausdruck einer gemeinsamen Tradition, die alte biblische Träume auf eine glorreiche nationale Zukunft übertrug. Und es gibt gute Gründe zu glauben, daß auch die frühen Anhänger Jesu aktive Mitglieder dieser Bewegung waren.

Professor Robert Eisenman von der California State University in Long Beach spricht mit dem Feuer eines Gläubigen, der eine so glanzvolle Offenbarung erlebt hat, daß er sie immer wieder predigen und bei jeder Gelegenheit weiterverbreiten muß, ohne Rücksicht auf seine berufliche Karriere oder auf die eigene Person. Eisenmans Worte, seine Theorien und sogar seine manchmal schroffe Persönlichkeit haben einen tiefen Eindruck bei mir hinterlassen. Nach seiner Überzeugung dürfen die Schriftrollen nicht als Illustration des konventionellen historischen Wissens, sondern sie müssen als seine Infragestellung gelesen werden. Und er ist fest davon überzeugt, daß er, wenn er seine Botschaft einmal einer größeren Zuhörerschaft vortragen könnte, ohne daß ihn die Qumran-Insider, wie gewöhnlich, mit Spott und Verachtung überschütten, alle Zuhörer dazu bringen würde, ihre Einstellung zu Qumran, dem Christentum und Jesus zu revidieren.

Ich lernte Eisenman, wie erwähnt, im Jahre 1992 auf jener ereignisreichen Konferenz in New York kennen. In den darauffolgenden Monaten erfuhr ich einiges über seine Theorien, indem ich viele lange Gespräche mit ihm führte und mich intensiv mit zwei seiner Bücher beschäftigte: *Maccabees, Zadokites, Christians, and Qumran* (1983) und

James the Just in the Habakkuk Pesher (1986). Diese Bücher sind nicht leicht zu lesen. Es sind fachwissenschaftliche Erörterungen der Qumran-Literatur sowie apokrypher und neutestamentlicher Bibeltexte mit vielen komplizierten Anmerkungen. Trotz aller Einwände von etablierten Qumran-Wissenschaftlern fand ich aber beide Arbeiten ebenso provokativ wie aufschlußreich. Sie bieten nicht nur einen völlig neuen Zugang zum Verständnis der Qumran-Rollen, sondern auch zur Geschichte des Urchristentums. Es mag Fehler und Übertreibungen in seinen Büchern geben, und sicherlich basieren viele Verbindungen, die Eisenman sieht, eher auf intuitiven Schlüssen als auf konkreten Textnachweisen, aber er stellt das konventionelle Wissen auf faszinierende Weise in Frage. Er betrachtet Qumran nicht als isoliertes, unpolitisches Kloster in der Wüste, sondern als Zentrum einer judäischen nationalen Widerstandsbewegung gegen die Vertreter des römischen Kaisers in Judäa und gegen den eigennützigen judäischen Adel, der als williger Helfer dieses ausbeuterischen Regimes zu Reichtum kam.

Eisenman ist der Ansicht, daß das zornige Glaubensbekenntnis, das in der Qumran-Literatur deutlich zum Ausdruck kommt, dem idealistischen, fundamentalistischen, ja revolutionären Glauben vieler Judäer im ersten Jahrhundert entspricht, obwohl Josephus, das Neue Testament und die rabbinische Literatur aus jeweils unterschiedlichen Gründen die Popularität dieser biblischen Volksreligion, die man auch als eine Art Befreiungstheologie bezeichnen könnte, bagatellisieren oder sich davon distanzieren. Eisenman sieht im Lehrer der Gerechtigkeit keinen Vorläufer Jesu. Er war, wie die anderen apokalyptischen Lehrer der Zeit, Aktivist einer umfassenden, mächtigen Bewegung und vertrat wie die anderen die felsenfeste Überzeugung, daß der eine wahre Gott die Judäer zum Sieg über die Römer und ihre verhaßten judäischen Kollaborateure führen würde, unabhängig davon, wie beispiellos stark die Mächte der Finsternis im Augenblick auch scheinen mochten.

Dies ist der Hintergrund, so fährt er fort, vor dem das Wirken nicht nur des Lehrers der Gerechtigkeit, sondern auch die Aktionen von Johannes dem Täufer, Jesus und Jesu Bruder Jakob dem Gerechten gesehen werden müssen, der später dem Rat der Kirche von Jerusalem vorstand. All diese religiösen Gestalten waren, so Eisenman, »die Anstifter der Massen, sie waren die Ajatollahs ihrer Zeit. Sie lehrten unter den Entrechteten. Man nannte sie Heilige, Scheichs oder Zaddiks.« Eisenman

behauptet weiter, daß sie alle Teil einer nationalen Untergrundbewe-
gung waren, die die strikte Einhaltung des Gesetzes und den Sturz Roms
zum Ziel hatte. »Wenn die Christen von ›Urchristen‹ sprechen, stellen
wir uns kleine Menschen mit Heiligenschein und Mönchskutten vor. Das
waren sie aber keineswegs«, sagt Eisenman.

Natürlich haben sich schon immer viele Neutestamentler und Historiker für die politische und soziale Dimension des judäischen Widerstands gegen das Römische Reich interessiert. Die Suche nach dem
historischen Jesus begann mit den damals häretischen Untersuchungen des Freidenkers Gotthold Ephraim Lessing im achtzehnten Jahrhundert und fand ihre Fortsetzung in den Schriften von Ernest Renan
im neunzehnten und Albert Schweitzer im frühen zwanzigsten Jahrhundert. In jüngster Zeit haben Wissenschaftler wie Richard Horsley
und John Dominic Crossan die revolutionären Anklänge in Jesu Lehre
als zumindest teilweise politisch motivierte Reaktion auf die bestehenden Klassengegensätze und auf die gnadenlose römische Kaiser-
herrschaft in Judäa und Galiläa dargestellt. Und nach Meinung des
Oxford-Professors Martin Goodman trug die »herrschende Klasse von
Judäa«, deren Häuser ausgegraben worden sind und nun Touristen-
attraktionen im Jüdischen Viertel in Jerusalem darstellen, eindeutig
die Hauptschuld an der Zersetzung und letztendlichen Zerstörung der
judäischen Unabhängigkeit.

Insgesamt jedoch hat keiner dieser Wissenschaftler zu überprüfen
versucht, inwiefern die Qumran-Rollen eine wichtige Quelle für die Rekonstruktion der *politischen* Geschichte Judäas darstellen könnten. Allzu
gläubig schließen sich alle dem allgemeinen Konsens an, die Qumran-
Sekte sei nur eine Randerscheinung der judäischen Gesellschaft gewesen und habe völlig isoliert und unberührt von der intensiven revolutionären Agitation in den Städten des Landes gelebt. Ist es aber
wahrscheinlich, daß die Nachrichten von den Schrecken und Greueltaten
aus den ehemaligen Heimatstädten und Dörfern der Sektenmitglieder
nicht durch die Mauern von Qumran drangen? War die innere Disziplin
der Mitglieder von Qumran so eisern, daß nicht wenigstens ein paar
von ihnen ihre apokalyptischen Betrachtungen mit konkreten Taten ver-
banden? Erkannten die weisen Führer der Gemeinschaft nicht, daß sie
mit ihren Worten das Volk zum Kampf gegen die Söhne der Finsternis
aufrufen konnten, um so die alten Prophezeiungen zu erfüllen?

In den Fußnoten und Schlußworten der Standardliteratur zu Qumran finden sich viele ablehnende Bemerkungen über die Wissenschaftler, die die gängige Theorie vom Essenerkloster anzweifeln und versuchen, die Schriftrollen und die Gemeinschaft mit bekannten Gruppierungen aus dem ersten Jahrhundert u. Z. in Verbindung zu bringen. Cecil Roth und Godfrey Driver haben in den sechziger Jahren behauptet, die Qumran-Rollen seien Schriften einer radikalen Splittergruppe der Zeloten, die von einem charismatischen Führer namens Menachem angeführt wurde, dem Sohn eines früheren Rebellen mit dem Namen Judas der Galiläer. Nach Roth und Driver war Menachem der rätselhafte Lehrer der Gerechtigkeit. In den fünfziger Jahren hat Joel Teicher in Cambridge, in den achtziger Jahren Barbara Thiering in Australien die Schriftrollen und ihre messianischen Andeutungen mit dem frühen Christentum in Verbindung gebracht. Nach Ansicht Teichers war der Lehrer der Gerechtigkeit niemand anderes als Jesus; Thiering sah Johannes den Täufer in dieser Rolle. Aber soweit ich weiß, hat vor Robert Eisenman niemand die Gemeinschaft von Qumran, die Zeloten und die Urchristen in einen so umfassenden Zusammenhang gebracht. Für ihn waren sie alle Teil derselben Bewegung, und die Grenzen zwischen ihnen waren nicht sehr scharf gezogen. Die Messias-Erwartung war bei allen auf die Zukunft gerichtet, und sie stellte nicht nur für die römische Verwaltung in Judäa, sondern auch für die politischen Ambitionen der herodischen Dynastie eine direkte Bedrohung dar.

Was ist so aufregend daran, die Qumran-Sekte und ihre Schriften nicht in das zweite oder erste Jahrhundert v. u. Z., sondern in das erste Jahrhundert u. Z. zu datieren? Die Hauptsorge der Sekte, die »drei Netze des Belial«, die die Bösen einfangen sollten – Reichtum, Unzucht und die Befleckung des Allerheiligsten –, waren genau die Themen, auf die sich der erbitterte Streit im ersten Jahrhundert u. Z. konzentrierte. Eisenman weist immer wieder darauf hin, daß es kaum Anhaltspunkte dafür gibt, daß die Gepflogenheit älterer Männer, ihre Nichten zu heiraten (darauf bezieht sich zumindest zum Teil der Vorwurf der »Unzucht«, wie sie sowohl im Damaskus-Dokument als auch in der Tempelrolle verdammt wird), oder die Spenden von Nichtjudäern an den Tempel in der Hasmonäerzeit zu den besonders drängenden Problemen gehörten. In den Berichten des Josephus über die Ereignisse im ersten Jahrhundert u. Z. finden sich jedoch zahlreiche Fälle römischer Einmischung in den Tempelkult, und, das ist noch aufschlußreicher, Josephus berichtet just von jenen Heiraten zwischen Onkel und Nichte, die in den Schriftrollen verurteilt werden und die unter den zahlreichen herodischen Prinzessinnen und Prinzen im Kampf um die Macht im Nahen Osten zunehmend üblich wurden.

Für die Frömmler und Fundamentalisten der Nation, die sich in ihrem Verhalten und ihren moralischen Werten an Schriften wie der Tempelrolle und dem Pentateuch orientierten, stellte die Herrschaft durch die Nachkommen des Herodes einen Teil des Problems dar, denn sie waren keine legitimen Führer der Nation. Mit Ausnahme des Königs Agrippa (40–44 u. Z.), der als letzter königlicher Thronbewerber seine Abstammung mütterlicherseits auf die Hasmonäerdynastie zurückführen konnte, wurde die Familie des Herodes von den meisten eher als römisch oder idumäisch eingestuft denn als judäisch. Also war sie nicht zur Herrschaft über das Volk Israel berechtigt.

Das Hauptinteresse von Herodes und seinen Nachkommen bestand aber nicht nur darin, Jerusalem und die anderen Städte und Dörfer Judäas zu regieren. Ein weit wichtigeres politisches Anliegen war, die Integration von Judäern, Idumäern, Ammonitern, Moabitern, Philistern, Samaritanern und entfernteren Völkern der hellenistisch-römischen Welt zu fördern. Unter gewaltigem Kostenaufwand errichtete Herodes der Große ein glanzvolles Königreich auf der Grenze zwischen Judäern und Nichtjudäern. Er scheute keine Kosten beim Bau seines riesigen Tempels von Jerusalem, gleichzeitig finanzierte er aber auch den Bau eindrucksvoller heidnischer Tempel in Caesarea und Samaria, in Beirut und auf Delos. Für ihn war es eine doppelte Ehre und kein Ehrverlust, wenn er als Beschützer des Weltjudentums *und* als Präses der Olympischen Spiele fungierte.

Könnte diese politische Strategie des Herodes Auswirkungen auf die theologische Entwicklung gehabt haben? Könnten die unaufhörlichen Angriffe religiöser Puristen zu einer ideologischen Reaktion bei den Anhängern des Herodes geführt haben? Eisenman ist der Ansicht, daß nach dem Tod des Herodes, als die herodischen Prinzessinnen und Prinzen verschiedene kleine, über ganz Syrien und Kleinasien verstreute Königreiche beherrschten, eine neue synkretistische Version der biblischen Religion entstand, in der Jüdisches und Nichtjüdisches eher vermischt als getrennt war, eine ideologische Mischung, die der Dynastie nützte.

Eisenman hat in einem seiner gewagtesten Vorträge, nach dem, wie er sich später stolz erinnerte, zahlreiche aufgebrachte Zuhörer das Treffen der Society of Biblical Literature verließen, den Apostel Paulus als Verwandten von König Agrippa identifiziert, der in der messianischen judäischen Bewegung und einem ihrer zahlreichen, dem Märtyrertod ausgelieferten Führer den Stoff für einen ganz anderen Glauben sah.

Eisenman wurde deutlicher, als wir über die Stelle in der Apostelgeschichte sprachen, in der erzählt wird, wie Saulus aus Tarsus von dem von Herodes ernannten Hohenpriester nach Damaskus geschickt wird, um, wenn er etliche vom Weg fände, Männer und Frauen gebunden nach Jerusalem zu führen. Der »Weg« ist in den Qumran-Texten ein häufiger Begriff für die Gemeinschaft. Während dieser Jagd nach subversiven Elementen wird Saulus durch eine Vision von Jesus geblendet und als Paulus wiedergeboren. Aber war das Licht vom Himmel auf der Straße nach Damaskus eine direkte Offenbarung oder eine brillante Transformation der radikalen judäischen Messias-Erwartung in etwas ganz anderes? »Wenn Paulus als herodischer Satrap oder Lakai der Bewegung beitritt, kann er durchaus ein Visionär sein, vielleicht auch ein aufrichtiger Mensch«, sagte Eisenman, »aber er ist immer noch ein herodischer Handlanger. Er stößt zu der Bewegung; er kennt die einzelnen Mitglieder nicht, aber er widersetzt sich ihnen und bekommt Visionen von einem jenseitigen Jesus Christus im Himmel, der mehr oder weniger sein Alter ego ist und nur seine eigene Persönlichkeit widerspiegelt. Diese projiziert er auf ein übernatürliches Wesen. In diesem Moment entsteht Jesus Christ Superstar. Aber das hat nichts mit den historischen Ereignissen in Palästina zu tun.«

Vielleicht möchten wir eine derart häretische Version von der Entstehung des Christentums lieber von uns weisen. Tatsache aber ist, daß es nur wenige eindeutige Beweise für jene Version gibt, die uns das Neue Testament und die historischen Werke der Kirchenväter überliefern. Die rabbinischen Hinweise auf Jesus sind kryptisch und in weiten Teilen polemisch, und der einzige Abschnitt über Jesus bei Flavius Josephus findet sich im achten Band seines Werks *Jüdische Altertümer* und wurde von christlichen Schreibern stark überarbeitet; auch steht er schon lange unter dem Verdacht, völlig frei erfunden zu sein. Archäologische Funde können zusätzliche Hintergrundinformationen liefern,

sind aber wenig aussagekräftig. Zwar haben Ausgrabungen viel Neues
zum Leben in Judäa und Galiläa in hellenistischer und römischer Zeit
erbracht, aber nur von zwei Menschen, die eine wichtige Rolle im Leben
Jesu gespielt haben, ist je ein Nachweis ihrer Existenz gefunden worden:
1961 legte ein italienisches Grabungsteam am alten Hafen von Caesarea
eine lateinische Inschrift frei, die den Namen Pontius Pilatus, Präfekt
von Judäa, trägt, und 1990 entdeckte ein Archäologe vom Israelischen
Amt für Altertümer im Süden von Jerusalem ein Grab, das von der Familie des berüchtigten Hohenpriesters Kaiphas benutzt worden ist.
Darüber hinaus basieren alle Rekonstruktionen des Lebens Jesu auf späteren christlichen Schriften und auf einer spekulativen Interpretation
der judäischen Geschichte.

Seit Beginn der Qumran-Forschung haben sich die Wissenschaftler
intensiv mit der Identität von drei in den Qumran-Texten immer wieder
genannten und lebhaft geschilderten Personen beschäftigt: dem »Lehrer
der Gerechtigkeit«, dem »Frevelpriester« und dem »Spötter« oder »Lügenmann«. Während die große Mehrheit der Wissenschaftler diese historischen Gestalten, wie schon gesagt, in die Hasmonäerzeit datiert,
sieht Eisenman in ihnen die Anführer und Personifikationen von drei
Gruppen, die damals einen erbitterten Kampf um die Sympathien der
judäischen Bevölkerung führten: die messianische Bewegung, die traditionellen Hohenpriester und der hellenisierte Adel. Er hält Paulus für
den »Lügenmann«, der so verächtlich im Habakuk-Kommentar erwähnt
wird, zusammen mit denen, die »dem Neuen Bund untreu sind …, nicht
an den Bund Gottes geglaubt haben und Seinen heiligen Namen entweiht haben«.

Eisenman meint in seiner umfassenden Auslegung des Habakuk-
Kommentars, daß sich der Streit zwischen dem Lügenmann und dem
Lehrer der Gerechtigkeit auf die strikte Einhaltung aller Reinheitsgebote
und Tempelbräuche konzentriert habe. Als Parallele dazu verweist er
auf die heftigen Debatten über ähnliche Fragen beim folgenreichen Apo-
stelkonzil in Jerusalem um 50 u. Z. Damals ging es darum, ob nichtjüdische Konvertiten zum Messias-Glauben sich beschneiden lassen und
das jüdische Gesetz streng einhalten müßten. Natürlich betonte Paulus
die zentrale Bedeutung des Glaubens an Christus, während Jakobus darauf bestand, daß alle Konvertiten wenigstens einige der zentralen Gebote des mosaischen Gesetzes, die den Götzendienst, die Unkeuschheit

und die Unreinheit betrafen, einhalten müßten. An anderer Stelle, zum Beispiel im Brief des Jakobus im Neuen Testament, werden diejenigen zornig beschimpft, die dem Bund nicht in allem gehorchen: »Denn so jemand das ganze Gesetz hält und sündiget an *einem*, der ist's ganz schuldig.« Diese Worte könnten aus einer Predigt des Lehrers der Gerechtigkeit stammen. Tatsächlich ist Eisenman der Meinung, daß Jakobus der Lehrer der Gerechtigkeit der Bewegung war, was auch schon durch dessen Beinamen »der Gerechte« angedeutet sei. Jakobus wurde im Jahre 62 u. Z. auf Anordnung des Hohenpriesters Ananus getötet. In diesem sieht Eisenman den »Frevelpriester« aus den Qumran-Schriften.

Auf diese Weise kam Eisenman zu der Ansicht, daß das Christentum durch die bewußte ideologische Umkehrung der radikalen jüdischen Messias-Erwartung entstanden ist, die erst nach dem Tod Jesu stattfand. Während die Gemeinde in Jerusalem offenbar weiterhin auf der Einhaltung aller jüdischer Riten und Bräuche bestand, legte Paulus den Grundstein für einen völlig anderen Glauben. Erlösung sollte nicht durch Haß auf die Feinde erlangt werden, sondern durch die Liebe zu ihnen, nicht durch die Beachtung des Gesetzes, sondern durch den Glauben an Christus. Mit der Revolte und schließlich der Zerstörung des Tempels und der Stadt Jerusalem im Jahre 70 u. Z. wurde die ursprüngliche judäische »Messias-Bewegung« allmählich ausgelöscht. Die häretische Version des Paulus dagegen breitete sich weiter aus und gewann unter den nicht-jüdischen »christlichen« Gemeinden in der gesamten hellenistisch-römischen Welt Anhänger.

Ich will keinesfalls verschweigen, daß fast alle Qumran-Wissenschaftler, mit denen ich gesprochen habe, Eisenmans Thesen als puren Unsinn betrachten. Strugnell bezeichnete Eisenmans Arbeit als »völlig wertlos«, Frank Moore Cross schüttelte nur den Kopf und wollte sie keines Kommentars würdigen. Larry Schiffman erinnerte sich, daß er sich einmal kaum das Lachen hatte verbeißen können, als er einen frühen Vortrag Eisenmans hörte. Devorah Dimant von der Universität Haifa wurde ärgerlich, als ich das Thema ansprach, Jonas Greenfield von der Hebräischen Universität hat Eisenman öffentlich »entweder einen Scharlatan, Schurken oder Narren« genannt. Nur David Flusser schien ihn etwas ernster zu nehmen. »Als Jude fühlt man sich sicher bei Vorstellungen wie den seinen sehr wohl«, bemerkte er, um dann fortzufahren: »Ich meinerseits kann sie nicht akzeptieren. Nicht, weil ich sie selbst unannehmbar finde, sondern weil die Realität sie nicht annehmen kann.« Die Realität, die er meinte, war die überwältigende irdische Macht der Verfechter des von Paulus begründeten Glaubens.

Als die Qumran-Gemeinde ihre größte Mitgliederzahl erreichte und ihren stärksten Einfluß in Judäa hatte, zogen in den geschäftigen Städten des östlichen Mittelmeerraumes religiöse Botschafter mit einer völlig anderen Verkündigung umher. Im Gegensatz zu den zornigen Fundamentalisten der Bewegung in Judäa, die Bescheidenheit, Reinheit und Armut verlangten, waren die Juden in der Diaspora – in den großen Städten Italiens, Griechenlands und Kleinasiens mit ihrem weiten Kreis von nichtjüdischen, aber gottesfürchtigen Förderern des Judaismus – kaum bestrebt, die strikten Reinheitsgesetze und Speisevorschriften zu betonen, die sie von ihren Mitbürgern unterschieden hätten. Als Paulus und seine Anhänger in die Städte Ephesus, Korinth und Philippi reisten, boten sie den Menschen dort die Lehren eines neuen Kultes an, der die breite Mittelschicht assimilierter Juden und Gottesfürchtiger ansprach. Es war ein Kult, der auf der Bibel basierte und gleichzeitig idealistisch und umfassend war. Er war durchdrungen von der Leidenschaft und Begeisterung messianischer Hoffnung, aber ihm fehlte die explizite Forderung, das irdische Reich Roms zu zerschlagen. Obwohl Jesus nicht in der erwarteten kurzen Zeitspanne zurückkehrte und obwohl sich im Alltagsleben der christlichen Gemeinden außer ihrer neuen religiösen Identität und der fortdauernden Erwartung nichts geändert hatte, verstanden sich die christlichen Gemeinden im Mittelmeerraum allmählich als das wahre Israel. Und dieses Israel bestand nicht darauf, sich vollständig vom Römischen Reich abzusetzen. Im Gegenteil, weniger als dreihundert Jahre später waren Kirche und Reich offiziell vereint.

In Judäa aber, wo die Menschen um den Erhalt der spezifischen Gesetze und Reinheitsgebote ihres Volkes als Schutz gegen politische und wirtschaftliche Übergriffe kämpften, wurde die Verkündung eines konkurrierenden Glaubensbekenntnisses, das auf ein Abrücken vom mosaischen Gesetz hinauslief, als tödliche Gefahr betrachtet. Das Kommen des Gottesreiches hing davon ab, ob das Volk Israel das Gesetz einhielt. Genau darum ging es der Qumran-Sekte: um die Erfüllung der Thora nach den strengstmöglichen Kriterien, denn nur so konnte ihrer Meinung nach der Fortbestand des Volkes Israel gesichert werden. Und sogar nach der Zerstörung des Tempels und der Reform der jüdischen Rituale durch die Rabbiner hielt der Judaismus an der messianischen Hoffnung fest, daß die exakte Befolgung der Thora eine umfassende Veränderung der Welt bewirken werde.

Für die Christen aber wurde die Ablehnung des Gesetzes zum zentralen Punkt ihres Glaubens. Für sie war ein Neuer Bund entstanden, demzufolge ein Fleisch gewordener, gekreuzigter und wiederauferstandener Messias die Sünden aller gesühnt hatte. Auch wenn diese neue messianische Religion höchste Verhaltensideale anstrebte, war sie doch für die Juden und für all jene, die den Glauben an einen noch nicht erschienenen revolutionären Führer und kriegerischen Retter nicht aufgeben wollten, eine Religion, die nur allzuoft Liebe predigte und Haß praktizierte. Als Kaiser Konstantin zum Christentum übertrat, wurde der vergöttlichte Kaiser Augustus als Legitimation römischer Macht und imperialer Expansion durch den himmlischen Jesus Christus ersetzt. Das Kreuz verdrängte nun das Bild des Kaisers auf den Standarten der Legionen. Ein Ergebnis dieses Strebens nach Weltherrschaft war, daß die Schlägertrupps und Handlanger sowohl der Kirche als auch des weltlichen Reiches die Juden mit ihren seltsamen Bräuchen und ihrem starrsinnigen Beharren auf Unabhängigkeit für die nächsten Jahrhunderte zum Gegenstand der Verachtung und des Hasses machten.

»Ich kann mir Jesus nicht vorstellen«, gab Robert Eisenman freimütig zu, als ich ihm schließlich die unvermeidliche Frage stellte, welche Rolle die historische Person namens Jesus von Nazareth aus seiner Sicht bei der Schaffung eines spezifisch christlichen Glaubens gespielt haben könnte. »Ich kann mir ihn wirklich nicht vorstellen, weil das Material, das wir über ihn haben, so verfälscht, überarbeitet, mythologisiert und im Rückblick theologisch verändert worden ist, daß man darin unmöglich ein greifbares menschliches Wesen mit dem Namen Jesus erkennen kann.« Während er zugestand, daß es sehr wohl eine Person mit dem Namen Jesus gegeben haben könnte, die irgendwie in die politischen und religiösen Unruhen in Judäa verwickelt war, sind die Evangelien seiner Meinung nach theologisch motiviert und viel zu tendenziös, um als verläßliche historische Zeugnisse gelten zu können. »Jesus könnte, soviel ich weiß, auch Athronges gewesen sein« fuhr Eisenman fort und bezog sich dabei auf einen obskuren Menschen, der bei Josephus erwähnt wird. Er hatte den Anspruch erhoben, der Messias zu sein, und wurde sehr bald beseitigt. »Jesus war hellenisiert, er liebte die Heiden, die Pax Romana, das Römische Reich, er liebte römische Zenturien, Steuereintreiber, Prostituierte. Was soll ich zu einem derartigen Material sagen? Es ist völlig absurd.«

Wie wenig sich Robert Eisenman der ihn umgebenden Realität bewußt war, als er im Sommer 1985 in Jerusalem ankam, beweist seine naive Annahme, er werde als Fellow der Nationalen Stiftung für Geisteswissenschaften, die zum Albright Institute of Archaeological Research gehört, mit offenen Armen in die Zunft der Qumran-Forscher aufgenommen werden. Aber er hatte die religiöse Überzeugung unterschätzt, die sich oft unter der Oberfläche historischer und archäologischer Diskussionen in Jerusalem verbirgt. Der Ursprung des Christentums und die Historizität der Person Jesu – diese Themen durfte man nicht auf die leichte Schulter nehmen, und man durfte darüber auch nicht hemmungslos diskutieren. Es ist Tradition, daß jeder Gastprofessor oder Fellow am Albright Institute einen öffentlichen Vortrag über seine Forschungen hält; dazu werden Wissenschaftler von den lokalen Universitäten und von ausländischen archäologischen Instituten geladen. Der Vortragende erhält so die Chance, sich gesellschaftlich einzuführen und sich zugleich wissenschaftlich zu profilieren. Eisenman freute sich auf die Gelegenheit, seine Thesen über Qumran vorzustellen. Doch ihm war nicht bewußt, daß er damit im voraus alle akademischen Brücken sprengte, die er je hätte aufbauen können.

»All die Jungs von der École Biblique waren eingeladen: Benoît, Puech, Murphy-O'Connor und so weiter – alle diese Pseudoexperten. Ich packte alles in meinen Vortrag, den ich dort hielt. Den Titel habe ich vergessen. Es ging um die Zusammenhänge oder Parallelen zwischen der Gemeinde in Jerusalem und der Gemeinde in Qumran sowie um die Schwächen der Paläographie, der Geschichtswissenschaft und der Archäologie. Nun, sie kamen als Gruppe, und sie gingen als Gruppe. Mit absolut unbewegter Miene, in völligem Schweigen. Sie kamen nicht einmal zu mir, um zu sagen: ›Guter Vortrag … ‹, ›Guter Versuch … ‹, ›Interessant … ‹ Sie gingen einfach mit vollkommen ausdruckslosen Gesichtern. Ich glaube, damals haben sie zum erstenmal wahrgenommen, daß ich existiere. Ich glaube nicht, daß sie meine Arbeiten gelesen haben.«

Eisenman hatte ebenfalls irrtümlich angenommen, er werde freien Zugang zu den unveröffentlichten Manuskripten aus Höhle 4 erhalten, die für seine Forschungen wichtig waren. Damals glaubte er immer noch, daß es bei der historischen Forschung um die Suche nach der Wahrheit ginge, ganz gleich, welche Ergebnisse dabei herauskämen. Auch wenn seine Kollegen seine Theorien völlig ablehnten, so hatten sie doch die Verpflichtung, alle berechtigten Untersuchungen und Forschungen zu fördern, statt sie zu behindern. Doch Wochen und Monate vergingen, alle waren höflich zu Eisenman, nur neues Material bekam er nicht zu sehen. »Als ich zum Amt für Altertümer ging, stand ich wie vor einer Wand«, erzählte er. »Sie wissen schon: ›Wir können Ihnen leider nicht weiterhelfen, wenden Sie sich bitte an Pater Benoît.‹« Und während eines höflichen Treffens in der École Biblique teilte Pater Benoît Eisenman mit, nachdem er dankend einige Exemplare seiner Bücher und ein paar Sonderdrucke entgegengenommen hatte, daß er nur der leitende Herausgeber des Veröffentlichungsprojektes sei, nicht der Verwalter. Eisenman solle sich erneut an das Amt für Altertümer wenden.

Eisenman tappte natürlich völlig im dunkeln, denn wie alle anderen Außenseiter hatte er keine Ahnung, welches Material das Team zurückhielt. Das sollte sich mit einem Schlag ändern. Nach einem frustrierenden Besuch im Rockefeller Museum, wo er beim Direktor für Altertümer, Avi Eitan, erfolglos um Zugang zu den unveröffentlichten Fragmenten nachgesucht hatte, saß er niedergeschlagen in einem der Arbeitszimmer des Museums, als ein Angestellter mit ihm Mitleid bekam. »Es war einfach eine freundliche Geste«, erinnerte sich Eisenman. »Ich saß dort und jammerte: ›Ich darf nichts sehen, ich kann nichts tun, dieser Mann wird mir nicht helfen.‹ Der Angestellte ging für einen Moment weg und kam mit einem vollständigen Computerausdruck aller unveröffentlichten Qumran-Manuskripte zurück.«

Es war eine dieser Taten auf unterster bürokratischer Ebene, die manchmal gewaltige Auswirkungen haben. Eisenman überflog die Liste mit ihren Hunderten von Platten. Er fand nicht nur biblische Bücher, apokryphe Werke und Sektentexte wie etwa die Gemeinderegel und das Damaskus-Dokument, sondern auch einen erstaunlichen Schatz an Gebeten, Visionen, Spruchtexten und messianischer Dichtung. Da nur die Titel und die Inventarnummern aufgelistet waren, konnte man sich lediglich ausmalen, was die Texte enthielten. Aber es reichte, um jedem

Wissenschaftler das Wasser im Munde zusammenlaufen zu lassen: Allein Miliks Anteil enthielt nicht nur die berühmten Qumran-Kopien des Damaskus-Dokuments, sondern auch mindestens sieben neue Manuskripte mit der Gemeinderegel, fünf Manuskripte mit dem Buch der Jubiläen, dazu Kalender, Listen von priesterlichen Diensten und eine interessante Mischung aus unbekannten apokryphen Werken, Bibelkommentaren und verschiedenen Texten, die als angelologisch, astronomisch und verschlüsselt bezeichnet wurden. Eisenman war sich sicher, daß diese Texte den Beweis für seine Theorie enthielten, daß in ihnen der entscheidende Hinweis auf eine Verbindung zwischen dem Aufstand in Judäa, der judäischen Messias-Erwartung und dem vorpaulinischen Christentum zu finden war. Hier hatte er die authentische Literatur der judäischen Messias-Bewegung gefunden. An die Fragmente heranzukommen, war nun eher ein politisches als ein wissenschaftliches Problem.

Als sich das akademische Jahr 1985/86 seinem Ende zuneigte und sich Eisenman und seine Familie darauf vorbereiteten, Israel nach einem nutzlosen, enttäuschenden Jahr wieder zu verlassen, geschah noch etwas. Es kam zu einer Konfrontation, um die sich viele Legenden ranken sollten, und Eisenman behauptete später, sie sei ein wichtiger Wendepunkt in der Geschichte der Qumran-Rollen gewesen. Es ging um einen Toast, der mitten in der Nacht auf der Terrasse des Albright Institute in Jerusalem in Trinkerlaune ausgebracht wurde. Eisenmans und Strugnells Erinnerungen an diesen Toast gehen weit auseinander. Laut Eisenman hatten er und Heather, seine Frau, John Strugnell zufällig auf einer ziemlich langweiligen akademischen Party in West-Jerusalem getroffen. Als sie vorbei war, luden sie Strugnell auf einen Schlummertrunk und zum weiteren freundschaftlichen Austausch über ihr beiderseitiges Interesse an den Qumran-Rollen ins Albright Institute ein.

»Ich interessierte mich für das internationale Team und wollte aus seiner Perspektive hören, was dort vorging. Für mich war es ein unterhaltsamer, interessanter Abend«, erinnerte sich Eisenman. Dann fuhr er fort: »Um drei Uhr nachts saßen wir also im Garten des Albright Institute. Da brachte er diesen unglaublichen Toast aus. Ich glaube, er wußte damals nicht, daß ich Jude bin, obwohl ihm das dann irgendwann klar wurde. Daß er es nicht bemerkte, lag an meiner Frau. Sie war zum jüdischen Glauben konvertiert; wir hatten in Israel geheiratet und dort von 1968 bis 1973 gelebt. Aber für ihn war sie Schottin, Britin, sehr gebildet und elegant, und er konnte einfach nicht begreifen, was sie mit jemandem wie mir anfing.

Mitten in der Unterhaltung wandte er sich also an mich. Er hatte es sich in den Kopf gesetzt, die ganze Nacht aufzubleiben und den Sonnenaufgang über Moab zu sehen. Hauptsächlich aber wollte er mich aus dem Weg haben, er wollte mit Heather zusammensein ... Er fragte mich: ›Werden Sie auf jeden trinken, den ich vorschlage?‹ Ich wurde neugierig, weil ich fand, daß das ein origineller Einfall war. Ich sagte: ›Sicher, schlagen Sie jemanden vor.‹ Ich wollte wissen, an wen er dachte. Also hob er sein Glas und sagte – Heather saß direkt neben mir –, er sagte also: ›Ich will auf den größten Mann der zweiten Hälfte des zwanzigsten Jahrhunderts trinken.‹ Ich sagte: ›Wunderbar, wer mag das sein?‹ Wir beugten uns neugierig vor, und er sagte: ›Kurt Waldheim‹.

Ich bin fast vom Stuhl gefallen. Damals waren gerade die Enthüllungen über Waldheim in der israelischen Presse zu lesen. Offensichtlich ging Strugnell das gerade durch den Kopf; sehr wahrscheinlich ärgerte er sich darüber. Wissen Sie, sicher hat die israelische Presse im üblichen Stil darüber berichtet. In dem Moment wußte ich daher nicht, wie ich darauf reagieren sollte. Denn gerade hatte er alles bestätigt, was ich über die Mitglieder des internationalen Teams und ihre Einstellung dachte, nicht notwendigerweise über ihre bewußte Motivation, wohl aber über ihr unterbewußtes Ethos. Und diesen Mann hier wollte nun die israelische Regierung als Leiter des Qumran-Forschungsteams bestätigen!

Ich wollte nicht zeigen, daß ich bestürzt war. Ich trank einfach aus. Aber ich empfand das als Beleidigung, und ich wollte mich rächen. Ich mußte mir jemanden ausdenken, der ihn traf, so wie er mich zu treffen versucht hatte. Nun, zufällig bin ich ein Verehrer von Orde Wingate – er ist sozusagen der jüdische T. E. Lawrence. Er hat die Grundlagen für die israelische Armee geschaffen und hat die Jungs trainiert, und zwar auf der Basis biblischer Schriften. Er war ein sehr fähiger Kommandeur und kam auf tragische Weise beim Chindit-Feldzug in Indochina um. Ich habe das immer für eine Tragödie gehalten, denn ich glaube, offen gesagt, er ist ermordet worden, eliminiert. Er war wirklich verhaßt.

Ich wußte, daß Strugnell auf einer Privatschule gewesen war und aus London kam. Als Brite mit Oxford-Ausbildung mußte er Dinge wissen, die ein normaler Qumran-Wissenschaftler nicht wußte. Ich sagte: ›Okay, ich habe auf irgend jemanden getrunken, den Sie vorgeschlagen haben. Trinken Sie jetzt auf den, den ich vorschlagen werde.‹ Das war nur fair, und er sagte: ›Ja, sicher.‹ Da sagte ich, ich wolle auf Orde Wingate trinken. Er explodierte. Er wollte nicht auf ihn trinken. Er knallte sein Glas auf den Tisch und sagte – der Kerl war helle –, er sagte, er wolle nicht auf diesen Verräter trinken! Er wußte, von wem ich sprach. Er wußte, was es bedeutete. *So* hielt er sich an sein Ehrenwort.

Das war's dann für mich. Das war's. Dafür gab es kein Pardon, denn meiner Meinung nach darf niemand Orde Wingate einen Verräter nennen. Wissen Sie, was das für mich bedeutete? Das bedeutete, daß jemand, der Juden mochte, ein Verräter war und jemand, der Dinge wie Kurt Waldheim tat, ein großer Held. Das war's für mich. Ich hatte genug. Ich würde nichts unversucht lassen und alles daransetzen, damit diesen Leuten die Herrschaft über die wertvollsten Dokumente jüdischer Geschichte entrissen wurde.«

Der berühmte Toast im Garten des Albright Institute liefert den Stoff für eine dramatische Geschichte. Aber fairerweise muß man auch Strugnells Version wiedergeben. »Dieses Treffen fand statt«, räumte Strugnell mir gegenüber ein, »aber Eisenman ist unfähig, auch nur ein Buch aus dem Neuen Testament zusammenzufassen, und wenn er wiedergeben soll, was ich an jenem Abend gesagt habe, beweist er die gleiche Unfähigkeit. Wir haben tatsächlich einige jener Themen angesprochen, aber er hat völlig mißverstanden, was ich sagen wollte.

Ich erinnere mich nicht an die Party, aber an das Treffen im Garten. Jeder erinnert sich an bestimmte Dinge. Ich erinnere mich an einige Themen, an andere nicht … Bei der Diskussion über Waldheim ging es darum, ob ein Staat das Recht hat, in die internen demokratischen Entwicklungen eines anderen einzugreifen. Damals schien das kein anderes Land etwas anzugehen.« Hiermit bezog sich Strugnell eindeutig auf Israel. »Diese Forderung stelle ich auch an die amerikanische Außenpolitik. Damals jedenfalls wußte ich nur, daß Waldheim nicht der schlechteste UN-Generalsekretär gewesen war. Mir ging es hauptsächlich um die Einmischungen des Auslands.

Ich bringe nicht oft Toasts aus«, betonte Strugnell, »und für mich ist Wingate einfach ein zu groß gewordener Pfadfinder. Ich würde niemals Ausdrücke wie ›Landesverräter‹ gebrauchen. Das ist nicht meine Art. Ich habe da einen Trick für die seltenen Fälle, in denen ich einen Toast ausbringen muß. Ich zitiere den berühmten Toast des Herzogs von Dorset.« Strugnell machte eine Pause, als müsse er sich die Worte ins Ge-dächtnis rufen. »Daran erkennen Sie, wie selten ich so etwas tue ... Ich sage: ›Auf die Kirche und den Staat, den Landesherrn und die Damen.‹ Das ist ein berühmter Trinkspruch. An den anderen kann ich mich über-haupt nicht erinnern. Ich kann nur sagen, daß, wenn er mich aufgefor-dert hat, einen Toast auszubringen, und daß in dem Zusammenhang dann meine Verachtung für Wingate echt ist, ich mir nicht vorstellen kann, daß er die Geschichte erfunden hat. Aber keiner scheint bemerkt zu haben, daß er sich selbst so darstellt, als habe er mich mit seiner Frau verkuppeln wollen, um die Möglichkeit zu erhalten, die Schriftrol-len herauszugeben. Diese Haltung ist nun nicht gerade die feine Art. Ist ihm das nicht aufgefallen?

Ich glaube, er hat bestimmte Teile der Geschichte richtig wiederge-geben«, schloß Strugnell. »Aber ich denke, daß ich mehr Alkohol ver-trage als er, und vielleicht hat er da etwas durcheinandergebracht.«

Ob er nun etwas durcheinandergebracht hatte oder nicht, jedenfalls startete Eisenman bald eine Kampagne, die auf die Zerschlagung des internationalen Teams ausgerichtet war. Wenn man rückblickend be-trachtet, wie oft er versucht hat, den eisernen Griff der etablierten Qum-ran-Forscher zu sprengen, dann kann man seine Hartnäckigkeit nur bewundern. Bislang war John Allegro der einzige Aufrührer in der Geschichte des Qumran-Projekts gewesen, der fast einen ähnlichen öf-fentlichen Aufschrei ausgelöst hatte, und Allegro starb als unglaubwür-dig gemachter Exzentriker, als Außenseiter in jeder Hinsicht. Die mei-sten Wissenschaftler, die je die traditionellen Interpretationen der Texte oder die Arbeitsmethoden des internationalen Teams angezweifelt hat-ten, lernten denn auch klugerweise aus der Erfahrung, daß man sich an den Mauern des Rockefeller Museums nur den Kopf einrannte, und die Mehrheit von ihnen lenkte ihr Augenmerk schließlich und wohlweis-lich auf weniger heikle wissenschaftliche Fragen.

Robert Eisenman lief gegen dieselben Mauern an, und er versuchte

es immer wieder, obwohl ihm Magen Broshi vom Shrine of the Book
halb im Spaß gesagt haben soll, daß er wohl bis zum Ende seines Lebens
nicht viel von den unveröffentlichten Texten sehen werde. Das wäre für
die meisten die endgültige Abfuhr gewesen, aber Eisenman war entschlossener als andere. Für ihn ging es bei den Qumran-Rollen allmählich
auch um übergeordnete Fragen wie den judäischen Nationalstolz und
den Groll gegen die Großmächte, die immer noch über das wertvolle
literarische Erbe des judäischen Messias-Glaubens aus dem ersten Jahrhundert u. Z. herrschten. Seiner Meinung nach wurde der wahre historische Kontext der Entstehung des Christentums unterdrückt. Und ihn
trieb der Zorn gegen jede Art von Herrschaft – sei sie intellektueller,
politischer oder religiöser Natur.

Eisenman ging politisch geschickter vor als andere Wissenschaftler.
Er gewann die Unterstützung eines Mitglieds der Knesseth, Dr. Yuval
Ne'eman, eines Führers der radikalen Rechten in Israel, der kein Blatt
vor den Mund nahm. »Man kann ihn Dr. Strangelove nennen, den Mann,
der die Bombe liebte«, sagte Eisenman, eine negative Reaktion vorweg-
nehmend. »Seine politischen Ansichten interessieren mich nicht besonders.« Ne'eman, ein theoretischer Physiker, der sich der Politik zuge-
wandt hatte, war jedenfalls bereit, ihn zu unterstützen. Er war unter
der Begin-Regierung Minister für Wissenschaft und Entwicklung gewesen, aber er hatte die Regierungskoalition schließlich verlassen, um
Oppositionssprecher der extremen Rechten zu werden. Eisenmans Geschichte faszinierte ihn: Der israelischen Regierung war es nicht gelungen, die rechtmäßige Kontrolle über dieses nationale Kleinod zu erlangen; ein alles andere als sympathisches internationales Komitee hatte
immer noch alle Macht in seinen Händen und schränkte die freie Forschung ein. »Er sah eine Möglichkeit, die Regierung in Verlegenheit zu
bringen, und er nutzte sie«, erklärte Eisenman.

Die Forderung nach der sofortigen israelischen Kontrolle über die
Qumran-Rollen wurde schließlich zum Gegenstand kurzer, pathetischer
Hearings in der Knesseth. Da sich die Likud-Regierung nicht gern In-
kompetenz oder Unterwürfigkeit im Umgang mit dem Ausland vorwer-
fen lassen wollte, übte sie über das Erziehungsministerium politischen
Druck auf das Amt für Altertümer aus. 1988 war gerade ein neuer Di-
rektor für das traditionell verschlafene Amt ernannt worden: General
Amir Drori, ein Berufsoffizier im Ruhestand, der Oberbefehlshaber der

israelischen Streitkräfte im Libanon gewesen war. Drori nahm die Leitung des Amtes entschlossen in die Hand; er strukturierte es um, definierte neue Ziele und wollte eine mächtige, unabhängige Altertumsbehörde schaffen. Und was die Qumran-Rollen betraf, so hatte er von den
Rechtsberatern der Regierung die klare Auskunft erhalten, daß das Israelische Amt für Altertümer nach internationalem Recht die Befugnis
habe, die vollständige Kontrolle über die Konservierung, Aufbewahrung
und Veröffentlichung der Handschriften zu übernehmen. Die Besitzverhältnisse für die Sammlung aus Höhle 4 waren, gelinde gesagt, kompliziert: Zuerst hatte das Archäologische Museum von Palästina sie erworben, das dann von der jordanischen Regierung teilweise die Kosten
erstattet bekam. Der Ankauf war damals in beträchtlichem Ausmaß
durch den Verkauf von Zuteilungen der Textfragmente an ausländische
Institutionen unterstützt worden. Diese Abmachungen wurden widerrufen, als das Museum schließlich im Jahre 1966 verstaatlicht wurde.
1967 kam dann der Krieg. In einer solchen Situation war eine eindeutige
Beurteilung der Rechtslage so subjektiv wie die historische Interpretation einiger der Schriftrollen. Aber angesichts seines Auftrags zu handeln leitete Drori einen klaren politischen Wandel ein. Von nun an würde
sich das Israelische Amt für Altertümer das Recht vorbehalten, alle
größeren Geschäftsvorgänge des internationalen Teams zu überwachen
und zu genehmigen.

Im Herbst 1988 hielt es Eisenman, wie viele andere ausländische
Wissenschaftler in Israel auch, für angeraten, Drori im Rockefeller Museum zu besuchen und ihm in der Hoffnung auf eine gute Zusammenarbeit seine Aufwartung zu machen. Das repräsentative Büro, in dem
Drori residierte, war über ein halbes Jahrhundert lang das Zentrum
gewesen, von dem aus die Archäologie im Lande gesteuert wurde. Von
Gerald Lankester Harding über Abdel Karim al-Gharayabah, Awni Dajani, Avraham Biran bis zu Avi Eitan hatten alle, die in diesem Büro
herrschten, durch ihr Handeln oder ihre Untätigkeit das Schicksal der
Schriftrollen entscheidend bestimmt. Deshalb war Eisenman an dem
Treffen sehr interessiert. Da er von der Haltungsänderung gegenüber
den Qumran-Rollen gehört hatte, wollte er Drori drängen, Strugnell
sofort zu entlassen und das Monopol des internationalen Teams aufzuheben.

Eisenman berichtete über das erste Zusammentreffen mit Drori:

»Ich habe ihm die ganze Sache mit den Qumran-Rollen und mit Strugnell erzählt, und darauf sagte er: ›Das ist ja sehr interessant, was Sie
da erzählen, wir sind nämlich gerade dabei, mit Strugnell einen Vertrag
über die Herausgabe der Qumran-Rollen abzuschließen.‹ Ich fragte:
›Wie bitte?‹ Das war nämlich genau das Gegenteil dessen, was ich
zusammen mit Ne'eman hatte erreichen wollen. Und jetzt sollten diese
Typen nicht nur im Amt bestätigt werden, sondern man wollte ihre
absolute Macht über die Schriftrollen auch noch durch einen Vertrag
offiziell absichern. Ich erklärte, das sei das Gegenteil von allem, worauf
ich hingearbeitet hatte. Ich sagte: ›Das können Sie nicht machen, das
ist lächerlich.‹ Dann erzählte ich die Geschichte mit Waldheim, aber
das beeindruckte ihn überhaupt nicht. Er sagte nur: ›Ja, ja, aber das
interessiert uns nicht.‹«

Nun kann man von Amir Drori nicht gerade behaupten, er sei ein
temperamentvoller, spritziger Mensch. Er ist von kräftiger Statur, hat
kurzgeschnittenes, graues Haar, eine tiefe Stimme und spricht langsam
und überlegt. Die Jahre bei der Armee haben ihn geprägt – Jahre, in
denen er die operationale Planung der israelischen Streitkräfte über-
wachte, Jahre, in denen er Offiziere und Soldaten anleitete, auf größere
Ziele zu blicken als auf ihre persönlichen Risiken und Qualen. Daher
waren die Qumran-Rollen für ihn auch eher eine logistische als eine
emotionale Angelegenheit. Auch heute noch betont Amir Drori, das Israelische Amt für Altertümer interessiere sich nicht für die persönlichen
politischen und religiösen Ansichten der Qumran-Wissenschaftler, wenn
es darum gehe, die Herausgabe der Schriften zum erfolgreichen Ab-
schluß zu bringen. »Ich weiß, daß einige der Personen, die über den
Umgang mit dem Material entscheiden, nicht gerade große Zionisten
sind«, erklärte er mir, »aber ich beurteile sie nicht nach ihrem Zionismus,
sondern nur nach ihrer Fähigkeit, die Texte zu veröffentlichen. Ich prüfe
nicht, ob jemand Priester oder Antisemit ist. Für mich gilt nur, ob der-
jenige veröffentlichen *kann* und ob er es auch *wird*. Das sind die einzigen
Kriterien.«

Eisenman hingegen war der Überzeugung, daß die Schriftrollen als
wertvolle historische Zeugnisse gerade *wegen* der religiösen Ansichten
der Wissenschaftler unterdrückt, falsch interpretiert, beschnitten oder
zurückgehalten wurden. Drori und die Altertumsbehörde waren daher
seiner Meinung nach ein Teil des Problems, nicht die Lösung. Während

Larry Schiffman und andere sich in aller Stille an das internationale Team heranarbeiteten, um in den inneren Kreis aufgenommen zu werden und ein Stück neues Material nach dem anderen herauszulocken, beschloß Eisenman, daß besondere Situationen auch besondere Maßnahmen erforderten. Er wollte sein möglichstes tun, um das seiner Meinung nach abgekartete Spiel zwischen der Altertumsbehörde und dem internationalen Team zu verhindern.

Im März 1989 stellte Eisenman zusammen mit Professor Philip Davies von der Sheffield University in England einen formellen Antrag bei John Strugnell, für Forschungsarbeiten jene Texte einsehen zu dürfen, deren große historische Bedeutung Pater Milik vor über dreißig Jahren begeistert verkündet hatte, die aber noch immer unveröffentlicht und unzugänglich waren. »Wir und *viele andere*«, schrieben Eisenman und Davies, »finden, daß eine Wartezeit von fünfunddreißig bis vierzig Jahren lange genug ist und daß das Material endlich der gelehrten Öffentlichkeit auf wissenschaftlicher Basis zugänglich gemacht werden muß.« Einen ähnlichen Brief schickten sie an Amir Drori mit der Bitte, er und Strugnell sollten auf diesen förmlichen Antrag binnen dreißig Tagen antworten.

Strugnell behauptet, er habe sehr wohl gewußt, was Eisenman vorhatte. Aus dem Tonfall des Briefes, der inzwischen auch an die israelische und amerikanische Presse gelangt war, hatte Strugnell natürlich geschlossen, daß es »nicht um den Zugang zu den Handschriften ging, sondern um die Grundlage für einen Rechtsstreit«. Seine Antwort an Eisenman und Davies sieht jedoch nicht so aus, als habe Strugnell erkannt, wie gefährlich sein Gegner war. Er verhielt sich, als hätte er es mit einem unverschämten Bengel aus der Arbeiterklasse zu tun, der ins Jesus College in Oxford eingedrungen war und nun an die Tür des Rektors hämmerte.

»Normalerweise beantworte ich offene Briefe nicht«, schrieb Strugnell strafend. »Ich mache in Ihrem Fall nur deshalb eine Ausnahme, weil ich hoffe, Sie dazu anregen zu können, in weiteren Briefen höflichere und akzeptablere Manieren an den Tag zu legen.« Der normale Weg sei, so informierte er sie, direkt an den zuständigen Herausgeber zu schreiben; so seien »in der Vergangenheit solche Anträge auf Zugang behandelt« worden. Tatsächlich aber hatte – ob der beschrittene Weg nun korrekt war oder nicht – *kein* Außenstehender je Zugang erhalten, wenn der betreffende Herausgeber es nicht wollte. Der leitende Herausgeber hatte nie eingegriffen, weil es keine Möglichkeit zur Beschwerde gab.

Strugnell erkannte, daß hier ein Problem auftauchte. Unter dem zunehmenden Druck von seiten der Altertumsbehörde überredete er Milik, zwei wichtige Materialgruppen an andere Wissenschaftler abzugeben: die verschiedenen Manuskripte der dem Buch der Jubiläen zugeordneten Schriften gingen an James VanderKam, der damals an der North Carolina State University lehrte, und die begehrten Manuskripte des Damaskus-Dokuments wurden an Joseph Baumgarten von der Baltimore Hebrew State University abgegeben. Als Eisenman einige Monate später von diesen Neuzuordnungen erfuhr, wurde er wütend. Trotz all seiner Bemühungen war die Macht des internationalen Teams ungebrochen. Denn die beiden Wissenschaftler, die Strugnell ausersehen hatte, waren verläßliche Anhänger der konventionellen Theorien. VanderKam hatte bei Cross studiert; er hatte umfassend zum Buch Henoch und zum Jubiläenbuch gearbeitet und würde sicher kompetente Ausgaben dieser Texte herausbringen. Die Wahl Baumgartens für das Damaskus-Dokument war bedeutsamer. Zusammen mit seinem jüngeren Kollegen Larry Schiffman führte Baumgarten das Lager jener an, die den *Halacha*-Ansatz gegenüber dem Qumran-Material vertraten. Sie sahen die rechtlichen Dispute der Sekte als einzigartigen (und typisch jüdischen) Ausdruck von Religiosität, der in seiner deutlichsten Form in den Gesetzesdebatten des späteren rabbinischen Judaismus zum Ausdruck kommt.

Eisenman zeichnet ein ganz anderes historisches Bild. Für ihn ist der rabbinische Judaismus, ebenso wie das Christentum, eine besondere Variante der biblischen Religion, die vor allem wegen ihrer gütlichen Einigung mit Rom überlebt hat. Weder Schiffman noch Baumgarten hatten Eisenman je besonders ernst genommen. Im Jahre 1977 hatte Eisenman bei einem Treffen der Society of Biblical Literature seinen ersten Vortrag unter dem Titel »Jakobus der Gerechte als Lehrer der Gerechtigkeit« gehalten. Eisenman erinnerte sich: »Schiffman sah mich zum erstenmal und lachte über meinen Vortrag. Das bestürzte und erstaunte mich, und ich fühlte mich verletzt.«

Schließlich schrieb Eisenmans Kollege Philip Davies direkt an Baumgarten und bat um Zugang zu den Fragmenten des Damaskus-Dokuments. Er erhielt aber nur eine höfliche Absage. Baumgarten antwortete, daß eigentlich nichts dramatisch Neues in den historischen Passagen des Dokuments stehe – und was die zahlreichen neuen Gesetze darin angehe (»die Sie und andere Autoren nicht behandelt haben«), so bemühe er sich sehr, »sie aus der Perspektive der *Halacha* heraus einzuordnen«.

Genau darum ging es: Baumgarten würde diese Gesetze eben nur aus einer ganz bestimmten Perspektive untersuchen. Die Aufgaben des Edierens und des Interpretierens wurden zunehmend miteinander vermischt. Entsprechend waren die Erstausgaben der Qumran-Texte keine einfachen Textrekonstruktionen und Abschriften (wie die Veröffentlichungen der Schriften aus Höhle 1). Sie wurden zu ausführlichen Kommentaren, die nicht nur die Buchstaben, Worte und Zeilen der zusammengesetzten Fragmente wiedergeben sollten, sondern die Texte auch in den historischen Kontext stellten, den der jeweilige Bearbeiter für richtig hielt. Beispielsweise interpretierten Wissenschaftler, die vor allem an der Geschichte des Urchristentums interessiert waren, ihre Texte als essenische Dokumente und die versteckten Anspielungen und dunklen Anmerkungen als Hintergrundmaterial für das Studium des Neuen Testaments. Andere Wissenschaftler, die eine rabbinische Perspektive vertraten, interpretierten wiederum ihre Texte als Zeugnisse der *Halacha*-Debatten, die schließlich zur Grundlage des rabbinischen Judaismus wurden.

Eisenman hingegen war überzeugt, daß die Qumran-Rollen einzigartige Belege für die Notwendigkeit einer Neubetrachtung sowohl der Ursprünge des Christentums als auch des rabbinischen Judaismus enthielten, auch wenn die meisten Wissenschaftler diese Tatsache nicht anerkennen wollten oder konnten. »Von der ›rabbinischen‹ Seite hörte man nur etwas über rabbinische Dispute und rechtliche Haarspaltereien«, erklärte Eisenman, »und die ›christliche‹ Seite war völlig blind für die Geschichte und für das Textmaterial; bei ihnen gab es keinerlei kritische Ansichten zum Christentum.« Und weil sich die rabbinische Seite generell im Neuen Testament nicht auskannte, blieb ironischerweise das bekannte Bild von Qumran und dem frühen Christentum in seinen wesentlichen Zügen unangetastet; ebenso die aus den Evangelien übernommene Vorstellung, daß Jesus »von den Juden« abgelehnt und seinen Henkern ausgeliefert wurde. Eisenmans Meinung nach gehörten Jesus und seine Anhänger jedoch zu einer nationalen Bewegung; die Zurückweisung von *Paulus*, nicht von *Jesus*, habe zur Bildung eines völlig neuen Kultes geführt. »Ich habe Schiffman das alles erklärt«, sagte Eisenman, »aber er hat es nie verstanden. Indem man alles daransetzt, mich zu vernichten, bestätigt man im Grunde die Anschuldigungen der Christen gegen das jüdische Volk, und man nimmt unserem Volk die Möglichkeit, sich von diesem entsetzlichen Vorwurf der Blutschuld zu befreien, der seit über neunzehnhundert Jahren besteht.«

Die einzige Lösung war jetzt die völlige Freigabe der Texte, keine halbherzigen Maßnahmen mehr, keine neuen Teams. Die einzige Möglichkeit war, die Fotografien sofort allen Wissenschaftlern zugänglich zu machen und, wie Eisenman es formulierte, »tausend Stimmen singen« zu lassen.

Der Chor, den Eisenman singen lassen wollte, entsprach vielleicht nicht gerade den Tölzer Sängerknaben, aber bestand die wissenschaftliche Freiheit nicht gerade auch in dem Recht auf Dissonanz? Eisenman wollte, daß seine Geschichte so weit wie möglich verbreitet wurde. Also formierte man sich im Sommer 1989 zur Schlacht. Eisenmans erfolgloser Kampf um den Zugang zu unveröffentlichtem Material wurde zuerst in der *Biblical Archaeology Review* und schließlich auch in den wichtigsten Medien der USA behandelt. Der Kampf um die Qumran-Rollen verlagerte sich vom Rockefeller Museum in den amerikanischen Enthüllungsjournalismus des *People Magazine* und des CNN. Nach Jahren völligen Stillschweigens über die Qumran-Rollen stürzten sich Zeitungen, Zeitschriften und Fernsehsender auf die Geschichte.

Es gab interessante Charaktere in der Qumran-Geschichte: Einen einzelgängerischen Wissenschaftler aus Südkalifornien, den schillernden Professor von der New York University, einen herrischen Harvard-Professor, der in Oxford ausgebildet worden war, und einen israelischen General. Außerdem gab es Anzeichen für eine finstere kirchliche Verschwörung. Bald schon wurde die Geschichte von anderen übernommen und umstrukturiert. Mit peinlichen Nahaufnahmen und versteckten Kameras wurde eine klassische Schlacht zwischen den Mächten der intellektuellen Freiheit und den Mächten der Unterdrückung inszeniert, gewürzt mit einem Schuß nahöstlichen Lokalkolorits. Die Söhne des Lichts und die Söhne der Finsternis formierten sich zum Gefecht. Aber komischerweise hielten sich alle – Larry Schiffman, Robert Eisenman, John Strugnell und Amir Drori – für die Söhne des Lichts.

Wenn aus der Geschichte der Qumran-Rollen mehr als nur eine kurzlebige Sensation werden und das Monopol über die Schriftrollen gebrochen werden sollte, dann konnten Eisenman und seine Mitstreiter jetzt nicht länger als Einzelpersonen agieren. Es war Hershel Shanks von der *Biblical Archaeology Review*, der ihre Einzelbemühungen bald zu einer mächtigen internationalen Kampagne bündelte.

DER ENDKAMPF

Hershel Shanks ist alles andere als ein typischer Rebell. Er hat Abschlüsse von der Universität Haverford und von der Harvard Law School. Früher arbeitete er als Jurist im Justizministerium und war lange Zeit Teilhaber einer renommierten Washingtoner Kanzlei. Trotz seiner Zugehörigkeit zum Establishment ist er aber immer ein Idealist geblieben. Er spricht leise und tritt bescheiden auf. Aber mit seinem schütteren, zurückgekämmten Haar, seinen fast quadratischen Brillengläsern mit Metallgestell und seinem stets offenen Hemd ist er auf den Konferenzen zur biblischen Archäologie von San Francisco bis Jerusalem eine bekannte Erscheinung. Er sitzt gewöhnlich in der ersten Reihe und macht sich auf einem gelben Juristenblock Notizen.

In den frühen achtziger Jahren gab er seine lukrative Juristenkarriere auf, um sich ganz seinem tiefen persönlichen Interesse an der biblischen Archäologie zu widmen. Er bewundert große Wissenschaftler und ist gern mit ihnen zusammen. Aber Shanks ist im Bereich der biblischen Altertumsforschung auch selbst eine Größe, mit der man rechnen muß. In einer Bürosuite an der Connecticut Avenue in Washington hat er ein Team fähiger und engagierter Spezialisten um sich gesammelt, um mit ihnen die *Biblical Archaeology Review* (BAR) und die *Bible Review* herauszubringen, professionell gestaltete, mehrfarbige Zeitschriften, die im Zwei-Monats-Rhythmus mit einer Auflage von mehreren hunderttausend Exemplaren erscheinen und von engagierten Geschichts-, Religions- und Archäologie-Fans gelesen werden. Doch diese Zeitschriften machen nur einen Teil des Shanks-Imperiums aus. Als Dachorganisation für seine Aktivitäten dient die Biblical Archaeology Society. Sie organisiert Exkursionen, Bildungsreisen und Sommerkurse, verkauft Bücher zur biblischen Archäologie, Diaserien, Videokassetten sowie Souvenirs aus dem Nahen Osten.

Hershel Shanks und seiner Biblical Archaeology Society ist es gelungen, viele unterschiedliche Publikumsgruppen zu einer einzigen
Leserschaft zusammenzuschließen. Ausgrabungen in Israel haben die
Öffentlichkeit schon immer fasziniert, besonders in den USA, wo die
Bibelverehrung eine lange Tradition hat. Aber das Interesse der einzelnen, sehr unterschiedlichen ethnischen und religiösen Gruppen beruhte auf ganz verschiedenen Motiven. Es gab die amerikanischen
Juden, die sich nun, da Israel ein unabhängiger Staat war, besonders
darüber freuten, daß die alte Geschichte des Landes wiederentdeckt
wurde. Evangelikale Christen interessierten sich für die Freilegung antiker Städte, Gräber und Tempel, weil sie einen greifbaren Beweis für
die historische Verläßlichkeit der Bibel lieferten. Und die breite Öffentlichkeit, gleich welcher Herkunft und Glaubensrichtung, war einfach von der rätselhaften Aura des Altertums fasziniert. Die BAR brachte sie alle zusammen. Die Leserbriefe jeder Ausgabe weisen eine
beachtliche Bandbreite auf, die von Protesten gegen jeden Zweifel an
der Wahrheit der Bibel über begeisterte Berichte von freiwilligen Aus-
gräbern über ihre einmaligen Erfahrungen im vergangenen Sommer
bis hin zu hochkarätigen Auseinandersetzungen mit wissenschaftlichen Hypothesen durch bekannte Archäologen reicht. Die BAR wird
sowohl im Bible Belt, das heißt im traditionell religiös-fundamenta-
listischen südlichen Mittelwesten, als auch in Südkalifornien, in Jerusalem und in der Park Avenue in New York gelesen.

Niemand im Bereich der Archäologie kann es sich leisten, den Einfluß
von Hershel Shanks zu ignorieren. Doch genau das ist im Fall der Qumran-Rollen geschehen. Durch seinen Einsatz als wichtigster Leitartikelschreiber und Berichterstatter sowie durch seine starken redaktionellen
Eingriffe bei vielen wissenschaftlichen Artikeln hat Hershel Shanks die
BAR zu einem Forum gemacht, in dem neue Entdeckungen verkündet,
Kontroversen ausgetragen und Skandale aufgedeckt werden. Das *Time*-
Magazin, die *Washington Post* und die *New York Times* orientieren sich
bei der Auswahl ihrer Themen oft an der BAR. Aufgrund dieser Position
gelang es Hershel Shanks, das Schicksal der Qumran-Rollen zu einer
Angelegenheit zu machen, die die Emotionen der Öffentlichkeit auf-
wühlte wie nur wenige archäologische Funde.

Zunächst waren die Qumran-Rollen nur eines unter vielen Themen,
mit denen sich die BAR beschäftigte. Im Jahre 1984 organisierte Hershel

Shanks die Teilnahme der Biblical Archaeology Society am International Congress on Biblical Archaeology. Sein Bericht über den Kongreß und besonders über Qimrons Präsentation des MMT brachte weniger Kritik als vielmehr Überraschung zum Ausdruck. Shanks erläuterte seinen Lesern die Bedeutung des neuen Dokuments aus Qumran und gab ihnen einen Überblick über die Thesen von Strugnell und Qimron zur möglichen Verfasserschaft des Schriftstücks durch den Lehrer der Gerechtigkeit und über die Bedeutung des Dokuments für die Geschichte der *Halacha*. Doch er äußerte sich zugleich erstaunt, daß Qimron nur fünf oder sechs Zeilen ausgewählt hatte und die anderen einhundertfünfzehn geheimhielt.

Als Shanks im folgenden Jahr zu Larry Schiffmans Konferenz über die Qumran-Rollen in die New York University eingeladen wurde, wurde ihm das Problem bereits deutlicher bewußt. Seine Erinnerungen an diese Konferenz haben eindeutig einen bitteren Nachgeschmack. »Alle saßen mit großen Augen um den Tisch und sagten: ›Wundervoll, wie wundervoll!‹«, erinnerte sich Shanks, wobei er den Akzent eines bedeutenden osteuropäischen Wissenschaftlers nachahmte. »Dabei durften sie den Text nicht einmal sehen. Innerlich kochten sie vor Zorn.« Die Folge davon war wieder ein Leitartikel, in dem er über die Konferenz und über die absurde Situation berichtete, daß eine kleine Gruppe von Wissenschaftlern ein Monopol auf die Schriftrollen besaß und keinerlei Absichten zeigte, das Material vollständig zu veröffentlichen, bevor es nicht von ihnen bearbeitet war. Shanks erkannte immer deutlicher, daß die Qumran-Rollen als kulturelles und religiöses Erbe der Juden *und* der Christen ein sehr interessantes Thema für seine wachsende Leserschaft waren. Im Herbst 1985 forschte er etwas genauer nach und erfuhr, daß das Israelische Amt für Altertümer die rechtliche Befugnis hatte, einzugreifen und die Situation zu ändern.

Im Herbst 1988 machte Shanks, wie viele andere auch, beim neuen Direktor des Amtes für Altertümer, Amir Drori, einen Antrittsbesuch im Rockefeller Museum. Auch Droris neuer Stellvertreter, Rudolph Cohen, und die Pressechefin des Amtes, Ayala Sussmann (die Frau von Professor Yaacov Sussmann von der Hebräischen Universität, der großen Anteil daran hatte, daß die Bedeutung des MMT erkannt wurde), waren anwesend. Bei diesem Treffen erfuhr Shanks ermutigende Neuigkeiten: Drori hatte ein Beratungskomitee aus israelischen Wissenschaftlern gebildet, das die Fortschritte bei der Veröffentlichung der Qumran-Rollen überwachen sollte; Strugnell wurde gedrängt, einen verbindlichen Zeitplan aufzustellen, und Dutzende von unveröffentlichten Dokumenten, die ursprünglich Starcky, Skehan und Cross zugeteilt worden waren, wurden anderen Wissenschaftlern übergeben. Milik hielt immer noch eine große Menge Material unter Verschluß und weigerte sich, direkt mit den israelischen Behörden zu verhandeln. Aber Strugnell hatte Drori zugesichert, daß Milik seine Arbeit in absehbarer Zeit beenden werde. Shanks verließ dieses Treffen zufrieden und bat Ayala Sussmann, ihm den Zeitplan zu schicken, wenn er fertig wäre.

Wenn man sich heute den »empfohlenen Zeitplan« ansieht, den die Mitarbeiter des Amtes für Altertümer erstellten und Hershel Shanks im Februar 1989 zuschickten, sieht man gleich, was ihn daran so verärgerte. Unter dem offiziellen Briefkopf »STAAT ISRAEL, Amt für Altertümer und Museen, Ministerium für Erziehung und Kultur« begann der Text mit der seltsamen Bemerkung, daß »bis jetzt unter den bisherigen Herausgebern« und »trotz vieler Hindernisse« sieben Bände der *Discoveries in the Judaean Desert* veröffentlicht worden seien, dazu acht andere Textausgaben. Noch erstaunlicher als die indirekte Entschuldigung war der Zeitplan selbst, der, wenn man ihn ernst nahm, eine erstaunlich sprunghafte Beschleunigung der Veröffentlichungen darstellte, die in den letzten fünfunddreißig Jahren nur unregelmäßig und schleppend vorangekommen waren.

Nach dem neuen Zeitplan sollten allein in den folgenden drei Jahren zehn neue Bände und zehn weitere bis zum Jahr 1996 herausgegeben werden. Es klang alles sehr ordentlich und ehrgeizig. Alle vorgesehenen Bände – über die Schriftrolle vom Wadi Seyya mit den Texten von den Kleinen Propheten auf Griechisch, das MMT, die biblischen Texte aus Höhle 4 usw. – waren numeriert, kurz beschrieben und mit dem genauen Datum für die Abgabe an den leitenden Herausgeber versehen. Wenn man diesem Plan glaubte, waren alle Probleme der Verzögerung und Verschleppung, unter denen die Qumran-Forschung so lange gelitten hatte, plötzlich verschwunden. Eine erste Ausgabe des langerwarteten MMT sollte schon im nächsten Sommer in Druck gehen, und der einsiedlerische Josef Milik, der seit 1967 nicht mehr in Jerusalem gewesen war, um an den Fragmenten zu arbeiten, sollte sein letztes Werk über 162 Texte aus Höhle 4 bis zum Ende des Jahres abgeben. Das offizielle

Dokument war, kurz gesagt, unglaubwürdig, denn die Termine konnten unmöglich eingehalten werden.

Shanks erinnerte sich lebhaft an seine erste Reaktion auf den Plan: »Ich schaute ihn an und war verblüfft: ›Ein Zeitplan! Ein *empfohlener* Zeitplan. Keiner hatte unterschrieben. Wer mußte sich daran halten? Wer hatte ihn aufgestellt? Was passierte, wenn er nicht eingehalten wurde? Was legten die mir hier überhaupt vor?‹ Zumindest fühlte ich mich verpflichtet, einige Fragen zu stellen. Also schrieb ich einen Brief an Ayala. Die Antwort, die ich darauf erhielt, war der Tropfen, der das Faß zum Überlaufen brachte.«

Ayala Sussmanns Antwort kam Mitte April. Sie war kurz, bestimmt und anscheinend ihr letztes Wort in dieser Angelegenheit. Nach der Anrede »Lieber Hershel« und einem formellen Dank »für Ihr Interesse am Veröffentlichungsprojekt der Qumran-Rollen«, schrieb sie, »daß der dem Brief vom Februar beigelegte Zeitplan tatsächlich der Öffentlichkeit zugänglich gemacht werden soll. Der Zeitplan gilt so, wie er aufgestellt wurde, und die Termine werden von den zuständigen Behörden genau überwacht werden.« Wenn Ayala Sussmann aber gehofft hatte, daß dieser Brief Shanks zufriedenstellen würde, dann hatte sie ihn völlig falsch eingeschätzt. Er war gekränkt und verärgert. Bis 1989 hatte die Biblical Archaeology Society die Archäologie in Israel in vielfacher Weise gefördert. Sie diente vielen Wissenschaftlern als Forum und Karrieresprungbrett, war bei der Geldbeschaffung für Konservierungsvorhaben behilflich, hatte begeisterte freiwillige Helfer für Ausgrabungen im ganzen Land angeworben und durch ihre interessanten Berichte über die laufende Suche nach biblischen Kulturen als Quelle der jüdisch-christlichen Tradition einen erheblichen Sympathiezuwachs für das *moderne* Israel bewirkt. Deshalb verstand sich Hershel Shanks als aktives Mitglied der mit biblischer Archäologie befaßten Kreise. Er fand, er hatte es verdient, vom Israelischen Amt für Altertümer als wertvoller Partner und nicht als Störenfried behandelt zu werden.

»Ich ging an die Decke, und seitdem ... « Shanks fehlten bei der Erinnerung, wie wütend er gewesen war, nachdem er den anmaßenden sechszeiligen Brief gelesen hatte, für einen Moment die Worte. »Erstens war er unhöflich, um nicht zu sagen, eine brüske Abfuhr. Außerdem war er für die Verlautbarung einer Pressestelle undiplomatisch und äußerst unklug formuliert, da es hier um das Recht der Öffentlichkeit auf Infor-

mation ging. Das konnte ich nicht einfach hinnehmen.« Vor allem erkannte Shanks nun, daß das Amt für Altertümer der Meinung war, es
könne sehr wohl ohne ihn auskommen, und sich auf die Seite der Wissenschaftler geschlagen hatte. Nun mußte es zur Schlacht kommen, und
Hershel Shanks mit seiner Leserschaft, seinen Medienkontakten und seiner beträchtlichen Erfahrung als Jurist war zum Sieg entschlossen.

Shanks benutzte den empfohlenen Zeitplan als Banner, das er vor sich
hertrug, um eine Großoffensive gegen das Establishment der Qumran-
Wissenschaftler zu starten, statt lediglich nach Reformen zu rufen. Bis
zum Frühjahr 1989 hatte er sich noch darum bemüht, die Mitglieder
des internationalen Teams irgendwie dazu zu bringen, ihrer moralischen
Verpflichtung nachzukommen und ihr Material entweder zu veröffentlichen oder es an andere Wissenschaftler abzutreten. Doch nun war er
erbost darüber, daß sich Drori offensichtlich vor das internationale Team
stellte, und richtete seine Angriffe auch gegen das Israelische Amt für
Altertümer. »Sie werden es *nie* tun«, schrieb Shanks in seiner offenen
Kriegserklärung, einem scharfen Leitartikel in der BAR im Sommer 1989.
»Sie werden es nie tun, weil sie es nicht können. Sie haben völlig versagt.
Die Zeit des Herumredens, der Erklärungen und Entschuldigungen ist
vorbei. Nun ist es an der Zeit, der Situation klar ins Auge zu blicken:
Das Team von Wissenschaftlern, das vor mehr als dreißig Jahren gebildet
wurde, um die Qumran-Rollen zu veröffentlichen, wird sie *nie* veröffentlichen, weil es dazu nicht fähig ist!« Er versicherte, das Israelische Amt
für Altertümer habe sich der »Verschwörung des Verschweigens und der
Behinderung« angeschlossen. Die einzige Lösung sei deshalb, das ganze
Vorhaben der offiziellen Editionen aufzugeben und die Schriftrollen
allen qualifizierten Wissenschaftlern sofort frei zugänglich zu machen.
  Diese wirkungsvolle Mischung aus Empörung, Anklage und Geheimnis um unveröffentlichte Dokumente machte das Thema plötzlich zum
gefundenen Fressen vor allem für die amerikanischen Medien. Nachrich-
tenagenturen und die wichtigsten Zeitungen in Washington, New York
und Los Angeles berichteten über den grundlegenden Meinungswandel
von Hershel Shanks, der nach einer Phase fortgesetzter Versuche, das
internationale Team zur baldigen Veröffentlichung der ihm anvertrauten
Texte zu zwingen, nun forderte, die Dokumente sofort allgemein zugänglich zu machen. Zu einem Zeitpunkt, zu dem die Medien öffent-

lichen Zugang zu allen möglichen Informationsquellen verlangten – zu
den geheimen Aufzeichnungen über die Iran-Contra-Affäre ebenso wie
zu den FBI- und CIA-Akten über die Ermordung Kennedys –, schien es
kaum zuviel verlangt, wenn man die Aufhebung aller Behinderungen der
Einsicht in jene Manuskripte forderte, die seit vierzig Jahren als »der
wichtigste Handschriftenfund des zwanzigsten Jahrhunderts« gepriesen
wurden. Anfang Juli gab ein Leitartikel in der *New York Times* mit dem
Titel »Die Eitelkeit der Wissenschaftler« den offiziellen Startschuß für
eine Reihe von Bekundungen seitens der renommierten Zeitungen, daß
die Zeit des geduldigen Wartens auf die Veröffentlichungen des internationalen Teams jetzt zu Ende war.

Natürlich gab es auch den ganzen Sommer hindurch Gegenangriffe.
Professor Frank Moore Cross bezeichnete die Forderung von Shanks als
anmaßend. »Ein allgemeiner Zugang zu den Platten mit den Fragmenten
(eine Erschütterung kann ein Chaos verursachen) oder zu den ursprünglichen Fotografien (die beste Dokumentation der Fragmente im frühen
Stadium) wäre die größte Torheit. Es gibt unehrliche Wissenschaftler.
Trotz strenger Kontrollen hat es Diebstahl und Raubdrucke gegeben.«
Cross drängte darauf, die Verfügungsgewalt über die Schriftrollen dort
zu lassen, wo sie war: beim internationalen Team und unter der Aufsicht
des Israelischen Amtes für Altertümer. Herablassend forderte er die Kritiker auf, sich dem Studium jener Texte zu widmen, die bereits erschienen waren.

Während diese Einwände den meisten Wissenschaftlern als bloße
Ausflüchte erschienen, formierte sich in Polen eine neue Protestfront,
bzw. sie wurde jetzt zum erstenmal ernst genommen. Die Qumran-Forschung in Osteuropa hatte immer abseits der Hauptströmung gelegen,
aber 1987 hatte ein Qumran-begeisterter Professor aus Krakau, Zdzislaw
Jan Kapera, begonnen, alle zwei Jahre Konferenzen in der kleinen pol-
nischen Stadt Mogilany zu organisieren. Bereits das Kolloquium im September 1989 wurde, zumindest im Hinblick auf die internationale Teilnahme, zum vollen Erfolg. Der Fall der Berliner Mauer und der plötzliche
politische Wandel in ganz Europa hatten viele Teilnehmer angelockt,
darunter auch die Elite der Qumran-Forschung beziehungsweise die
Gangster, wie man sie eben sehen wollte.

Zu den Konferenzteilnehmern gehörten Norman Golb, der immer
Zuhörer für seine »Jerusalem-Theorie« zur Entstehung der Qumran-Sekte

suchte, Barbara Thiering von der University of Sydney, die die These
vertrat, daß Johannes der Täufer der Lehrer der Gerechtigkeit und Jesus
der Frevelpriester war, und John Trever, der im Jahre 1948 als erster den
Wert von Erzbischof Samuels Schriftrollen erkannt hatte. Auch Dr. Fred
Young aus Kansas City war gekommen, ehemals Fakultätsmitglied des
Central Baptist Seminary, der es sich im Ruhestand zur Aufgabe gemacht
hatte, jedes Buch, jeden Zeitschriftenaufsatz und jeden Zeitungsartikel
zu katalogisieren, der jemals über die Qumran-Rollen geschrieben worden war. Larry Schiffman war ebenso da wie Philip Davies und George
Brooke von der University of Manchester. Von der *Biblical Archaeology
Review* waren die geschäftsführende Herausgeberin Suzanne Singer sowie Hershel Shanks gekommen. Am Ende der Treffens verabschiedeten
die Teilnehmer eine Resolution, in der die Oxford University Press und
die »zuständigen Behörden in Israel« aufgefordert wurden, die Fotografien aller unpublizierten Manuskripte aus Höhle 4 so bald wie möglich
zu veröffentlichen.

Die offizielle Reaktion auf die »Mogilany-Resolution« war Hohn und
Spott. Die Vorstellung, daß die anmaßende Erklärung einer bedeutungs-
losen Versammlung von Sonderlingen und Wissenschaftstouristen auch
nur die geringsten Auswirkungen auf den Fortgang des Veröffentlichungsprojektes haben könnte, erschien einem israelischen Teilnehmer
höchst lächerlich. »Das wird nichts bewirken«, zitierte ihn die BAR in
einem Bericht über die Konferenz, ohne seinen Namen zu nennen. Inzwischen erzielte das Amt für Altertümer in Jerusalem endlich einige
Fortschritte. Magen Broshi verkündete, daß eine beträchtliche Anzahl
von Miliks Dokumenten an andere Wissenschaftler vergeben worden
sei. Aber das Amt für Altertümer und das Beratungskomitee für die
Qumran-Rollen glaubte immer noch an den empfohlenen Zeitplan, auch
wenn Ende 1989 Qimron ebenso wie Strugnell, Cross und Milik ihre
ersten Termine bereits nicht eingehalten hatten. Die Zeit für eine Neuverteilung der Dokumente war in den Augen der Kritiker daher vorbei.
Während eines Forums, das im November in Princeton stattfand, kon-
frontierte Shanks Strugnell mit der Frage, ob er damit einverstanden
sei, wenigstens die unveröffentlichten Fotografien der Schriftrollen allen
qualifizierten Wissenschaftlern zugänglich zu machen oder zumindest
den vollen Text des MMT freizugeben.

Natürlich lehnte Strugnell beide Vorschläge ab und wiederholte, daß der Text bald verfügbar sein werde (obwohl eine vorläufige Ausgabe des MMT schon für den vorangegangenen Sommer versprochen worden war). Strugnell fand allmählich Spaß daran, die Personen aufzuziehen, die unbedingt Schwierigkeiten machen wollten. In einem Vortrag zum aktuellen Stand der Qumran-Forschung kündigte er an, er werde darauf verzichten, unveröffentlichtes Material auch nur zu erwähnen, da es für die meisten seiner Zuhörer sei, »als ob sie eine Speisekarte läsen, ohne sich etwas bestellen zu können«. Nachdem die Medien diesen Ausspruch zitiert hatten, fand Strugnell zunehmend Vergnügen daran, Shanks und seine Freunde lächerlich zu machen. Bei einem Auftritt in *Good Morning America* antwortete er auf die Frage nach seinen Gegnern: »Anscheinend haben wir ein paar Flöhe eingefangen, die uns ärgern wollen.«

Als Reaktion hierauf entstand eines der berühmtesten und unverschämtesten Titelblätter von Hershel Shanks' BAR, das seinen Konflikt mit John Strugnell besonders pointiert veranschaulichte und die Feindseligkeiten der Öffentlichkeit auf ihn als exponierten Bösewicht im Spiel lenkte. Das Zentrum des Titelbildes der März/April-Ausgabe 1990 bildete eine wenig schmeichelhafte Nahaufnahme von John Strugnell: unrasiert, mit ungewaschenen Haaren und verächtlich verzogenen Mundwinkeln. Unter der Fotografie, die vom Rahmen eines Fernsehgerätes umgeben war, stand in fetten weißen Lettern Strugnells »Floh«-Zitat aus der Sendung *Good Morning America*. Um Strugnell und sein Zitat waren – auf blaugrünem Hintergrund – die Namen von sechzehn prominenten und angesehenen Wissenschaftlern abgedruckt, die die Macht des internationalen Teams angegriffen hatten. Jeder Name stand stolz neben dem Bild eines Flohs.

Anfang November 1993 führte ich das letzte lange Gespräch mit John Strugnell in seiner Wohnung in Cambridge. Ich hatte ihn seit August nicht mehr gesehen. Er sah nun besser und gesünder aus und hatte wieder angefangen, an seinen Memoiren zu schreiben, die *seine* Version der Geschichte der Qumran-Rollen wiedergeben sollten. Wie er mir während unseres ersten Treffens im Juni erzählt hatte, schrieb er an einer Ich-Erzählung im Stile der Reise- und Abenteuerliteratur des neunzehnten Jahrhunderts, die mit seiner Kindheit und Schulzeit in England begann, sich etwas umständlich durch sein Leben unter den Jordaniern, Beduinen, Dominikanern und Israelis wand und schließlich mit dem öffentlichen Aufruhr, der zu seiner Entlassung geführt hatte, sowie mit einem nüchternen, vielleicht sogar bitteren Rat an seinen Nachfolger im Amt als leitender Herausgeber enden sollte. Strugnell hatte mir erlaubt, sein Vorwort und das Kapitel über Yigael Yadin zu lesen. Es waren nur vorläufige Entwürfe, »noch sehr skizzenhaft«, wie er oben auf die erste Seite geschrieben hatte, aber sie spiegelten die traurige und anrührende Geschichte eines Mannes wider, der zu Unrecht um seinen wissenschaftlichen Ruf und um seine Rolle in jenem wissenschaftlichen Projekt gebracht worden war, das seinem Leben einen Sinn gegeben hatte.

»Wissen Sie, die meisten Angriffe von Shanks richteten sich gegen die Art, wie das Projekt durchgeführt wurde. Hatten wir dies und jenes getan, hatten wir Herrn Soundso aus dem Projekt ausgeschlossen, hatten wir zuviel Sonnenlicht an die Fragmente gelassen, waren wir eine Verschwörung und so weiter. Das steht ganz am Ende meines Berichts über meine Beziehung zu den Israelis. Aber die Frage des Antisemitismus werden Sie nicht ...« Er machte eine Pause. »Wenn Sie ›ja‹ sagen, dann geht Sie dies hier nichts an. Sie sollten mir sowieso nicht vertrauen, wenn Sie Shanks' Behauptungen zu dem Thema glauben.« Seine Memoiren gaben ihm auch die Möglichkeit darzustellen, wie sein berühmtes Interview in der israelischen Tageszeitung *Haaretz* mißverstanden und falsch dargestellt worden war.

Unser Gespräch hatte wie immer viele Themen berührt. Er sprach stolz, sogar ein bißchen trotzig über seine sieben Jahre als leitender Herausgeber des Veröffentlichungsprojekts und betonte wie immer, daß dank seiner Bemühungen für die schwierigsten wissenschaftlichen Probleme ein Lösungsweg gefunden worden sei – für die Neuverteilung von Texten, die Erstellung eines Zeitplans für die Bearbeitung und schließlich für die Veröffentlichung der Funde aus Qumran. Er behauptete, der zunehmende Druck der Öffentlichkeit habe keinen Einfluß auf seine Arbeit als Herausgeber gehabt. »Wissen Sie, ich habe Shanks gelesen, aber ich fand ihn nie wichtig«, erzählte er mir. »Ich las die ersten Ausgaben der BAR, die Kay Kenyon angriffen, dann hörte ich auf, sie zu lesen. Ungefähr 1982, als ich Herausgeber des Projekts geworden war, begann ich sie wieder zu lesen. Wahrscheinlich habe ich sie 1983 oder 1984 abonniert. Zu der Zeit war er schon sehr hinter dieser Sache her, aber mein Fehler war, daß ich überhaupt nicht auf ihn reagiert habe.

Ich glaube, ich hätte jedesmal schreiben und seine Fehler richtigstellen sollen. Aber dazu hat man einfach nicht die Zeit.« Er beugte sich vor und stellte die rhetorische Frage: »Wie wären Sie mit dieser Kampagne umgegangen?«

Eine weit wichtigere Rolle in der Geschichte des Qumran-Projekts spielte jedoch die Reorganisation des Israelischen Amtes für Altertümer im April 1990. Strugnell war von den politischen Vorgängen überrollt worden, lange bevor seine umstrittenen Äußerungen über die Juden, den Judaismus und den Staat Israel internationales Aufsehen erregten und zu seiner Entlassung führten. Zu seiner wahren Nemesis sollte Amir Drori werden, der sich als ehemaliger General der israelischen Verteidigungsstreitkräfte und als Veteran aus vier Kriegen seit über dreißig Jahren an den Machtspielen innerhalb des Offizierskorps beteiligte und sich mit den Gesetzen der Macht auskannte. Nun, da er nicht mehr in der Armee war, wurde die archäologische Staatseinrichtung des Landes zu seiner Machtbasis. Doch die Umwandlung des kleinen, dem Erziehungsministerium unterstellten Amtes für Altertümer in eine eigenständige Altertumsbehörde war ein schwieriges Unterfangen in Israels zersplittertem Vielparteiensystem, in dem jede institutionelle Verschiebung oder Ausweitung des Budgets von Freund und Feind als politischer Akt interpretiert wird.

Drori konnte sich in dieser heiklen Zeit der Umwandlung keine peinliche Kritik leisten. Hershel Shanks brachte ihm nur schlechte Publicity ein, und auch Robert Eisenman war immer bereit, gegen das internationale Team Stimmung zu machen. Deshalb traf Drori einschneidende Maßnahmen. Die ersten im empfohlenen Zeitplan festgelegten Abgabetermine waren bereits verstrichen, und es gab noch keine Anzeichen für eine Verwirklichung des versprochenen Fortschritts. Strugnell konnte nichts anderes tun, als seine Kollegen inständig um eine Beschleunigung ihrer Arbeit zu bitten oder sie zu überreden, etwas von ihren Texten abzugeben. Drori hat mir selbst erzählt, daß Strugnell »viel über die Geschichte des Projekts seit 1953 wußte. Er hatte das meiste im Kopf und war sehr in diese Dinge vertieft, aber nach vier Monaten erkannten wir, daß wir mit ihm nicht weiterkamen.« Also beschloß Drori im Sommer 1990, selbst die Kontrolle über das Veröffentlichungsprojekt für die Schriftrollen zu übernehmen, wenn auch nicht ganz offiziell.

Bei seiner Amtsübernahme als Direktor des Israelischen Amtes für

Altertümer im Jahre 1988 bestand eine seiner ersten Handlungen in der Ernennung eines kleinen Beratungskomitees, das ihm helfen sollte, kompetente Entscheidungen bei der Leitung des Qumran-Projektes zu fällen. »Ich brauchte ein Team, das mit allen Problemen vertraut war«, erklärte Drori, als er sich an die Ernennung von drei Beratern im Herbst 1988 erinnerte. Bei ihnen handelte es sich um Professor Shemaryahu Talmon, einen Professor für Bibelwissenschaft an der Hebräischen Universität, der schon zahlreiche Publikationen zur Qumran-Literatur veröffentlicht hatte; Professor Jonas Greenfield, einen weiteren Bibelwissenschaftler von der Hebräischen Universität und Herausgeber des renommierten *Israel Exploration Journal;* sowie Magen Broshi, der seit langer Zeit Kurator des Shrine of the Book war. So entstand das israelische »Aufsichtskomitee«, das ein wichtiges neues Element im Kampf um die Schriftrollen werden sollte. Und nach Beratungen mit Talmon, Greenfield und Broshi ernannte Drori jetzt einen »stellvertretenden leitenden Herausgeber«, der die Textbearbeitungskompetenzen regeln und für die Einhaltung der Abgabetermine sorgen sollte. Unter seiner Leitung sollte eine detaillierte und endgültige Inventarliste aller Dokumente der Sammlung angefertigt werden. Das Aufsichtskomitee wurde so zur entscheidenden Stelle für die Zuteilung und Umverteilung unveröffentlichter Texte. Aber Strugnell sollte als Aushängeschild in seinem Amt bleiben, um wenigstens die Illusion vom Fortbestand des internationalen Teams aufrechtzuerhalten.

Strugnell weiß noch sehr gut, daß seine Probleme mit der Altertumsbehörde im Frühjahr und Sommer 1990 viel ernster waren als Eisenmans immer heftiger werdende Vorwürfe oder Shanks' Hohn und Spott. »Sie werden in meinen Tagebucheintragungen zu den Ereignissen des Sommers sehen, daß diese Themen nicht mit den Israelis besprochen wurden.« Er kämpfte vor allem um die Erhaltung der rechtlichen Selbständigkeit, die das internationale Team seit Lankester Harding genossen hatte. Alle jordanischen und israelischen Regierungen – vom haschemitischen Hof des Königs Talal bis zur wackeligen Likud-Koalition unter Yitzhak Shamir – hatten dem internationalen Team gestattet, seine Mitglieder selbst zu ernennen; sie hatten sich lediglich ein Vetorecht vorbehalten, es aber nie ausgeübt. Aber nun beschloß die Regierung, selbst einen weiteren Wissenschaftler zu ernennen. Statt sich Shanks' Ruf nach sofortigem Zugang für alle Wissenschaftler zu beugen, wollte

Drori auf Anraten seines Komitees die Abgabetermine durchsetzen und die Verfahren zügiger gestalten, aber keinesfalls die Kontrolle über die Schriftrollen aufgeben.

»Ich habe aus zwei Gründen akzeptiert, daß wir einen israelischen Assistenten brauchten«, erklärte Strugnell. »Erstens war dies aus politischen Gründen erforderlich, und zweitens brauchten wir jemanden für die sechs Monate im Jahr, die ich nicht in Jerusalem war.« Bei den Treffen zwischen Strugnell und dem Aufsichtskomitee wurden verschiedene Kandidaten vorgeschlagen, und am Ende entschieden sich die Mitglieder des Komitees (die nun eindeutig den Lauf der Dinge bestimmten) für Professor Emanuel Tov von der Hebräischen Universität. Tov hatte im Hauptstudium kurze Zeit bei Strugnell und Cross studiert. Jetzt war er ein bekannter Bibelwissenschaftler und einer der ersten Israelis, denen man Dokumente aus Qumran zur Veröffentlichung übertragen hatte. Er war hervorragend für diese Aufgabe geeignet. Aber seine Qualifikation war weniger wichtig als die Tatsache, daß seine Ernennung einen einschneidenden Präzedenzfall darstellte – einschneidend zumindest für das internationale Team. »Ich sagte den Israelis, daß ich bereit sei, dem Team ihre Ernennung zu unterbreiten, obwohl dies eine Umkehrung des üblichen Verfahrens darstellte«, berichtete Strugnell. Die höfliche Ehrerbietung, mit der die Regierungen stets den Wünschen und Entscheidungen des internationalen Teams zugestimmt hatten, sollte nun einer Reihe amtlicher Verordnungen weichen. Aber Strugnell konnte nicht viel gegen die neuen Regelungen tun, denn zu jener Zeit wurde er durch seinen Alkoholismus und seine manisch-depressiven Störungen daran gehindert, seiner Funktion als letzter Verteidiger des internationalen Teams gerecht zu werden.

Es ist nicht leicht, mit jemandem über seine psychischen Probleme und die damit verbundenen Klinikaufenthalte zu sprechen, vor allem, wenn diese Probleme so allgemein bekannt geworden sind wie in Strugnells Fall. Doch Strugnell sprach vollkommen offen über seinen Geisteszustand im Herbst 1991. »Ich konnte sehr gut arbeiten, wie das bei Manischen meist der Fall ist. Ich arbeitete bis tief in die Nacht hinein. Schlaflosigkeit ist einer der Auslöser einer manisch-depressiven Störung. Das Problem ist, daß der Betroffene meist nicht weiß, daß er sich in einem manisch-depressiven Zustand befindet. Jemand von außen muß ihn fragen: ›Willst du das wirklich tun?‹«

Leider gab es niemanden an der École Biblique, wo Strugnell ein kleines Zimmer mit Liege, Schreibtisch und provisorischen Aktenschränken aus leeren Kisten bewohnte, der ihn davor warnte, allzu offen mit den Journalisten zu sprechen. Im vorangegangenen Jahr hatte er es eindeutig genossen, im Rampenlicht zu stehen, ab und zu Spitzen gegen Hershel Shanks loszulassen und all die meckernden Wissenschaftler für ihre Ungeduld zu schelten. Das Team komme gut voran, versicherte er immer wieder. Sie würden ihre Qumran-Dokumente noch früh genug zu sehen bekommen. Aber als Strugnell dann dem Reporter Avi Katzman von der israelischen Tageszeitung *Haaretz* ein Interview gab, verhielt er sich völlig anders als sonst. Sein Interview löste einen Sturm der Entrüstung aus und provozierte rechtfertigende Stellungnahmen von Jerusalem bis Amerika, die schließlich zu tiefgreifenden Änderungen in der Organisation der Qumran-Forschung führten. Im Jahr zuvor, als sich der Kampf um die Schriftrollen zunehmend auf Strugnell zu konzentrieren begann, waren die Mutmaßungen über seinen Alkoholismus und seinen Antizionismus in den Presseberichten und im Getuschel der Wissenschaftler nur angedeutet worden. Doch als Katzman am Morgen des 28. Oktober 1990 in die École Biblique kam, um sich mit Strugnell im Plauderton zu unterhalten, war er sehr interessiert daran, alles Gesagte genau festzuhalten. In seinem Bericht bemerkte er dann bissig: »Obwohl Strugnell während des gesamten Interviews Bier trank – was mich nicht überraschte, da seine Trinkgewohnheiten in Jerusalem ja hinreichend bekannt sind –, wirkte er nicht betrunken. Er war konzentriert und sprach mit sicherer Stimme.«

Als ich mit Strugnell über das Interview sprach, reagierte er sachlich-nüchtern. »Ich hielt den Mann, der das geschrieben hat, Herrn Avi Katzman, für sehr intelligent«, sagte er. »Er fragte mich, warum dieses hauptsächlich von Christen betriebene Projekt ohne Kontakte zur anderen Seite der Stadt arbeite. Ob das Antisemitismus sei? Wie erklären Sie das, hat das Projekt darunter gelitten und so weiter. Meiner Meinung nach beantwortete ich nur seine Fragen«, schloß er. »Vielleicht habe ich zu jener Zeit schon nicht mehr klar denken können.« Das veröffentlichte Interview war typisch für Strugnell: geistreich, unverschämt und von einer naiven Aufrichtigkeit, mit Nebenbemerkungen und Auslassungen über den gegenwärtigen Stand der Veröffentlichungen, über die Möglichkeit weiterer Schriftenfunde, über Jordanien, Israel, den Judaismus und das Christentum. Seine Bemerkungen zu Israel waren kritisch, wie dies angesichts seiner offen eingestandenen pro-jordanischen Einstellung nicht anders zu erwarten war. Er bezweifelte die Rechtmäßigkeit der israelischen Besetzung der West Bank und Jerusalems (»Es ist doch wohl offensichtlich, daß dies ein Teil von Jordanien war«), und er erwähnte den bekannten, wenig schmeichelhaften Vergleich des Staates Israel mit dem kurzlebigen Königreich der Kreuzritter.

»Die Besetzung Jerusalems – vielleicht auch der ganze Staat – basieren auf einer Lüge oder zumindest auf einer unhaltbaren Prämisse«, meinte er unumwunden. »In aller Härte gesagt: Die Besetzung Jerusalems kann nicht aufrechterhalten werden.« Diese und ähnliche Bemerkungen, etwa die, daß es unmöglich sei, jetzt noch die gesamte Bevölkerung Israels zu deportieren (»Man kann keine Massen von vier Millionen umsiedeln. Nicht einmal die Nazis haben das erwogen«), dazu die Spitzen über die Unfähigkeit des Israelischen Amtes für Altertümer – das alles mußte ihn in Schwierigkeiten bringen. Normalerweise hätte ihm allerdings eine zerknirschte Entschuldigung das weitere Überleben ermöglicht. Als jedoch das Interview in die trüben Wasser der Theologie hinüberglitt, beging Strugnell »wissenschaftlichen Selbstmord«, wie Frank Moore Cross es einmal im Fall von John Allegro formuliert hatte.

Das Verhältnis zwischen Judaismus und Christentum war natürlich von Anfang an von zentraler Bedeutung für die Qumran-Forschung. Und wie alle anderen Mitglieder des internationalen Teams auch hatte Strugnell hierzu eine bestimmte, von seinen religiösen Überzeugungen geprägte Haltung, die mit seiner täglichen Arbeit, dem Zusammensetzen, Übersetzen und Interpretieren der Texte, zunächst einmal nichts zu tun hatte. Schon lange vor ihrer Arbeit an den Fragmenten aus Höhle 4 hatte sich bei ihnen der allgemeine Konsens gebildet, daß Qumran so etwas wie ein fehlendes Bindeglied zwischen Judaismus und Christentum darstelle. Und weder ihre Aussagen noch ihre konfessionelle Zugehörigkeit ließen einen Zweifel daran, welche Religion sie für die überlegene hielten. Doch Strugnell äußerte sich jetzt in einer Weise, die sein Schicksal besiegelte. Zwar stand er mit seiner Meinung nicht alleine da, aber er brachte sie weit brutaler zum Ausdruck als andere.

Er nannte den Judaismus eine »Volksreligion, keine höhere Religion«. Er wollte sich aber nicht als Antisemiten bezeichnet wissen, eher als Antijudaisten. Er bekannte sich des Antijudaismus schuldig, so wie sich

»die Kirche schon immer schuldig bekannt hat, denn wir sind nicht schuldig; wir haben recht. Das Christentum«, fuhr er fort, »erweist sich als Religion, die die jüdische Religion ersetzt. Die richtige Reaktion der Juden auf das Christentum wäre, selbst Christen zu werden.« Strugnell war damals offensichtlich so von dem Wunsch besessen, seine feste Überzeugung von der spirituellen Überlegenheit des Christentums über andere Religionen zum Ausdruck zu bringen, daß er jede Umsicht bei der Wahl seiner Begriffe vergaß. Für ihn war die jüdische Religion eine »schreckliche Religion«, nicht mehr als »eine christliche Häresie«. »Sie«, sagte er zu Avi Katzman, wobei er alle Juden in Israel und in der Diaspora mit einschloß, »haben wir nur noch nicht bekehren können.«

Strugnell dachte nicht weiter über das Interview nach. Er bereitete sich auf seine baldige Rückkehr in die Vereinigten Staaten vor, und sein psychischer Zustand verschlechterte sich laufend. »Ich saß eigentlich nur da und arbeitete vor mich hin, und ich lief, wie viele Manische das tun, draußen herum und gab Geld aus. Ich glaube, ich habe in diesen drei Monaten in Jerusalem fast hunderttausend Dollar ausgegeben, für alles mögliche. Sie können sich das nicht vorstellen – Jerusalem ist ein Räubernest, kein guter Ort, um dort zu leben.« Anfang November kehrte er nach Cambridge zurück und plante für das Ende des Monats eine Reise nach New Orleans. Beim Jahrestreffen der Society of Biblical Literature sollte ihm zu Ehren eine kleine Feier veranstaltet werden, in deren Verlauf ihm einige seiner ehemaligen Studenten eine Festschrift anläßlich seines sechzigsten Geburtstags überreichen wollten. »Der Manische geht meist davon aus, daß alles gutgeht, deshalb glaubte ich, ich würde zu dem Treffen fahren«, erinnerte er sich voller Trauer über die versäumte Feier. »Es wäre nett gewesen, dort zu sein.« Statt dessen wurde er in eine Klinik eingeliefert und hatte fast einen Monat lang keinen Kontakt zur Außenwelt. »Ich kann mich nicht daran erinnern, eine *Haaretz* in den Händen gehabt zu haben«, erzählte er mir, »also erinnere ich mich an nichts, bis zum Dezember, als mir jemand eine Fotokopie zeigte. Und da war das Kind schon in den Brunnen gefallen.«

In New Orleans hatte das Interview in der *Haaretz* für großes Aufsehen gesorgt. Einigen Wissenschaftlern muß es wie ein Geschenk des Himmels erschienen sein: Jetzt konnte man endlich weitreichende Veränderungen in der Zusammensetzung des internationalen Teams vornehmen. Die Ernennung von Emanuel Tov zum stellvertretenden leitenden Herausgeber war bereits beschlossene Sache, nun würde er eben leitender Herausgeber werden. Das Aufsichtskomitee für die Qumran-Rollen nahm schnell Kontakt zu verschiedenen Mitgliedern des internationalen Teams auf und schlug vor, daß Tov eng mit Professor Eugene Ulrich (einem ehemaligen Studenten von Cross, dem viele von Patrick Skehans Manuskripten übertragen worden waren) von der Universität Notre Dame sowie mit Émile Puech von der École Biblique zusammenarbeiten sollte. So wurde eine neue Troika von Herausgebern gebildet, mit Emanuel Tov als Primus inter pares, der schließlich Hunderte von lange vernachlässigten Texten an ein neues internationales Team von über sechzig sorgfältig ausgewählten Wissenschaftlern vergab. Sie waren alle hoch qualifiziert, und ihre Einhaltung der Termine sollte genau überwacht werden. Nun schien das Veröffentlichungsprojekt der Qumran-Rollen endlich auf solidem Boden zu stehen. Die Mitglieder dieses neuen Teams akzeptierten die Kontrolle des Projektes durch das Israelische Amt für Altertümer nicht als vorübergehende politische Verirrung, sondern als feststehende Tatsache.

Aber hinter den Kulissen in New Orleans geschah noch etwas, das für den Ausgang der Geschichte um die Qumran-Rollen nicht weniger wichtig war. Robert Eisenman glaubte nämlich nicht daran, daß das Problem gelöst war, wenn man ein von den Jordaniern eingesetztes Team durch ein von den Israelis ernanntes ersetzte. Sein Ziel war die totale Freigabe. Und inzwischen hatte er die dazu notwendige Munition in der Hand: Bei einem diskreten Geschäftsessen in einem Restaurant in New Orleans während der Tagung der Society of Biblical Literature schloß Eisenman einen Vertrag mit dem E.-J.-Brill-Verlag aus Leiden ab, von dem er hoffte, er werde die Maßnahmen des neuen internationalen Teams und des Israelischen Amtes für Altertümer gegenstandslos machen. Mehr als ein Jahr zuvor, im August 1989, als die Qumran-Rollen zum erstenmal die Schlagzeilen der Medien füllten, hatten bestimmte Personen mit ihm Kontakt aufgenommen, die sagten, »sie würden mir Bilder zeigen, weil sie glaubten, ich werde schon wissen, was damit zu tun sei«. Die »Bilder« waren Schwarzweiß-Fotografien von den unveröffentlichten Fragmenten aus Höhle 4 – große Hochglanzabzüge unterschiedlicher Qualität, die jedes einzelne beschriebene Pergament- und Papyrusfragment abbildeten, das der ausschließlichen Kontrolle des internationalen Teams unterlag.

Robert Eisenman spricht wegen der noch schwebenden Verfahren derzeit zwar nicht über seine Quelle, aber in vier oder fünf Jahren, so versprach er mir, werde er jedem sagen, wem die Anerkennung für diese Tat gebühre. Ohne Frage gebührt dieser dunklen Quelle ein hohes Maß an Anerkennung, denn solange das Amt für Altertümer und das internationale Team allein darüber bestimmten, wer den Zugang zu den Qumran-Rollen erhielt, konnten sich die Kritiker lediglich beschweren. Sobald die Fotografien aber in die Hände dieser Außenseiter gelangt waren, konnten sie sich endlich eingehend mit ihren Inhalten befassen.

Unter Qumran-Insidern diskutiert man noch heute darüber, woher die Fotografien kommen. Manche meinen, sie stammen aus dem Besitz des jordanischen Fotografen Najib Albina, der in den fünfziger Jahren im Rockefeller Museum gearbeitet hat. Andere behaupten, sie kämen aus der Huntington Library in San Marino oder aus dem Center for Ancient Biblical Manuscripts in Claremont, Kalifornien. Denn an beiden Orten wurden seit einigen Jahren Sicherheitskopien der Schriftrollen verschlossen verwahrt, falls den Originalen im umkämpften Nahen Osten etwas zustoßen sollte.

»Sie kamen in kleinen Bündeln«, berichtete Eisenman, »und erst nachdem ich ein Jahr lang Vertrauen aufgebaut hatte, wurde mir alles zugesandt.« Aber er hatte nicht vor, die Texte für sich zu behalten, er wollte sie sofort veröffentlichen – als politische Protesthandlung. Deshalb teilte er sein Geheimnis Professor James Robinson vom Center for Ancient Biblical Manuscripts in Claremont mit, einem international anerkannten Wissenschaftler, der zugleich Herausgeber der Nag-Hammadi-Texte aus Ägypten war und öffentlich gegen die unverantwortliche Verzögerung bei der Publikation der Qumran-Rollen protestiert hatte. Robinson war bereit, Eisenman bei der Veröffentlichung der Fotografien zu helfen und eine kurze Einleitung zu schreiben. Eisenman nahm, wie erwähnt, Kontakt zu seinem früheren Verlag auf und umriß seine Idee zu diesem gewagten Coup. Und während jener Tagung in New Orleans schlossen die Bevollmächtigten des E.-J.-Brill-Verlags dann unter völliger Geheimhaltung mit Eisenman einen Vertrag über die Veröffentlichung einer Faksimile-Ausgabe sämtlicher Qumran-Rollen ab.

Mitten in seiner Begeisterung wurde Eisenman plötzlich bewußt, daß das Monopol über die Schriftrollen bald gebrochen war und er noch keine Möglichkeit gehabt hatte, das Material zu analysieren, um zu sehen, ob es weitere Beweise für seine Theorie vom nationalistischen Messias-Glauben lieferte. Da Eisenman aber Historiker, nicht Inschriftenforscher oder Handschriftenspezialist war und bisher zwangsläufig stets mit bereits veröffentlichten und handschriftlich gedeuteten Manuskripten gearbeitet hatte, brauchte er jetzt einen fachkundigen Partner, der die Fotografien für ihn entzifferte und übersetzte. Er nahm Kontakt zu Michael Wise von der University of Chicago auf, den er bereits auf verschiedenen Konferenzen getroffen hatte. Als Wise hörte, daß er sämtliche Abbildungen der Funde aus Höhle 4 einsehen könne, war er einverstanden, für Eisenman Abschriften und Rohübersetzungen anzufertigen.

Im Frühjahr 1991 war Eisenman hin und her gerissen. Einerseits wollte Robinson so schnell wie möglich den Faksimile-Band bei Brill herausbringen – bevor sich Gerüchte darüber ausbreiteten und zu einer Androhung juristischer Gegenmaßnahmen führten. Andererseits hatten Wise und sein Studententeam in Chicago unter den Hunderten von Fotografien einige wichtige Texte gefunden – Messias-Visionen, Gesetzessammlungen, Kalender, Bibelauslegungen und Spruchsammlungen –, die bisher alle unbekannt waren. In vielen Fällen sah Eisenman seine Theorie vom vorpaulinischen Charakter des »Christentums« in Judäa durch das Vorhandensein der bekannten judäischen Messias-Erwartung ohne Hinweise auf einen aktuellen, inkarnierten Messias bestätigt. Die Arbeit mit Wise und seine ständigen Forderungen nach mehr Fotos von besserer Qualität nahmen Eisenman so in Anspruch, daß der ursprünglich angesetzte März-Termin für die Veröffentlichung bei Brill verschoben werden mußte.

Dann kam Madrid und änderte alles. Auf einem internationalen Kongreß zu den Qumran-Rollen, der Ende März auf Einladung der Universidad Complutense in El Escorial in Madrid stattfand, sollte das neue internationale Team in ganz besonderer Weise eingeführt werden. Neben dem üblichen inneren Kreis der Qumran-Forscher, die eingeladen worden waren, um Vorträge zu halten – etwa Schiffman, Talmon, Dimant und Qimron –, traf der neue leitende Herausgeber Emanuel Tov hier zum erstenmal offiziell mit seinen beiden Mitstreitern Émile Puech und Eugene Ulrich zusammen, um die Umverteilung von Dokumenten an neue offizielle Bearbeiter zu besprechen. Und auch ein Abglanz von mittelalterlichem Pomp und Zeremoniell fiel auf die Kongreßteilnehmer: Die graue Eminenz unter den Qumran-Forschern, Professor Frank Moore

Cross von der Harvard University, beugte unter dem allgemeinen Applaus seiner Kollegen sein Haupt, um eine Ehrenmedaille von Königin Sophie von Spanien entgegenzunehmen.

Die angenehme Atmosphäre wissenschaftlicher Selbstbeweihräucherung wurde allerdings durch zwei unangenehme Zwischenfälle getrübt. Im Frühjahr 1991 war Hershel Shanks vom Israelischen Amt für Altertümer zur Persona non grata erklärt worden. Man ging sogar so weit, den dort angestellten Archäologen zu verbieten, etwas in der BAR zu veröffentlichen. Und kurz vor seinem Abflug nach Madrid wurde Shanks in demütigender Weise vom Organisationskomitee ausgeladen. Später behauptete er in der BAR, dies sei auf Initiative des neuen Komitees geschehen, das möglichst nichts mit ihm und seinen Attacken zu tun haben wollte. Natürlich machte Shanks einen großen Wirbel um diese Willküraktion, die er als Versuch der neuen Qumran-Verschwörung hinstellte, ihre Exklusivität und Geheimhaltungspolitik zu wahren.

Das internationale Team hatte tatsächlich nicht gezögert, von seiner Macht Gebrauch zu machen. Der neue leitende Herausgeber Emanuel Tov hatte zunächst Professor Kapera aus Polen zur Ordnung gerufen. Um die freie und offene Forschung an den Qumran-Rollen zu fördern, hatte Kapera im vorangegangenen Winter den Abonnenten seiner in Krakau erscheinenden Zeitschrift *Qumran Chronicle* eine Kopie der vollständigen Abschrift und der englischen Übersetzung des MMT angeboten, die unter den Wissenschaftlern seit über einem Jahr im Umlauf war. Damit wollte er im Sinne der Mogilany-Resolution eine Lanze für die akademische Freiheit brechen. Und Hershel Shanks hatte über Kaperas Angebot in der BAR berichtet, wobei er mit einem Seitenhieb gegen die abgeschlossene Welt der Qumran-Forschung Polen bissig als »neue Heimat der freien Presse« bezeichnete.

Für das Israelische Amt für Altertümer war das eine sehr ernste Angelegenheit. Seit den Tagen von John Allegro hatte kein Wissenschaftler das absolute Monopol des internationalen Teams auf Erstveröffentlichung derart unverfroren angegriffen. Und das Verhalten von Professor Kapera stellte eigentlich einen noch unerhörteren Regelverstoß dar als die einstigen Aktionen von Allegro, denn Kapera hatte das Dokument angeblich anonym erhalten und erhob nicht den Anspruch, die Abschrift oder die Übersetzung selbst angefertigt zu haben.

Weniger als eine Woche vor der Eröffnung des Kongresses in Madrid

erhielt Kapera einen wütenden Drohbrief von Amir Drori, in dem dieser
erklärte, daß die nicht autorisierte Weitergabe des MMT eine »Verletzung aller juristischen, moralischen und ethischen Konventionen sowie
einen Übergriff auf die Rechte und Bemühungen Ihrer Kollegen« darstelle. Drori verlangte von Kapera, er solle »sofort antworten«, bevor er
weiteres unternahm. Um sicherzustellen, daß alle zuständigen Institutionen vollständig über die Situation informiert waren, schickte Drori
Kopien des Briefes an die polnische Akademie der Wissenschaften, an
die Mitglieder des Aufsichtskomitees für die Qumran-Rollen, an die Mitglieder des internationalen Teams und an einen Vertreter der Oxford
University Press. Noch demütigender war die persönliche Standpauke,
die Kapera von seinen Kollegen in Madrid bekam. Als Reaktion hierauf
entschuldigte er sich demütig und versprach, die Verteilung der Abschrift des MMT sofort einzustellen.

Das harte Durchgreifen des internationalen Teams hatte Wirkung
auf alle Teilnehmer des Kongresses, nicht zuletzt auf den Vertreter des
E.-J.-Brill-Verlags. »Sie bekamen es mit der Angst zu tun«, sagte Eisenman
frei heraus, »weil sie sahen, wieviel negative Gefühle hier mitspielten.
Der Vertreter des Verlags war ein bißchen naiv und verstand eine Sache
falsch: Er dachte, das internationale Team beschwere sich über die *Bilder*
des MMT. Ihm war nicht klar, daß es nur um die Abschrift ging. Es war
zu verwirrend für ihn. Er schrieb einen Bericht an die Bonzen von Brill.«
Das Ergebnis des Ganzen war, daß der Brill-Verlag plötzlich seine Vereinbarungen mit Eisenman und Robinson kündigte, offensichtlich aus
Furcht vor einem Boykott der Wissenschaftler und/oder aus Angst vor
juristischen Gegenmaßnahmen.

Für Eisenman war dies ein schmerzlicher Rückschlag, besonders da
sich die Dinge auch anderweitig nicht so gut entwickelten. Bald folgten
bösartige Kritiken und regelrechte Verdammungen des neuen populär-
wissenschaftlichen Buches *Verschlußsache Jesus* von Michael Baigent und
Richard Leigh, in dem die Autoren ihre Vermutung über eine Verschwörung des Vatikans zur Unterdrückung der Schriftstücke aus Höhle 4
äußern. In diesem Buch werden vor allem auch Eisenmans Theorien
über Jakob den Gerechten, Paulus und die tatsächliche judäische Messias-Bewegung dargestellt.

Der Brill-Verlag schickte nach seiner Kündigung des Vertrags alle
Fotografien an Eisenman zurück. Dieser bemühte sich vergeblich, einen

neuen Verlag zu finden. »Robinson nutzte seine Kontakte, hatte aber nach einigen Monaten immer noch nichts erreicht. Darum meinten wir schließlich: ›Gehen wir also zu Shanks.‹«

Hershel Shanks fand, daß durch John Strugnells öffentliche Entmachtung wenig erreicht worden war. Seine Absetzung hatte lediglich die Etablierung einer neuen Wissenschaftler-Clique bewirkt. Jeder der neuen leitenden Herausgeber (Tov, Puech und Ulrich) sowie alle drei Mitglieder des israelischen Aufsichtskomitees (Talmon, Greenfield und Broshi) erhielten je einen Anteil von den neu zugeteilten Schriftrollen. Obwohl ihre wissenschaftliche Qualifikation außer Frage stand, sah dies doch zumindest nach einem Interessenkonflikt aus.

Shanks hatte inzwischen eine ganz andere Strategie entwickelt, um das Kartenhaus der Qumran-Forschung zum Einsturz zu bringen. Vor einigen Jahren hatte er von der Existenz eines geheimen Verzeichnisses des gesamten Materials aus Höhle 4 erfahren. Es handelte sich um die gebundene Kopie einer Zettelkartei, die in den späten fünfziger und frühen sechziger Jahren von vier jungen Wissenschaftlern (Joseph Fitzmyer, Raymond Brown, Willard Oxtoby und Javier Teixidor) für das internationale Team erstellt worden war. 1986 sagte Avi Eitan, der damalige Direktor des Israelischen Amtes für Altertümer, er wisse nichts darüber, aber Shanks war von der Verläßlichkeit seiner Quellen überzeugt. Und schließlich erfuhr er, daß das Verzeichnis, das John Strugnell vervielfältigt und privat verteilt hatte, um Bewegung in die Editionsarbeiten zu bringen, eine andere Möglichkeit bieten konnte, um an die unveröffentlichten Texte aus Höhle 4 zu kommen.

Eine Kopie dieses Verzeichnisses befand sich in der Bibliothek des Hebrew Union College in Cincinnati, weitere im Shrine of the Book, in Göttingen, in Oxford und natürlich in der Harvard Divinity School. Irgendwann im Frühjahr 1991 bekam Shanks unerwartet Besuch von Professor Ben-Zion Wacholder, einem alten, rebellischen und fast erblindeten Talmud-Gelehrten, sowie von Martin G. Abegg, der damals gerade sein Examen abgelegt hatte. Sie hatten zusammen ausgeknobelt, wie man die Schriftrollen mit Hilfe des Verzeichnisses rekonstruieren konnte. Denn in dem Verzeichnis war jedes Wort, das in der Qumran-Literatur vorkam, mit Quelle, Zeile und dem dazugehörigen Satz zitiert. Unter den Bedingungen der späten fünfziger Jahre wäre die Rekonstruktion der Texte über die Angaben der Kartei ein äußerst mühsames und zeitraubendes Unterfangen gewesen. Aber im Computer-Zeitalter war dies weit weniger schwierig. Abegg entwickelte ein geeignetes Software-Programm, das es ermöglichte, die Wortverweise aus dem Verzeichnis zu Texten zusammenzustellen, und Professor Wacholder prüfte die Originalzitate und ging die Verweise nochmals durch, wenn die hebräischen Qumran-Ausdrucke keinen Sinn ergaben.

Hershel Shanks war von dieser Mischung aus moderner Technik, antiken Schriften und Kreuzzug für die intellektuelle Freiheit begeistert. Also entwickelte er in aller Stille und mit Unterstützung des Wissenschaftlers und Mäzens Manfred Lehmann Pläne für eine Veröffentlichung der Textrekonstruktionen von Wacholder und Abegg, die unter dem Titel *A Preliminary Edition of the Unpublished Dead Sea Scrolls* (Eine vorläufige Ausgabe der unveröffentlichten Qumran-Rollen) erscheinen und von der Biblical Archaeology Society herausgegeben werden sollte. Doch die Dinge komplizierten sich, wie Shanks rückblickend beschrieb: »Gleichzeitig – ich habe Wacholder nie davon erzählt – erhielt ich einen Anruf von William Cox, nicht von Eisenman. Ich hätte fast wieder aufgelegt, denn er sagte: ›Ich bin Rechtsanwalt in Los Angeles, und ich habe einen Klienten, bin aber nicht befugt aufzudecken, wer es ist.‹ – ›Moment mal‹, sagte ich, ›wenn Sie im Auftrag eines verdeckten Klienten sprechen, bin ich nicht bereit, mich mit Ihnen zu unterhalten. Wenn Sie mir sagen, wer es ist, können wir reden, ansonsten ist dies das Ende des Gesprächs.‹ So bin ich eben: immer offen und ehrlich.« Aber diese Taktik funktionierte nicht. »Ich blieb trotzdem am Telefon«, gab Shanks zu. Cox erzählte, er besitze einen kompletten Satz Fotografien der Qumran-Rollen, der über Eisenman erhältlich sei, obwohl Eisenman weder sein Klient noch die Quelle sei.

Da der Brill-Verlag offensichtlich vom internationalen Team in Madrid abgeschreckt worden war, bot dieses Projekt Shanks die Möglichkeit, erneut tätig zu werden und sein Vorhaben zu verwirklichen. Shanks verhandelte mit Cox und schließlich auch mit Eisenman und Robinson. Eisenman vermittelte einen Geldgeber, der die Veröffentlichung finanziell unterstützte. Von da an nahm Shanks die Sache selbst in die Hand: »Ich hatte die Schachteln, und ich entschied, was mit ihnen geschehen sollte. Meine Sekretärin und ich arbeiteten einen ganzen Samstagabend lang bis elf Uhr und vermaßten die Fotos. Ich entschied, wie groß wir sie bringen würden. Wir hatten nur die Schachtel mit den Bildern, die Einführung von Robinson und Eisenman und den Index. Wir hatten ausgemacht, in welcher Weise sie genannt werden sollten. Sie werden nicht als Herausgeber erwähnt, sondern nur unter ›vorbereitet und mit einem Index versehen von‹ – ganz absichtlich, und der Rest ist Geschichte.«

Zuvor aber, am 4. September 1991, machten Hershel Shanks und die Biblical Archaeology Society Schlagzeilen: Sie brachten den ersten Band der *Preliminary Edition of the Unpublished Dead Sea Scrolls* heraus. Obwohl die Verläßlichkeit der computerunterstützten Textfassungen noch in Frage stand, konnte jeder, der einen Scheck über nur fünfundzwanzig Dollar einschickte, den kleinen Band erhalten. Er enthielt die rekonstruierten Texte der in Höhle 4 gefundenen Kopien des Damaskus-Dokuments sowie ungefähr zwanzig weitere unveröffentlichte Textdokumente. Zwar fanden es einige Qumran-Wissenschaftler moralisch fragwürdig, die Arbeit anderer ohne Erlaubnis zu verwenden (»Gibt es eine andere Bezeichnung dafür als Diebstahl?« fragte ein genesener Strugnell die Nachrichtenagentur Associated Press), doch Shanks, Wacholder und Abegg wurden als Helden gefeiert. »Wir haben das Monopol gebrochen«, stellte Shanks in der *New York Times* stolz fest.

Wenig später begann die nächste Attacke, und zwar aus einer unerwarteten Richtung. Am 22. September entschloß sich William A. Moffett, der Direktor der Huntington Library in San Marino, Kalifornien, zu einem Schritt, der die Revolution in der Qumran-Forschung unaufhaltbar machte. Er entschied, daß seine Institution – eine der angesehensten privaten Forschungsbibliotheken in Amerika – ihre Fotografien der Qumran-Rollen ab sofort allen qualifizierten Wissenschaftlern zugänglich machen würde. Dies war nicht nur eine Verfahrensfrage, sondern ein Schritt, der nicht mehr so einfach rückgängig zu machen war. »DAS QUMRAN-MONOPOL IST GEBROCHEN« lautete am 22. November die Schlagzeile auf der Titelseite der *New York Times*. Darunter sah man ein Foto von dem weißbehandschuhten William Moffett, der neben dem Fotografen Robert Schlosser stand und mit ihm ein Negativ der Schriftrollen prüfte. »Für das Kartell, das bisher über die Schriftrollen geherrscht hat, wird es sehr schwer sein, den Geist wieder in die Flasche zurückzuschicken«, sagte Moffett hämisch zum Reporter der *Times*. Das Qumran-Establishment hatte ausgespielt. Zumindest sah es damals so aus.

Am 25. September verkündeten das Israelische Amt für Altertümer und das internationale Team ihre bedingte Kapitulation. In einer schwerfälligen, einspaltigen Presseerklärung meinte die israelische Behörde, sie sei »im Prinzip« damit einverstanden, »den freien Zugang zu den Fotografien der Schriftrollen zu ermöglichen«. Aber der wichtige Satz war gegen Ende zu finden: »Während alle Beteiligten einen freien Zugang zu den Fotografien der Qumran-Rollen befürworten, besteht doch zugleich auch die Ansicht, daß die Arbeit der Wissenschaftler, die es in den letzten Jahren auf sich genommen haben, Texte zu veröffentlichen, nicht durch irgendwelche Neuregelungen beeinträchtigt werden sollte.« Aber auch dieser Versuch, drum herum zu reden, war nur von kurzer Dauer.

Die Bewegung für einen freien Zugang zu den Schriftrollen hatte einige mächtige Verbündete. Zwei Tage nach Veröffentlichung der Presseerklärung des Israelischen Amtes für Altertümer ließ William Safire von der *New York Times* einen Leitartikel los, der die Huntington Library in den höchsten Tönen lobte und die »engstirnigen Gestalten der Jerusalemer Bürokratie für Altertümer« aufs schärfste verurteilte. Safire war und ist eine Stimme, auf die man in Washington hört, wenn es um die öffentliche Diskussion über die vielen Millionen Dollar Unterstützung für Israel geht, um die Ernennung von Verteidigungsministern oder um die Richtung der amerikanischen Außenpolitik. Daher hatte seine Meinung auch in dieser relativ geringfügigen Angelegenheit erhebliches Gewicht. Und was die Einwände der engstirnigen Gestalten in Jerusalem betraf, so schlug er Premierminister Shamir einfach vor, »sie zum Schweigen zu bringen«.

Bald begann der vollständige Rückzug. Am 27. Oktober kündigte der leitende Herausgeber Emanuel Tov an, daß alle qualifizierten Wissenschaftler nun freien Zugang zum Material aus Höhle 4 hätten, wenn auch nur zu »privaten Forschungszwecken«. Hershel Shanks ergriff daraufhin wieder die Initiative. »Jetzt war klar, daß sie sich verschanzt hatten; sie waren völlig unnachgiebig, zu keinem Kompromiß bereit, stur.« Er glaubte, daß es jetzt an der Zeit sei, die *Facsimile Edition* mit den inoffiziell beschafften Fotografien zu veröffentlichen. Dadurch konnte jeder Wissenschaftler die Schriftrollen einsehen, ohne irgend jemanden um Erlaubnis fragen zu müssen. Er brauchte nur in den Seiten des zweibändigen Werks der Biblical Archaeology Society zu blättern. Da Shanks

nun die öffentliche Meinung auf seiner Seite sah, glaubte er, er habe
nichts mehr zu befürchten. Am 19. November erschienen Shanks, Eisenman und Robinson auf einer Pressekonferenz in New York City, posierten
vor den Kameras, grinsten breit und hielten stolz ihre frisch veröffentlichten Bände hoch. »Dies sollte die Kontroversen ein für alle Mal beenden«, sagte Eisenman zu einem Korrespondenten der Nachrichtenagentur Reuter. »Jetzt sollten wir alle wieder an unsere Arbeit gehen
und die Bedeutung der Qumran-Rollen erforschen.«

Der Kampf schien endgültig vorbei, aber zumindest eine komische Wendung in der Geschichte um die Qumran-Rollen gab es noch. Professor
Elisha Qimron erinnerte sich später daran, wie schockiert er war, als er
das Vorwort des Herausgebers durchblätterte und seine eigene Textrekonstruktion des MMT entdeckte. Hershel Shanks hatte als letzten Protest gegen die Altertumsbehörde und die Wissenschaftler vom inneren
Kreis ein langes und bissiges Vorwort zu der Faksimile-Ausgabe verfaßt,
in dem er seiner zweieinhalb Jahre lang angestauten Wut Luft machte.
Seine Attacken gegen die Hartnäckigkeit, mit der die Altertumsbehörde
darauf beharrt hatte, die Kontrolle über die Zuteilung der Schriften zu
behalten und so den Zugang zu beschränken, ergänzte er durch eine Art
Tagebuch seiner vergeblichen Versuche, die Schriftrollen zu befreien. In
den zweiundzwanzig Anmerkungen zu seinem Vorwort führte er auch
den empfohlenen Zeitplan von 1989 auf; außerdem die Abfuhr von Ayala
Sussmann und seine erfolglosen Briefe an Strugnell, Cross, Milik und
Puech, in denen er bat, anderen Wissenschaftlern Zugang zu ihren Dokumenten zu gewähren; des weiteren einen Leitartikel aus der *Washington
Post*, der sein Anliegen unterstützte, sowie Safires Artikel; schließlich die
drohenden Schreiben, die das Huntington Museum erhalten hatte. Um
zu verdeutlichen, mit welchen Einschüchterungsmaßnahmen die Altertumsbehörde gearbeitet hatte, druckte er auch Droris drohenden Brief
an Zdzislaw Kapera ab. Abgedruckt wurde auch eine Kopie der inoffiziell
verbreiteten Textrekonstruktion des MMT. Qimrons Namen hatte er in
Verbindung mit dem Text noch nicht einmal erwähnt, er schrieb die Textrekonstruktion einfach Strugnell und einem »Kollegen« zu.
      Hierbei gab es ein Problem: Shanks hatte übersehen – oder er wollte
nicht erkennen –, daß das MMT nicht einfach wie ein Zeitungstext gelesen werden konnte, sondern daß es sich um ein höchst fragmenta-

risches Dokument handelte, dessen Text nur noch etwa zur Hälfte erhalten und entzifferbar war. Qimrons hypothetische Rekonstruktionen, die in eckigen Klammern eingefügt waren, füllten an manchen Stellen die Lücken. Shanks war zwar bewußt gewesen, daß es eventuell Probleme mit dem Urheberrecht an der englischen Übersetzung des MMT geben konnte, die von Kapera veröffentlicht worden war. Also hatte er sie bewußt weggelassen. Aber als glühender Verehrer reiner Wissenschaft hatte er sich nie Gedanken darüber gemacht, daß auch eine philologische Textrekonstruktion ein kreativer Akt sein konnte. »Ich habe nicht darüber nachgedacht«, erklärte er mir. »Ich wußte, daß man für die Übersetzung ein Copyright geltend machen konnte, aber hier ging es lediglich um eine Abschrift, und ich habe einfach nicht an die Rekonstruktionen gedacht.« Wie konnte ein Wissenschaftler der Gegenwart für die Worte eines früheren Autors – vorausgesetzt, sie waren korrekt rekonstruiert – ein Urheberrecht beanspruchen?

Über Jahre hinweg hatte das internationale Team die unveröffentlichten Qumran-Dokumente wie gesetzliche Zahlungsmittel gehandelt, die man eintauschen, vererben und übertragen konnte. Für die Zukunft mochte das Monopol gebrochen sein, aber Qimron war entschlossen, zumindest sein mühselig erworbenes Eigentum zu verteidigen. Dabei ging er gegen Shanks anders vor, als es Strugnell getan hatte. Wo Strugnell vielleicht hochmütig und von oben herab reagiert hätte, ging Qimron in die Offensive. Er nahm sich Yitzhak Molho zum Anwalt und erhob am 14. Januar 1992 beim Bezirksgericht von Jerusalem gegen Hershel Shanks, Robert Eisenman, James Robinson und die Biblical Archaeology Society Anklage, weil, wie er argumentierte, sein Urheberrecht an der Textrekonstruktion des MMT durch die nicht autorisierte Veröffentlichung verletzt worden sei. Ende des Monats erließ Richterin Dalia Dorner eine einstweilige Verfügung gegen die weitere Verbreitung der Faksimile-Ausgabe und erkannte Qimrons Schadensersatzforderung in Höhe von zweihunderttausend Dollar an. Qimron behauptete unnachgiebig, daß ihm und seiner Familie durch die nicht autorisierte, nicht namentlich gekennzeichnete Veröffentlichung der Textrekonstruktion des MMT »großer Schaden zugefügt« worden sei. Jetzt ging es um die wissenschaftliche Ehre, nicht mehr nur um eine historische Diskussion. »Mir ist eine wichtige Leistung innerhalb meiner Laufbahn gestohlen worden.«

Während sich beide Seiten vom Januar 1992 bis zum Februar 1993 intensiv auf den Prozeß in Jerusalem vorbereiteten, ließ sich Robert Eisenman durch die Androhung juristischer Schritte nicht zum Schweigen bringen. Bei seinem Kampf war es ihm stets um weit mehr als das abstrakte Ideal akademischer Freiheit gegangen. Von Anfang an hatte er versucht, außer den Zugangsbehinderungen vor allem auch die historischen Schlußfolgerungen des internationalen Teams anzuprangern. Nun, da ihm das gesamte Material aus Höhle 4 vorlag, hatte er seiner Meinung nach den klaren Beweis für seine wichtigste historische Hypothese in der Hand: Daß sich das Christentum ganz aus dem militanten, judäisch-messianischen Widerstand gegen das Römische Reich heraus entwickelt hatte und daß das spätere Christus-Bild, das zum Hauptelement des Christentums außerhalb Judäas wurde, eine bewußte, politisch motivierte Umformung judäisch-messianischer Motive darstellte, die der Erzeugung eines ideologischen Gegenbildes diente und die judäische Unabhängigkeit unterminieren, nicht fördern sowie die judäische und die hellenistische Lebensweise zusammenführen, nicht trennen sollte.

Die Mitarbeit an der von Hershel Shanks herausgegebenen Faksimile-Ausgabe bot Eisenman im Herbst 1991 die Möglichkeit, seine revolutionären Ideen einer breiteren Öffentlichkeit vorzustellen. Kurz vor der Pressekonferenz zur Faksimile-Ausgabe hatte Shanks auf einer Doppelseite in der BAR drei »lange geheimgehaltene Platten aus dem unveröffentlichten Textkorpus« mit Übersetzungen und kurzem Kommentar von Eisenman veröffentlicht. Zwar stellte sich später heraus – was Shanks in große Verlegenheit brachte –, daß zwei der Dokumente bereits vorher von Baillet und Milik veröffentlicht worden waren und das dritte gerade von Émile Puech zur Publikation vorbereitet wurde, aber Eisenmans *Interpretation* war vollkommen neu. Er erklärte, diese für Qumran repräsentativen Beispiele von Vermächtnissen, Gebeten und Visionen seien Ausdruck einer militanten Widerstandsbewegung gegen fremde Unterdrücker. Sie zeugten von der leidenschaftlichen Erwartung eines Messias in der Art Davids, der bald kommen werde, um die Verwundeten zu heilen, die Gerechten aufzuerwecken und den Armen frohe Botschaft zu bringen.

Doch das war erst der Anfang. Eisenman hatte eng mit Wise und dessen Team von der University of Chicago zusammengearbeitet. In einer Reihe von bisher unveröffentlichten Texten aus Höhle 4 entdeckte er weitere Hinweise dafür, daß der christliche Messias nichts anderes als die personifizierte judäische Erwartung war, eine mythologisierte irdische Gestalt, die man aus ihrer notwendigen Verbindung zum jüdischen Gesetz herausgelöst hatte. Damit ging Eisenman weiter, als Allegro es sich jemals hätte träumen lassen. Nach Eisenmans Auffassung sind die Berichte über das Leben Jesu im Neuen Testament nicht einfach naive Wiedergaben der messianischen Botschaft, wie wir sie aus Qumran kennen, sondern bewußte Umwandlungen einer hochpolitischen, gegen das Reich gerichteten Ideologie in einen letzten Endes unpolitischen, demütigen Glauben.

Als Eisenman der Weltöffentlichkeit Anfang November 1991 von der Existenz eines Textes über den »durchbohrten Messias« berichtete, gerieten die Medien in helle Aufregung, und einige seiner Kollegen waren entsetzt. Es geht um den bereits erwähnten Text 4Q285, ein kleines, sechszeiliges Dokument, nicht viel größer als eine Sonderbriefmarke. Es war lange in J. T. Miliks Bestand begraben und erst kurz zuvor Professor Geza Vermes in Oxford zugeteilt worden. Vielleicht ist dies der Grund, warum Vermes einen so großen Anstoß an der Lesart von Eisenman und Wise zu dieser ausgesprochen fragmentarischen Passage über die Messias-Erwartung nahm. Laut Eisenmans Pressemitteilung ist der Text »von denkbar weitreichender Bedeutung, denn er zeigt, daß die Gruppe, auf die diese Schrift zurückzuführen ist, aus dem gleichen biblischen und messianischen Hintergrund heraus agierte wie das frühe Christentum«. Während die meisten Wissenschaftler im Messias der Qumran-Schriften den bekannten triumphalen biblischen Erlöser sahen, lasen Eisenman und Wise die entscheidende Zeile in diesem Text als Voraussage, daß der messianische »Sproß Davids« Wunden oder »Durchbohrungen« erleiden und schließlich getötet werden würde. Mit diesem Dokument glaubte Eisenman den zusätzlichen Beweis dafür gefunden zu haben, daß das internationale Team jahrzehntelang auf höchst explosivem Material gesessen hatte, Material, das zeigte, daß die Passion des Messias (höchstwahrscheinlich durch Kreuzigung, wie sie von den römischen Söhnen der Finsternis mit solch brutaler Regelmäßigkeit durchgeführt wurde) einer allgemeinen Erwartung entsprach und kein konkretes historisches Ereignis darstellte.

Normalerweise werden wichtige alte Texte nicht zuerst in den Zeitungen besprochen, aber Eisenman galt damals bei seinen Kollegen als gefährlicher Störenfried und als besonders voreiliger Wissenschaftler, und bald nach der ersten Bekanntgabe seiner Ergebnisse lud Geza Vermes zwanzig Qumran-Wissenschaftler zu einem Seminar nach Oxford ein. Es sollte ein Tribunal über Eisenmans Behauptungen zu diesem Dokument werden, natürlich ohne daß Eisenman die Möglichkeit erhielt, sich zu verteidigen. Das Ergebnis war vorhersehbar: Eisenman war ihrer Meinung nach übergeschnappt.

Im Hebräischen sind Worte, die aus Konsonanten bestehen, oft mehrdeutig, und das entscheidende Wort in Zeile 4, *hmytw*, kann entweder mit »er tötete ihn« (nämlich der Messias jemanden, wahrscheinlich eine sündige Person) oder mit »sie töteten« (was einen Bezug zu dem grausamen Schicksal des Messias selbst herstellen würde) übersetzt werden. Die renommierten Geladenen dieses Oxforder Seminars waren alle von der Besonderheit des Messias-Glaubens in Qumran überzeugt und sahen keinen Grund, in diesem Stück Pergament einen leidenden Messias zu entdecken. Und obwohl es einige der Argumente wert waren, von beiden Seiten her abgewogen zu werden, distanzierte sich Hershel Shanks eindeutig von den Thesen seines ehemaligen Veröffentlichungspartners. Der Bericht in der BAR über das Seminar in Oxford erweckte schon mit der Überschrift »Der Text vom ›Durchbohrten Messias‹ – eine Interpretation zerstiebt« den falschen Anschein, das Problem sei eindeutig gelöst.

Noch mehr Aufruhr sollte das Buch *The Dead Sea Scrolls Uncovered* (*Jesus und die Urchristen. Die Qumran-Rollen entschlüsselt*. Deutsche Ausgabe 1993) auslösen, das Eisenman und Wise im November 1992 herausbrachten. Angekündigt als »Die erste vollständige Übersetzung und Interpretation von fünfzig wichtigen Dokumenten, die mehr als fünfunddreißig Jahre lang zurückgehalten wurden«, enthielt es knappe, dichte Kommentare zu äußerst fragmentarischen hebräischen Texten. Hier bot sich Eisenman die Chance, wie er es später ausdrückte, das Spiel auszugleichen. Nachdem er beobachtet hatte, wie das internationale Team sein Recht auf Erstveröffentlichung jahrzehntelang dazu genutzt hatte, orthodoxe Interpretationen zu verbreiten, sah er nun seinerseits eine Möglichkeit, die erste Version vieler bisher unbekannter Dokumente zu veröffentlichen und sie in *seinen* historischen Zusammenhang zu stellen.

Beispielsweise datierten die Autoren das MMT nicht wie Strugnell und Qimron in die Zeit hasmonäischer Streitereien im zweiten Jahrhundert v. u. Z., sondern in die Zeit politischen Aufruhrs des ersten Jahrhunderts u. Z., bei dem es darum ging, den Tempel von angepaßten Priestern und römischer Entweihung zu reinigen. Und in ihrer Analyse eines umfangreichen Spruchtextes, den sie mit »Die Kinder des Heils und das Geheimnis der Existenz« (an ihm hatte Strugnell fast vierzig Jahre lang gearbeitet) betitelten, verwiesen sie auf den unterschiedlichen Gebrauch des Wortes »Rettung«, hebräisch *Yesha*, sowie auf den Gebrauch der Variante »seine Rettung«, *Yeshuato*. Jeder Jude, der sich mit diesem Thema befaßt hat, weiß, daß der Name Jesus im Hebräischen allgemein mit *Yeshua* wiedergegeben wird. In diesem Zusammenhang wurde stillschweigend darauf angespielt, daß Jesus nur ein abstraktes Motiv war, dem später von Paulus und seinen Nachfolgern eine irdische Inkarnation zugeschrieben wurde.

Das letzte Dokument, das in dem Buch von Eisenman und Wise erfaßt und übersetzt ist, war von Bedeutung für alle, die wußten, wie naiv und unkritisch die Qumran-Wissenschaftler stets angenommen hatten, daß die Qumran-Sekte die hasmonäischen Könige haßte. Wie bereits ausgeführt, ist man bei der Rekonstruktion der Geschichte der Sekte und bei der Datierung der Siedlung in Qumran immer davon ausgegangen, daß die Mehrheit der Gläubigen die Erben der makkabäischen Familie als degenerierte, hellenisierte Potentaten empfand. Wie die Ergebnisse der archäologischen Forschung in Pesach Bar-Adon am Toten Meer jedoch gezeigt haben, war dieses Gebiet für das hasmonäische Königreich von besonderer Bedeutung, und es ist unwahrscheinlich, daß die Gegner der Hasmonäer gerade hier Zuflucht suchten. Schon 1983 hatte Eisenman über die Leichtgläubigkeit der etablierten Wissenschaftler gespottet, die einfach die These von der Hasmonäerfeindschaft übernahmen. Sie war zum Glaubensbekenntnis geworden und wurde sogar auf das MMT angewandt, obwohl sich unter den unveröffentlichten Texten ein Fragment fand, in dem »König Jonathan« (offensichtlich der Hasmonäerkönig Alexander Jannäus) gepriesen wurde – ein Hinweis darauf, daß möglicherweise Eisenman entgegen dem allgemeinen Konsens recht hat.

Doch eine Sache brachte Eisenman und Wise in Schwierigkeiten: Im April 1992 hatte der versierte Reporter Abraham Rabinovich in der *Jerusalem Post* darüber berichtet, wie der israelische Doktorand Ada Yardeni als erster die enge Schreibschrift dieses Dokuments entziffert hatte.

Eisenman und Wise bezogen sich zwar auf den Bericht in der *Jerusalem Post*, erwähnten aber Yardenis Namen nicht. Später wurde dies als Beispiel für die üblen Absichten von Eisenman und Wise sowie ihren Mangel an Ethik angeführt, aber die historische Neubewertung wurde auch hier nicht beachtet. Eisenman glaubte, daß die Hasmonäer stets eine loyale, fromme Gefolgschaft hatten und sich die Nation erst führerlos fühlte, als die hasmonäische Linie während der blutigen Machtergreifung durch den sich zu Rom bekennenden König Herodes ausgelöscht worden war. »Der Messias-Glaube entstand zu genau dem Zeitpunkt, an dem es zu erwarten war«, betonte Eisenman in einem unserer Gespräche. »Als die makkabäische Familie von der herodianischen Familie ausgelöscht worden war, entstand ein neues Führungsprinzip.«

Eisenmans gesamte These über die Messias-Erwartung, den Judaismus und das Christentum hat erbitterte, verächtliche Kritiker, die Eisenman gern als Verrückten und Störenfried darstellen, der einfach nicht über die erforderlichen Kenntnisse, Fähigkeiten und die Erfahrung verfügt, um die zugegebenermaßen schwierigen Qumran-Texte verstehen zu können. Bei der Zurückweisung seiner Argumente wird die Beweislast allerdings immer auf ihn abgewälzt. Der Konsens über die Geschichte von Qumran ist unerschütterlich. Die meisten Wissenschaftler machen Eisenman lieber zum Ziel ihres Gespötts, als sich ernsthaft mit seinen Argumenten auseinanderzusetzen. Der Mehrheit der etablierten Wissenschaftler wäre es sicherlich lieb, wenn er einfach von der Bildfläche verschwinden würde.

So wurde denn auch der entrüstete offene Brief, den neunzehn prominente Qumran-Wissenschaftler gegen das Buch *Jesus und die Urchristen* verfaßten, zur Anklageschrift gegen Eisenman und Wise, die während der Konferenz über die Qumran-Rollen in New York im Dezember 1992 einen der zentralen Gesprächspunkte bildete. Sicherlich hatte es bei der Verwendung der Textrekonstruktionen anderer Wissenschaftler Fehlurteile gegeben, aber Eisenman hatte recht, als er in seiner Verteidigungsrede sagte, daß die in dem Buch enthaltene Neuinterpretation keinesfalls als Diebstahl geistigen Eigentums bezeichnet werden konnte. Die Inquisition in New York über angebliche Irrtümer, ungenaue Interpretationen und Plagiate in *Jesus und die Urchristen* war zwar demütigend, aber folgenlos. Das Buch verkaufte sich in Amerika und Europa auch weiterhin gut. Die eigentliche Konfrontation sollte erst noch kommen.

DAS JÜNGSTE GERICHT

Die Verhandlung fand am 1. Februar 1993 in einem nüchternen Jerusalemer Gerichtssaal statt. Es ging um einen Zivilrechtsfall – eine Schadensersatzklage in Höhe von einer Viertelmillion Dollar wegen Verstoßes gegen das Urheberrecht und wegen persönlicher Ehrverletzung. Die Klage von Professor Elisha Qimron gegen Hershel Shanks, Robert Eisenman, James Robinson und die Biblical Archaeology Society hatte eindeutig auch eine symbolische und psychologische Bedeutung, die weit über die konkreten Ansprüche hinausging. Unter den Sachverständigen, die vom Kläger aufgeboten wurden, waren der Direktor des Israelischen Amtes für Altertümer, Amir Drori, und der Kurator des Shrine of the Book, Magen Broshi, die beide lange Zeit das Hauptziel von Shanks' journalistischen und herausgeberischen Attacken gewesen waren.

Als Zeugen waren geladen: Professor Yaacov Sussmann, der bei der Untersuchung zur historischen Bedeutung des MMT eng mit Qimron zusammengearbeitet hatte, Professor Larry Schiffman, der von Strugnell und Qimron zu Rate gezogen worden war, sowie Professor Norman Golb, der in fast allem der Meinung der meisten anderen Qumran-Wissenschaftler widersprach. Die Verhandlung wurde mit Spannung erwartet, denn man versprach sich einen wissenschaftlichen Kampf zwischen den Rebellen und dem Establishment der Qumran-Forschung. Und obwohl die beiden ersten Verhandlungstage mit der Vernehmung der Zeugen und Sachverständigen und den Kreuzverhören oft eher langweilten, waren die Plätze auf den harten Holzbänken im Zuschauerraum des Gerichtssaals heiß begehrt.

Hershel Shanks blieb nichts anderes übrig, als sich gegen die Klageschrift zu verteidigen. Er mobilisierte seine treue Leserschaft zu einem neuen Kreuzzug für die Verteidigung der intellektuellen Freiheit und kündigte die Gründung eines Fonds zur Finanzierung der Prozeßkosten an. Außerdem protestierte er gegen das aggressive Vorgehen von Qimrons Anwälten sowie gegen die Behauptung, der Text sei noch nie zuvor veröffentlicht worden, wo doch die MMT-Abschrift als Raubdruck schon weit verbreitet und zuvor bereits von Kapera in Polen veröffentlicht worden war. Besonders ärgerte sich Shanks über Qimrons Behauptung, er habe das Urheberrecht an der Abschrift. Shanks fand diesen Anspruch lächerlich. Für ihn gehörte zum Urheberrecht auch ein Akt der Inspiration und Kreativität. Wenn Qimrons Abschrift korrekt rekonstruierte Wörter und Buchstaben enthielt, dann hatte allein der ursprüngliche Autor eine kreative Leistung vollbracht, nicht aber Elisha Qimron.

Indem Qimron seine wissenschaftliche Arbeit eiskalt in Besitzrechte umrechnete, denen ein bestimmter Geldwert entsprach, tat er etwas, was vom internationalen Team während der ganzen achtunddreißig Jahre seines Bestehens nie versucht worden war. Bei der Gründung des Teams im Jahre 1953 hatten Père de Vaux und Lankester Harding gehofft, der Editionsprozeß werde gefördert, indem man nur einen kleinen Kreis verläßlicher Wissenschaftler einbezog, von denen anzunehmen war, daß sie die Texte in der Reihe *Discoveries in the Judaean Desert* herausbringen würden, ohne daß sie dafür eine direkte, persönliche Entlohnung erwarteten. Das Archäologische Museum von Palästina erhielt beispielsweise keine Tantiemen aus den ersten Bänden. Selbstverständlich gewannen die Mitglieder des internationalen Teams durch ihre Veröffentlichungen ein großes berufliches Ansehen, und in manchen Fällen kletterten sie die Karriereleiter hinauf. Aber obwohl sie manchmal mehr Texte für sich beanspruchten, als sie jemals veröffentlichen konnten, oder eigennützig an den Texten festhielten und vielen jüngeren Wissenschaftlern, die sich sofort eifrig an die Arbeit gemacht hätten, keine Chance ließen, so hat doch, soviel ich weiß, keiner seine Textrekonstruktionen je als sein Privateigentum betrachtet.

Wenn Qimron mit seiner Klage vor dem Jerusalemer Gericht durchkam, dann waren die Rekonstruktionen *aller* Qumran-Texte, und damit zugleich auch die Textrekonstruktionen aller anderen fragmentarisch überlieferten alten Texte, die im Land gefunden worden waren, als geistiges Eigentum zu betrachten, das unter das Urheberrecht fiel. Sobald das ausschließliche Recht zur Erstveröffentlichung einem Wissenschaftler zugestanden wurde, würde die erarbeitete Textrekonstruktion in seinen oder ihren persönlichen Besitz übergehen, der vor Gericht geltend gemacht werden konnte, ganz gleich, ob das Recht zur Veröffentlichung durch persönliche Beziehungen, politischen Druck oder nach sorgfältiger Beurteilung der Fähigkeiten des Wissenschaftlers erworben worden war. Wenn also Elisha Qimron das Copyright am MMT zugesprochen wurde, würde damit ein gefährlicher Präzedenzfall geschaffen werden. Denn dann konnte ein Text nur noch rechtmäßig abgedruckt werden, wenn Qimrons ausdrückliche Erlaubnis dazu vorlag. Und als Inhaber des Urheberrechts war er nicht gesetzlich verpflichtet, jedem diese Erlaubnis zu geben.

Würde er sie einem Konkurrenten geben, dessen Theorien er ablehnte und den er persönlich nicht mochte? Wie würde er auf einen wütenden, undiplomatischen Brief von jemandem wie Robert Eisenman reagieren? Was wäre dann mit dem Ideal der offenen Diskussion in der Gemeinschaft von Wissenschaftlern? Genau mit diesen Fragen startete Shanks eine neue Kampagne für die akademische Freiheit. »Wenn es etwas Schlimmeres gibt, als der Öffentlichkeit die Fotografien von den Fragmenten vorzuenthalten, dann ist es die Verleihung von Exklusivrechten an der Rekonstruktion eines alten Textes an den Wissenschaftler, der sie angefertigt hat«, schrieb Hershel Shanks in einem Leitartikel in der BAR.

Die Geschichte der Qumran-Rollen hat schon viele seltsame Wendungen genommen, seit Muhammed Ahmed, Khalil Musa und Juma'a Muhammed im Winter 1946/47 ihren glücklichen Fund machten. Aber dies war eine höchst merkwürdige Wendung. Was hätten wohl die beiden treuen Kämpfer für das haschemitische Königreich, Père de Vaux und Lankester Harding, dazu gesagt, daß die Exklusivrechte des internationalen Teams einmal vor einem Gericht im Staat Israel bestätigt werden sollten – mit Beweisführungen, schriftlichen Anträgen und Plädoyers in modernem Hebräisch und unter dem Vorsitz einer Richterin, die bereitwillig zugab, sie habe den Fall übernommen, weil es um das Erbe des Volkes Israel gehe?

Weder Eisenman noch Robinson waren bei dem Prozeß anwesend. Shanks hatte von Anfang an die volle Verantwortung für das Vorwort des Herausgebers übernommen und war bereit und entschlossen, Gründe anzuführen, warum die Qumran-Rollen nicht Qimron oder einem anderen Wissenschaftler gehörten, sondern das geistige Erbe der ganzen Welt waren. Für Shanks ging es bei diesem Rechtsstreit um mehr als nur um den freien Zugang zu den Qumran-Rollen; für ihn war es ein Streit um den freien Austausch zwischen alten Texten und modernen Vorstellungen. Leider aber konnten weder Shanks noch seine Anwälte die Richterin Dorner von der Richtigkeit dieses erhabenen Ideals überzeugen.

Als erster Zeuge wurde Magen Broshi aufgerufen. Er erzählte dem Gericht, daß er Qimron etwa 1980 Strugnell vorgestellt hatte und daß Strugnell in seinen Studien der MMT sehr eingeschränkt gewesen war, da er zu wenige Kenntnisse der *Halacha* besaß. Qimron habe zehn Jahre seines Lebens über den Fragmenten verschiedener Abschriften des MMT gesessen, um daraus einen Text zusammenzusetzen. Auf die Frage nach der historischen Bedeutung des Manuskripts versicherte Broshi, daß Qimron ihn richtig eingeordnet habe. Dann erklärte Broshi phantasievoll und wenig plausibel, daß, wenn der Inhalt des Textes nicht von anderen veröffentlicht worden wäre und Qimron ein populärwissenschaftliches Buch darüber geschrieben hätte, es inzwischen schon zu Zehntausenden verkauft worden wäre. Diese Behauptung war auch für den gutgläubigsten Zuhörer eine Zumutung. Ein Buch über einen alten Text, in dem weder Sex, Gewalt noch häretische Geheimnisse vorkamen und das aus der Feder eines Wissenschaftlers stammte, dessen Stil so trocken war wie die Judäische Wüste … Wie Eisenmans Anwalt Amos Hausner später in seinem Plädoyer spitz ausführte: Das MMT war nicht Masada und Elisha Qimron nicht Yigael Yadin.

Dann war Professor Yaacov Sussmann an der Reihe, Qimrons langjähriger Verbündeter. Sussmann betonte nochmals die Bedeutung von Qimrons Leistungen im allgemeinen und seiner Interpretation des MMT im besonderen, die einen wertvollen Beweis für die *Halacha*-Diskussion in der Hasmonäerzeit geliefert habe. Der Witz ist, daß jeder im Gerichtssaal diese Ansicht als definitive »wissenschaftliche« Erklärung akzeptierte, als unbezweifelbare Tatsache. Aber bei dem Prozeß ging es nicht um Geschichte, sondern um Geld. Sussmann runzelte die Stirn, als er erklärte, wie schwer er Qimrons finanziellen Verlust einschätze. Die vorzeitige Veröffentlichung des MMT habe Qimron um die gebührende Anerkennung gebracht und so seinem Ruf geschadet, behauptete Sussmann. Und da hochrangige Wissenschaftler von internationalem Ruf für eine Vorlesung fünf- bis zehntausend Dollar verlangen konnten – hier übertrieb Sussmann maßlos –, sei der Verlust für Qimron offensichtlich.

Diese zweitklassige Vorstellung dauerte zwei volle Tage. Qimron erzählte noch seine herzzerreißende Geschichte vom entbehrungsreichen, nur der Wissenschaft gewidmeten Leben. Er habe nun das Gefühl, er sei um sein Lebenswerk gebracht worden, und seine Welt sei zusammengebrochen. Aber es war Shanks selbst, der sein Schicksal besiegelte, indem er schonungslos offen über seine Absichten und über seine Überzeugungen sprach. Er räumte ein, daß es ein Fehler gewesen sei, Qimrons Beitrag nicht namentlich zu kennzeichnen, und daß er nicht auf die rekonstruierten Worte in den eckigen Klammern geachtet habe. Er widersprach jedoch der Ansicht, daß Qimron ein Urheberrecht geltend machen könne. Wenn jemand dies beanspruchen könne, dann der Lehrer der Gerechtigkeit.

An diesem Punkt stellte Richterin Dorner die vielleicht wichtigste Frage: Wenn Shanks gewußt hätte, wieviel Arbeit in Qimrons Abschrift und Textrekonstruktion steckte, hätte er den Text auch dann veröffentlicht? Shanks hätte hier Reue zeigen können. Er hätte es sich leichtmachen und allen in dem kleinen Gerichtssaal sagen können, was sie hören wollten. Aber es spricht für Shanks – besonders im Lichte der folgenden Kosten und Demütigungen –, daß er einfach sagte, er würde es unter denselben Umständen wieder tun.

Das vierundvierzig Seiten lange Urteil von Richterin Dorner vom 30. März war äußerst scharf. Später meinte Shanks ironisch: »Diese Richterin mochte mich anscheinend nicht und hatte kein Verständnis für meine Kampagne.« Obwohl Dorner anerkannte, daß Qimrons Verluste durch entgangene Buchverkäufe und Vorlesungen rein hypothetisch waren, verurteilte sie Shanks zu der höchstmöglichen Geldbuße von umgerechnet 7400 Dollar, weil sie ihm übelnahm, daß er seine Veröffentlichung als Teil eines ethischen Kampfes ansah und nicht bereit war anzuerkennen, welchen Schaden er Qimron zugefügt hatte. Darüber hinaus wurde er zur Zahlung von 29 600 Dollar Schmerzensgeld verurteilt, der höchsten Geldstrafe, die je in Israel in einem Copyright-Fall verhängt worden war. Und er sollte Qimrons Prozeßkosten in Höhe von 18 500 Dollar übernehmen. Der Tonfall des Urteils war eindeutig kritisch gegenüber Shanks, und die Beträge waren so hoch angesetzt, daß sie für die Biblical Archaeology Society schmerzhaft waren. Aber noch schlimmer waren die Folgen für die Zukunft der Qumran-Forschung, denn Richterin Dorner hatte das Urheberrecht des Herausgeberteams wesentlich erweitert.

Obwohl Shanks versicherte, daß ein Text, sobald er veröffentlicht war, von anderen Wissenschaftlern als Basis für eine weiterführende wissenschaftliche Diskussion und für weiterführende Studien frei benutzt werden könne, entschied Richterin Dorner: »Es gibt keinen Beweis für diese wissenschaftliche Übereinkunft. Und selbst wenn es sie gäbe, hätte solch eine Übereinkunft keine rechtliche Grundlage. Eine Veröffentlichung hebt das Urheberrecht nicht auf. Weder das Gesetz noch ein Gewohnheitsrecht erlauben den nicht autorisierten Abdruck von Material, das bereits veröffentlicht wurde. Und wenn es rechtmäßig gebraucht wird, muß es als Zitat des ursprünglichen Autors gekennzeichnet sein.« Dies bedeutete, daß der erste Herausgeber eines alten Textes über dessen künftigen Gebrauch bestimmen konnte. Die Richterin hatte sich somit gegen das von ihr ausdrücklich erklärte Interesse am gemeinsamen Erbe des israelischen Volkes gewandt und die neue Politik des freien Zugangs in Frage gestellt, für deren Durchsetzung Shanks so hart gekämpft hatte. Qimron konnte nun jeden gerichtlich belangen, der nicht autorisierte Abschriften des MMT veröffentlichte, die seiner eigenen ähnelten. Es gab Gerüchte, er wolle nun auch Abegg, Wacholder und Eisenman verklagen.

Das Urteil hatte fraglos eine abschreckende Wirkung und erhielt auf subtile Weise das bestehende Machtgefüge, denn die Veröffentlichung alternativer Rekonstruktionen von Qumran-Texten durch Außenseiter war zu einer rechtlich heiklen Sache geworden. Ein nicht autorisierter Herausgeber mußte jetzt nachweisen, daß er die Ansichten des offiziellen Autors zu einem speziellen Dokument überhaupt nicht kannte – und das war in der überschaubaren kleinen Welt der Qumran-Forschung unmöglich. Emanuel Tov, der Herausgeber der Schriftrollen, reagierte höchst befriedigt auf die Entscheidung von Richterin Dorner, die alle Kritiker und Eindringlinge in ihre Schranken wies. »Das ist ein Präzedenzfall«, erklärte er Joel Greenberg von der *New York Times*. »Es bestätigt die rechtliche Basis der Arbeit unseres Teams, und ich hoffe, daß andere, die einen unrechtmäßigen Gebrauch von dem Material unserer Gruppe machen wollen, sich das nun zweimal überlegen werden.«

Hershel Shanks war also zumindest zeitweise zurückgeschlagen worden, und Eisenman wurde weiterhin geächtet. Die Besprechungen seines Buches *Jesus und die Urchristen* durch andere Qumran-Wissenschaftler klangen unverändert böse, und seine historischen Thesen wurden noch immer völlig abgelehnt. Als ich Ende Mai mit Tov über den Fortschritt bei der Veröffentlichung sprach, bedauerte er, daß es in den letzten Jahren einen solchen Aufruhr gegeben hatte. »Ich glaube, es wäre viel besser für uns gewesen, wenn dies alles nie stattgefunden hätte«, sagte er mit einer wenig überzeugenden Bestimmtheit. »Ich habe das Gefühl, vielmehr ich weiß, daß wir alle im Team die gleiche wissenschaftliche Arbeit geleistet und diese weit besser ausgeführt hätten, wenn all diese Störungen von außen nicht gewesen wären.«

Zweifellos ist es Tov gelungen, die Arbeit innerhalb des Veröffentlichungsprojekts so zu organisieren und zu überwachen, daß die Herausgabe aller bisher noch nicht veröffentlichten Texte aus Höhle 4 innerhalb der nächsten Jahre sichergestellt ist. Einige neue Bände der *Discoveries in the Judaean Desert* sind in der Vorbereitung schon sehr weit gediehen. Tov hofft, daß das gesamte Material bis 1997 bei ihm eingegangen sein wird. Während Länge und Ausführlichkeit der früheren Qumran-Veröffentlichungen sehr unterschiedlich waren, versucht er, zumindest für die Textkonstruktionen, die Übersetzungen und die Kommentare, einheitliche Richtlinien für die zahlreichen Wissenschaftler in Europa, Amerika und Israel aufzustellen, denen unveröffentlichte Texte zugeteilt wurden. Und in der heutigen Zeit des Computers und des Desktop publishing ist es Tov gelungen, komplett gestaltete Seiten mit den Texten der Schriftrollen und den Kommentaren zu erstellen, die er dann an die Oxford University Press schickt.

Aber als leitender Herausgeber hält Tov immer noch an der Vorstellung fest, daß nur ausgewählte Wissenschaftler, ausschließlich Experten in Handschriftenkunde und Bibelforschung, qualifiziert sind, etwas über die Qumran-Rollen zu sagen, auch wenn sie wenig über die Entwicklungen auf den Gebieten der Sozialgeschichte, Soziologie und historischen Anthropologie wissen. Trotz all seiner Erfolge scheint Tov abweichende Interpretationen von Außenseitern immer noch übelzunehmen. Er und seine Kollegen sind schnell dabei, diese als Störenfriede oder Verrückte abzutun. Als ich im Mai 1993 mit ihm sprach, bezog er sich auf einen ganz bestimmten Außenseiter. »Sehen Sie, wenn in der Forschung jemand eine wilde Theorie aufstellt, dann ist sie da, unauslöschbar. Der sogenannte durchbohrte Messias, damit muß man leben. Ich lebe damit. Es hat ihn nie gegeben. Jeder Journalist hat mich nach dem durchbohrten Messias gefragt, aber es hat ihn nie gegeben. Man kann ihn nicht mehr wegradieren. Wenn es anders gewesen wäre, wenn wir zuerst eine gute, solide Veröffentlichung zu diesem speziellen Fragment gehabt hätten und die Theorie vom durchbohrten Messias erst später aufgetaucht wäre, hätten die Wissenschaftler viel leichter sagen können: ›Na und? Lesen wir doch lieber den guten, soliden wissenschaftlichen Kommentar von Geza Vermes, die erste Veröffentlichung dieses Textes.‹ Dann hätte man über Eisenmans Ansichten lachen können.«

Die Qumran-Rollen mögen heute allen Wissenschaftlern zugänglich sein, aber das effiziente neue internationale Team bildet auch weiterhin das Zentrum der Macht. Trotz Hershel Shanks' teurer und anstrengender Kampagne für die völlige Freiheit in der Qumran-Forschung, trotz John Strugnells Amtsenthebung und trotz Eisenmans leidenschaftlichem Kampf um Anerkennung dominiert immer noch die orthodoxe Interpretation der Qumran-Rollen.

In der langen und verworrenen Geschichte der Qumran-Rollen haben wir nun ein Stadium erreicht, in dem ein freier Zugang zu den Dokumenten besteht, während die Akzeptanz neuer Ideen stark eingeschränkt ist. Seit dem großen Aufruhr im Jahre 1991 sind der wissenschaftlichen Öffentlichkeit viele neue Dokumente bekannt gemacht worden. Doch noch immer wird die Qumran-Literatur kaum als Ausdruck des Protests verstanden, als andere Sicht der jüdischen Vergangenheit und Zukunft, die diskreditiert und schließlich vergessen wurde – nicht weil sie moralisch oder spirituell minderwertig war, sondern weil sie offensichtlich zu einer umfassenderen Bewegung gehörte, die bei der Niederschlagung des judäischen Aufstands durch die römischen Legionen systematisch und rücksichtslos ausgemerzt wurde.

Die Qumran-Literatur mit ihrer militanten, fremdenfeindlichen Intensität bietet uns einen Einblick in die Denkweise eines Volkes, das von Rom unterdrückt und ausgebeutet wurde. Es kann hilfreich für uns sein, die zum Schweigen gebrachten Stimmen der vielen unterjochten Völker zu hören, die von der Großartigkeit des Römischen Reiches an den Rand gedrängt und in die Sklaverei verkauft wurden. Das Haupthindernis für ein Verstehen dieser Botschaft ist ein wissenschaftliches Klima, in dem eine selbstsüchtige Angst und übermäßige Vorsicht davor herrschen, sich zu weit von einer vorgeblichen wissenschaftlichen Objektivität zu entfernen.

Das Studium der Qumran-Rollen ist eine heikle Angelegenheit. Millionen von Juden und Christen auf der ganzen Welt sind mit den traditionellen historischen Ansichten ihrer Religion aufgewachsen, die jeweils als zwangsläufiger und reinster Ausdruck von Gottes Wirken in der menschlichen Geschichte angesehen wird. Wenn wir erkennen, daß Apokalyptik und Messias-Glaube nicht nur theologische Erscheinungen, sondern Ausdruck eines immer stärker werdenden Volksprotestes gegen wirtschaftliche Ausbeutung und politische Entrechtung waren, können uns die Qumran-Rollen eine neue Quelle gemeinsamer westlicher religiöser Tradition erschließen. Wer kann die Ähnlichkeit zwischen den zornerfüllten Visionen vom Krieg der Söhne des Lichts gegen die Söhne der Finsternis und den hitzigen Rufen nach dem gerechten Heiligen Krieg unter den zersprengten Gruppen radikaler Moslems leugnen? Wer erkennt hier nicht die messianische und eschatologische Inbrunst wieder, die David Koresh und seine Anhänger dazu brachte, sich ihre eigene feurige Apokalypse am Mount Carmel in Waco, Texas, zu schaffen, als einen letzten Akt des Widerstandes gegen die Söhne der Finsternis, die ihre Gemeinschaft umzingelt hatten?

Bis heute haben die meisten Qumran-Wissenschaftler keine Zeit oder kein Interesse aufgebracht, sich mit allgemeinen religiös motivierten Verhaltensweisen zu beschäftigen. Sie verstehen sich stolz als Spezialisten für Handschriftenkunde und Textanalyse. Aber die Qumran-Rollen bieten nicht nur Stoff für gelehrte Abhandlungen: Sie enthalten eine Botschaft, die uns in der Hoffnung hinterlassen wurde, daß wir sie verstehen würden. Es ist die apokalyptische Botschaft einer Gruppe, die sich enteignet und entrechtet fühlte und für die die Welt auf den Kopf gestellt war. Aus ihr spricht die Wut auf Eindringlinge und die Verachtung für Kollaborateure, die nur an ihrem persönlichen Vorteil interessiert sind. Als Reaktion hierauf und zur Verteidigung ihrer Identität webte sich die Gemeinschaft einen Kokon aus nationalen Gesetzen und Bräuchen. Es sind die zeitlosen Träume der Machtlosen, die auf den Tag warten, an dem diese verkehrte Welt wieder in eine richtige Ordnung gebracht werden wird, an dem die Frevler für ihre Boshaftigkeit leiden, statt belohnt zu werden, und an dem die Armen, Verachteten und Unterdrückten als Auserwählte Gottes erkannt werden.

Die Geschichte hat gezeigt, daß diese Vorstellungen gefährlich werden können, wenn sie in die Tat umgesetzt werden. In dieser verkehrten

Welt werden die Schwachen und Enteigneten fast immer von den Starken besiegt. Wahrer religiöser Protest existiert stets auf Messers Schneide, sammelt alle Leidenschaft nur für einen kurzen Augenblick, dann müssen die Anhänger entweder Kompromisse eingehen oder sterben. Aber die messianische Bewegung der Judäer mit ihrem scheinbar unerfüllbaren Streben nach dem Königreich Gottes auf Erden ist nie vollständig zum Schweigen gebracht worden. Und obwohl die meisten Qumran-Forscher dazu neigen, die Texte zu zergliedern, zu analysieren und völlig zu verharmlosen, zeugen diese Tausende Fetzen nachgedunkelten, beschriebenen Pergaments doch beredt von der zeitlosen Wut gegen Ungerechtigkeit und Unterdrückung, die versteckt auf dem Grunde des Judentums wie des Christentums liegt.

Die Höfe, Zisternen und Werkstätten der Qumran-Siedlung sind heute nur noch zerfallene Ruinen in der sengenden Sonne, die von Touristen begafft und von den Wissenschaftlern analysiert und eingeordnet werden. Doch zugleich sind es schweigende Zeugen für die starke Sehnsucht nach Unabhängigkeit, die von den römischen Legionen gewaltsam und auf tragische Weise ausgelöscht wurde. Die alte Siedlung auf dem hochgelegenen weißen Plateau am Toten Meer war fast zwei Jahrhunderte lang ein lebendiges Bindeglied in einem sich ständig verändernden Netzwerk judäischer und galiläischer Städte, Dörfer, Nachbarschaften, Bruderschaften und Schwesterschaften, die die Fremdherrschaft niemals akzeptieren wollten und konnten. Es war eine chaotische Bewegung aus Eiferern, Idealisten, Glücksrittern, Visionären, Bauern, Priestern und Dienern, die mitansehen mußte, wie einige wenige Judäer auf Kosten aller anderen zu Wohlstand kamen, weil sie die neuen wirtschaftlichen, sozialen und politischen Spielregeln schnell gelernt hatten. Auch wenn sie ihren Zorn in Form biblischer Lyrik oder in apokalyptischen Orakeln zum Ausdruck brachten, handelte es sich doch um eine einflußreiche politische Ideologie. Sie vertrat die Überzeugung, daß kein fremder Unterdrücker, wie aggressiv oder technisch überlegen er auch sein mochte, seiner völligen Vernichtung am Tage des Jüngsten Gerichts entgehen konnte.

Ihre Vision von der Zukunft war genau umrissen und von kalter Grausamkeit. Gott hatte verfügt, es werde bald einen Tag der Rache geben und nichts – weder die qualvollen Schreie der Sterbenden noch der Anblick blutüberströmter, zerstückelter Körper – würde die Söhne des Lichts davon abhalten, ihr von Gott bestimmtes Schicksal zu erfüllen. Jedes Detail ihrer Ausrüstung und Taktik war aufgeführt, vom zulässigen Alter der Soldaten und Lagerkommandanten bis hin zu den genauen Abmessungen der Schwerter und Schilde der Soldaten und den eingravierten Inschriften auf den Trompeten, die zum Angriff blasen sollten. Sobald die Söhne des Lichts aus der Wüste gerufen wurden, würden sie sich vor den Toren Jerusalems zum Kampf gegen die Armee des Belial aufstellen. In den feindlichen Reihen würden sich all jene Unterdrücker und unliebsamen Nachbarvölker finden, unter denen die Bewohner des judäischen Gebirgslands seit dem Eindringen der Römer gelitten hatten. Unter den Söhnen der Finsternis würden »die Truppen von Edom und Moab und die Söhne Ammons« (die griechischen Siedler und nabatäischen Händler von der anderen Seite des Jordan) sein, »das Heer der Bewohner von Philistia« (hellenisierte Kaufleute und Geldverleiher aus Gaza, Askalon [Ashkelon] und den anderen Hafenstädten), »die Kittim von Assur« (die römischen Legionen in Syrien, die nach Süden geschickt worden waren, um die gelegentlichen Unruhen in Judäa niederzuschlagen) und örtliche Kollaborateure, die »Frevler des Bundes«.

Beeindruckend an dieser Beschreibung ist, daß sie keine vage, mythische biblische Schlacht schildert, sondern einen merkwürdig realistischen Plan für einen großen Befreiungskrieg. Am festgesetzten Kampftag sollte sich das Heer der Söhne des Lichts in sieben Formationen aufstellen. Auf ein göttliches Signal hin würde sich die Gemeinschaft der Engel den Söhnen des Lichts anschließen und ein »Blutbad anrichten«, um die Geister und die Söhne der Finsternis auszulöschen. Die Söhne des Lichts würden die Feinde dreimal hart bedrängen und fast ihre Verteidigungsreihen überwinden. Dreimal würden die Söhne der Finsternis Gegenangriffe durchführen und die Söhne des Lichts zum Rückzug zwingen. Aber beim siebten Aufeinandertreffen der beiden Heere würde »die große Hand Gottes Belial und alle Engel seines Reiches bezwingen«, und die Söhne der Finsternis – die Römer, die feindlichen Nachbarvölker und die Kollaborateure im Land – würden bis auf den letzten Mann niedergemetzelt werden.

Der Sieg in der Schlacht von Jerusalem würde allerdings nur der erste Schritt der Eroberung sein. Nach der ersten Begegnung vor den Toren Jerusalems würden die Söhne des Lichts nach Süden marschieren und die Römer in der reichen Provinz Ägypten vernichtend schlagen, dann würden sie denselben Weg zurückgehen und Krieg gegen die Länder im Norden führen. Im ersten Jahr ihrer Feldzüge würden sie die Oberläufe von Euphrat und Tigris erobern (heute Syrien und Irak), im nächsten Jahr die Türkei, und danach würden sie die Armenier und die anderen Völker des Kaukasus besiegen. Anschließend, so lautete der Plan, würden sie in die Bergregionen des Iran, nach Afghanistan und Pakistan vordringen, bis hin nach Indien. Nachdem sie so den Nahen Osten und den Zugang zum Indischen Ozean gesichert hätten, würden sich die Söhne des Lichts in unabhängige Einheiten aufteilen und in zwanzig Jahren auch Afrika und Europa bezwingen.

Dies alles waren in den Augen der Qumran-Bewohner Schritte auf dem Weg zum endgültigen Ziel, zur Zerstörung des Römischen Reiches mit seinen verabscheuungswürdigen Ausbeutungsmethoden und seiner Götzenanbetung. Die Zerstörung dieses bösen Reiches würde nach Aussage der Kriegsrolle der Wendepunkt in der Geschichte der gesamten Menschheit sein: »Dies soll eine Zeit der Erlösung für das Volk Gottes sein, ein Zeitalter der Herrschaft für alle in Seinem Gefolge und immerwährender Vernichtung für alles Gefolge Satans. Die Verwirrung der Söhne Japeths wird [groß] sein, und Assyrien wird ohne Beistand fallen. Die Herrschaft der Kittim wird ein Ende haben, und die Ungerechtigkeit wird bezwungen werden, ohne Rest; [für die Söhne der] Finsternis wird es kein Entrinnen geben.«

Dies war kein müßiger Tagtraum, sondern eine ideologische Vorbereitung zum Aufstand. Und als die Zeit zum Handeln kam, folgten viele dem Ruf. Im Frühling des Jahres 66 u. Z. hatte sich das politische Klima ständig verschärft, nachdem der Prokurator Gessius Florus Teile des Tempelschatzes konfisziert und seinen Soldaten befohlen hatte, den Tempel anzugreifen. Das Volk von Jerusalem reagierte darauf mit Gewalt, und die kleine römische Streitmacht wurde aus der Stadt vertrieben. Die Führer der Aufständischen und die mit ihnen verbündeten Priester erklärten die Unabhängigkeit Judäas und trafen eine Entscheidung, der eine erhebliche symbolische Bedeutung zukam: Ab sofort gab es kein tägliches Opfer für den römischen Kaiser mehr. Dies war sicher ein großer Schritt vorwärts im göttlichen Zeitplan – das Verbot von nichtjudäischen Opfern war schon lange ein beherrschendes Thema in Werken wie dem MMT und der Tempelrolle.

Inwieweit sich die Aufständischen an einer einzigen Lehre orientierten, können wir heute nicht mehr herausfinden. Aber die Weltsicht der Qumran-Gemeinde war zweifellos typisch, wenn nicht gar bestimmend für die theologische Rechtfertigung der Revolte. In den ersten vier Jahren des Aufstandes sprachen jedenfalls alle Anzeichen dafür, daß die Erlösung nahe war. Im Herbst des Jahres 66 marschierte der römische Statthalter von Syrien, Cestius Gallus, mit seinen Truppen nach Süden, um den Aufstand niederzuschlagen. Nach anfänglichen Siegen wurden die Truppen des Cestius dann aber in offener Schlacht von einer schnell zusammengestellten Truppe aus judäischen Freiwilligen geschlagen. Als sie sich panikartig von Jerusalem zurückzogen, wurden die fliehenden Römer niedergemetzelt. Es sah so aus, als stünden den Söhnen des Lichts gottgesandte Mächte zur Seite, genau wie es in der Vision der Kriegsrolle versprochen wurde. Und als Vespasian im Frühjahr 67 mit einer noch größeren Armee anrückte, war es offenbar ebenso: Er schlug zwar mühelos den Aufstand in Galiläa nieder und bewegte sich zielstrebig nach Süden, wobei er rebellische Festungen eroberte und allmählich große Gebiete des Landes zurückgewann. Aber auch er konnte Jerusalem nicht angreifen.

Im Frühjahr des Jahres 68 bahnten sich seine Truppen dann den Weg durchs Jordan-Tal, und bei diesem Feldzug wurde – laut de Vaux – auch die Siedlung in Qumran zerstört und niedergebrannt. Dieser Angriff muß aber nicht unbedingt das Ende jeglicher Besiedlung der Region bedeutet haben. Auch die Schriftrollen müssen damals noch nicht endgültig versteckt worden sein. Denn noch einmal schien Gott einzugreifen, gerade als Vespasian zum Angriff auf Jerusalem vorrückte. Im Spätsommer des Jahres 68 erfuhr Vespasian vom Tod Kaiser Neros. Im darauffolgenden Jahr war er so in die Innenpolitik des Reiches verstrickt, daß er keinen weiteren Angriff auf die judäischen Rebellen durchführen konnte. Erst im Frühjahr des Jahres 70 beauftragte Vespasian, jetzt römischer Kaiser, seinen Sohn Titus, Jerusalem zu zerstören. Nach drei Monaten des Wütens und Tötens lag der Tempel in Trümmern, und die einst so schöne Stadt Jerusalem lag in Schutt und Asche.

Wie hatte Gott so etwas zulassen können? Waren die himmlischen Offenbarungen, die den Wunsch nach nationaler Unabhängigkeit genährt hatten, falsch gewesen? Hier und da leisteten kleine Gruppen Aufständischer anscheinend immer noch bewaffneten Widerstand, auch

nachdem der Krieg bereits entschieden war. In diesem Klima des verzweifelten, zum Scheitern verurteilten Widerstands müssen die letzten
Tongefäße mit den Schriftrollen versteckt worden sein. Zu diesem Zeitpunkt konnte man den Kittim und anderen Söhnen der Finsternis nur
entkommen, wenn man sich an abgelegene Orte in der Wüste, in versteckte Enklaven begab.

Zuletzt fiel auch die Festung Masada, die noch von einer Gruppe
Rebellen gehalten worden war. Sie machten sich lieber selbst zu Märtyrern und sicherten sich so ihre Auferstehung in der künftigen Welt, als
sich von den Römern hinrichten oder in die Sklaverei verkaufen zu lassen.
Wie hatte man die sicheren Zeichen der Erlösung so vollständig falsch
deuten können? In den Schriftrollen der Lieder vom Sabbatopfer, die in
Qumran und in Masada gefunden wurden, geht es um das Rätsel, warum
den Frevelhaften der Sieg zugestanden wurde und die Gerechten zur
Niederlage verdammt waren:

»Vom Gott des Wissens [kommt] alles, das für immer ist, [und aus]
Seinen [Plän]en kommen all die immerwährend Berufenen. Er bringt die
früheren Dinge hervor zu ihrer festgesetzten Zeit und die späteren Dinge zu ihren Zeiten. Keiner unter denen, die die [wunderbar] offenbarten
Dinge kennen, kann sie begreifen, bevor Er sie schafft. Wenn Er sie
schafft, kann keiner der [Vollbringer der Gerechtig]keit Seinen Plan verstehen; denn sie sind Seine ruhmvollen Werke.«

In Rom hatten die Menschen noch nie solch einen Triumph erlebt.
Menschenmengen säumten die Hauptdurchgangsstraßen vom frühen
Morgen an. An diesem Sommertag im Jahre 71 u. Z. genossen alle, Skla-
ven und Freie, Männer, Frauen und Kinder, einen offiziellen Feiertag
ohne Arbeit. Zusammengedrängt lachten, sangen und jubelten sie, und
zuweilen drängten sie sich vor, um die Bösewichte auszubuhen und sie
zu verhöhnen und den großartigen Sieg ihres Reiches zu preisen. Stunden zuvor, in der Dunkelheit vor Anbruch der Morgendämmerung, waren Tausende von Fußsoldaten sowie Einheiten der Reiterei in Parade-
formation auf dem Marsfeld am Tiber aufgestellt worden. Ihre Helme,
Brustharnische und Beinschienen waren poliert, die Waffen und die Standarten, die das stolze Abbild des Kaisers trugen, mit Trophäen aus den
Feldzügen geschmückt. Alles war bereit für die Schau.

Als die ersten Lichtstrahlen am Horizont über dem Fluß auftauchten,
nahmen der glatzköpfige, korpulente Kaiser Vespasian und sein gutaus-

sehender Sohn Titus, beide bekränzt und in purpurfarbene Togen gewandet, ihre Sitze auf den Elfenbeinthronen ein. Sie waren von den Senatoren und den Führern der Bürgerschaft umgeben, die sich im Schatten eines Marmorsäulengangs versammelt hatten. Das Schicksal war dem Reich günstig gewesen. Der Gott der Judäer war durch die Macht und Fähigkeit der Römer besiegt und gedemütigt worden.

Von den Formationen rauher Veteranen, die aus dem ganzen Reich zusammengekommen waren, schallte dröhnender Beifall, als sie ihre Kommandanten im Morgenlicht erblickten. Vespasian erhob sich und gebot mit einer Bewegung Ruhe. Neben seinem Sohn Titus stehend, sprach er die alten Gebete zu den Göttern und Göttinnen, die Roms Glück und Wohlergehen gesichert hatten. Es war nichts als ein arrogantes Machtspektakel, das sich hinter der Maske göttlicher Gunstbezeugungen verbarg. Tyrannen der Neuzeit haben versucht, diesem Prunk in Nürnberg oder auf dem Roten Platz nachzueifern. Aber kein Triumph war so vollständig und langanhaltend wie dieser. Die Welt war in eine Zeit des »Friedens« eingetreten, weil die Tyrannen schließlich endgültig gesiegt hatten. Das Unvorstellbare war geschehen. Das Böse hatte über die Gerechtigkeit triumphiert. Nachdem die Truppen ihre Morgenverpflegung erhalten hatten und den Göttern an der Porta Triumphalis geopfert worden war, legten Vespasian und Titus die Gewänder siegreicher Generale an, stiegen in vergoldete Streitwagen und fuhren zum Tempel des Jupiter auf dem Kapitol, um sich in der Schmeichelei, der Bewunderung und den heiseren Hochrufen des Volkes von Rom zu sonnen.

Kein anderes Reich auf Erden war derart erfolgreich in der Ausbeutung anderer Völker. In mächtigen Grundmauern und beeindruckenden Aquädukten hat es bis heute überlebt. Aber Wunderwerke der Technik, sorgfältig ausgearbeitete Gesetze oder architektonische Meisterwerke sind für die Bewertung einer politischen Macht nicht wichtiger als pünktlich fahrende Züge. Denn das Römische Reich, das ganz Süd- und Westeuropa einnahm und die Grundlagen seiner Zivilisation schuf, verbarg tief in seinem Inneren eine entsetzliche, völkermordende Mission der Eroberung, Sklaverei und Grausamkeit, die um so schlimmer war, weil sie so geschickt verborgen wurde. Hinter jedem Bankgebäude im römischen Stil, hinter jedem Aquädukt und jedem lateinischen Wort liegt die Grausamkeit der Macht, die kein anderes Bewußtsein und keine anderen Gefühle in Freiheit und Unabhängigkeit neben sich existieren

lassen wollte. Die Triumphzüge mögen vorbei sein, aber der Triumph
jener großen Macht dauert an.

Für die entfernteren Völker und Kulturen, die mit blutrünstigem,
unmenschlichem Vergnügen in den Kampfarenen, in den Minen und
Sklavengaleeren ausgelöscht wurden, war Rom ein erfolgreiches Tau-
sendjähriges Reich. Es war eine tyrannische Macht, die von keinen Al-
liierten angegriffen wurde, keine Schlacht von El-Alamein stoppte ihr
Vordringen in Nordafrika, keine Luftschlacht um England verhinderte
die Eroberung von Londinium, keine Invasion in der Normandie ver-
eitelte die Eroberung Galliens. Über Jahrhunderte hinweg mußten sich
die Völker im Römischen Reich an kniefällige Unterwürfigkeit gewöh-
nen, oder sie wurden vernichtet. Unsere heutigen Kulturen und unsere
Religionen sind durch die Erfahrung mit Rom geformt worden. Wenn
Judentum und Christentum anfänglich eine Kraft des Widerstands gegen
Unterdrückung und Leid darstellten, so wurden sie uns doch nur in
jenen Formen überliefert, die von den Regenten des Römischen Reiches
erlaubt oder wenigstens geduldet wurden. Alle anderen Glaubenssyste-
me wurden zerstört.

In den Jahren nach dem Fall von Masada und dem Ende des Krieges in
Judäa war die Zehnte Legion ständig in Jerusalem stationiert. Die Soldaten entweihten weiterhin die zerstörte Stadt und den Tempel mit
ihrem verhaßten Emblem des wilden Ebers und dem Rauch ihrer heidnischen Opfer. Zehntausende von judäischen Gefangenen waren über
das Mittelmeer in die Sklaverei geschickt worden. Die ehemaligen judäischen Adligen und bürgerlichen Führer, die sich ergeben hatten und
politisch harmlos schienen, wurden in speziellen Gebieten angesiedelt,
wo man sie genau beobachten konnte. Priester wurden nach Norden
in das Dorf Gofna geschickt. Schreiber und andere Gelehrte wurden
nach Jamnia oder Jabne an der Mittelmeerküste umgesiedelt. Und da
der Kaiser nun weite Teile des wertvollen Landes im Jordan-Tal bis hin
zur fruchtbaren Oase En-Gedi für sich beanspruchte, war es sehr unwahrscheinlich, daß irgendeine unabhängige Gruppe in der Nähe von
Qumran überlebte.

Überall im Lande Judäa hatten die römischen Streitkräfte geplündert
und die militärische Kraft der Aufständischen zerschlagen. Die traditionellen Strukturen des täglichen Lebens und des Handels waren weit-

gehend zerstört worden. Die Jahre der Hungersnot, der allmähliche Zusammenschluß kleiner Bauernhöfe zu großen Plantagen und das Anwachsen der Bevölkerung in den Städten hatten Judäas althergebrachte bäuerliche Landschaft für immer verändert. Nach so vielen Morden und solcher Zerstörung müssen die prophetischen Bilder der Fruchtbarkeit und des Wohlstands in einem wieder befreiten und neu aufgebauten Land Israel hoffnungslos weit entfernt erschienen sein. Der Glaube an das nahe Kommen des Messias und des Reiches Gottes bot kein Motiv mehr zum Handeln. Unter der Knute der nochmals verstärkten römischen Verwaltung müssen solche fernen Träume eher zu Orientierungslosigkeit und Verzweiflung Anlaß gegeben haben.

Die verheerendste Veränderung war natürlich die plötzliche Abschaffung des Tempeldienstes, dessen strikte Einhaltung die ganze Zeit über als wichtigstes Mittel zur nationalen Befreiung angesehen worden war. Man hatte die Rituale peinlich genau beachtet und sich allein dadurch von jeder Form des Götzendienstes und der Anbetung des römischen Kaisers distanziert. Die Römer hatten erkannt, daß der Tempel von Jerusalem nicht nur ein Ort für den Gottesdienst eines bizarren orientalischen Kultes, sondern auch ein politisches Symbol für die Unabhängigkeit der Judäer war. Aber nun konnten keine Opfer mehr auf dem Altar dargebracht werden, der von römischen Soldaten entweiht und zerstört worden war. Zu allem Übel mußten die Judäer jetzt Ausgleichszahlungen an die Römer leisten, um für die Verluste zu bezahlen, die diesen durch die Aufstände entstanden waren. Zum erstenmal in der judäischen Geschichte mußten Juden in der Diaspora ebenso wie die Judäer eine jährliche Steuer von zwei Drachmen zahlen, was in etwa dem jährlichen halben Schekel für den Tempel entsprach. – Nur daß dieser Betrag jetzt an den Tempel des Jupiter Capitolinus in Rom ging. Alle Juden waren in den Augen des Reiches zu Aufständischen geworden, und das Land der Judäer war nun vollständig unterworfen, wie Vespasians frisch geprägte Gedenkmünzen hochmütig verkündeten: *Iudaea capta*.

Aber selbst wenn der Gott Roms offensichtlich über den Gott Israels gesiegt hatte, so gab es doch noch einige Menschen in Judäa, die den Sieg für nur vorläufig hielten, für eine letzte Prüfung der Rechtgläubigen. Die umfangreiche Schatzliste und die Zahlenreihen der Kupferrolle deuten darauf hin, daß überlebende Priester, die im Tempelritual unterrichtet waren, weiterhin freiwillige Opfergaben und Zehnte im sicheren Glauben einsammelten, daß Gott durch ein Wunder Sein Haus wiederaufbauen werde, wenn Sein Volk nur am Glauben festhielt. Das Tempelritual mußte nun geheimgehalten werden, die nach biblischem Gesetz gesammelten Gaben mußten über das ganze Land verstreut versteckt werden. Vielleicht war die Zerstörung durch die Römer nur die Vorbereitung für einen noch wunderbareren Wiederaufbau – Dokumente wie die Tempelrolle hatten das immer behauptet.

In diesen Zeiten, als das Volk fast ausgelöscht war und die Römer das Land erobert hatten, war es schwierig geworden, noch konkret an eine messianische Zukunft zu glauben. Es überrascht nicht, daß viele Judäer, die den Aufstand überlebt hatten und einem Leben in Sklaverei entkommen konnten, sich nun weniger gefährlichen religiösen Alternativen zuwandten. Romanisierte judäische Adlige wie Flavius Josephus akzeptierten das Verdikt der Geschichte: Gott selbst hatte den Sieg Roms verfügt. Für Josephus hatte die jüdische Geschichte ihren Höhepunkt in einer großen Epoche (sündiger) Rebellion gefunden, nach der die Juden ihre religiöse Unabhängigkeit verloren, die sie unter der wohlwollenden Duldung der Kaiser genossen hatten. Josephus machte keine Andeutungen für die Zukunft; er schrieb jetzt Propaganda für die Flavier Vespasian und Titus, die sein Leben, wie er seine Leser informierte, aus Dankbarkeit geschont hatten. Denn er hatte vorhergesagt, daß Vespasian Kaiser werden würde; daß der alte Veteran, der bei der römischen Eroberung Britanniens dabeigewesen war und nun Judäa erobert hatte, der »Stern aus Jakob«, das »Zepter aus Israel« war, das in den biblischen Prophezeiungen genannt wurde.

Das muß für die Judäer wie reine Blasphemie geklungen haben, für sie, die bereit gewesen waren, den Märtyrertod zu sterben, um die Sache des Messias voranzubringen. Wie konnte ein Jude es wagen, den Führer der Söhne der Finsternis als Gottgesalbten zu bezeichnen? Aber Josephus war nicht allein mit seiner feigen Unterstützung der römischen Macht. In der rabbinischen Überlieferung wird berichtet, daß der Führer der Weisen in Jabne, Rabbi Yohanan ben Zakkai, eine ähnliche Voraussage über Vespasians glorreiche Zukunft machte. Und unter der Schirmherrschaft oder zumindest mit Duldung der römischen Besatzungsmacht wurde Rabbi Yohanan ben Zakkai einer der Gründer einer neuen israelitischen Religion, deren neue Gesetze den Judaismus zu einer Religion ohne Tempel machten. Zudem konnten künftig lokale, nicht mehr die großen zentralen Gerichtshöfe über religiöse Fragen entscheiden, ohne auf Tempelopfer oder Priester zurückgreifen zu müssen.

Wir alle sind mit der Vorstellung aufgewachsen, daß der moderne Judaismus und das Christentum den Höhepunkt einer natürlichen, fast unausweichlichen Entwicklung darstellen, die mit dem frühen Kult der Israeliten mit lebenden Opfern im Tempel begann und sich zu universellen Religionen mit Gebeten, Schriftenstudium und allgemeiner Frömmigkeit entfaltete. Aber die neue Religion der rabbinischen Weisen aus dem römischen Umerziehungslager Jabne überlebte nicht deshalb, weil sie überlegen oder spiritueller war, sondern weil sie – in den Augen der Römer – geduldet werden konnte. Wenn man die Kupferrolle ernst nimmt, dann ist sie ein deutliches Anzeichen dafür, daß viele Judäer die religiösen Neuerungen aus Jabne ablehnten. Die Menschen, die den Priestern Gold und Silber spendeten, damit sie es in den Gräbern, Wasserkanälen, Höhlen und unterirdischen Gängen in Judäa versteckten, hatten nicht vor, ihre religiösen Gewohnheiten zu ändern. Der Wunsch nach einem Tempel blieb zentral für ihr Bestehen als Nation. Obwohl das Heiligtum und die Gerichtshöfe zerstört und aufgelöst waren und die Lagerfeuer der römischen Truppen die Luft der einst Heiligen Stadt verpesteten, war der Glaube an den Tempel nicht ausgestorben.

Die Kupferrolle könnte eines der letzten Dokumente des am Tempel festhaltenden Judaismus gewesen sein, der wegen der unerwünschten politischen Folgen seines Beharrens auf nationaler Zentralisierung jedoch mehr und mehr unterdrückt wurde. Die Kupferrolle wurde gegen Ende des ersten Jahrhunderts u. Z. versteckt und nie zurückgeholt. Kurze Zeit später wurde die messianische, tempelzentrierte Religion der Israeliten endgültig durch die rabbinische Gesetzgebung und die Gewalt römischer Waffen ausgelöscht. In gewisser Weise arbeiteten die frühen Rabbiner von Jabne und die römischen Kommandeure bei der Schaffung eines akzeptablen neuen Glaubens für das Volk Israel zusammen, eines Glaubens, für den die Forderung nach politischer und spiritueller Unabhängigkeit keine Rolle mehr spielte.

Eine Zeitlang war das Bild des Tempels mit seiner religiösen und politischen Bedeutung noch unter der Oberfläche lebendig. Eine Generation später, 115 bis 117 u. Z., flammte noch einmal eine Revolte in der Diaspora auf. Und mit dem Bar-Kochba-Aufstand 132 bis 135 u. Z.

gab es eine letzte große Explosion. Aber die Erwartung eines Heiligen
Krieges zwischen Licht und Finsternis auf dieser Welt erlosch allmählich.
All die Jahrhunderte war die rabbinische Tradition bemüht, das Bild des
kommenden Messias auf einen harmlosen Volksbrauch zu reduzieren –
wie das extra Glas Wein auf dem Seder-Tisch und die angelehnte Tür
für den Propheten Elija. Und im Christentum ist das ursprüngliche,
messianische Evangelium noch stärker überarbeitet worden. Der Apostel Paulus hat aus dem nationalen Erlöser ein transzendentes Wesen
gemacht, und der Glaube trat bei ihm an die Stelle des genau ein-
gehaltenen rituellen Gesetzes. Das Christentum, das sich von seinem
judäischen Ursprung aus in den am Mittelmeer gelegenen Ländern
ausbreitete, versprach göttliche Gnade durch einen transzendenten
davidischen Messias. Und der rabbinische Judaismus akzeptierte die Zerstörung des Tempels als historische Tatsache, die durch menschliche
Bemühungen nicht rückgängig gemacht werden konnte. Deshalb verlangte der rabbinische Judaismus keine Tempelopfer mehr und erließ
neue Regeln und Gesetze für den Gottesdienst in der Synagoge, für die
Interpretation der Heiligen Schrift und für das Gebot der Reinheit.

Im Laufe der Jahrhunderte sind einige der alten, messianischen Motive, die lange vergessen waren, in verschiedenen Formen im Judaismus,
im Christentum und im Islam wieder aufgetaucht. Visionen von einem
verborgenen Messias, der die Armen, die schon so lange gelitten haben,
in einen Heiligen Krieg gegen die Bösen führen wird, haben immer wieder zu Volksunruhen geführt und manchmal Hysterien ausgelöst. Moderne Neuinterpretationen biblischer Prophezeiungen haben Könige,
Päpste und Sultane als Verkörperungen des Bösen identifiziert, die hin-
weggefegt werden würden, sobald sich Gottes geheimer Plan für die
Geschichte offenbare.

Es ist nicht sicher, in welchem Ausmaß diese immer wiederkehren-
den Themen tradiert oder neu erfunden wurden. Vielleicht waren die
jüdischen Karäer des Mittelalters ja tatsächlich im Besitz von Schriftrollen aus der Region am Toten Meer. Diese religiös andersdenkende
Gruppe befand sich in erbitterter Gegnerschaft zum rabbinischen Judaismus, und der nestorianische Patriarch Timotheus berichtete im
neunten Jahrhundert davon, daß derartige Schriften zufällig entdeckt
worden waren. Außerdem wurden die ersten Kopien des Damaskus-
Dokuments in der *Geniza* der Kairoer Synagoge gefunden, die lange von

den Karäern benutzt worden waren. Es mag weitere solcher Entdek-
kungen gegeben haben, aber sie sind nicht überliefert. Jedenfalls siegte
schließlich die religiöse Orthodoxie, während die Botschaft der judäischen Messias-Bewegung unterdrückt und in den Untergrund getrieben
wurde.

Dann, im Winter 1946/47, entdeckten drei Taamireh-Beduinen alte
Manuskripte in einer Höhle am Westufer des Toten Meeres. Durch die
Qumran-Rollen sind wir jetzt wieder im Besitz einer weitläufigen
Sammlung alter religiöser Literatur, von Streitschriften und prophe-
tischen Schriften, die aus dem absoluten Vertrauen auf das nahe Reich
Gottes heraus geschrieben, gelesen und aufbewahrt worden sind. Sie
waren – und sind – eine direkte Herausforderung an die Mächte des
Reiches, eine Botschaft des Widerstands und der Unabhängigkeit, eine
Botschaft, die lodernde Wut und tödliche Gewalttätigkeit hervorrufen
kann und die fast immer auch die zerstörerische Niederlage mit sich
bringt, die dann herbeigeführt wird, wenn sich ein unterjochtes Volk
gegen die Herren des Reiches erhebt. Zu ihren Lebzeiten konnten die
Menschen, die die Schriftrollen geschrieben und benutzt haben, die
Herrschaft des Messias und das Königreich Gottes nicht erlangen. Aber
in den zahlreichen Dokumenten, die sie uns hinterlassen haben, mit
ihrer Hoffnung auf eine Welt, die durch Gerechtigkeit und die Errichtung der göttlichen Ordnung erneuert wird, lebt die vergessene, radikale Botschaft der Qumran-Rollen fort, auch heute noch.

BIBLIOGRAPHISCHE ANMERKUNGEN

DER WEG IN DIE WÜSTE

Neuere Untersuchungen über die Zeit kurz nach der Niederschlagung des judäischen Aufstands finden sich bei: David Goodblatt, »The Jews of Eretz-Israel in the Years 70–132 C. E.«, Mary Smallwood, *The Jews Under Roman Rule*, Kap. 13, und Martin Goodman, *The Ruling Class of Judea*, Kap. 10. Gedalyah Alon beschreibt in seinem Artikel »Rabban Johanan B. Zakkai's Removal to Jabneh« die römischen Umsiedlungslager für die unterworfenen Judäer.

Meine Darstellung dessen, wie und warum die Schriftrollen in Höhle 1 abgelegt wurden, ist spekulativ, aber die Unterschiede zwischen dieser Höhle mit ihren Krügen und ihren vollständigen Manuskripten und anderen Höhlen bei Qumran, die wie beispielsweise Höhle 4 als Gemeindebibliothek oder *Geniza* gedient haben könnten, sind schon vielen Wissenschaftlern aufgefallen. Der äußerst fragmentarische und abgenutzte Zustand der Texte aus Höhle 4 und die allerdings sehr fragliche Annahme, bei den in den Wänden der Höhle gefundenen großen Löchern könne es sich um Verankerungen von Bücherregalen handeln, machen es meiner Meinung nach wahrscheinlich, daß diese Höhle tatsächlich eine *Geniza* war. Zumindest ist es aufgrund ihrer Nähe zur Siedlung wohl kaum möglich, daß die Rollen überhaupt nichts mit der Gemeinschaft zu tun hatten, wie einige neuere Theorien behaupten.

Ein Überblick über die Theorien von de Vaux, Golb und Donceel findet sich bei Hershel Shanks, »The Qumran Settlement«. Eine andere Möglichkeit, eine Doppelverwendung der Anlage als militärisch genutzter Außenposten mit Handelsfunktionen und als Gemeindesiedlung, wird von Bar-Adon diskutiert. Siehe dazu die Anmerkungen weiter unten.

John Marco Allegro hat in *The Treasure of the Copper Scroll* als erster die Gleichsetzung von Khirbet Qumran mit Sechacha angeregt, während de Vaux den Ort in *Archaeology and the Dead Sea Scrolls* als Ir Ha-Melach identifizierte. Zur späteren Erkundung der Region und zur Identifizierung der Siedlungsplätze entlang der Nordwestküste des Toten Meeres siehe Pesach Bar-Adon, *Excavations in the Judean Desert*.

Von Bar-Adon habe ich außerdem die Hypothese übernommen, die Siedlung von Khirbet Qumran sei als Teil des königlichen Bauprogramms der Hasmonäer und *nicht* als Zufluchtsort fern von der judäischen Gesellschaft angelegt worden, wie die meisten Forscher vermuten. Vergleiche dazu die von Bar-Adon angeführten archäologischen Nachweise, dargestellt in »The Hasmonean Fortifications«, sowie die historischen Belege für die Existenz genau dieses Typs von Militäranlagen, die Bezalel Bar-Kochva in »Manpower, Economics, and Internal Strife in the Hasmonean State« aufgelistet hat. Es ist interessant, daß Ronny Reich das plötzliche Auftauchen von rituellen Bädern in Gezer (die auch in Qumran auffallen) als Zeichen einer offiziellen hasmonäischen Siedlungspolitik gewertet hat. Vergleiche dazu seinen Artikel »Archaeological Evidence of the Jewish Population at Hasmonean Gezer«. Die historische Bedeutung der hasmonäischen Expansion in die Region am Toten Meer beschreiben Menachem Stern in »Judea and Her Neigh-

bors in the Days of Alexander Jannaeus«
und Gideon Foerster in »On the Conquests
of John Hyrcanus«. Letzterer zeigt dabei
auch, daß dieses Gebiet kaum als Fluchtort
für Gegner der Hasmonäer geeignet war.
Es wurden zwar verschiedene geogra-
phische Argumente gegen eine strategische
Bedeutung von Qumran angeführt, etwa,
daß es keine Landverbindung nach Süden
geben konnte, weil das Vorgebirge Ras
Feshka hier eine natürliche Barriere bildet.
Diese Argumente werden jedoch entkräf-
tet, wenn man die Siedlung als Knoten-
punkt eines Handelsnetzes betrachtet, das
die einzelnen Handelsorte entweder durch
Schiffsverkehr auf dem Toten Meer oder
durch Küstenstraßen miteinander verband.

In meiner Rekonstruktion der Geschichte der Qumran-Gemeinde habe ich streng
unterschieden zwischen der Nutzung der
Anlage auf Ebene I, einer offiziell angeleg-
ten Festung oder Grenzsiedlung, und jener
auf Ebene II, einer unabhängig davon
gegründeten, religiös orientierten Gemein-
schaftssiedlung mit einer klaren politischen
Ausrichtung. Es gibt keine schlagenden
archäologischen Beweise dafür, daß die Siedlung ursprünglich religiösen Zwecken diente. Vielleicht wurde sie von einer Gemeinde
genutzt, aber diese muß nicht notwendigerweise stärker religiös orientiert gewesen
sein als beispielsweise die makkabäischen
Siedlungen in Gezer oder Beth Zur. Außerdem gibt es Beweise für ein gut durchdach-
tes hasmonäisches Bauprogramm in dieser
Region, wie sie Ehud Netzer in seiner Arbeit
»The Hasmonean Palaces in Eretz-Israel« an-
führt. Vor diesem Hintergrund macht auch
die Zerstörung der Qumran-Siedlung im Bürgerkrieg Sinn, der zwischen den Unterstüt-
zern der Hasmonäer Aristobulos II. und Anti-
gonos und den Truppen des Herodes tobte;
ebenso die späte Wiederbesiedlung des
Ortes nach dem Tod des Herodes. Diese sehr
wichtige politische Dimension der Besied-
lungsgeschichte von Qumran ist von allen
Forschern mit Ausnahme von Robert Eisenman übersehen worden. Die pro-hasmonäi-
sche Orientierung der Qumran-Gemeinde ist
natürlich eines seiner Hauptargumente in
Maccabees, Zadokites, Christians, and Qumran.

(Das oben Gesagte wurde vor der Veröffentlichung der neuesten archäologischen
Ergebnisse zu Khirbet Qumran niederge-
schrieben. Aufgrund von Vorankündigungen
in der Presse kann man davon ausgehen,
daß sowohl Dr. Jean-Baptiste Humbert von
der École Biblique sowie Dr. Yitzak Magen
als auch Direktor Amir Drori vom Israelischen Amt für Altertümer Beweise dafür
gefunden haben, daß die Anfänge der Siedlung in hasmonäischer Zeit nichts mit der
Sekte zu tun hatten. Eine kurze Zusammenfassung ihrer vorläufigen Ergebnisse sind
in dem Artikel »Operation Scroll« von Abraham Rabinovich nachzulesen. Sicher wird
es in nächster Zukunft weitere wissenschaftliche Untersuchungen zu diesem Thema
geben.)

Die Identifikation der Anlage als *Metzad
Hasidim*, als »Festung der Frommen«, basiert
auf einer beiläufigen Bemerkung in den Bar-
Kochba-Briefen aus dem Wadi Murrabat.
Siehe dazu Menachem Mor, *The Bar Kochba
Revolt*, S. 137. In diesem Band sind auch
Angaben zur wichtigsten Literatur zum
Thema zu finden.

Der ökonomische Druck, unter dem
Judäa während der herodianischen und römischen Herrschaft stand, wird dargestellt
von Shimon Applebaum, »Economic Life in
Palestine«, sowie von Martin Goodman in:
»The First Jewish Revolt. Social Conflict and
the Problem of Debt« und in: *The Ruling
Class of Judea*. Obwohl es offensichtliche archäologische Beweise für ein zunehmendes
wirtschaftliches Ungleichgewicht in dieser
Zeit gibt (vgl. z.B. Ehud Netzer, »Herod's
Building Projects«, und Nahman Avigad, *Discovering Jerusalem*), fehlt immer noch eine
ernsthafte Zusammenschau der archäologischen Fakten und der literarischen Beweise für den Zusammenbruch des sozialen
Gefüges in dieser Epoche.

Zu den messianischen und apokalyptischen Bewegungen des ersten Jahrhunderts
vergleiche vor allem Martin Hengel, *Die
Zeloten*, John Dominic Crossan, *The Historical
Jesus*, besonders Kap. 10, und Richard
Horsley, *Jesus and the Spiral of Violence*. Die
sozialen Folgen der apokalyptischen Bewegung sind in dem ausgezeichneten Werk

von Norman Cohn, *Das neue irdische Paradies*, beschrieben, ebenso in seiner jüngeren Arbeit *Cosmos, Chaos, and the World to Come*.

Für die Darstellung der allgemein gängigen Version über die Geschichte und den Charakter der Gemeinschaft am Toten Meer und ihrer Schriftrollen habe ich mich auf die Standardwerke von Frank Moore Cross, *Die antike Bibliothek von Qumran*, J. T. Milik, *Ten Years of Discovery*, Millar Burrows, *Die Schriftrollen vom Toten Meer*, Geza Vermes, *The Dead Sea Scrolls in English*, und natürlich von Roland de Vaux, *Archaeology and the Dead Sea Scrolls*, gestützt. Vergleiche dazu auch die wichtige und in einigen Aspekten abweichende Beschreibung der Geschichte und Religion der Sekte bei Shemaryahu Talmon, *The World of Qumran from Within*. Interessant ist vor allem, daß Talmon zögert, die Qumran-Sekte mit irgendeiner der durch Flavius Josephus und andere historische Quellen bekannten religiösen Gruppen gleichzusetzen.

Der vor einigen Jahren entbrannte Kampf um einen freien Zugang zu den Schriftrollen ist am eingehendsten in der *Biblical Archaeological Review* dokumentiert worden. Zusätzliche Perspektiven zur frühen Phase dieser Auseinandersetzung werden von Michael Baigent und Richard Leigh in *Verschlußsache Jesus* beschrieben.

Meine Darstellung der Konferenz der New York Academy of Science über die Qumran-Rollen im Jahre 1992 gründet sich auf meine Notizen und die Interviews, die ich dort führte. Der Text des Protestbriefes, den die Wissenschaftler gegen das Buch *Verschlußsache Jesus* verfaßten, wurde in der *Biblical Archaeological Review* (März/April 1993) veröffentlicht. Das von Schiffman formulierte Verdammungsurteil ist in seinem Artikel »Ethical Issues« enthalten.

DER FUND IN QUMRAN

Cross beschreibt die Entdeckung der Schriftrollen zu Beginn seines Buches *Die antike Bibliothek von Qumran*.

Zur Geschichte und Lebensweise der Taamireh vergleiche Avshalom Shmueli, »The Desert Frontier in Judea«, und Bernard Couroyer, »Histoire d'une tribu semi-nomade de Palestine«. Auf die archäologischen Erfahrungen der Taamireh und ihre früheren Aktivitäten in diesem Bereich weist Louis-Hughes Vincent in »Une grotte funéraire antique« deutlich hin. Die Geschichte von den wiederholten Angeboten der Beduinen an die Arbeiter des Kaliwerks erzählte mir Arieh, der inzwischen verstorbene Scheik von Jerusalem, Mitte der siebziger Jahre. Die Zusammenarbeit der Beduinen mit Neuville beschrieb mir Professor Jean Perrot in einem Interview.

Bei Trever in *Das Abenteuer von Qumran* und in »When Was Qumran Cave 1 Discovered?« ist die Entdeckung von Höhle 1 am ausführlichsten dargestellt. Ein anderer, Trever teilweise widersprechender Bericht findet sich bei William Brownlee in seinen Artikeln »Muhammad ed-Deeb's Own Story« und »Edh-Dheeb's Story of His Scroll Discovery«. Bei meiner Beschreibung habe ich mich im allgemeinen an Trevers sehr faktenreiche Schilderung der Vorgänge gehalten.

Eine Übersicht über die frühen Manuskriptfunde am Toten Meer mit ausführlichen bibliographischen Hinweisen gibt H. H. Rowley, *The Zadokite Fragments and the Dead Sea Scrolls*, S. 22–26 und S. 49f.

Zu den von Shapira angebotenen Manuskripten vergleiche Neil Asher Silberman, *Digging for God and Country*, Kap. 13, und Allegro, *The Shapira Affair*.

Meine Schilderung von Erzbischof Samuels Anteil an der Geschichte der Qumran-Rollen basiert auf zwei langen Gesprächen, die ich mit ihm in seiner Wohnung in New Jersey führte. Außerdem auf seinem eigenen, unter dem Titel *The Treasure of Qumran* veröffentlichten Bericht und auf anderen Quellen, darunter Trever, *Das Abenteuer von Qumran*, und Burrows, *Die Schriftrollen vom Toten Meer*.

Daß Sukenik die große Bedeutung der Rollen erkannte, ist bei Silberman, *A Prophet from Amongst You*, und bei Yigael Yadin, *The Message of the Scrolls*, beschrieben, ebenso die Kaufverhandlungen. Daß Judah Magnes in die Verhandlungen einbezogen war, geht auch aus Unterlagen der Central Zionist Archives und der Hebrew University Archives hervor.

Die Rolle der Amerikaner bei der ersten Auswertung und der fotografischen Erfassung sowie bei den Verhandlungen um die Schriftrollen des Erzbischofs Samuel ist bei Trever, *Das Abenteuer von Qumran*, chronologisch detailliert beschrieben. Burrows hat in *Die Schriftrollen* weitere Einzelheiten erwähnt. Ich habe meine diesbezügliche Darstellung auf diese beiden Arbeiten sowie auf das Werk von Erzbischof Samuel, *The Treasure of Qumran*, und auf meine Interviews mit Samuel, Trever und Cross gestützt.

Weitere Details des heimlichen Rollenkaufs durch Yigael Yadin sind bei Silberman, *A Prophet from Amongst You*, Kap. 10, dargestellt; dort finden sich auch weiterführende bibliographische Angaben. Neuere Berichte beschreiben die wichtige Rolle einer anderen Person, die an den Verhandlungen mit Erzbischof Samuel beteiligt war; siehe dazu Marty Isaacs, »The Man Who Bought the Dead Sea Scrolls«.

Wenn nicht anders vermerkt, stütze ich mich auf die Übersetzung der Qumran-Rollen durch Geza Vermes, *The Dead Sea Scrolls in English*. (Der deutsche Text wurde von den Übersetzern nach der englischen Vorlage übersetzt.) Das Zitat aus dem Genesis-Apokryph stammt aus Kolumne 12, die Zitate aus dem Habakuk-Kommentar aus den Kolumnen 11 und 12.

Zu Solomon Schechter und seinen Entdeckungen in der Kairoer *Geniza* vergleiche Norman Bentwich, *Solomon Schechter*, und Raphael Levy, »First Dead Sea Scroll«. Schechters eigene Veröffentlichung des Textes erschien unter dem Titel *Fragments of a Zadokite Work*. Magen Broshi hat dazu eine neue Abschrift und einen Kommentar unter dem Titel *The Damascus Document Reconsidered* herausgegeben. Die sich widersprechenden Theorien der vergangenen Jahrzehnte über diesen Text werden bei Philip Davies, *The Damascus Covenant*, ausführlich erörtert.

DER INNERE KREIS

Meine Beschreibung der frühen Arbeiten an den Schriftrollen, die im Archäologischen Museum von Palästina durchgeführt wurden, basiert auf Einzelheiten und Eindrücken, die mir bei meinen Gesprächen mit Strugnell und Cross vermittelt wurden, sowie auf Archivmaterial der Israelischen Altertumsbehörde und auf Vorabberichten der *Revue Biblique* und des *Biblical Archaeologist*.

Eine Bibliographie und eine Liste der bis 1990 veröffentlichten Texte aus Höhle 4 findet sich bei Joseph Fitzmyer, *The Dead Sea Scrolls*. Die noch nicht veröffentlichten Materialien sind bei Emanuel Tov, »The Unpublished Qumran Texts from Caves 4 and 11«, aufgeführt. Fotografien der gesamten Sammlung können über Robert Eisenmans und James Robinsons *Facsimile Edition* sowie über Tovs *The Dead Sea Scrolls on Microfiche* eingesehen werden.

Der Brief von Sir Thomas Kendrick an Harding liegt im Verwaltungsarchiv des Israelischen Amtes für Altertümer.

Schon lange vor der Entdeckung der Qumran-Rollen waren christliche Wissenschaftler von den Essenern fasziniert. Ein frühes Beispiel hierfür liefert Christian David Ginsburg, *The Essenes*. Diese im 19. und frühen 20. Jahrhundert weitverbreitete Begeisterung beschreibt Per Beskow in: *Strange Tales About Jesus*, Kap. 7. Einen sehr aufschlußreichen Überblick über die religiösen Vorurteile und/oder Orientierungen, die den Verlauf der Qumran-Forschung beeinflußten, gibt Lawrence Schiffman in: »Confessionalism and the Study of the Dead Sea Scrolls«.

Grundlegend für das paläographische Studium der Schriftrollen sowie hebräischer und aramäischer Inschriften ist nach wie vor Cross, »The Development of Jewish Scripts«. Die Entwicklung seiner Vorstellungen über den historischen Kontext der Qumran-Gemeinde kann anhand seiner Arbeiten *Die antike Bibliothek von Qumran*, »The Early History of the Qumran Community« und »The Historical Context of the Scrolls« nachvollzogen werden.

Zeitlins hartnäckige und langatmige Attacken gegen die allgemein gängigen Thesen der Qumran-Forschung wurden 1948 in der *Jewish Quarterly Review* veröffentlicht. Eisenmans Kritik an der allgemein anerkannten Datierung der Bibelkommentare aus

Qumran kommt in *Maccabees, Zadokites, Christians, and Qumran*, S. 28 ff., deutlich zum Ausdruck.

Das Standardwerk über die Ausgrabungen in Khirbet Qumran bleibt mit ihrer ausführlichen, bis in die späten sechziger Jahre reichenden Bibliographie die Arbeit von de Vaux, *Archaeology and the Dead Sea Scrolls*. Heranzuziehen sind außerdem Cross, *Die antike Bibliothek von Qumran*, Milik, *Ten Years of Discovery*, und van der Ploeg, *Funde in der Wüste Juda*. Philip Davies bewertet die Ausgrabungen in Qumran in seinem Artikel »How Not to Do Archaeology« äußerst kritisch, ebenso Eisenman in *Maccabees*, Kap. 8, und Golb in »Khirbet Qumran and the Manuscripts of the Judean Wilderness«.

Die Geschichte der Beziehungen zwischen Rockefeller und dem Archäologischen Museum von Palästina im allgemeinen sowie dem Qumran-Projekt im besonderen kann man anhand von Materialien aus dem Verwaltungsarchiv der Israelischen Altertumsbehörde und dem Rockefeller-Familienarchiv, Aktengruppe 3 (Rockefeller, Familie und Freunde), Box 40 (Betreff: Archäologisches Museum von Palästina), im Rockefeller-Archivzentrum nachvollziehen. Besonders wichtig ist in diesem Zusammenhang die Korrespondenz zwischen Professor Carl Kraeling von der University of Chicago und Dana S. Creel von der Rockefeller Foundation.

Der Artikel von Hershel Shanks wurde am 7. September 1991 in der *New York Times* unter dem Titel »Scholars, Scrolls, Secrets, and ›Crimes‹« veröffentlicht.

DER GEHEIME MESSIAS

Zu der komplexen, umstrittenen und immer wieder faszinierenden Erscheinung des Messianismus im allgemeinen und des Messianismus der Qumran-Rollen im besonderen vergleiche die von James Charlesworth unter dem Titel *The Messiah* herausgegebenen Aufsätze sowie Jacob Neusner, William S. Green und Ernest Frerichs, *Judaisms and Their Messiahs at the Turn of the Christian Era*, und John Collins, *The Apocalyptic Imagination*, S. 122–126. Natürlich gibt

es auch zahlreiche weitere Arbeiten zum Thema, aber beinahe alle müssen im Licht der wichtigen messianischen Literatur aus Höhle 4 einer Neubewertung unterzogen werden, zumal sie davon ausgehen, daß der Glaube an zwei Messiasse in Qumran vorherrschte. Michael Wise und James Tabor haben in ihrem Artikel »The Messiah at Qumran« dargestellt, wie unsicher der Boden ist, auf dem einige der traditionellen Hypothesen über den Messianismus in Qumran stehen.

Burrows, *Die Schriftrollen*, S. 91–97, Milik, *Ten Years of Discovery*, S. 99 ff. und 142 f., und die von Krister Stendahl herausgegebene Essaysammlung *The Scrolls and the New Testament* setzen sich mit den verwaltungstechnischen und theologischen Begriffen auseinander, die sowohl in Qumran wie auch im frühen Christentum verwendet wurden. Die Zitate zur Beziehung zwischen den Qumran-Rollen und dem Christentum finden sich bei Cross, *Die antike Bibliothek*, S. 183, Burrows, *Die Schriftrollen*, S. 270, Milik, *Ten Years of Discovery*, S. 143, und VanderKam, »The Dead Sea Scrolls and Christianity«, S. 201.

Benedict Viviano hat in seinem Artikel »École Biblique et Archéologique Française de Jérusalem« eine ausgesprochen lesenswerte Geschichte der École Biblique zusammengestellt; zu ihrer Rolle für die Forschung zum Neuen Testament siehe Jerome Murphy-O'Connor und Justin Taylor, *The École Biblique and the New Testament. A Century of Scholarship (1890–1990)*.

Den Bestand der Qumran-Rollen, der sich im Besitz des Rockefeller Museums befindet, haben Stephen Reed in »Survey of the Dead Sea Scrolls« und Emanuel Tov in »The Unpublished Qumran Texts from Caves 4 and 11« detailliert beschrieben.

Émile Puechs Originalveröffentlichung des Manuskripts 4Q521 erschien in der *Revue de Qumran* 15, 1991. Sein Verständnis von dem in den Qumran-Rollen ausgedrückten Glauben an das Kommen eines messianischen Zeitalters hat Puech in seinem Buch *La croyance des esséniens en la vie future* dargelegt. Die englische Übersetzung der Zeilen 1 bis 8 aus Kolumne 2 des Dokumentes

4Q521 habe ich dem Artikel von Wise und Tabor, »The Messiah at Qumran«, entnommen. Eine etwas andere Textrekonstruktion und Übersetzung haben Eisenman und Wise in *Jesus und die Urchristen* vorgelegt.

Zum »Testament des Kahath« (4Q542) siehe Puech, »Le testament de Qahat«, und Eisenman und Wise, *Jesus und die Urchristen*, S. 151–157; zum »Spruchtext mit Seligpreisungen« (4Q525) siehe Puech, »4Q525 et les péricopes des béatitudes en Ben Sira et Matthieu«, und Viviano, »Beatitudes Found among the Dead Sea Scrolls«. Diese Interpretationen sind mit dem Kommentar von Eisenman und Wise in *Jesus und die Urchristen*, S. 174–184, zu vergleichen. Dort wird dem Text der Titel »Die Dämonen des Todes« gegeben.

Die zentrale Bedeutung der Prophezeiung vom »Stern aus Jakob« für den judäischen Messianismus des ersten Jahrhunderts u. Z. beschreiben Hengel, *Die Zeloten*, und Eisenman, *Maccabees, Zadokites*, bes. S. 25. Hengel analysiert in *Die Zeloten* auch die möglichen Auswirkungen des römischen Kaiserkultes auf den sich ausbreitenden Messianismus. Siehe dazu auch Hopkins, *Conquerors and Slaves*, und Frend, *The Early Church*.

Den nostalgisch-patriotischen Rückgriff auf makkabäische Forderungen durch die Widerstandsbewegung des ersten Jahrhunderts hat Farmer in *Maccabees, Zealots, and Josephus* bereits 1956 betont. Eisenman bezieht diesen ideologischen Hintergrund in *Maccabees, Zadokites* direkt auf Qumran.

Zu Edmund Wilson und seiner Beziehung zu den Qumran-Rollen vergleiche Leon Edel, »Edmund Wilson in the Fifties«, und David Castronovo, *Edmund Wilson*, Kap. 7. Wilsons Aufzeichnungen von seiner ersten Reise nach Israel sind in seinem Buch *The Fifties. From Notebooks and Diaries of the Period*, S. 213–247, veröffentlicht. Zu seinen späteren Israel-Aufenthalten und seinen Gedanken zu den Schriftrollen siehe Wilson, *Israel and the Dead Sea Scrolls*.

Zu den frühen historischen Interpretationen der Schriftrollen durch André Dupont-Sommer siehe *Die essenischen Schriften vom Toten Meer* und *The Jewish Sect of Qumran and the Essenes*.

Die zitierten Äußerungen Wilsons zu den Essenern finden sich in *Die Schriftrollen vom Toten Meer*, S. 107 f., seine lebendige Beschreibung von David Flusser S. 87 ff.

Flussers Arbeiten zu den Qumran-Rollen und ihrer Beziehung zum frühen Christentum sind in dem Band *Judaism and the Origins of Christianity* gesammelt. Interessant ist auch sein Werk *The Spiritual History of the Dead Sea Sect*. Die Affäre um den Text vom »Gottessohn« ist bei Collins, »A Pre-Christian ›Son of God‹«, deutlich beschrieben. Flussers eigene Veröffentlichung dazu trägt den Titel »The Hubris of Antichrist«. Aus ihr habe ich die englische Übersetzung des Textes übernommen.

Die Erzählung von Anatole France ist auf deutsch in der Sammlung *Der Statthalter von Judäa und andere Novellen* zu finden.

Allegros Veröffentlichungen zu den Qumran-Rollen sind sehr zahlreich. Erwähnt seien hier: *Die Botschaft vom Toten Meer*, *The People of the Dead Sea Scrolls*, *The Treasure of the Copper Scroll* und *The Mystery of the Dead Sea Scrolls Revealed*. Zu seiner mehr allgemeinen Religionskritik siehe: *The Chosen People*, *The End of a Road* und *Der Geheimkult des heiligen Pilzes*. Das Register des letztgenannten Werkes liest sich übrigens *nicht* wie das eines Sexualkundebuches, wie ein in Forscherkreisen verbreiteter Witz behauptet. Dieser völlig übertriebene und lächerliche Vorwurf, der sich lediglich auf die Nebenbemerkung eines einzelnen Forschers stützt, wird von Betz und Riesner in ihrem polemischen Traktat *Jesus, Qumran und der Vatikan* in einer ihrer »Klarstellungen« benutzt, um Allegros gesamtes Lebenswerk zu diskreditieren. Betz verdammt andere, zugegebenermaßen unkonventionelle Forscher und Schriftsteller, deren Ansichten er nicht teilt, durch ähnlich verletzende Kommentare.

Der von de Vaux, Milik, Skehan, Starcky und Strugnell unterzeichnete Brief an die Londoner *Times* wurde am 16. 3. 1956 veröffentlicht. Die Reaktionen Allegros auf die Kritik durch de Vaux und die anderen Mitglieder des internationalen Teams werden von Baigent und Leigh in *Verschlußsache*

Jesus, S. 76 ff., beschrieben. Das Zitat über die Notwendigkeit einer Neueinschätzung der Religionen stammt aus Allegros Buch *The Mystery of the Dead Sea Scrolls Revealed*, S. 176.

Die zitierte Passage aus der Kriegsrolle, Kolumne 11, basiert auf der Übersetzung von Geza Vermes, *The Dead Sea Scrolls in English*. Die Bibelstelle, in der die Prophezeiung über den »Stern aus Jakob« gemacht wird, steht im 4. Buch Mose, 24,17–19.

DER SCHATZ

Die genaueste Übersetzung und der sorgfältigste Kommentar der Kupferrolle stammen von Judah Lefkovits: *The Copper Scroll – 3Q15*. Diese 1993 veröffentlichte Dissertation enthält auch eine vollständige Bibliographie aller bisher veröffentlichten Werke zum Thema. Neuere Untersuchungen des zur Interpretation der Kupferrolle wichtigen politischen und historischen Kontextes finden sich bei Al Wolters, »Apocalyptic and the Copper Scroll« und »History and the Copper Scroll«. Vergleiche außerdem Kyle McCarter, »The Mystery of the Copper Scroll«, und Stephen Goranson, »Sectarianism, Geography, and the Copper Scroll«. Manfred Lehmann hat als erster die Bedeutung der Kupferrolle richtig eingeschätzt, indem er rabbinische Parallelen heranzog. Siehe seine Artikel: »Identification of the Copper Scroll« und »Where the Temple Tax Was Buried«.

Einen allgemeinen Überblick über den Tempel von Jerusalem, seine Priesterschaft und seine Gottesdienste bieten Shmuel Safrai, »The Temple and the Divine Service«, Joachim Jeremias, *Jerusalem zur Zeit Jesu*, Kap. 8, und Menachem Stern, »Aspects of Jewish Society«. Morton Smith beschreibt in seinem Buch *Palestinian Parties and Politics That Shaped the Old* interessant und provokativ die frühe Geschichte des Zweiten Tempels.

Die ökonomischen Grundlagen des judäischen Lebens und die Auswirkungen des Hellenismus werden bei Hengel, *Judentum und Hellenismus*, Kap. 1, und bei Applebaum, »Economic Life in Palestine«, beschrieben.

Hekataios von Abdera lieferte bereits um 300 v. u. Z. eine frühe Beschreibung der ökonomischen Strukturen in Judäa und des dort üblichen Systems der Landverpachtung. Der Text ist zitiert bei Stern, *Greek and Latin Authors on Jews and Judaism*, Bd. 1, S. 28. Zum möglichen sozialen Umfeld für die Entwicklung religiöser Ideen vergleiche Hanson, *The Dawn of Apocalyptic*.

Den Aspekt des Heiligen Krieges beim Makkabäeraufstand und den religiösen Charakter der späteren hasmonäischen Expansion heben Joshua Efron in: *Studies in the Hasmonean Period*, und Bezalel Bar-Kochva in: »Manpower, Economics, and Internal Strife« besonders hervor.

Während des ersten Jahrhunderts vor und nach Beginn unserer Zeitrechnung wurde die Sorge vieler Judäer um die Reinheit ihres Tempels keinesfalls geringer, sondern sie wuchs vielmehr. Siehe dazu Hengel, *Die Zeloten*, S. 211–229, Doron Mendels, *The Rise and Fall of Jewish Nationalism*, S. 277 bis 301, und Martin Goodman, *The Ruling Class of Judea*. Flavius Josephus beschreibt die besondere Beziehung der Essener zum Tempel, doch die jüngsten Forschungsdiskussionen über die Identität der Qumran-Sekte werfen in puncto Tempelgehorsam in den Schriftrollen immer neue Probleme auf. Siehe dazu Yigael Yadin, *Die Tempelrolle*, S. 258–264. Zu den in den Höfen von Khirbet Qumran vergrabenen angeblichen »Opfern« siehe de Vaux, *Archaeology and the Dead Sea Scrolls*, S. 12–15.

Das die Ablehnung von Opfern betreffende Zitat stammt aus der Kolumne 11 der Gemeinderegel, ins Englische übersetzt von Geza Vermes in: *The Dead Sea Scrolls in English*.

Die beste Beschreibung des politischen Hintergrunds, der bei der frühen Interpretation der Kupferrolle eine Rolle spielte, liefert Al Wolters in: »Apocalyptic and the Copper Scroll« und »History and the Copper Scroll«. Zu den allgemeinen Hintergründen dieser Zeit siehe Uriel Dann, *King Hussein and The Challenge of Arab Radicalism*. In den Archiven des Israelischen Amtes für Altertümer und des Rockefeller-Archivzentrums findet sich die Korrespondenz zwischen

Kraeling und Harding sowie zwischen Kraeling und Creel, die ein Bild von der Diskussion über die möglichen Auswirkungen der turbulenten politischen Situation auf die künftige Qumran-Forschung vermitteln. Gerald Lankester Harding legte sein Amt als Direktor des Jordanischen Amtes für Altertümer im Sommer 1956 nieder und verließ das Land im Herbst. Später, nach der Verstaatlichung des Archäologischen Museums von Palästina Ende 1966, diente er dem Amt für Altertümer noch einmal für kurze Zeit als Berater.

Allegros Part beim Öffnen und Entziffern der Kupferrolle ist in seinem Buch *The Treasure of the Copper Scroll* beschrieben und bei Lefkovits, *The Copper Scroll – 3Q15*, ausführlich dokumentiert. Zu Allegros späteren archäologischen Expeditionen siehe *Search in the Desert*. Dieses Buch enthält allerdings wesentlich mehr persönliche als archäologische Einzelheiten.

Eine englische Übersetzung des 1960 in der Tageszeitung *ad-Difa'a* erschienenen Artikels liegt im Verwaltungsarchiv des Israelischen Amtes für Altertümer.

Meine Darstellung der mündlichen Verhandlungen zwischen den israelischen Behörden und dem internationalen Team beruht auf meinen Interviews mit Biran, Strugnell und Broshi.

Das Allegro zugeteilte Material aus Höhle 4 wurde in *Qumran Cave 4* veröffentlicht. Strugnell schrieb in seinen »Notes en marge« eine scharfe Rezension zu diesem Band.

Die frühen, immer wieder unterbrochenen Verhandlungen über den Kauf der Tempelrolle werden in Yadin, *Die Tempelrolle*, und Shanks, »Intrigue and the Scroll«, beschrieben. Die Information über gleichzeitige Verhandlungen in Beirut verdanke ich Cross und Dr. James Swauger vom Carnegie Museum in Pittsburgh. Swauger hat mir außerdem freundlicherweise Einblick in die zu diesem Punkt wichtigen Einträge in seinem Tagebuch vom Frühjahr 1967 gewährt. Die Geschichte von der Verhaftung Kandos und der Konfiszierung der Tempelrolle stammt aus Rafi Sitton, *Men of Secrets*, S. 261–271. Die darin enthaltenen Details wurden zum größten Teil durch die Aussagen eines früheren Offiziers des israelischen Geheimdienstes bestätigt, mit dem ich im Juni 1993 ein Hintergrundinterview führte. Eine andere Version über die damaligen Ereignisse und die Entrollung des Dokuments ist in Silberman, *A Prophet from Amongst You*, S. 304–310, nachzulesen.

Die wichtigste wissenschaftliche Veröffentlichung zur Tempelrolle stammt von Yadin: *Die Tempelrolle*. Baruch Levine nimmt in seinem Artikel »The Temple Scroll« eine detaillierte Bewertung von Yadins Schlußfolgerungen vor und entwickelt alternative Vorschläge. Eine neue Übersetzung ins Englische bietet Vermes, *The Dead Sea Scrolls in English*, S. 128–158, eine neue Interpretation Wise, *A Critical Study of the Temple Scroll*. Vergleiche dazu auch Ben Zion Wacholder, *The Dawn of Qumran*, und Hartmut Stegemann, »Is the Temple Scroll a Sixth Book of the Torah – Lost for 2500 Years?«

Zu den Visionen vom Tempel und ihrer literarischen und historischen Bedeutung vergleiche den entsprechenden Essay von Brooke, in dem von ihm herausgegebenen Band *Temple Scroll Studies*, und zur historischen Entwicklung dieser Visionen siehe Johann Maier, »The Temple Scroll and Tendencies in the Cultic Architecture of the Second Commonwealth«.

Architektur und Bauweise des von Herodes errichteten Tempels beschreiben Benjamin Mazar, *Der Berg des Herrn*, und Meir Ben-Dov, *In the Shadow of the Temple Mount*. Abraham Warszawski und Abraham Peretz haben mit »Building the Temple Mount« kürzlich eine ausgesprochen detailreiche Untersuchung über die wirtschaftlichen und technologischen Aspekte des gewaltigen Bauprojektes vorgelegt. Die ökonomische Bedeutung des Tempels für Jerusalem wird bei Jeremias, *Jerusalem zur Zeit Jesu*, und Goodman, »The First Jewish Revolt«, dargestellt.

Zur religiösen Opposition gegenüber den Hohenpriestern während des ersten Jahrhunderts vergleiche Smallwood, »High Priests and Politics«, Horsley, »High Priests and the Politics of Roman Palestine«, und Goodman, *The Ruling Class of Judea*.

Meine Darstellung der Forschungsgeschichte zum MMT basiert auf meinen Interviews mit John Strugnell. Professor Strugnell hat mir außerdem freundlicherweise
den Entwurf eines Vortrags zum MMT, den
er im Frühjahr 1993 an der University of
Notre Dame gehalten hat, zukommen lassen. Außerdem sei noch auf Zdzislaw Kapera, *Qumran Cave IV and the MMT* verwiesen.

Auszüge des MMT wurden zuerst von
Qimron und Strugnell unter dem Titel »An
Unpublished Halakhic Letter from Qumran«
veröffentlicht. Bis zu einer vollständigen
Publikation dieses Dokuments sind die
Arbeiten von Schiffman, »The New Halakhic
Letter«, Sussmann, »The History of the
Halakha«, und Qimron, »Halakhic Terms in
the Dead Sea Scrolls«, die besten allgemeinen Darstellungen von Inhalt und Bedeutung des MMT. Die letzten Zeilen des Textes,
die eine Segnung enthalten, sind bei Schiffman, »The New Halakhic Letter«, S. 71, zitiert.

Hinzuweisen ist in diesem Zusammenhang selbstverständlich auch auf die Arbeit
von Eisenman und Wise, die in ihrem Buch
Jesus und die Urchristen eine andere Aufteilung, Lesart und Datierung des Textes
vorschlagen. Bisher ging es bei der Kontroverse um die Veröffentlichung dieses Dokuments durch Eisenman und Wise immer um
die Originalität der Textrekonstruktion.
Soweit ich sehe, hat sich die Wissenschaft
aber noch nicht ernsthaft mit dem zentralen
historischen Problem beschäftigt, das die
Autoren aufzeigen: Das MMT spricht religiöse
Themen an, über die, wie man weiß, im ersten Jahrhundert u. Z. intensiv und erbittert
diskutiert wurde, etwa die Zulassung von
heidnischen Opfergaben an den Tempeln,
Heiraten innerhalb der Priesterfamilien oder
Ehen zwischen Onkel und Nichte, wie sie
bei den Nachkommen des Herodes häufig
praktiziert wurden. Es gibt hingegen keinen
Hinweis darauf, daß diese Themen zu Beginn der Hasmonäerherrschaft im zweiten
Jahrhundert v. u. Z. von besonderer Bedeutung waren. Nach Meinung der meisten Wissenschaftler trennte sich die Qumran-Gemeinde von der Gesamtheit der Juden, weil
die Hasmonäer als Hohepriester amtierten,
obwohl sie dazu aufgrund ihrer Abstam-

mung nicht berechtigt waren. Dieses Thema
wird jedoch in der gesamten Qumran-Literatur nirgendwo direkt angesprochen. Vielmehr wurde der »Frevelpriester« dem Habakuk-Kommentar zufolge ursprünglich
durchaus »im Namen der Wahrheit berufen«;
erst später setzte er sich über das Gesetz
hinweg und wurde ruchlos und schlecht.
Offensichtlich hatte die Sekte vor allem wegen dieses Wandels in seinem Verhalten und
weniger wegen seiner Abstammung religiöse Einwände dagegen, daß er das Amt des
Hohenpriesters innehatte.

Joseph Baumgarten hat in seinem Artikel
»The Pharisaic-Sadducean Controversies
about Purity and the Qumran Texts« gezeigt, wie wichtig die rabbinische Diskussion von Themen der *Halacha* für die Bestimmung der Identität der Autoren der
Schriftrollen ist. Vergleiche dazu auch Sussmann, »The History of the Halakha and the
Dead Sea Scrolls«, und Schiffman, »The Sadducean Origins of the Dead Sea Sect«.

Hershel Shanks' Beschreibung von der
Präsentation des MMT auf dem Kongreß
von 1984 findet sich in seinem Artikel
»Jerusalem Rolls Out Red Carpet«.

SÖHNE DES LICHTS, SÖHNE DER FINSTERNIS

Lawrence Schiffman hat mit seinen wissen-
schaftlichen Arbeiten eine beeindruckende
Sammlung von Werken über die Qumran-
Rollen vorgelegt. Neben den bereits oben
genannten Arbeiten sind u.a. noch zu erwähnen: *The Halakha at Qumran; Sectarian
Law in the Dead Sea Scrolls;* »4QMiqsat
Ma'aseh Ha-Torah and the Temple Scroll«;
»The Temple Scroll« und »New Light on the
Pharisees«. Sein historischer Abriß zu diesem Zeitraum trägt den Titel *Text and Tradition.* Die Beiträge zu dem 1985 von der
New York University veranstalteten Kongreß
hat Schiffman unter dem Titel *Archaeology
and History in the Dead Sea Scrolls* herausgegeben.

Die während der Zeit direkter römischer
Herrschaft eskalierenden Spannungen in
Judäa beschreiben Smallwood, *The Jews Un-
der Roman Rule*, und Hengel, *Die Zeloten*. Der

Zwischenfall mit den römischen Standarten in Jerusalem und dem gewaltsamen Vorgehen des Pontius Pilatus ist bei Flavius Josephus, *Geschichte des Jüdischen Krieges*, Buch II, beschrieben.

Die Frage der Haltung des antiken Judentums zur Auferstehung der Toten wird erbittert diskutiert, besonders auch in Hinblick auf eine Verbindung zum frühen christlichen Glauben. Zwei unterschiedliche Ansichten hierzu vertreten etwa Collins, *The Apocalyptic Imagination*, und Puech, *La croyance des esséniens en la vie future*. Es gibt zahlreiche archäologische Beweise für die Begräbnispraktiken in dieser Zeit, aber auch ihre Interpretation ist nicht unumstritten. Vergleiche dazu Meyers, *Jewish Ossuaries*, und Rachmani, »Ancient Jerusalem's Funerary Customs and Tombs«, sowie seine Rezension des Buches von Meyers im *Israel Exploration Journal* 23, 1973, S. 121–126.

Zum Friedhof von Qumran und seiner religiösen und historischen Bedeutung siehe de Vaux, *Archaeology and the Dead Sea Scrolls*, S. 45–48 und 57f., sowie Laperrousaz, *Qoumran*, S. 19–25.

Die allgemeinen literarischen und religiösen Entwicklungen gegen Ende der Zeit des Zweiten Tempels werden von Michael Stone, *Scriptures, Sects, and Visions*, und von John Collins, *The Apocalyptic Imagination*, beschrieben.

Den intellektuellen und sozialen Hintergründen der Geschichte der Leben-Jesu-Forschung ist Dieter Georgi in seinem Artikel »Interest in Life of Jesus Theology« nachgegangen. Eine grundlegende Forschungsgeschichte findet sich bei Albert Schweitzer, *Geschichte der Leben-Jesu-Forschung*, und James Robinson, *Kerygma und historischer Jesus*. Von den neueren Werken zu diesem Thema seien Crossan, *The Historical Jesus*, Horsley, *Jesus and the Spiral of Violence*, und Wilson, *Jesus*, genannt. Die Autoren all dieser Arbeiten benutzen die Qumran-Rollen als Hintergrundmaterial, wobei sie sich der üblichen Überzeugung der Wissenschaft von der Isolation und Einzigartigkeit der Qumran-Sekte anschließen.

Zur frühen Identifikation der Gemeinde als judenchristlich auf der Basis des Damas-

kus-Dokuments siehe etwa Margoulioth, »The Sadducean Christians of Damascus«, und Teicher, »The Dead Sea Scrolls«. Eine völlig andere christliche Identifikation nimmt Barbara Thiering in ihrem Buch *Jesus und Qumran* vor. Zur Gleichsetzung der ersten Christen mit den Zeloten vergleiche Eisler, *Die messianische Unabhängigkeitsbewegung*, und Brandon, *The Fall of Jerusalem*. Zur Gleichsetzung der Qumran-Gemeinde mit den Zeloten siehe Cecil Roth, *The Dead Sea Scrolls*, und Godfrey Driver, *The Judean Scrolls*.

Meiner Ansicht nach werden Robert Eisenmans Arbeiten völlig ungerechtfertigterweise als unhaltbarer Unsinn eines verschrobenen Außenseiters abgetan, wie es etwa Greenfield in seinem Artikel »Scrolls Book Shunned by Well-Known Presses« tut. Wenn man Eisenmans Bücher *Maccabees, Zadokites, Christians, and Qumran* und *James the Just in the Habakkuk Pesher* aufmerksam liest, zeigt sich, daß er Themen anspricht, die in den meisten Arbeiten zu den Qumran-Rollen völlig fehlen, Themen wie politische Grundanschauungen oder öffentliche Meinung und politischer Widerstand. In meinen Augen ist es weniger wichtig, ob seine Zuordnung von historischen Persönlichkeiten zu den in den Rollen genannten Figuren immer richtig ist, obwohl er gerade deshalb oft angegriffen wird. Viel wichtiger finde ich seine Hypothese, daß die Qumran-Literatur einen Teil oder vielleicht sogar das Zentrum der politischen und religiösen Agitation im Judäa des ersten Jahrhunderts u. Z. bildete. Eisenmans Ansichten zu Paulus habe ich einer unveröffentlichten Arbeit mit dem Titel »Paul as Herodian« entnommen, die er bei einem Jahrestreffen der Society for Biblical Literature vorgetragen hat.

Eine Version der dogmatischen Diskussionen während des Apostelkonzils in Jerusalem ist in der Apostelgeschichte (15,4–29) dargestellt. Das Zitat des Jakobus über die Beachtung des Gesetzes steht im Brief des Jakobus (2,10). Zur Ausbreitung des paulinischen Christentums vergleiche Wayne Meeks, *Urchristentum und Stadtkultur*, und zur späteren Verschmelzung von Christentum und Reichsgedanken Garth Fowden, *Empire to Commonwealth*.

Meine Beschreibung der frühen Versuche Eisenmans, die Autorität des internationalen Teams anzufechten, stützt sich vor allem auf meine Interviews mit Eisenman, Drori und Strugnell. Die Angaben wurden anhand der laufenden Berichte über die Kontroverse in der *Biblical Archaeology Review* überprüft.

DER ENDKAMPF

Neben der *Biblical Archaeology Review* und *Bible Review* gibt Hershel Shanks auch noch das *Moment Magazine* heraus, eine Zeitschrift für modernes jüdisches Geistesleben, Nachrichten und Kultur.

Shanks' Beschreibung der Konferenz von 1984 wurde unter dem Titel »Jerusalem Rolls Out Red Carpet for Biblical Archaeology Conference« veröffentlicht; seine Schilderung der Konferenz von 1985 erschien unter der Überschrift »Failure to Publish Dead Sea Scrolls Is Leitmotif of New York University Scroll Conference«.

Der vorgeschlagene Zeitplan der Altertumsbehörde wurde in Shanks' Artikel »Dead Sea Scrolls Scandal«, S. 20, abgedruckt, außerdem als Anhang Nr. 3 zum Vorwort des Herausgebers von Eisenmans und Robinsons *Facsimile Edition*, S. XXVI. Auch Ayala Sussmanns Antwort vom 17. April 1989 wurde dort als Anhang Nr. 4 auf S. XXVII veröffentlicht.

Hershel Shanks öffentliche Kampagne gegen das Monopol des internationalen Teams begann mit seinem Artikel »Dead Sea Scrolls Scandal«. Seine Bemühungen fanden in Zeitungen und Zeitschriften positive Resonanz, zum Beispiel bei Nicholas Wade in seinem »Editorial Notebook« und bei R. N. Ostling in seinem Artikel »Secrets of the Dead Sea Scrolls«.

Der Brief von Frank Moore Cross an die *Biblical Archaeology Review* erschien unter dem Titel »Père de Vaux Was a Dead Sea Scroll Hero«.

Über die Aktivitäten von Zdzislaw Kapera geben die Themen der von ihm herausgegebenen Zeitschrift *The Qumran Chronicle* Auskunft. Der Text der Mogilany-Resolution und die Sitzungsberichte der

Konferenz von 1989 sind in *The Qumran Chronicle* 1, 1990, S. 3–12, wiedergegeben. Shanks' Bericht von der Konferenz in Mogilany erschien in der *Biblical Archaeology Review* 16/1, Jan./Febr. 1990, S. 10. Die Auseinandersetzung zwischen Shanks und Strugnell wurde sowohl in dieser Ausgabe der *Biblical Archaeology Review* als auch in der Presse ausführlich dargestellt. Siehe dazu zum Beispiel James Franklin, »Scholary Clash for Dead Sea Scrolls«.

Das berühmte Titelblatt der *Biblical Archaeology Review* mit den Flöhen zierte die Ausgabe März/April 1990.

Die zeitliche Abfolge der Maßnahmen, die die Altertumsbehörde hinsichtlich der Qumran-Rollen traf, habe ich anhand meiner Gespräche mit Drori, Tov, Strugnell und Broshi rekonstruiert.

Das Interview, das Katzman mit Strugnell führte, wurde in der Zeitung *Haaretz* am 9. 11. 1990 veröffentlicht. Eine englische Fassung des Interviews erschien Anfang 1991 unter dem Titel »Chief Dead Sea Scroll Editor Denounces Judaism« in der *Biblical Archaeology Review*. Stellungnahmen zu Strugnells Amtsenthebung sind zum Beispiel die Artikel von Rabinovich, »Dead Sea Scrolls Editor Accused of Antisemitism Removed for ›Health‹«, und Wilford, »Dead Sea Scrolls Editor's Exit Tied to Anti-Jewish Remarks«.

Die offiziellen Sitzungsberichte der Konferenz von Madrid sind in dem von Barrera und Montaner herausgegebenen Band *The Madrid Qumran Congress* gesammelt. Shanks' aufgebrachter Bericht über seinen Ausschluß von der Konferenz findet sich in der *Biblical Archaeology Review* 17/3, Mai/Juni 1991, S. 12. Der von Tov und Drori an Kapera geschickte Brief ist im Vorwort des Herausgebers zur *Facsimile Edition* als Anhang Nr. 9 auf S. XXXII abgedruckt.

Die Veröffentlichung der *Preliminary Edition* von Wacholder und Abegg verursachte großes Aufsehen in der internationalen Presse, weil hier moderne Computertechnik erfindungsreich in der Bibelwissenschaft angewandt wurde. Siehe dazu zum Beispiel die Artikel von Wilford, »Computer Hacker

Bootlegs Version of the Dead Sea Scrolls«,
und Specter, »Renegades Bring Dead Sea
Scrolls to Light«.

Die Presseerklärung des Israelischen Amtes für Altertümer, die das Ende des Mono-
pols für das internationale Team einläutete,
ist in der *Facsimile Edition* von Eisenman
und Robinson, Anhang Nr. 1, S. XXIV, abgedruckt. Safires Artikel trug die Schlagzeile
»Breaking the Cartel«. Über die Pressekonferenz, auf der die *Facsimilie Edition* vorgestellt wurde, berichtete Arthur Spiegelman, »Rest of the Dead Sea Scrolls Are
Published«. Die Rolle des Huntington
Museum in der letzten Phase des Kampfes
wird bei James Sanders, »What Can Happen
in a Year?«, und John Wilford, »Monopoly
Over Dead Sea Scrolls Is Ended«,
beschrieben.

Die Chronologie der Gerichtsverhandlung
ist im Urteil der Richterin Dalia Dorner am
Bezirksgericht von Jerusalem niedergelegt,
das auf den 30. 3. 1993 datiert ist. Qimrons
Kommentare stammen aus einem offenen
Brief, der in der *Biblical Archaeology
Review* 18/4, Juli/Aug. 1992, S. 76, publiziert
wurde.

Die »lange geheimgehaltenen Platten«
wurden in der *Biblical Archaeology Review*
17/6, Nov./Dez. 1991, zum erstenmal veröffentlicht. Der erste Zeitungsbericht über
den »durchbohrten Messias« erschien unter
der Überschrift »Link to Messianic Christianity Is Found in Scrolls«, den John Wilford
geschrieben hatte. Das feindliche Urteil,
das während des Seminars in Oxford gefällt
wurde, gibt Vermes in »The Oxford Forum«
und »The ›Pierced Messiah‹ Text« wieder.
Gelesen werden sollte hierzu die Antwort
von James D. Tabor unter der Überschrift
»A Pierced or Piercing Messiah – The Verdict Is Still Out«.

In ihr Buch *Jesus und die Urchristen* haben
Eisenman und Wise auch ihre Interpreta-
tion der »Briefe über als gerecht erkannte
Werke«, des Textes über die »Kinder des
Heils« und der »Lobrede auf König Jona-
than« aufgenommen. Der letztgenannte
Text wurde zuerst von Rabinovich in »A
Prayer for King Yonaton« besprochen. Eine
weit detailliertere und wissenschaftlich

genaue Behandlung erfuhr der Text durch
Eshel, Eshel und Yardeni, »A Qumran Composition«.

Jonas Greenfields vernichtende Besprechung von *Jesus und die Urchristen* trug den
Titel: »Scrolls Book Shunned by Well-Known
Presses«. Eine gemäßigtere, aber dennoch
ebenso vernichtende Kritik liefern Harrington und Strugnell mit ihrer Rezension
»Critical Note«. Den Wortlaut des Briefes,
den die Wissenschaftler verfaßten, und
Hershel Shanks' Beschreibung der Qumran-
Konferenz von 1992 in New York finden
sich in seinem Bericht »Blood on the Floor
at the New York Dead Sea Scrolls Conference«. Während der Konferenz erhielt ich
Fotokopien vom Protestbrief der Wissenschaftler und von den Erwiderungen,
die Golb und Wise dort vortrugen.

DAS JÜNGSTE GERICHT

Meine Darstellung des Prozesses in Jerusalem basiert auf Interviews mit Broshi, Schiffman und Shanks, auf dem in Jerusalem am
30. 3. 1993 verkündeten Urteil der Richterin
Dorner, auf israelischen Zeitungsausschnit-
ten aus dieser Zeit, darunter die Artikel
von Rabinovich mit dem Titel »Dead Sea
Fever«, von Katzman, »Cave Men«, und von
Segev, »Who Stole the Scroll?«, des weiteren auf Shanks' Darstellung der Vorgänge in
seinem Artikel »Lawsuit Diary« und auf ausführlichen Mitschriften der abschließenden
Anhörungen, die Janet Amitai für mich
anfertigte.

Hershel Shanks' moralische und intellektuelle Rechtfertigung dafür, daß er in dieser
Auseinandersetzung mit Qimron nicht klein
beigab, und seine Ansichten über die gefährlichen Folgewirkungen als Ergebnis des
Prozesses sind zum Beispiel in seinen Artikeln »Why Professor Qimron's Lawsuit Is a
Threat to Intellectual Freedom« und »Paying
the Price« nachzulesen.

Emanuel Tovs Reaktion auf das Urteil von
Richterin Dorner wurde in der *New York
Times* in einem Artikel von Greenberg,
»Court Supports Editor«, zitiert. Zur erheb-
lichen Erweiterung der Mitgliederzahl im
internationalen Team unter der Leitung

von Professor Tov vergleiche seinen Artikel »Expanded Team of Editors Hard at Work«. Tovs Erfolge und ihre Bedeutung für den Fortgang der Arbeit sollten nicht unterschätzt oder herabgesetzt werden.

Terry Heisey hat mit »Paradigm Agreement and Literature Obsolescence« eine interessante statistische Untersuchung über den konservativen Charakter der Qumran-Forschung bis Mitte der achtziger Jahre vorgelegt.

Allgemeine Übersichten über die Geschichte der apokalyptischen Literatur und des damit zusammenhängenden Gedankenguts finden sich bei Cohn, *Cosmos, Chaos, and the World to Come* und *Das neue irdische Paradies*, sowie bei Collins, *The Apocalyptic Imagination*. Interessant ist in diesem Zusammenhang auch das Buch von Boyer, *When Time Shall Be No More*, in dem er das Fortleben dieses Phänomens im religiösen Leben Amerikas beschreibt. Eine beachtenswerte soziologische Untersuchung über die subtilen literarischen und kulturellen Formen des politischen Widerstands, die wichtig sein könnten, um die angenommene »Radikalisierung« der Qumran-Sekte zu verstehen, hat Scott mit *Domination and the Arts of Resistance* erarbeitet.

Es gibt einige auffallende Parallelen zwischen dem politischen Kontext der religiösen Protestbewegungen im Judäa des ersten Jahrhunderts und der Ideologie, wie sie auch in den Schriftrollen zum Ausdruck kommt, und dem Hintergrund und der Ideologie des modernen radikalen Islam. Vergleiche dazu beispielsweise Sivan, *Radical Islam*, der die militanten Forderungen nach einer Verschärfung des islamischen Gesetzes und einer Stärkung der traditionellen Werte in der gesamten muslimischen Welt als populäre Antwort auf eine fehlgeschlagene Industrialisierungspolitik sieht. Sivans Untersuchung bietet unterschiedliche Vergleichsmöglichkeiten mit den Inhalten der Qumran-Rollen, vor allem sein Konzept einer »konservativen Peripherie« innerhalb der Gesellschaft, die als Unterstützergruppe für die radikalen Aktivisten fungiert, die einen hohen Ausbildungsgrad besitzen und ein Gefühl der Entfremdung und Entrech-

tung sowie die Überzeugung haben, daß der Sieg über die eindringenden Mächte des Teufels durch einen politischen Terrorismus errungen werden kann. Nur durch weitere Arbeiten zu diesem Thema kann geklärt werden, ob dieses Verhalten einem allgemeinen Muster entspricht oder ob einige gemeinsame Themen über die Jahrhunderte hinweg in bestimmten mystischen oder häretischen Sekten des Judaismus oder des Islam überlebt haben. Eisenman deutet diese weitreichende Möglichkeit in seinem Vorwort zu *Maccabees, Zadokites* an.

Ich möchte nicht, daß die Leser die gewalttätigen, sittenstrengen und fremdenfeindlichen Aspekte in der Gedankenwelt der Qumran-Gemeinde übersehen: Den Mitgliedern der judäischen Aristokratie und den Judäern, die der römischen Kultur nicht völlig ablehnend gegenüberstanden, müssen die widerständlerischen, religiösen Fundamentalisten oft als Verrückte, Verbrecher und Terroristen erschienen sein. Genauso wird die judäische Widerstandsbewegung auch bei Flavius Josephus gezeichnet. Ich möchte diese ungezügelte Gewaltbereitschaft und Intoleranz, die oft charakteristisch für Bewegungen wie die Qumran-Sekte sind, weder entschuldigen noch romantisieren. Mein Ziel ist eher, die Aufmerksamkeit von einer rein religiösen, auf das Jenseits fixierten Interpretation der Schriftrollen weg zu lenken, weil dies zu einer entpolitisierten Betrachtung der Texte führt und die Studien einer wichtigen Dimension beraubt.

Zur Taktik und Strategie der Kriegsrolle siehe Yadin, *The Scroll of the War*, S. 18–37 und 141–197. Das Zitat aus Kolumne 1 der Kriegsrolle basiert auf der englischen Übersetzung von Vermes, *The Dead Sea Scrolls in English*.

Überraschenderweise haben nur wenige Wissenschaftler erkannt, daß die an ein Wunder grenzenden Anfangserfolge der Rebellen damals als Eingreifen Gottes verstanden wurden. Siehe dazu Gihon, »Cestius Gallus«, Smallwood, *The Jews Under Roman Rule*, Kap. 11 und 12, und Rappaport, *Judea and Rome*. De Vaux' äußerst fragwürdigen Annahmen über das Datum, an dem die Qumran-Siedlung zerstört wurde, und über die Münze der Zehnten Legion, die man angeblich in den Ruinen fand, ist Eisenman in *Maccabees, Zadokites* überzeugend entgegengetreten. Es gibt eine Fülle von Beweisen (wie sie etwa von Goodblatt, »The Jews of Eretz-Israel«, und Smallwood, *The Jews Under Roman Rule*, angeführt werden), die eine auch nach 70 u. Z. noch fortgesetzte messianische Propaganda sowie politische Aktivitäten in Judäa belegen und die Annahme, daß die Rollen unbedingt im Jahre 68 u. Z. versteckt worden sein müssen, als unhaltbar erscheinen lassen.

Das Fragment der Lieder für das Sabbatopfer aus Masada wurde von Newsom und Yadin in ihrer Arbeit »The Masada Fragment« veröffentlicht. Ich habe hier jedoch die Übersetzung von Vermes, *The Dead Sea Scrolls in English*, S. 223, verwendet. Die traditionelle Erklärung dafür, warum in Masada Texte gefunden wurden, wie sie auch aus Qumran bekannt sind, muß neu überdacht werden. Bisher ging man davon aus, daß sie von einigen »Essenern«, die wegen der Zerstörung von Qumran geflohen waren, um bei den »Sicarii« Schutz zu finden, mitgebracht worden seien.

Obwohl ich in der Vergangenheit die neuere wissenschaftliche Kritik an der These vom berühmten Massenselbstmord in Masada unterstützt habe, ist mir in letzter Zeit klar geworden, daß die Vorstellung von einem gerechten Martyrium in einem Heiligen Krieg sowohl bei den Makkabäern als auch innerhalb der »zelotischen« Bewegung eine wichtige Rolle spielte und weit verbreitet war. Vergleiche dazu Hengel, *Die Zeloten*, S. 261–276. Vielleicht sind auch einige schwer zu erklärende Anspielungen auf die Wiederauferstehung in der Kriegsrolle, der Danksagungsrolle und anderen Qumran-Texten hierauf zu beziehen. Eine frühe Erörterung über die Vorstellung eines Martyriums in Qumran findet sich bei Cross, *Die antike Bibliothek von Qumran*, S. 152 ff.

Der Triumph in Rom wurde von Josephus, *Geschichte des Jüdischen Krieges*, Buch VI, beschrieben. Lesenswert ist in diesem Zusammenhang auch die scharfsinnige Untersuchung von Hopkins, *Conquerors and Slaves*, über die Grundlagen der Macht des Römischen Reiches und die Grundelemente der römischen Gesellschaft.

Neuere Untersuchungen über die Zeit kurz nach der Niederschlagung des judäischen Aufstands finden sich bei David Goodblatt, »The Jews of Eretz-Israel«, bei Mary Smallwood, *The Jews Under Roman Rule*, Kap. 13, sowie bei Martin Goodman, *The Ruling Class of Judea*, Kap. 10. Gedalyah Alon beschreibt in »Rabban Johanan B. Zakkai's Removal to Jabneh« die römischen Umsiedlungslager für die unterworfenen Judäer.

Manfred Lehmanns Beschreibung des allgemeinen historischen Kontextes der Kupferrolle ist erhellend und überzeugend. Siehe dazu seine Arbeiten »Identification of the Copper Scroll« und »Where the Temple Tax Was Buried«. Meiner Meinung nach hat er allerdings die polemische Absicht übersehen, die hinter den rabbinischen Textpassagen steckt, in denen vorgeschlagen wird, daß über die Abgaben für den (zerstörten) Tempel frei verfügt werden solle. Daraus folgt nämlich, daß es Menschen gab, die über die Abgaben nicht frei verfügten, und ich nehme an, daß es sich dabei um rivalisierende Priestergruppen handelte, ähnlich derjenigen, die die Kupferrolle abfaßte. Interessant sind hier auch die ablehnenden Reaktionen auf Lehmanns Theorien in den folgenden Ausgaben der *Biblical Archaeology Review*: Die Kritiker beißen sich alle an seiner besonderen Interpretation einer Münze des Kaisers Nerva fest, während seine historische Gesamtdarstellung einfach ignoriert wird.

Zu den möglichen Wegen, wie eine Verbindung zwischen der Qumran-Literatur und der späteren Literatur der jüdischen Karäer zustande gekommen sein könnte, siehe Yoram Erder, »When did the Karaites First Encounter Apochryphic Literature Akin to the Dead Sea Scrolls?«, und Haggai Ben-Shammai, »Some Methodological Notes Concerning the Relationship between the Karaites and Ancient Jewish Sects«.

QUELLEN- UND LITERATURVERZEICHNIS

ARCHIVE

Central Zionist Archives, Jerusalem
Hebräische Universität von Jerusalem,
 Jerusalem
Israelisches Amt für Altertümer, Jerusalem
Rockefeller Archive Center, North Tarry-
 town, New York
Yad Izhak Ben-Zvi, Jerusalem

INTERVIEWS

Nahman Avigad, Jerusalem, 2. Juli 1990
Sarah Ben-Arieh, Jerusalem, 9. Juni 1992
Avraham Biran, Jerusalem, 16. und 21. Okto-
 ber 1990
Magen Broshi, Jerusalem, 16. Februar 1992
Frank Moore Cross, Lexington, Massachu-
 setts, 19. Januar 1992
Devorah Dimant, Philadelphia, 11. Mai 1992
Amir Drori, Jerusalem, 27. Mai 1993
Robert Eisenman, New York, 14. Dezember
 1992; Huntington Beach, Kalifornien,
 14. und 21. August 1993
David Flusser, Jerusalem, 25. Mai 1993
Avraham Harman, Jerusalem, 12. Juni 1991
Anton Hazou, Jerusalem, 21. Februar 1992
Harry Orlinsky, New York City,
 1. November 1990
Jean Perrot, Jerusalem, 7. Juni 1993
Émile Puech, Jerusalem, 21. Februar 1992
 und 6. Juni 1993
Athanasius Yeshue Samuel, Lodi, New Jer-
 sey, 26. Dezember 1991 und 15. Juni 1993
Lawrence Schiffman, New York City, 3. April
 1992 und 21. September 1993
Hershel Shanks, Washington, D.C.,
 27. Juli 1993

John Strugnell, Cambridge, Massachusetts,
 18. Juni, 28. August und 4. November 1993
James Swauger, Pittsburgh, Pennsylvania,
 15. September 1993
Jacques-Raymond Tournay, Jerusalem,
 21. Februar 1992
Emanuel Tov, Jerusalem, 27. Mai 1993
John Trever, Laguna Hills, Kalifornien,
 7. Mai, 31. August und 7. September 1993
Benedict Viviano, Jerusalem, 21. Februar
 1992

LITERATUR

Allegro, John Marco: *Die Botschaft vom
 Toten Meer. Das Geheimnis der Schriftrollen.*
 Frankfurt/Main 1957.
Allegro, John Marco: *The People of the Dead
 Sea Scrolls.* London 1959.
Allegro, John Marco: *The Shapira Affair.*
 New York 1960.
Allegro, John Marco: *The Treasure of the
 Copper Scroll.* London 1960.
Allegro, John Marco: *Search in the Desert.*
 New York 1964.
Allegro, John Marco: Qumran Cave 4.I
 (4Q158–4Q186). In: *Discoveries in the Judae-
 an Desert of Jordan.* Bd. 5. Oxford 1968.
Allegro, John Marco: *The End of a Road.*
 London 1970.
Allegro, John Marco: *The Sacred Mushroom
 and the Cross.* New York 1970.
Allegro, John Marco: *The Chosen People.*
 London 1971.
Allegro, John Marco: *The Mystery of the Dead
 Sea Scrolls Revealed.* New York 1981.
Alon, Gedalyah: Rabban Johanan B. Zakkai's
 Removal to Jabneh. In: Gedalyah Alon,

Jews, Judaism, and the Classical World. Jerusalem 1977, S. 269–313.

Applebaum, Shimon: Economic Life in Palestine. In: Shmuel Safrai und Menachem Stern (Hg.), *The Jewish People in the First Century.* Bd. 2. Assen 1974–1976, S. 631–700.

Avigad, Nahman: *Discovering Jerusalem.* Nashville, TN, 1983.

Baigent, Michael und Richard Leigh: *Verschlußsache Jesus.* München 1991.

Bar-Adon, Pesach: The Hasmonean Fortifications and the Status of Qumran in the Northern Dead Sea Region. In: *Eretz Israel* 15, 1981, S. 349–352 (auf hebräisch).

Bar-Adon, Pesach: Excavations in the Judean Desert. In: *Atiqot Hebrew Series.* Bd. 9. Jerusalem 1989 (auf hebräisch).

Bar-Kochva, Bezalel: Manpower, Economics, and Internal Strife in the Hasmonean State. In: Henri van Effenterre (Hg.), *Armées et fiscalité dans le monde antique.* Paris 1977, S. 167–194.

Barrera, Julio Trebolle und Luis Vega Montaner: *The Madrid Qumran Congress. Proceedings of the International Congress on the Dead Sea Scrolls.* Leiden 1992.

Baumgarten, Joseph M.: The Pharisaic-Sadducean Controversies about Purity and the Qumran Texts. In: *Journal of Jewish Studies* 31, 1980, S. 157–170.

Ben-Dov, Meir: *In the Shadow of the Temple Mount.* Jerusalem 1985.

Ben-Shammai, Haggai: Some Methodological Notes Concerning the Relationship between the Karaites and Ancient Jewish Sects. In: *Cathedra* 42, 1987, S. 69–84 (auf hebräisch).

Bentwich, Norman: *Solomon Schechter. A Biography.* Philadelphia 1938.

Berger, Claus: *Qumran und Jesus. Wahrheit unter Verschluß?* Stuttgart 1993.

Beskow, Per: *Strange Tales about Jesus. A Survey of Unfamiliar Gospels.* Philadelphia 1983.

Betz, Otto und Rainer Reisner: *Jesus, Qumran und der Vatikan. Klarstellungen.* Gießen 1993.

Boyer, Paul: *When Time Shall Be No More. Prophecy Belief in Modern American Culture.* Cambridge, Mass., 1992.

Brandon, S. G. F.: *The Fall of Jerusalem and the Christian Church.* London 1951.

Brooke, George J. (Hg.): *Temple Scroll Studies.* Sheffield 1989.

Broshi, Magen (Hg.): *The Damascus Document Reconsidered.* Jerusalem 1992.

Brownlee, William H.: Muhammad ed-Deeb's Own Story of His Scroll Discovery. In: *Journal of Near Eastern Studies* 16, 1957, S. 236–239.

Brownlee, William H.: Edh-Dheeb's Story of His Scroll Discovery. In: *Revue de Qumran* 3, 1961/62, S. 483–494.

Burrows, Millar: *Die Schriftrollen vom Toten Meer.* München 1957.

Burrows, Millar: *Mehr Klarheit über die Schriftrollen vom Toten Meer.* München 1958.

Castronovo, David: *Edmund Wilson.* New York 1984.

Charlesworth, James (Hg.): *The Messiah. Developments in Earliest Judaism and Christianity.* Minneapolis 1992.

Cohn, Norman: *Das neue irdische Paradies. Revolutionärer Millenarismus und mystischer Anarchismus im mittelalterlichen Europa.* Reinbek bei Hamburg 1988.

Cohn, Norman: *Cosmos, Chaos, and the World to Come.* New Haven 1993.

Collins, John J.: *The Apocalyptic Imagination.* New York 1992.

Collins, John J.: A Pre-Christian ›Son of God‹ Among the Dead Sea Scrolls. In: *Bible Review* 9/3, Juni 1993, S. 34–38 und 57.

Cross, Frank Moore, Jr.: The Development of Jewish Scripts. In: G. Ernest Wright (Hg.), *The Bible and the Ancient Near East.* New York 1961, S. 133–202.

Cross, Frank Moore, Jr.: *Die antike Bibliothek in Qumran und die moderne biblische Wissenschaft.* Neukirchen 1967.

Cross, Frank Moore, Jr.: The Early History of the Qumran Community. In: David Noel Freedman und Jonas C. Greenfield (Hg.), *New Directions in Biblical Archaeology.* New York 1971, S. 70–89.

Cross, Frank Moore, Jr.: Père de Vaux Was a Dead Sea Scroll Hero. In: *Biblical Archaeology Review* 16/1, Jan./Febr. 1990, S. 18, 62.

Cross, Frank Moore, Jr.: The Historical Context of the Scrolls. In: Hershel Shanks

(Hg.), *Understanding the Dead Sea Scrolls.* New York 1992, S. 20–32.

Crossan, John Dominic: *Der historische Jesus.* München 1994.

Couroyer, Bernard: Histoire d'une tribu semi-nomade de Palestine. In: *Revue Biblique* 58, 1951, S. 75–91.

Dann, Uriel: *King Hussein and the Challenge of Arab Radicalism. Jordan 1955–1967.* New York 1989.

Davies, Philip R.: *The Damascus Covenant. An Interpretation of the Damascus Document.* Sheffield 1983.

Davies, Philip R.: How Not to Do Archaeology. In: *Biblical Archaeologist* 51/4, Dez. 1988, S. 203–207.

De Vaux, Roland: *Archaeology and the Dead Sea Scrolls.* London 1973.

Driver, Godfrey R.: *The Judean Scrolls.* Oxford 1965.

Dupont-Sommer, André: *The Jewish Sect of Qumran and the Essenes.* New York 1955.

Dupont-Sommer, André: *Die essenischen Schriften vom Toten Meer.* Tübingen 1960.

Edel, Leon: Edmund Wilson in the Fifties. In: Edmund Wilson, *The Fifties. From Notebooks and Diaries of the Period.* New York 1986, S. XIII-XXX

Efron, Joshua: *Studies in the Hasmonean Period.* Leiden 1987.

Eisenman, Robert H.: *Maccabees, Zadokites, Christians, and Qumran.* Leiden 1983.

Eisenman, Robert H.: *James the Just in the Habakkuk Pesher.* Leiden 1986.

Eisenman, Robert H. und James M. Robinson: *A Facsimile Edition of the Dead Sea Scrolls.* Washington, D.C., 1991.

Eisenman, Robert H. und Michael Wise: *Jesus und die Urchristen. Die Qumran-Rollen entschlüsselt.* München 1993.

Eisler, Robert: *Die messianische Unabhängigkeitsbewegung vom Auftreten Johannes des Täufers bis zum Untergang Jakobs des Gerechten.* Heidelberg 1929.

Erder, Yoram: When did the Karaites First Encounter Apochryphic Literature Akin to the Dead Sea Scrolls? In: *Cathedra* 42, 1987, S. 54–68 (auf hebräisch).

Eshel, Esther, Hanan Eshel und Ada Yardeni: A Qumran Composition Containing Part of Ps. 154 and a Prayer for the Welfare of King Jonathan and His Kingdom, In: *Israel Exploration Journal* 42, 1992, S. 199–229.

Farmer, W. R.: *Maccabees, Zealots, and Josephus. An Inquiry into Jewish Nationalism in the Greco-Roman Period.* New York 1956.

Fitzmyer, Joseph A.: *The Dead Sea Scrolls. Major Publications and Tools for Study.* Atlanta 1990.

Fitzmyer, Joseph A.: *Qumran. Die Antwort. 101 Fragen zu den Schriften vom Toten Meer.* Stuttgart 1993.

Flusser, David: The Hubris of Antichrist. In: *Immanuel* 10, 1980, S. 31–37.

Flusser, David: *Judaism and the Origins of Christianity.* Jerusalem 1988.

Flusser, David: *The Spiritual History of the Dead Sea Sect.* Tel Aviv 1989.

Flusser, David: *Das Christentum – eine jüdische Religion.* München 1990.

Foerster, Gideon: On the Conquests of John Hyrcanus in Moab and the Identification of Samaga. In: *Eretz-Israel* 15, 1981, S. 356 bis 360 (auf hebräisch).

Fowden, Garth: *Empire to Commonwealth. Consequences of Monotheism in Late Antiquity.* Princeton, New Jersey 1993.

France, Anatole: *Der Statthalter von Judäa und andere Novellen.* Leipzig 1928.

Franklin, James L.: Scholary Clash for Dead Sea Scrolls. In: *The Boston Globe*, 15. 11. 1989, S. 2.

Frend, W. H. C.: *The Early Church.* Philadelphia 1982.

Fried, Stephen: Scroll Man. In: *The Washington Post Magazine*, 10. 5. 1992, S. 20–23 und 35–37.

Funk, Robert W., Roy W. Hoover u. a.: *The Five Gospels. The Search for the Authentic Words of Jesus.* New York 1993.

Georgi, Dieter: Interest in Life of Jesus Theology as a Paradigm for the Social History of Biblical Criticism. In: *Harvard Theological Review* 85, 1992, S. 51–83.

Gihon, Mordecai: Cestius Gallus' Campaign in Judaea. In: *Palestine Exploration Quarterly* 113, 1981, S. 39–62.

Ginsburg, Christian David: *The Essenes. Their History and Doctrines.* New York 1865.

Golb, Norman: The Dead Sea Scrolls. A New Perspective. In: *The American Scholar* 58, 1989, S. 177–207.

Golb, Norman: Khirbet Qumran and the Manuscripts of the Judean Wilderness: Observations on the Logic of their Investigation. In: *Journal of Near Eastern Studies* 49, 1990, S. 103–114.

Golb, Norman: *Qumran. Wer schrieb die Schriftrollen vom Toten Meer.* Hamburg 1994.

Goodblatt, David: The Jews of Eretz-Israel in the Years 70–132 C. E.. In: Uriel Rappaport (Hg.), *Judea and Rome. Revolts of the Jews.* Tel Aviv 1983, S. 155–184 (auf hebräisch).

Goodman, Martin: The First Jewish Revolt. Social Conflict and the Problem of Debt. In: *Journal of Jewish Studies* 33, 1982, S. 417–427.

Goodman, Martin: *The Ruling Class of Judea.* Cambridge 1987.

Goranson, Stephen: Sectarianism, Geography, and the Copper Scroll. In: *Journal of Jewish Studies* 43, 1992, S. 282–287.

Greenberg, Joel: Court Supports Editor on Rights to Dead Sea Text. In: *The New York Times,* 31. 3. 1993.

Greenfield, Jonas C.: Scrolls Book Shunned by Well-Known Presses. In: *Jerusalem Post,* International Edition, 20. 3. 1993, S. 20.

Hanson, P. D.: *The Dawn of Apocalyptic.* Philadelphia 1975.

Harrington, Daniel J. und John Strugnell: Critical Note – Qumran Cave 4 Texts. A New Publication. In: *Journal of Biblical Literature* 112, 1993, S. 491–499.

Heisey, Terry M.: Paradigm Agreement and Literature Obsolescence. A Comparative Study in the Literature of the Dead Sea Scrolls. In: *The Journal of Documentation* 44, 1988, S. 285–301.

Hengel, Martin: *Die Zeloten. Untersuchungen zur jüdischen Freiheitsbewegung in der Zeit von Herodes I. bis 70 n. Chr.* Leiden 1976.

Hengel, Martin: *Judentum und Hellenismus.* Tübingen 1988.

Hopkins, K.: *Conquerors and Slaves.* Cambridge 1978.

Horsley, Richard A.: High Priests and the Politics of Roman Palestine. In: *Journal for the Study of Judaism* 17, 1986, S. 23–55.

Horsley, Richard A.: *Jesus and the Spiral of Violence. Popular Jewish Resistance in Roman Palestine.* Minneapolis 1993.

Isaacs, Marty: The Man Who Bought the Dead Sea Scrolls. In: *Contemporary Review* 261/1522, Nov. 1992, S. 257–260.

Jeremias, Joachim: *Jerusalem zur Zeit Jesu.* Göttingen 1962.

Kapera, Zdzislaw J.: *Qumran Cave IV and MMT.* Krakau 1991.

Katzman, Avi: Chief Dead Sea Scroll Editor Denounces Judaism, Israel. In: *Biblical Archaeology Review* 17/1, Jan./Febr. 1991, S. 64f., 70 und 72.

Katzman, Avi: Cave Men. In: *Haaretz Supplement,* 29. 1. 1993 (auf hebräisch).

Laperrousaz, E. M.: *Qoumran: l'établissement essénien des bords de la mer morte.* Paris 1976.

Lapp, Paul W.: *Palestinian Ceramic Chronology, 200 BC – AD 70.* New Haven, CT, 1976.

Lefkovits, Judah K.: *The Copper Scroll – 3Q15, A New Reading, Translation and Commentary.* Diss. New York 1993.

Lehmann, Manfred R.: Identification of the Copper Scroll Based on Its Technical Terms. In: *Revue de Qumran* 6, 1964, S. 97–105.

Lehmann, Manfred R.: Where the Temple Tax Was Buried. In: *Biblical Archaeology Review* 19/6, Nov./Dez. 1993, S. 38–42.

Levine, Baruch A.: The Temple Scroll. Aspects of its Historical Provenance and Literary Character. In: *Bulletin of the American Schools of Oriental Research* 232, 1978, S. 3–24.

Levy, Raphael: ›First Dead Sea Scroll‹ Found in Egypt Fifty Years Before Qumran Discoveries. In: Hershel Shanks (Hg.), *Understanding the Dead Sea Scrolls.* New York 1992, S. 63–78.

McCarter, P. Kyle, Jr.: The Mystery of the Copper Scroll. In: Hershel Shanks (Hg.), *Understanding the Dead Sea Scrolls*. New York 1992, S. 227–241.

Maier, Johann: The Temple Scroll and Tendencies in the Cultic Architecture of the Second Commonwealth. In: Lawrence H. Schiffman (Hg.), *Archaeology and History in the Dead Sea Scrolls*. Sheffield 1990, S. 67–82.

Maier, Johann: *Die Tempelrolle vom Toten Meer*. München 1992.

Maier, Johann und Kurt Schubert: *Die Qumran-Essener*. München 1992.

Margoulioth, G.: The Sadducean Christians of Damascus. In: *Bibliotheca Sacra* 69, 1912, S. 412–437.

Mazar, Benjamin: *Der Berg des Herrn. Neue Ausgrabungen in Jerusalem*. Bergisch Gladbach 1979.

Meeks, Wayne A.: *Urchristentum und Stadtkultur. Die soziale Welt der paulinischen Gemeinden*. Gütersloh 1993.

Mendels, Doron: *The Rise and Fall of Jewish Nationalism*. New York 1992.

Meyers, Eric M.: *Jewish Ossuaries. Reburial and Rebirth, Secondary Burials in Their Near Eastern Setting*. Rom 1971.

Milik, J. T.: The Copper Document from Cave III. In: *Biblical Archaeologist* 19, 1956, S. 60–64.

Milik, J. T.: *Ten Years of Discovery in the Wilderness of Judea*. London 1958.

Mor, Menachem: *The Bar Kochba Revolt, Its Extent and Effect*. Jerusalem 1991.

Murphy-O'Connor, Jerome und Justin Taylor: *The École Biblique and the New Testament. A Century of Scholarship (1890–1990)*. Göttingen 1990.

Netzer, Ehud: Herod's Building Projects. State Necessity or Personal Need? In: *Jerusalem Cathedra*, Bd. 1, Detroit 1981, S. 48–80.

Netzer, Ehud: The Hasmonean Palaces in Eretz-Israel. In: Avraham Biran und Joseph Aviram (Hg.), *Biblical Archaeology Today* 1990. Jerusalem 1993, S. 126–136.

Neusner, Jacob, William S. Green, Ernest Frerichs: *Judaisms and Their Messiahs at the Turn of the Christian Era*. Cambridge 1987.

Neusner, Jacob: *Judentum in frühchristlicher Zeit*. Stuttgart 1988.

Newsom, Carol und Yigael Yadin: The Masada Fragment of the Songs of the Sabbath Sacrifice. In: *Israel Exploration Journal* 34, 1984, S. 77–88.

Ostling, R. N.: Secrets of the Dead Sea Scrolls. In: *Time*, 14. 8. 1989, S. 71f.

Puech, Émile: 4Q525 et les péricopes des béatitudes en Ben Sira et Matthieu. In: *Revue Biblique* 98, 1991, S. 80–106.

Puech, Émile: Le testament de Qahat en araméen de la grotte 4. In: *Revue de Qumran* 15, 1991, S. 23–54.

Puech, Émile: *La croyance des esséniens en la vie future: immortalité, résurrection, vie éternelle? Histoire d'une croyance dans le judaïsme ancien*. Paris 1993.

Qimron, Elisha: Halakhic Terms in the Dead Sea Scrolls and Their Contribution to the History of Early Halakha. In: Magen Broshi u.a. (Hg.), *The Scrolls of the Judaean Desert. Forty Years of Research*. Jerusalem 1992, S. 128–138 (auf hebräisch).

Qimron, Elisha und John Strugnell: An Unpublished Halakhic Letter from Qumran. In: Janet Amitai (Hg.), *Biblical Archaeology Today*, Jerusalem 1985, S. 400–407.

Rabinovich, Abraham: Dead Sea Scrolls Editor Accused of Antisemitism Removed for ›Health‹. In: *Jerusalem Post, International Edition*, 12. 12. 1990.

Rabinovich, Abraham: A Prayer for King Yonaton. In: *Jerusalem Post Magazine*, 23. 4. 1992, S. 8–11.

Rabinovich, Abraham: Dead Sea Fever. In: *Jerusalem Post, International Edition*, Februar 1993, S. 9–11.

Rabinovich, Abraham: Operation Scroll. In: *Jerusalem Post, International Edition*, 21. 5. 1994, S. 9, 12 und 14.

Rachmani, L. Y.: Ancient Jerusalem's Funerary Customs and Tombs. In: *Biblical Archaeologist* 44, 1981, S. 171–177 und 229–235; *Biblical Archaeologist* 45, 1982, S. 43–53 und 109–119.

Rappaport, Uriel (Hg.): *Judea and Rome*.

Revolts of the Jews. Tel Aviv 1983 (auf hebräisch).

Reed, Stephen A.: Survey of the Dead Sea Scrolls Fragments and Photographs at the Rockefeller Museum. In: *Biblical Archaeologist* 54, 1991, S. 44–51.

Reich, Ronny: Archaeological Evidence of the Jewish Population at Hasmonean Gezer. In: *Israel Exploration Journal* 31, 1981, S. 48–52.

Robinson, James: *Kerygma und historischer Jesus*. Zürich, Stuttgart 1967.

Rosenbaum, Ron: The Riddle of the Scrolls. In: *Vanity Fair*, Nov. 1992, S. 222–228 und 286–294.

Roth, Cecil: *The Dead Sea Scrolls. A New Historical Approach*. New York 1968.

Rowley, H. H.: *The Zadokite Fragments and the Dead Sea Scrolls*. Oxford 1956.

Safire, William: Breaking the Cartel. In: *The New York Times*, 26. 9. 1991.

Safrai, Shmuel: The Temple and the Divine Service. In: Michael Avi-Yonah und Zvi Baras (Hg.), *The World History of the Jewish People. The Herodian Period*. Jerusalem 1975, S. 282–337.

Samuel, Erzbischof Athanasius Yeshue: *The Treasure of Qumran. My Story of the Dead Sea Scrolls*. Philadelphia 1966.

Sanders, James A.: What Can Happen in a Year? In: *Biblical Archaeologist* 55, 1992, S. 37–42.

Schechter, Solomon: *Fragments of a Zadokite Work*. Cambridge 1910.

Schiffman, Lawrence H.: *The Halakha at Qumran*. Leiden 1975.

Schiffman, Lawrence H.: *Sectarian Law in the Dead Sea Scrolls. Courts, Testimony, and the Penal Code*. Chico, CA, 1983.

Schiffman, Lawrence H.: The Temple Scroll and the Systems of Jewish Law of the Second Temple Period. In: George J. Brooke (Hg.), *Tempel Scroll Studies*. Sheffield 1989, S. 245–251.

Schiffman, Lawrence H. (Hg.): *Archaeology and History and the Dead Sea Scrolls*. Sheffield 1990.

Schiffman, Lawrence H.: 4QMiqsat Ma'aseh Ha-Torah and the Temple Scroll. In: F. Garcia Martinez (Hg.), *The Texts of Qumran and the History of the Community*. Bd. 2. Paris 1990, S. 435–457.

Schiffman, Lawrence H.: The New Halakhic Letter (4QMMT) and the Origins of the Dead Sea Sect. In: *Biblical Archaeologist* 53, 1990, S. 64–73.

Schiffman, Lawrence H.: Confessionalism and the Study of the Dead Sea Scrolls. In: *Journal of Jewish Studies* 31, 1991, S. 3–14.

Schiffman, Lawrence H.: *From Text to Tradition. A History of Second Temple and Rabbinic Judaism*. Hoboken, NJ, 1991.

Schiffman, Lawrence H.: The Sadducean Origins of the Dead Sea Sect. In: Hershel Shanks (Hg.), *Understanding the Dead Sea Scrolls*. New York 1992, S. 35–49.

Schiffman, Lawrence H.: New Light on the Pharisees. In: Hershel Shanks (Hg.), *Understanding the Dead Sea Scrolls*. New York 1992, S. 217–224.

Schiffman, Lawrence H.: Ethical Issues in the Publication of the Dead Sea Scrolls. In: *Proceedings of the New York Academy of Science. Methods of Investigation of the Dead Sea Scrolls and the Khirbet Qumran Site. Present Realities and Future Prospects*. Erscheint demnächst.

Schweitzer, Albert: *Geschichte der Leben-Jesu-Forschung*. Tübingen 1984.

Scott, James C.: *Domination and the Arts of Resistance*. New Haven, CT, 1990.

Segev, Tom: Who Stole the Scroll? In: *Haaretz*, 2. 2. 1993 (auf hebräisch).

Shanks, Hershel: Jerusalem Rolls Out Red Carpet for Biblical Archaeology Conference. In: *Biblical Archaeology Review* 10/4, Juli/Aug. 1984, S. 12–18.

Shanks, Hershel: Failure to Publish Dead Sea Scrolls Is Leitmotif of New York University Scroll Conference. In: *Biblical Archaeology Review* 11/5, Sept./Okt. 1985, S. 4.

Shanks, Hershel: Dead Sea Scrolls Scandal. In: *Biblical Archaeology Review* 15/4, Juli/Aug. 1989, S. 18–21 und 55.

Shanks, Hershel: Scholars, Scrolls, Secrets, and ›Crimes‹. In: *The New York Times*, 7. 9. 1991.

Shanks, Hershel: Intrigue and the Scroll. In: Hershel Shanks (Hg.), *Understanding the Dead Sea Scrolls*. New York 1992, S. 116–125.

Shanks, Hershel: Why Professor Qimron's Lawsuit Is a Threat to Intellectual Freedom. In: *Biblical Archaeology Review* 18/5, Sept./Okt. 1992, S. 67 und 70.

Shanks, Hershel: Blood on the Floor at the New York Dead Sea Scrolls Conference. In: *Biblical Archaeology Review* 19/2, März/April 1993, S. 63–68.

Shanks, Hershel: The Qumran Settlement. Monastery, Villa, or Fortress? In: *Biblical Archaeology Review* 19/3, Mai/Juni 1993, S. 62–65.

Shanks, Hershel: Lawsuit Diary. In: *Biblical Archaeology Review* 19/3, Mai/Juni 1993, S. 69–71.

Shanks, Hershel: Paying the Price for Freeing the Scrolls. In: *Biblical Archaeology Review* 19/4, Juli/Aug. 1993, S. 65–68.

Shmueli, Avshalom: The Desert Frontier in Judea. In: Emanuel Marx und Avshalom Shmueli (Hg.), *The Changing Bedouin.* New Brunswick, New Jersey, 1984, S. 17–38.

Silberman, Neil Asher: *Digging for God and Country.* New York 1982.

Silberman, Neil Asher: *A Prophet from Amongst You. The Life of Yigael Yadin.* New York 1993.

Sitton, Rafi: *Men of Secrets, Men of Mystery.* Tel Aviv 1990 (auf hebräisch).

Sivan, Emmanuel: *Radical Islam. Medieval Theology and Modern Politics.* New Haven, CT, 1985.

Smallwood, E. Mary: High Priests and Politics in Roman Palestine. In: *Journal of Theological Studies* 13, 1962, S. 14–34.

Smallwood, E. Mary: *The Jews Under Roman Rule.* Leiden 1976.

Smith, Morton: *Palestinian Parties and Politics That Shaped the Old Testament.* New York 1971.

Specter, Michael: Renegades Bring Dead Sea Scrolls to Light. In: *The Washington Post,* 5. 9. 1991.

Spiegelman, Arthur: Rest of the Dead Sea Scrolls Are Published, Breaking Monopoly of Group of Scholars. In: *The Boston Globe,* 20. 11. 1991.

Stegemann, Hartmut: Is The Temple Scroll a Sixth Book of the Torah – Lost for 2500 Years? In: Hershel Shanks (Hg.), *Under-*standing the Dead Sea Scrolls.* New York 1992, S. 126–136.

Stegemann, Hartmut: *Die Essener, Qumran, Johannes der Täufer und Jesus.* Freiburg i. Brsg. 1994.

Stendahl, Krister (Hg.): *The Scrolls and the New Testament.* New York 1957.

Stern, Menachem (Hg.): *Greek and Latin Authors on Jews and Judaism.* Jerusalem 1974.

Stern, Menachem: Aspects of Jewish Society. The Priesthood and Other Classes. In: Shmuel Safrai und Menachem Stern (Hg.): *The Jewish People in the First Century.* Bd. 2. Assen 1974–1976, S. 561–630.

Stern, Menachem: Judea and Her Neighbors in the Days of Alexander Jannaeus. In: Menachem Stern: *Studies in Jewish History. The Second Temple Period.* Jerusalem 1991, S. 128–150 (auf hebräisch).

Stone, Michael E.: *Scriptures, Sects, and Visions. A Profile of Judaism from Ezra to the Jewish Revolts.* Philadelphia 1980.

Strugnell, John: Notes en marge du volume V des ›Discoveries in the Judaean Desert of Jordan‹. In: *Revue de Qumran* 7, 1969 bis 1971, S. 163–276.

Sussmann, Yaacov: The History of the Halakha and the Dead Sea Scrolls. In: Magen Broshi u.a. (Hg.): *The Scrolls of the Judaean Desert. Forty Years of Research.* Jerusalem 1992, S. 99–127.

Tabor, James D.: A Pierced or Piercing Messiah – The Verdict Is Still Out. In: *Biblical Archaeology Review* 18/6, Nov./Dez. 1992, S. 58f.

Talmon, Shemaryahu: *The World of Qumran from Within.* Jerusalem 1989.

Teicher, Joel L.: The Dead Sea Scrolls. Documents of the Jewish-Christian Sect of Ebionites. In: *Journal of Jewish Studies* 3, 1951, S. 67–99.

Thiering, Barbara: *Jesus und Qumran. Sein Leben neu geschrieben.* Gütersloh 1993.

Tov, Emanuel: Expanded Team of Editors Hard at Work on Variety of Texts. In: *Biblical Archaeology Review* 18/4, Juli/Aug. 1992, S. 69 und 72–75.

Tov, Emanuel: The Unpublished Qumran

Texts from Caves 4 and 11. In: *Biblical Archaeologist* 55, 1992, S. 94–104.

Tov, Emanuel (Hg.): *The Dead Sea Scrolls on Microfiche. A Comprehensive Facsimile Edition of the Texts from the Judean Desert.* Leiden 1993.

Trever, John C.: When Was Qumran Cave I Discovered? In: *Revue de Qumran* 3, 1961/62, S. 135–141.

Trever, John C.: *Das Abenteuer von Qumran. Die erregende Geschichte der Schriftfunde vom Toten Meer.* Kassel 1967.

VanderKam, James C.: The Dead Sea Scrolls and Christianity. In: Hershel Shanks (Hg.), *Understanding the Dead Sea Scrolls.* New York 1992, S. 181–202.

Van der Ploeg, J. P. M.: *Die Funde in der Wüste Juda. Die Schriftrollen vom Toten Meer und die Bruderschaft von Qumran.* Köln 1959.

Vermes, Geza: *The Dead Sea Scrolls in English.* New York 1990.

Vermes, Geza: The Oxford Forum for Qumran Research. Seminar of the Rule of War from Cave 4 (4Q285). In: *Journal of Jewish Studies* 43, 1992, S. 85–90.

Vermes, Geza: The Pierced Messiah Text. An Interpretation Evaporates. In: *Biblical Archaeology Review* 18/4, Juli/Aug. 1992, S. 80–83.

Vincent, Louis-Hughes: Une grotte funéraire antique dans l'Oudy et-Tin. In: *Revue Biblique* 54, 1947, S. 29–35.

Viviano, Benedict T.: École Biblique et Archéologique Française de Jérusalem. In: *Biblical Archaeologist* 54, 1991, S. 160–167.

Viviano, Benedict T.: Beatitudes Found among the Dead Sea Scrolls. In: *Biblical Archaeology Review* 18/6, Nov./Dez. 1992, S. 53ff.

Wacholder, Ben Zion: *The Dawn of Qumran. The Sectarian Torah and the Teacher of Righteousness.* Cincinnati, OH, 1983.

Wacholder, Ben Zion und Martin G. Abegg: *A Preliminary Edition of the Unpublished Dead Sea Scrolls. The Hebrew and Aramaic Texts from Cave Four.* Washington, D.C., 1991.

Wade, Nicholas: Editorial Notebook. The Vanity of Scholars. In: *The New York Times*, 9.7.1989, S. 26.

Warszawski, Abraham und Abraham Peretz: Building the Temple Mount. Organization and Execution. In: *Cathedra* 66, 1992, S. 3–46 (auf hebräisch).

Wilford, John Noble: Computer Hacker Bootlegs Version of the Dead Sea Scrolls. In: *The New York Times*, 5.9.1991.

Wilford, John Noble: Monopoly Over Dead Sea Scrolls Is Ended. In: *The New York Times*, 22.9.1991.

Wilford, John Noble: Link to Messianic Christianity Is Found in Scrolls. In: *The New York Times*, 8.11.1991.

Wilford, John Noble: Dead Sea Scrolls Editor's Exit Tied to Anti-Jewish Remarks. In: *The New York Times*, 12.12.1991.

Wilson, A. N.: *Der geteilte Jesus. Gotteskind oder Menschensohn?* München 1993.

Wilson, Edmund: *Die Schriftrollen vom Toten Meer.* München 1956.

Wilson, Edmund: *Israel and the Dead Sea Scrolls.* New York 1978.

Wilson, Edmund: *The Fifties. From Notebooks and Diaries of the Period.* New York 1986.

Wise, Michael O.: *A Critical Study of the Temple Scroll from Qumran Cave 11.* Chicago 1990.

Wise Michael O. und James D. Tabor: The Messiah at Qumran. In: *Biblical Archaeology Review* 18/6, Nov./Dez. 1992, S. 60–65.

Wolters, Al: Apocalyptic and the Copper Scroll. In: *Journal of Near Eastern Studies* 49, 1990, S. 145–154.

Wolters, Al: History and the Copper Scroll. Vortrag, gehalten auf der Qumran-Konferenz der New York Academy of Science über die Qumran-Rollen am 16.12.1992.

Yadin, Yigael: *The Message of the Scrolls.* New York 1957.

Yadin, Yigael: *The Scroll of the War of the Sons of Light Against the Sons of Darkness.* Oxford 1962.

Yadin, Yigael: *The Temple Scroll.* Bd. 1–3. Jerusalem 1983.

Yadin, Yigael: *Die Tempelrolle. Die verborgene Thora vom Toten Meer.* München, Hamburg 1985.

REGISTER

Band 64154

Jean Paul Clébert

**Die Angst vor dem
Weltuntergang**

Eine Geschichte der
Endzeitstimmung

Seit den Anfängen der Zeit zieht sich durch die Geschichte
der Menschheit ein Alptraum: das Ende der Welt, die
Vernichtung des Planeten und damit der unausweichliche
Untergang des Menschen. Endzeitstimmung ...
Jean-Paul Clébert geht der Entwicklung dieses kollektiven
Alptraums nach: seiner Entstehung und weiteren
Ausprägung im Lauf der Jahrhunderte bis hin zum
Höhepunkt im Jahr 1000, als eine Atmosphäre allgemeinen
Schreckens herrschte und die Menschen zu einem exzessi-
ven, irrationalen Verhalten trieb.
Auch wenn diese irrealen Ängste nicht in unsere moderne,
technisierte und aufgeklärte Welt zu passen scheinen,
haben sie doch nichts von ihrer Faszination verloren — im
Gegenteil.
Am Vorabend des Jahres 2000 zeichnet sich ein weiterer
Höhepunkt der Endzeitstimmung ab, kommen die gleichen
Ängste wieder zum Vorschein, drängt sich die Frage auf:
Wird die Menschheit ein drittes Jahrtausend erleben?